DER MANN DER LIBERTY
VALENCE ERSCHOSS

DAS GROSSE John WAYNE BUCH

von

Peter
OSTERIED

BILDMATERIAL VON:

Michael
GROSSGARTEN

Thomas
WEHLMANN

Das grosse John Wayne Buch

Die Deutsche Bibliothek-CIP-Einheitsaufnahme

Deutsche Erstausgabe

MPW Filmbibliothek

ISBN: 978-3-931608-99-6

Autor: PETER OSTERIED

Litho: MEDIEN PUBLIKATIONS- UND
WERBEGESELLSCHAFT GMBH, Hille

Graphische Gestaltung: FRANK MARTENS

Bildnachweis: THOMAS WEHLMANN, MICHAEL GROSSGARTEN

Bilder erste Doppelseite:

Oben links: RED RIVER

Oben mitte: SPUREN IM SAND

Unten: COMANCHEROS (John Wayne mit Sohn)

Rechts: DER TEUFELSHAUPTMANN

Bilder letzte Doppelseite:

Links: BIG JAKE

Mitte: DER MANN, DER LIBERTY VALENCE ERSCHOSS

Rechts oben: CHISUM

Unten: DIE GEWALTIGEN

printed in Litauen 2010

DIE SAMMLER

MICHAEL GROSSGARTEN

Michael Großgarten wurde 1968 in Remagen geboren. Sein großes Hobby, seine Leidenschaft, ist natürlich das Kinomaterial. Angefangen zu sammeln hat er 1992 durch einen Zufall, er bekam auf einem Flohmarkt ein John Wayne Plakat und so fing er das Sammeln an. Danach klapperte er die Kinos und Börsen in seiner Umgebung ab und fragte nach Plakaten. Da lernte er auch Thomas kennen. Bis zu einem gewissen Zeitpunkt hatte er jedes Plakat gesammelt das er bekam. Im Jahr 2000 hat er sich dann spezialisiert auf Material von **JOHN WAYNE**, **MARIO ADORF**, **JOACHIM FUCHSBERGER** und **SOPHIA LOREN**, sowie zu **MONUMENTAL-** und **SANDALENFILME** und den großen Klassikern der Filmgeschichte. Er selbst bezeichnet sich als Plakatsammler mit einem Bestand von ca. 2.000 Plakaten, zum Tausch oder Verkauf hat er noch ca. 5.000 weitere Plakate aus den verschiedensten Genres. Auf die Frage hin, was sein bestes Plakat sei, sagte er: „Für mich ist mein allererstes, ist das Beste" (Rio Bravo / WA).

Thomas Wehlmann

Michael Großgarten

THOMAS WEHLMANN

Thomas Wehlmann wurde 1963 in Wiesbaden geboren und wuchs dort auf. Seine Sammelleidenschaft begann 1977 mit dem James Bond Film „Der Spion, der mich liebte". Kurz darauf kaufte er auf einem Flohmarkt die ersten Plakate und Aushangfotos zu diesem und anderen Filmen. Darunter sein erstes John Wayne Plakat. Aufgrund seines Faible für die im Fernsehen gezeigten John Wayne Filme besuchte er Filmbörsen. Dies war der Start für die mittlerweile umfangreiche Sammlung, Seither sind seine Hauptgebiete **JOHN WAYNE**, **EDGAR WALLACE**, **JAMES BOND** und vieles mehr...

John Wayne und Claudette Colbert in WHITHOUT RESERVATIONS

BIOGRAPHIE 9
Wer war John „Duke“ Wayne?

DIE FRÜHEN JAHRE 20
Der lange Weg zum Ruhm.

HÖLLENFAHRT NACH SANTA FÉ . . .26
Ein Western, der das Genre revolutioniert.

BLACK RIVER 37
Erneutes Treffen mit Claire Trevor.

SCHWARZES KOMMANDO 39
Raoul Walsh arbeitet erneut mit dem Duke zusammen.

THREE FACES WEST 43
Spione des Dritten Reichs.

DER LANGE WEG NACH CARDIFF . .45
John Ford kitzelt eine bemerkenswerte Darstellung aus dem Duke heraus.

DAS HAUS DER SIEBEN SÜNDEN . .50
Erste Zusammenarbeit mit Marlene Dietrich.

A MAN BETRAYED 54
John Wayne als junger Anwalt.

LADY FROM LOUISIANA 55
John Wayne und das Glücksspiel.

VERFLUCHTES LAND 56
Erste Zusammenarbeit mit Henry Hathaway.

LADY FOR A NIGHT 59
Der Duke als zweite Geige.

PIRATEN IM KARIBISCHEN MEER . .60
Eine Zusammenarbeit mit Cecil B. DeMille.

DIE FREIBEUTERIN 66
Ein Film mit Marlene Dietrich und Randolph Scott.

DER DRAUFGÄNGER VON BOSTON 76
John Wayne als Apotheker.

UNTERNEHMEN TIGERSPRUNG . . .80
Der Duke kämpft in China gegen die Japaner.

PITTSBURGH .84
Erneutes Zusammentreffen mit Marlene Dietrich und Randolph Scott.

REUNION IN FRANCE 85
Der Kamp gegen die Nazis im besetzten Frankreich.

HARTE BURSCHEN - STEILE ZÄHNE .86
Ein moderner Cowboy im nicht mehr gar so Wilden Westen.

DIE HÖLLE VON OKLAHOMA 90
Eine Romanze für den Duke.

ALARM IM PAZIFIK 92
Der Pazifikkrieg beginnt auch im Kino.

MIT BÜCHSE UND LASSO 100
Ein Fremder kommt in die Stadt.

SAN FRANCISCO LILY 108
Duke lernt Pokerspielen.

STAHLGEWITTER 110
Unangenehme Arbeit mit Edward Dmytryk.

SCHNELLBOOTE VOR BATAAN . . .120
John Ford inszeniert John Wayne in einem Kriegsfilm.

LIEBE IN DER WILDNIS 124
John Wayne zieht nach Dakota.

WITHOUT RESERVATIONS 127
John Wayne und Claudette Colbert lieben sich.

DER SCHWARZE REITER 128
James Edward Grant gibt sein Regie-Debüt.

TYCOON 134
John Wayne versucht sich als Ingenieur.

BIS ZUM LETZTEN MANN 136
John Fords erster Teil der Kavallerie-Trilogie.

PANIK AM ROTEN FLUSS 146
Erste Zusammenarbeit mit Howard Hawks.

SPUREN IM SAND 158
Eine Homage an Harry Carey.

IM BANNE DER ROTEN HEXE 166
Abenteuer unter Wasser.

IN LETZTER SEKUNDE 172
John Wayne trifft auf Oliver Hardy.

DER TEUFELSHAUPTMANN 175
John Fords zweiter Teil der Kavallerie-Trilogie.

TODESKOMMANDO 184
Eine Oscar-Nominierung für den Duke.

RIO GRANDE 192
John Fords dritter Teil der Kavallerie-Trilogie.

UNTERNEHMEN SEEADLER 202
George Waggner arbeitet mit John Wayne.

STÄHLERNE SCHWINGEN 204
Die Ledernacken der Luft.

DER SIEGER 218
Ein Traumprojekt auf der Grünen Insel.

MARIHUANA 230
Kommunistenjäger - Drogenfahnder.

ÄRGER AUF DER GANZEN LINIE . .234
John Wayne arbeitet mit Michael Curtiz.

DAS LETZTE SIGNAL 236
Notlandung mit dem Duke.

MAN NENNT MICH HONDO 240
John Wayne übernimmt Glenn Fords Rolle.

ES WIRD IMMER WIEDER TAG 246
Protoyp eines Katastrophenfilms.

DER SEE-FUCHS 252
John Wayne als deutscher Kapitän.

DER GELBE STROM 260
Der Duke geht erneut auf Kommunistenjagd.

Stahlgewitter

Piraten im Karibischen Meer

Tycoon

Der Teufelshauptmann

Düsenjäger

Die Hafenkneipe von Tahiti

El Dorado

DER EROBERER .268
Der Film, der John Wayne tötete.

DER SCHWARZE FALKE .276
Der größte Western-Klassiker aller Zeiten.

DEM ADLER GLEICH .286
Eine filmische Biographie.

DÜSENJÄGER .292
Das zweite Howard-Hughes-Desaster.

DIE STADT DER VERLORENEN .296
Henry Hathaway und John Wayne sind verloren.

LINKS UND RECHTS VOM EHEBETT 302
Kurz geblinzelt und den Duke verpasst.

DER BARBAR UND DIE GEISHA .304
Streitigkeiten mit John Huston.

RIO BRAVO .312
Ein ganz großer Howard-Hawks-Klassiker.

DER LETZTE BEFEHL .322
John Wayne reitet wieder für die Kavallerie.

ALAMO .334
John Waynes Traumprojekt wird Wirklichkeit.

DAS LAND DER 1000 ABENTEUER 348
Ein Abenteuer mit Stewart Granger.

DIE COMANCHEROS .360
Der letzte Film von Michael Curtiz.

DER MANN, DER LIBERTY VALANCE ERSCHOSS .372
John Wayne oder James Stewart - wer hat Valance erschossen?

HATARI! .382
Arbeitsurlaub in Afrika.

DER LÄNGSTE TAG .394
Monumentale Verfilmung der Invasion in der Normandie.

DAS WAR DER WILDE WESTEN .412
Die Geschichte des Wilden Westens.

DIE HAFENKNEIPE VON TAHITI .426
Der letzte gemeinsame Film mit John Ford.

MAcLINTOCK .434
Traumhafte Zusammenarbeit mit Maureen O'Hara.

CIRCUS-WELT .442
John Wayne hampelt im Zirkus herum.

DIE GRÖSSTE GESCHICHTE ALLER ZEITEN .454
John Wayne als Zenturio bei der Kreuzigung des Heilands.

ERSTER SIEG .462
Der Angriff auf Pearl Harbor.

DIE VIER SÖHNE DER KATIE ELDER 476
John Wayne und Dean Martin – zwei von Katie Elders Söhnen.

SCHATTEN DES GIGANTEN .488
John Wayne arbeitet mit Kirk Douglas zusammen.

EL DORADO .494
Eine bekannte Western-Geschichte von Howard Hawks.

DIE GEWALTIGEN .508
Erneute Zusammenarbeit mit Kirk Douglas.

DIE GRÜNEN TEUFEL .518
John Wayne zieht in den Vietnam-Krieg.

DIE UNERSCHROCKENEN .528
John Wayne bekämpft das Feuer.

DER MARSHAL .536
Der Oscar für John Wayne!

DIE UNBESIEGTEN .542
John Wayne mag seinen Ko-Star Rock Hudson.

CHISUM .550
Ein klassischer Western.

RIO LOBO .554
Die letzte Zusammenarbeit mit Howard Hawks.

BIG JAKE .560
Die letzte Zusammenarbeit mit Maureen O'Hara.

DIE COWBOYS .566
John Wayne unterliegt Bruce Dern.

DRECKIGES GOLD .572
Auf der Jagd nach dem Gold.

GEIER KENNEN KEIN ERBARMEN .578
Ein Mann jagt seine Söhne.

McQ SCHLÄGT ZU .582
John Wayne in einem modernen Großstadtwestern.

BRANNIGAN - EIN MANN AUS STAHL .586
Ein Polizist geht nach London.

MIT DYNAMIT UND FROMMEN SPRÜCHEN .592
Die Rückkehr des Marshals.

DER SHOOTIST .598
Der Schwanengesang des John Wayne.

DIE UNREALISIERTEN PROJEKTE .604
John Wayne wurden im Lauf seiner Karriere eine Vielzahl von Filmen angeboten, aber natürlich konnte er nicht in allen mitspielen. Über mehrere Jahrzehnte hinweg ist so eine stattliche Anzahl an unrealisierten Projekten zusammen gekommen. Manche wurden jedoch auch mit anderen Stars verwirklicht.

PERSONEN-INDEX .606
Die Personen im Leben des John Wayne.

VORWORT

Es gibt nur wenige Schauspieler, die über Jahrzehnte hinweg zu den Top-Verdienern und den Lieblingen des Publikums gehörten. Und noch weniger Schauspielern gelang es, schon zu Lebzeiten Legende zu werden. John Wayne war dies. Er führte die Riege von Hollywoods größten Schauspielern von den 40er bis zu den späten 70er Jahren an. Er war ein Schauspieler, der mit seiner Meinung nicht hinter dem Berg hielt, der sie auch aussprach, wenn sie unangenehm war und der für seine Überzeugungen eintrat, egal, wie viel Gegenwind ihm das auch bescherte.

John Wayne machte keinen Hehl aus seiner Krebserkrankung. Und das in einer Zeit, in der eine Krankheit das Image eines Action-Helden hätte vernichten können. Doch der Duke, wie er genannt wurde, war auch im echten Leben ein Held, der keinem Kampf aus dem Weg ging. Er besiegte den Krebs - fürs Erste. Und war schon wenige Monate später wieder im Sattel, um den nächsten Film zu drehen.

John Wayne war ein Mann, dem die Familie alles bedeutete, der seine Freunde liebte und seine Fans zufriedenstellen wollte. Er war noch ein Schauspieler von echtem Schrot und Korn, dem nur zu bewusst war, dass er den Fans alles zu verdanken hatte. Dass ihre Liebe für ihn ihm Möglichkeiten erschlossen hatte, die er einstmals vielleicht nicht für möglich gehalten hätte.

John Wayne wurde wegen seiner politischen Überzeugungen angefeindet. Er war ein „Kommunistenfresser", ein Mann mit konservativen Werten, aber auch jemand, der trotz kernigen Sprüchen über Minderheiten doch recht liberale Überzeugungen vertrat - auch wenn ihm das seine Gegner niemals zugestanden hätten. Der Duke war ein Patriot, jemand, der sein Land über alles liebte und es auch verteidigte, wenn es Fehler machte.

In seinen Filmen spiegelt sich der Charakter von John Wayne wieder. Er selbst meinte oft, er würde nur sich selbst spielen, stellte sein Licht damit aber unter den Scheffel, denn er war durchaus zu differenzierten, packenden und emotional aufwühlenden Darstellungen fähig - und stellte dies auch immer wieder unter Beweis.

John Wayne ist der vielleicht größte Filmstar, den Hollywood jemals hervorgebracht hat. Ein Mann, dessen Stern mehr als 30 Jahre nach seinem Tod noch immer leuchtend hell am Firmament erstrahlt.

Peter Osteried

DER DUKE

DAS LEBEN EINES STARS

Man kann es nicht besser ausdrücken als der intellektuelle französische Autorenfilmer Jean-Luc Godard, der über John Wayne einst sagte: *„Es ist unmöglich, Wayne nicht zu hassen, wenn er sich für einen Mann wie Goldwater [ein reaktionärer amerikanischer Politiker] einsetzt. Und es ist unmöglich, Wayne nicht zu lieben, wenn er im vorletzten Akt von DER SCHWARZE FALKE plötzlich Natalie Wood in die Arme nimmt."*

Eigentlich wollte Ethan Edwards - wie Wayne in diesem wohl größten Western der Filmgeschichte heißt - das Mädchen ja töten, weil sie seit ihrer Entführung durch Rothäute zu sehr Indianerin geworden sei, aber im entscheidenden Moment bringt er sie dann doch nach Hause, zurück in ein Heim, dessen Schwelle er nicht überschreiten wird, weil er - wie es in einem indianischen Sprichwort heißt - verdammt ist, für immer zwischen den Winden zu wandern, keiner Seite wirklich anzugehören.

Ethan ist ein Rassist, der auf die Indianer herabblickt (Wayne selbst meinte einmal, es sei selbstsüchtig von den Indianern gewesen, ihr Land den Menschen vorenthalten zu wollen, die es brauchten), und doch steht er ihnen viel näher als der Welt der Weißen, aus der der Mann mit der dubiosen Vergangenheit (hat er in der Nachkriegszeit Überfälle begangen?) ausgeschlossen ist. Die ganze Zerrissenheit von Waynes eigenem Charakter wird in diesem Ahab der Prärie deutlich, dessen weißer Wal der Indianerhäuptling „Der schwarze Falke" ist, wegen dem er eine schier endlose Odyssee auf sich nimmt. (Waynes Wertschätzung für die Rolle zeigt sich auch darin, dass er sein siebtes und letztes Kind Ethan taufte.)

Es ist die Zerrissenheit, die Godard angesprochen hat, eine Zerrissenheit, die quer durch das amerikanische Volk geht, bei dem sich wie der große, viel zu früh verstorbene Westernkenner Joe Hembus einst meinte, Rassismus und Antikapitalismus in ein und demselben Sturkopf

John Wayne als Cowboy. So mochten ihn seine Fans am liebsten. Hier als Ethan Edwards in John Fords DER SCHWARZE FALKE.

(Rechts) ***THE BIG TRAIL war die erste große Chance für den damals noch sehr jungen John Wayne. Er drehte den Film, als er gerade mal 22 Jahre alt war. Zu jung, um schon zum Star zu werden. Waynes Zeit sollte erst ein knappes Jahrzehnt später kommen.***

miteinander verbinden würden, Verachtung für Indianer und Hass auf Banken. Und dann ist da noch dieser über Jahrhunderte angewachsene Patriotismus, der manchmal blind macht für Selbstkritik.

Wayne hat 1960 mit seinem für ihn fast ruinösen (aber meisterhaften) Monumentalwestern ALAMO Durchhalteparolen ausgegeben und mit dem ersten und unkritischstem (Pro-)Vietnam-Film, DIE GRÜNEN TEUFEL, 1968 unerschütterlich den Hass aller Liberalen auf sich gezogen. John Wayne kämpfte in Vietnam und im Zweiten Weltkrieg, obwohl er in Wirklichkeit nie an einem Krieg teilgenommen hat. Er nahm sein Recht wahr, aufgrund seines Alters bei seiner Familie zu bleiben, aber andere wie James Stewart und erst recht Clark Gable schlossen sich auch trotz höheren Alters den Streitkräften an. Wayne dagegen kämpfte den vielleicht viel wichtigeren Kampf auf der Leinwand.

ER WAR SCHON EIN HUND

Geboren wurde der „Duke", wie ihn seine Freunde später nannten, am 26. Mai 1907 in Iowa im verschlafenen Städtchen Winterset als Marion Michael Morrison - zumindest gab er später diesen Namen an. In seiner Geburtsurkunde heißt er jedoch Marion Robert Morrison. Einige von Waynes Biographen glauben, dass seine Eltern diesen Namen austauschten, als sie seinen Bruder ebenfalls Robert tauften. Allerdings sollen sie ihn nun Mitchell genannt haben, während Wayne später Michael angegeben hat.

Sicher ist, dass sein Vater Clyde, ein nicht sehr erfolgreicher Apotheker, 1913 wegen seines Lungenleidens mit Frau Mary und Sohn Marion in ein trockeneres Klima zog und in Lancaster, Kalifornien, nahe der Mojave-Wüste mehr schlecht als recht Landwirtschaft betrieb. Damals begann Marions Liebe zu Pferden, auf denen er einen Großteil seiner Filmkarriere verbringen sollte. Aber nach zwei Jahren befand man sich samt des mittlerweile geborenen Robert in einem Vorort von Los Angeles, wo der Daddy sich wieder dem Verkauf von pharmazeutischen Produkten zuwandte.

Es waren schlechte Zeiten, und Marion musste um vier Uhr morgens aufstehen, um Zeitungen auszutragen, und gleich nach Schulschluss Botengänge erledigen, um mitzuhelfen, die Familie über Wasser zu halten. Er teilte auch Handzettel für ein Kino aus, das sich im selben Haus befand, und erhielt als Ausgleich jede Woche ein paar Freikarten. Außerdem waren in Glendale, wo sie wohnten, die Studios der Triangle Film, bei denen er öfters mit seinem Hund Duke vorbeikam, um beim Drehen zuzuschauen. Die Arbeiter, die ihn bald kannten, ohne seinen Namen zu wissen, nannten ihn einfach ebenfalls Duke.

Marion war ein guter Schüler, ein umjubelter Football-Spieler und trat auch schon in Schulaufführungen auf. Sein Ziel war die Marine, aber als ihm die Akademie nicht offenstand,

Tom Mix war einer der großen Western-Helden der Stummfilmzeit und eines von John Waynes Idolen.

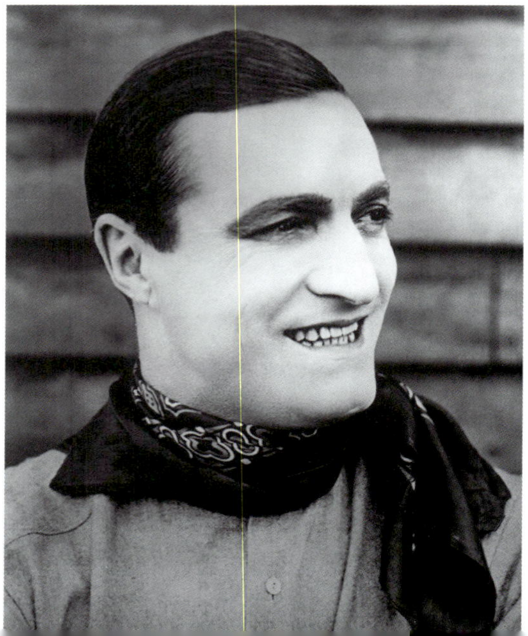

heuerte er verärgert auf einem Ozeandampfer an und hielt sich, wieder an Land, mit Gelegenheitsjobs über Wasser, bevor er sich an der Uni von Kalifornien einschrieb. Er hatte kaum Geld in der Tasche, was lag da näher, als beim Film etwas dazuzuverdienen.

Es war der legendäre Stummfilmcowboy Tom Mix, dem der „Duke" seinen ersten Job verdankte, denn Marions Trainer musste Mix, selbst ein Football-Fan, die besten Plätze im Stadion besorgen, wofür sich Tom mit Jobs für die Spieler revanchierte. Marions Filmkarriere begann als eine Art Möbelpacker in der „Swing Gang", die schnell die Requisiten umgestalten musste. Wayne erinnerte sich später, dass der erste Film, bei dem er mitarbeitete, MOTHER MACHREE hieß. Er soll sogar eine Komparsenrolle darin gehabt haben, was sich nicht mehr überprüfen lässt, da er verschollen ist. Es war ein Film von John Ford.

Andere halten MOTHER MACHREE erst für Waynes fünften Film und sehen in King Vidors BARDELYS THE MAGNIFICENT alias GALGENHOCHZEIT das Debüt des Dukes. Andererseits hat Wayne bei der Oscar-Verleihung 1979 (als er den Academy Award für den Vietnam-Film DIE DURCH DIE HÖLLE GEHEN überreichte) gesagt: „Oscar und ich haben einiges gemeinsam. Wir kamen beide 1928 nach Hollywood, sind beide etwas wettergegerbt und wollen beide noch eine Weile hier bleiben." MOTHER MACHREE wurde 1928 gedreht, BARDELYS THE MAGNIFICENT jedoch entstand bereits 1926.

Bei MOTHER MACHREE kam es jedenfalls zu einem folgenschweren Vorfall: Marion, der dachte, eine Schnee-Szene sei bereits abgedreht, fuhrwerkte diensteifrig in den Kulissen herum, um die Cornflakes, die als Flocken dienten, wieder zusammenzukehren, als ein wutentbrannter Ford ihn anschnauzte, da die Kamera noch immer lief. Der Hilfsrequisiteur stand da wie ein begossener Pudel, was Fords Mitleid erregte, der den armen Teufel zum Mittagessen einlud.

Beide wurden später nicht nur gute Freunde, sondern bildeten auch eine der besten und ausdauerndsten Partnerschaften, die es je zwischen einem Regisseur und einem Schauspieler gab. Ihre Vater-Sohn-Beziehung gipfelte in der Schimpfkanonade des Demokraten Ford: „Ich liebe diesen verdammten Republikaner!" Weitere Kleinrollen sowie Tätigkeiten als Stuntman folgten, bis Marion mit MEN WITHOUT WOMEN um ein sinkendes U-Boot, natürlich von Ford inszeniert, seinen ersten richtigen Film drehte, in dem er einen Funker spielte und so gut wie jeden Schauspieler doubelte, der im Wasser auftauchte. Denn zu Fords Verärgerung weigerten sich die Stuntmen vor Catalina Island in die raue See zu springen, da blickte er Marion an und rief: „Zeig's ihnen!"

EIN LANGER HARTER RITT

1930 spielte Marion seine erste Hauptrolle - in seinem ersten Western. THE BIG TRAIL war eine Monumentalproduktion der ganz frühen Tonfilmzeit. Raoul Walsh, einer der großen amerikanischen Regie-Handwerker, suchte den richtigen Hauptdarsteller: unverbraucht sollte er sein und trotzdem ein ganzer Kerl! Ford zeigte ihm Marion mit den lapidaren Worten: „Da hast du deinen Mann!" Allerdings hatte dieser Mann noch keinen stargerechten Namen, wie das Studio meinte, und da Walsh gerade eine Biographie des Indianerkämpfers General „Mad" Anthony Wayne las, schlug er einfach den vor. Mit dem Nachnamen war das Studio einverstanden, als Vorname wählte es jedoch John.

John Wayne entspannt sich bei einem Bad in der Sonne. Ein ruhiger und privater Moment für den Duke.

Der frischgebackene John Wayne nahm gleich Schauspielunterricht, was zur Folge hatte, dass ihm Walsh erst einmal jede Menge theatralischer Gesten austreiben musste. Im Film spielt Wayne einen Scout, der einen Treck von Kalifornien nach Oregon führt. In einer Szene ritt Charaktermime Tully Marshall neben ihm, und bot ihm einen Schluck aus der Pulle an. Marshall spielte nicht einfach den Betrunkenen, sondern war stockbesoffen, und Wayne, der glaubte, in dem Flakon sei Tee, brannte plötzlich der widerlichste Whisky in der Kehle. Er musste sich total zusammenreißen, um die Szene nicht zu schmeißen. Bei diesem Film, den Walsh später nur noch THE BIG DRINK nannte, lernte Wayne das Saufen, in dem er es später mit jedermann aufnehmen konnte. Oder wie er zu sagen pflegte: „Ich traue keinem, der nicht trinkt."

Der sündhaft teure, in einem neuen Breitwandverfahren gedrehte Streifen freilich scheiterte daran, dass kaum ein Kino dieses Format wiedergeben konnte und wollte. Für die Studios war dies das Ende von „Widescreen" - und von John Wayne als Westernstar. Vielleicht kam er ja in anderen Rollen besser an - z.B. als jugendlicher Liebhaber. Schließlich zahlte man ihm bei der Twentieth Century Fox ja 75 Dollar die Woche. Nicht mehr lange freilich, denn nach solchen Schmonzetten wie GIRLS DEMAND EXCITEMENT und THREE GIRLS LOST hatte man genug von Wayne, der nun einen Vertrag mit Columbia einging, wo Harry Cohn der Boss war. Auch dort waren Western freilich nicht mehr gut angesehen, und so steckte man Wayne für ein paar seichte Komödien abermals in den Gesellschaftsanzug.

Und dann hatte Wayne großes Pech. Er, der Josie liebte (Josephine Saenz war eine Tochter aus kapitalistischem Hause, das keinen armseligen Mimen als Schwiegersohn wünschte), wurde von Cohn fälschlicherweise verdächtigt, an einem Starlet herumzufummeln, das der Columbia-Boss selbst begehrte. Cohn behandelte den Duke wie den letzten Dreck, warf ihm vor, betrunken zum Dreh erschienen zu sein und es mit Schauspielerinnen zu treiben. Wayne weigerte sich sein Leben lang, je wieder einen Film für Columbia zu drehen - Bravo!

Harte Zeiten brachen an. Bei der kleinen Firma Mascot drehte Wayne Kino-Serials - 26 Stunden am Tag, wie er später meinte. Dort lernte er Yakima Canutt kennen, der vom Rodeo kam, und sich als Schauspieler und Stuntman durchschlug. Die beiden wurden nicht nur Freunde, sondern entwickelten und verfeinerten auch die hohe Kunst der Prügelei, die unter ihren Fäusten von einem wilden Aufeinanderlosboxen zur perfekt choreografierten Schlägerorgie avancierte, bei der alles hart und brutal aussah, ohne dass einer verletzt wurde. Wayne hat später sogar einmal gestanden, dass er seinen berühmten wiegenden Gang bei „Yak" abgeschaut habe.

Bei Warner kehrte Wayne endlich zum Western zurück. Er wurde für sechs Stummfilmremakes engagiert und bekam 1500 Dollar pro Film und damit die Möglichkeit, Josie, die er seit 1926 kannte und liebte, 1933 endlich zum Traualtar zu führen. Unzählige Western für Monogram folgten, wo er in den sogenannten Lone-Star-Filmen, die meist nicht einmal eine Stunde lang, aber äußerst actionlastig waren, als einer der damals populären singenden Cowboys auftrat (er hieß Singing Sandy Saunders und sang selbst), doch seine Stimme missfiel ihm, und er weigerte sich, länger herumzuplärren. Außerdem setzte er schon hier das für ihn typische dunkle Kostüm mit Hosenträgern durch, anstatt wie seine Zunftgenossen im weißen Zirkuslook herumzuhopsen. Auch legte er Wert

John Wayne als Cowboy. Er war der ungeschlagene Star des Westerns, der selbst noch diesem Genre treu blieb, als die großen Erfolge schon woanders gefeiert wurden.

darauf, dass seine Helden nicht so süß und reinlich waren wie die der Konkurrenz. Eines war freilich all den Western dieser Periode gleich. Er hieß immer John, denn man legte Wert darauf, Schauspieler und Figur in den Augen der Zuschauer miteinander zu verschmelzen.

1935 wurde die Monogram in die neugegründete Republic integriert, und Waynes Produzent Trem Carr war nun Vizepräsident. Als ersten Film realisierte er mit dem Duke den relativ aufwendigen Western WESTWARD HO für 37.000 Dollar, und als Carr kurz darauf zur Universal wechselte, nahm er Wayne gleich mit. Außer dem Western BORN TO THE WEST, für den man ihn an die Paramount auslieh, drehte Wayne nur Kriegs- und andere Abenteuerfilme (tja, damals galt der Krieg noch als Abenteuer) - ein Erfolg war jedoch keiner von ihnen.

Auch Waynes Ehe war dies nicht, trotz der vier Kinder, die ihm Josie in rascher Reihenfolge geboren hatte. Viel öfter - so der Duke später - habe die recht religiöse und seinem Alkoholkonsum nicht eben wohlgesonnene Gattin auch nicht mit ihm geschlafen. Der frustrierte Duke wollte die Schauspielerei hinschmeißen und sich als Berufsboxer versuchen, doch dafür war er längst nicht mehr jung genug. Also kam er auf den Knien zu Republic gekrochen und bat um Gnade.

Man nahm den verlorenen Sohn wieder auf und verwandelte ihn in Stony Brooke, Anführer der „Three Mesqueteers“. Die drei gingen ab 1938 in unzähligen B-Filmen, die teils im klassischen, teils im modernen Westen spielten, gegen Ausbeuter und Agenten vor.

John Wayne mit überdimensionalem Hut. So wurden Cowboys in der Frühzeit des Westerns gerne dargestellt. Die Helden trugen in der Regel immer weiße Hüte.

HÖLLENFAHRT ZUM RUHM

Zwölf Jahre waren mittlerweile in Hollywood vergangen, über sechzig Filme hatte Wayne gedreht, er war populär geworden, aber immer noch nur einer unter vielen - da kam STAGECOACH, in Deutschland als RINGO oder HÖLLENFAHRT NACH SANTA FE oder beides zusammen bekannt. Wayne wurde ein Star!

Und das kam so: Die Vaterfigur John Ford hatte ihn zuletzt ignoriert. Jahrelang hatte der große Regisseur kein Wort mehr mit ihm gesprochen, hatte ihn nicht mal angesehen, als sei der Held der B-Western nur noch Luft für ihn. Dann aus heiterem Himmel kamen erst Fords Tochter, später Fords Frau zu Wayne und sagten Wayne, der Meister wolle ihn sprechen.

Ford gab dem 08/15-Mimen die Hauptrolle in STAGECOACH, was den Film nicht gerade attraktiv für große Studios machte - er wurde schließlich von dem unabhängigen Walter Wanger produziert. Die Story um einen Gefangenen (Wayne), der mit einer zusammengewürfelten Gruppe von Charakterdarstellern in einer Kutsche durch Indianerland transportiert

Ein Bild, wie es dies heute nicht mehr gäbe. Kein Star würde sich dabei ablichten lassen, wie er eine Zigarette in der Hand hält. John Wayne in RINGO.

wird und sich dabei bewähren darf, wurde für Wayne eine ziemliche Qual, denn der irische Querkopf Ford stauchte ihn ständig zusammen. Offenbar fürchtete er, die etablierten Co-Stars könnten Wayne seine Vorzugsrolle sonst übelnehmen. Seine Rechnung ging auf: Stattdessen bekamen sie nun Mitleid mit ihm. Außerdem wollte er mit dieser Brachialmethode eine bessere Leistung aus Wayne herauskitzeln, der durch die schablonenhaften B-Western schauspielerisch etwas erstarrt war. Überhaupt meinte Wayne später, dass Ford anfangs als Schauspieler nur wenig von ihm hielt. Das hätte sich erst zehn Jahre später bei Hawks' RED RIVER geändert - doch selbst danach sei er sich noch nicht ganz sicher gewesen. Aber nach Fords DER TEUFELSHAUPTMANN schickte ihm der Regisseur die Nachricht: *„Du bist jetzt ein Schauspieler!“*

STAGECOACH war ein Riesenerfolg und bereitete den Boden für eine wahre Evolution des Western hin zu immer anspruchsvolleren Themen. Bis heute ist der „erste erwachsene Western“ in seiner Mischung aus dramatischer Dichte und poetischer Pracht einzigartig. Aber Wayne stand noch bei Republic unter Vertrag und musste erst mal weiter Stony Brooke spielen, wenn er nicht gerade ausgeliehen wurde. Mehrmals war Claire Trevor, die in STAGECOACH eine Hure mit Herz gespielt hatte, die das seine erringen konnte, wieder seine Partnerin, so auch im soliden SCHWARZES KOMMANDO, bei dem Wayne 1940 nicht nur wieder mit Raoul Walsh zusammentraf, sondern auch mit B-Cowboy-Kollege Roy Rogers.

Ein Jahr später drehte er seinen ersten Film mit Henry Hathaway, der bis hin zu seiner Oscar-Altersrolle in DER MARSHALL ein wichtiger Regisseur für ihn werden sollte. Ihre erste Zusammenarbeit war VERFLUCHTES LAND, Waynes strahlender erster Farbfilm um einen Mann, der davon besessen ist, seinen eigenen Vater zu töten, der kein anderer als der altersweise SHEPHERD OF THE HILLS ist. Regisseur James Edward Grant, der hier debütierte, wurde ein wichtiger und hochgeschätzter Drehbuch- und Dialogschreiber des Dukes.

JOHN GEWINNT DEN KRIEG

Neben dem Western wurden vor allem zwei Genres wichtig für Wayne: die Seeabenteuer und der Kriegsfilm. Immer wieder zog es ihn aufs Meer, ob 1942 als eifersüchtiger Liebhaber im farbenprächtigen PIRATEN IM KARIBISCHEN MEER (wo Ray Milland „noch“ der Held sein durfte), 1949 auf Schatzjagd IM BANNE DER ROTEN HEXE (nach der Handelsgesellschaft „Batjak“ im Film benannte Wayne später seine Produktionsfirma, die jedoch „Batjac“ hieß, weil seine Sekretärin sich verschrieb und er kein Aufhebens darum machen wollte) und 1955 kurz nacheinander in DER SEEFUCHS (als deutscher Anti-Nazi Karl Ehrlich, ein Kapitän in der Tradition von Graf Luckner) und DER GELBE STROM (mit Bogart-Witwe Lauren Bacall in asiatischen Gewässern auf antikommunistischem Kurs). Und war er nicht im Wasser, dann war er in der Luft - wie in dem Notlandedrama DAS LETZTE SIGNAL (1953), dem AIRPORT-Vorläufer ES WIRD IMMER WIEDER TAG (1954; beide von William A. Wellman), dem Biopic DEM ADLER GLEICH, dem so antikommunistischen wie erotischen DÜSENJÄGER (beide 1957) oder in UNTERNEHMEN TIGERSPRUNG (1942), wo er schon vor dem Kriegseintritt der USA bei den FLYING TIGERS über den Lüften kämpft, womit wir schon beim nächsten Genre wären und mitten im STAHLGEWITTER (1945), in dem Wayne nahezu hoffnungslos mit seinen Männern auf den Philippinen festsitzt (Regisseur Edward Dmytryk zeigte dem Patrioten freilich zu viele linke Tendenzen ...). Die Großzahl seiner Einsätze ist natürlich erst nach dem Krieg gewesen, so 1949 als verhasster Leuteschinder, der seine Männer in Allan Dwans SANDS OF IWO JIMA auf das TODESKOMMANDO im Pazifikkrieg vorbereitet (was Wayne eine Oscar-Nominierung einbrachte), 1951 in UNTERNEHMEN SEEADLER an Bord eines U-Boots sowie in Nicolas Rays STÄHLERNE SCHWINGEN als Flieger - und noch 1962 (DER LÄNGSTE TAG) und 1965 (ERSTER SIEG) fightete er in der Normandie bzw. im Pazifik. Der Duke kämpfte so lange, bis jeder glaubte, ohne ihn hätte man nie den Krieg gewonnen.

Die besten Filme beider Genres machte Wayne freilich wieder mal mit John Ford. 1940 träumt er als schwermütiger Seemann Ole Olsen an Bord eines Frachters, dass DER LANGE WEG NACH CARDIFF ihn endlich nach Hause zu Muttern bringt, und in Fords ergreifendem SCHNELLBOOTE VOR BATAAN (THEY

WERE EXPENDABLE, 1945), einer Art Filmbiographie während der Rückzugsgefechte vor den Philippinnen, spielt Wayne den Kumpel des Helden.
Privat gab es ebenfalls einige Veränderungen. 1944 wurde er nach zehn Jahren von Josie geschieden und begann 1946 eine stürmische Ehe mit der leidenschaftlichen mexikanischen Mimin Speranza „Chata“ Bauer, die 1953 turbulent endete, 1954 wurde die peruanische Diplomatentochter Pilar Palette seine dritte und letzte Frau, mit der er drei Kinder hatte.
Ein Trio heißblütiger Latino-Frauen - aber Wayne konnte trotz seiner Gattinnen kaum spanisch. Er meinte dazu einmal nur lapidar: „Ich hätte ihnen wohl besser zuhören sollen ...“

DER EWIGE WESTERNER

1947 drehte Wayne seinen ersten Film als Produzent, den überraschend pazifistischen DER SCHWARZE REITER (ANGEL AND THE BADMAN), in dem er wieder mit der wunderschönen, viel zu früh (mit 36!) verstorbenen Gail Russell zusammenspielte, die ihm wohl auch

US Lobby Card (1947)

Die Invasion in der Normandie. THE LONGEST DAY war einer der aufwendigsten Filme, die 20th Century Fox jemals angegangen ist. John Wayne war nur einer aus einer Vielzahl von Stars, die in dem Film mitspielen.

Sammleranfertigung: US-Pressefoto in Deutschland handcoloriert

John Wayne mit seinem Sohn Patrick

Die amerikanische Postbehörde hat auch eine Briefmarke mit dem Konterfei von John Wayne veröffentlicht. Wayne selbst war niemals in der Armee, spielte aber oftmals Soldaten in seinen Filmen. Viele meinen, dass er damit während der Kriegszeit seinem Land einen größeren Dienst erwiesen hat, als wenn er an die Front gezogen wäre. Denn er half, die Moral der Bevölkerung zu heben.

privat viel bedeutet hat. Sie mimt eine Quäkerin, die Wayne dazu bringt, die Waffe wegzulegen, bevor er mit dem Schurken fertig ist.
Gleich danach drehte er mit BIS ZUM LETZTEN MANN (FORT APACHE) Teil 1 von Fords später als Kavallerie-Trilogie betitelter Auseinandersetzung mit dem Offiziersleben am Rande der Wildnis. Stehen hier noch Gehorsam und Legendenbildung im Vordergrund, wird DER TEUFELSHAUPTMANN (SHE WORE A YELLOW RIBBON, 1949), in dem Wayne bereits mit 41 eine Altersrolle spielt, zum subtilen Porträt eines Mannes, der im Dienst alt geworden ist und keinen Platz mehr hat, als er ausscheiden muss. RIO GRANDE (1950), in dem der Held sich Frau (die rothaarige Irin Maureen O'Hara, die häufig Waynes Partnerin war, so auch zwei Jahre später in Fords herrlichem Irlandfarbfilm DER SIEGER) und Sohn entfremdet hat, schließt den Kreis.
Dazwischen liegt noch die oft, aber nie so elegisch-schön wie hier von Ford verfilmte Weihnachtsballade SPUREN IM SAND (THE THREE GODFATHERS), in der drei ruppige Sträflinge ein Baby finden und zu einer Art heilige drei Könige des Westens werden.
Davor drehte Wayne mit dem epischen Viehzug-Western RED RIVER seinen ersten Film mit Howard Hawks, der ihm den greisen Rancher mit den Worten *„Du wirst bald ein alter Mann sein"* anbot. Die Filme mit Hawks gelten als die Gegenstücke zu den Ford-Werken. Ist Wayne bei Ford - wie später auch noch in DER SCHWARZE FALKE und DER MANN, DER LIBERTY VALANCE ERSCHOSS, wo Wayne sein Glück für die Geburt eines Mythos opfert - der einsame, sehnsuchtsvoll umherstreifende Abenteurer, der nirgends sesshaft werden kann, hat er bei Hawks eine „Familie" aus Freunden und Kameraden. Während er sich bei RED RIVER noch durch sein starrköpfiges Verhalten mit der Gruppe entzweit, ist er später in den drei ein und dieselbe Situation (Ansturm auf ein Gefängnis; in den ersten beiden ist Wayne drinnen, im dritten draußen) variierenden Edelwestern RIO BRAVO (1959), EL DORADO (1967) und RIO LOBO (1970) in einer Gruppe aufgehoben. Dasselbe gilt für Hawks' wunderbaren Tierfängerfilm HATARI (1962), bei dessen Dreharbeiten der „Kraut" Hardy Krüger nicht nur durch sein säuferisches Standvermögen den Respekt des Duke vor und hinter der Kamera erwarb.
Bemerkenswert sind noch drei Versuche, in Kostümrollen zu glänzen, die erbärmlich fehlschlugen, weil Wayne wie ein Clown wirkte. Regisseur Dick Powell hatte das Skript zu DER EROBERER (1956) schon fast in den Papierkorb befördert, als es Wayne in die Hände fiel, der ausgerechnet zu Dschingis Khan werden wollte. Der Film rückte später vor allem deshalb wieder in den Blickpunkt, weil fast alle Beteiligten an Krebs starben (4-Päckchen-pro-Tag-Qualmer Wayne eingeschlossen). Die Dreharbeiten fanden in unmittelbarer Nähe von US-Atomtest-Versuchsgelände statt!
Ähnlich fehlgeschlagen ist Waynes Lincoln-ähnliches Outfit im in Japan gedrehten DER BARBAR UND DIE GEISHA (1958) von Bogarts Hausregisseur John Huston, den Wayne als liberalen Intellektuellen nicht ausstehen konnte, sowie die Kleinstrolle als römischer Zenturion, der Christus zum Kreuz begleitet, in George Stevens DIE GRÖSSTE GESCHICHTE ALLER ZEITEN (1965).
Privat verschmolz er immer mehr mit der Rolle des rauhen Westerner. Als er sich in Las Vegas vor einem Drehtag durch eine Party in der Suite von Frank Sinatra (den er eh nicht mochte) gestört fühlte, soll er sich mehrmals telefonisch beschwert haben, doch der Lärm schwand nur kurz, um gleich darauf wieder anzuschwellen. Schließlich tauchte der Duke an der Tür auf und stauchte Frankieboy zusammen. Ein großer Bodyguard trat ihm mit den Worten *„Niemand redet so mit Mr. Sinatra"* in den Weg. Wayne sah ihn kurz an, tat so, als ginge er,

Hardy Krüger und John Wayne in HATARI. Dieser Film war praktisch ein lang gezogener Urlaub in Afrika für Howard Hawks und seine Stars. Hardy Krüger** (links) **verliebte sich damals in Afrika und kaufte dort ein Stück Land.

drehte sich um, schlug ihn zu Boden und schmetterte ihm einen Stuhl über den Schädel. Danach war es mucksmäuschenstill.

KOMMUNISTISCHE BEGEGNUNGEN

John Wayne machte nie einen Hehl aus seinen politischen Ansichten. Er hasste den Kommunismus und das, wofür er stand. Und schon früh drehte er Filme, die seine anti-kommunistische Neigung deutlich unterstrichen.

Schon seit ein paar Jahren hatte man versucht, Wayne für die Motion Picture Alliance for the Preservation of American Ideals zu gewinnen, aber erst 1947 schloss sich Duke der Vereinigung an, die gegen Kommunisten in den eigenen Reihen vorging und Senator Joseph McCarthys House of Un-American Activities Committee erst auf Hollywood aufmerksam machte. In jenem Jahr wurden die Hollywood Ten berühmt, zehn Regisseure und Autoren, die auf den ersten Verfassungszusatz pochten, der freie Rede garantiert und sich weigerten, Auskünfte zu ihrer derzeitigen oder vergangenen politischen Ausrichtung zu machen, wofür sie wegen Missachtung des Komitees inhaftiert wurden.

1949 wählte man Wayne zum Präsidenten der MPAPAI, ein Posten, der ihm viel Kritik einbrachte, und das nicht nur von Liberalen, sondern auch prominenten Vertretern Hollywoods. Doch Wayne entschuldigte sich nie für seinen Patriotismus und den Fakt, dass er glaubte, die kommunistischen Kräfte in den USA seien gefährlich.

In jenem Jahr hielt Wayne einige Reden, in denen es einerseits um die Freiheit, andererseits um die kommunistische Gefahr der stalinistischen Sowjetunion ging. Und in jenem Jahr, so wurde es dem Journalisten Michael Munn von Orson Welles erzählt, begann auch Stalins Besessenheit von John Wayne. Im Zuge der Cultural and Scientific Conference for World Peace in New York im Jahr 1949 schickte die Sowjetunion den linientreuen Regisseur Sergei Gerasimov, der selbst eine Rede vor der Konferenz hielt und amerikanischen Filmen ihre Amoral vorwarf.

Er hörte aber auch die Rede von John Wayne und berichtete zuhause davon. Das soll Stalin so sehr erregt haben, dass er noch in jenem Jahr einen Mordbefehl aussprach: John Wayne sollte sterben.

Welles hatte dies von dem russischen Autor Alexei Kapler erfahren, der von Stalin einst ins Gulag geschickt, aber nach dessen Tod freigelassen worden war. Kapler sprach darüber mit Sergei Bondarchuk, der ein Freund von Gerasimov war und diesen fragte, ob das stimmte. Und Gerasimov bestätigte die Geschichte.

Im Laufe seines Lebens gab es mehrere Anschläge auf John Wayne. Die Einzelheiten sind bekannt, allerdings nur in der Art, wie Yakima Canutt und John Wayne sie gegenüber Michael Munn zur Sprache brachten. Man muss diese Geschichten also mit wachem Auge lesen, denn in wie weit hier Geschichtsverfälschung betrieben wurde, lässt sich heute nicht mehr wirklich nachvollziehen.

Wie beide Männer dem Journalisten Munn jedoch berichteten, wurden Ende der 40er oder Anfang der 50er Jahre zwei russische Agenten auf John Wayne angesetzt, die den Duke in seinem Büro bei Warner Bros. töten sollten. Duke wurde jedoch vom FBI gewarnt, das in jenen Tagen zahlreiche kommunistische Zellen infiltriert und von diesem Mordanschlag Wind bekommen hatte.

Duke war mit Jimmy Grant in seinem Büro. Außerdem waren zwei FBI-Agenten bei ihnen. Gemeinsam warteten sie auf die Ankunft der Attentäter. Die Russen, die mit perfektem amerikanischem Akzent sprachen und sich als FBI-Agenten ausgaben, wurden durch das Tor und zu Wayne vorgelassen. Dort erwarteten die beiden echten FBI-Agenten die Fälschungen

und verhafteten sie.
Doch Wayne und Grant waren mit ihnen noch nicht fertig. Gemeinsam mit den Agenten und den Gefangenen fuhren sie an einen Strand. Dort ließen sie die beiden Agenten niederknien, woraufhin sich Wayne und Grant mit Pistolen hinter ihnen postierten. Wayne wies Grant an, dass bei Drei geschossen würde. Er zählte, die drei kam und zwei Schüsse wurden abgegeben.
Aber die Agenten lebten. Wayne und Grant hatten nur Platzpatronen benutzt. Danach übergaben sie sie den FBI-Agenten mit der Bitte, ihre Namen aus der Angelegenheit herauszulassen. Wayne meinte noch, man sollte sie zurück nach Russland schicken. Doch das ängstigte die Agenten mehr als alles andere. Sie wussten, dass Versagen den Tod bedeutete. Und so wurden sie zu wertvollen Informanten des US-Geheimdienstes.
Auch nach Stalins Tod wurde noch einmal versucht, einen Anschlag auf Wayne vorzubereiten, doch von den Machenschaften einer kommunistischen Zelle erfuhr Yakima Canutt, der mit einigen seiner besten Stuntmen alles daran setzte, dies zu unterbinden und Erfolg hatte.
John Wayne traf auch auf Nikita S. Chruschtschow, den Parteichef der sowjetischen KPdSU, der von Präsident Eisenhower im Zuge von Entspannungsgesprächen in die USA eingeladen worden war. Wayne wurde unterrichtet, dass der sowjetische Staatschef ihn gerne kennen lernen würde. Duke stimmte zu, da er den Präsidenten nicht beschämen wollte, auch wenn er sich wunderte. *„Wie es schien, kannte Chruschtschow einige meiner Filme, die er zu seinem Privatvergnügen ins Russische übertragen hatte lassen“,* erklärte Duke später.
Und weiter: *„Ich schätze ich war neugierig darauf, wie der kommunistische Führer so war. Ich wusste, dass er kein gottverdammtes Monster wie Stalin war, aber seinesgleichen war dennoch ein Feind der Freiheit. Ich traf ihn also auf einer Veranstaltung, die von 20th Century Fox-Präsident Spyros Skouras abgehalten wurde und wir unterhielten uns mit Hilfe eines Dolmetschers. Die Unterhaltung war so privat, wie es geht, wenn man einen Dolmetscher dabei hat und von Presse, Politikern und Filmleuten umringt ist.“*
Wie Wayne weiter erzählte, sollte es dann etwas privater werden, denn Chruschtschow und Duke suchten zusammen mit dem Dolmetscher eine Bar auf, tranken dort kräftig und unterhielten sich über die Vorzüge von Wodka und Tequila. Als Chruschtschow lachte und etwas sagte, wollte Wayne vom Dolmetscher wissen, was es war.
„Er sagt er ist der Anführer des größten Staats der Welt und wird eines Tages die ganze Welt beherrschen.“
Worauf Duke sagte: *„Und ich werde ihm dann einen Arschtritt verpassen.“*
Der Dolmetscher übersetzte und Chruschtschow lachte, woraufhin Duke wissen wollte, was der Dolmetscher gesagt hatte.
„Ich habe ihm gesagt, Sie würden ihm an dem Tag, da er Amerika regiert, einen Drink spendieren.“ Und dann fügte er hinzu: *„Wir müssen hier die Diplomatie aufrechterhalten.“* Und Duke lachte und prostete dem Sowjet zu.
Laut Yakima Canutt war dieses Treffen mit Chruschtschow für Wayne aber auch die Ge-

(Rechts) Deutscher Comic

John Wayne und Sheila Terry im B-Western 'NEATH THE ARIZONA SKIES (1934).

legenheit, den Staatschef auf das Mordkomplott gegen ihn anzusprechen. Und Chruschtschow soll erklärt haben, dass dies eine Entscheidung von Stalin in seinen letzten wahnsinnigen fünf Jahren gewesen sei. Und als Duke wissen wollte, wieso es auch nach Stalins Tod noch Anschlagsversuche gegen ihn gegeben hatte, erklärte der Staatschef, dass es einige kommunistische Zellen gibt, die noch immer dem Stalinismus anhängen, aber um diese würde man sich nun kümmern.
Angesichts dieses Gesprächs musste klar sein, dass dies niemals den Präsidenten erreichen durfte. Der Dolmetscher erklärte Wayne aber, dass er es bestimmt nicht sein würde, der den Präsidenten über so etwas unterrichten würde. Und Duke nickte, gleichwohl erklärend, dass er abstreiten würde, dieses Gespräch je geführt zu haben und der Mann von hinter dem Eisernen Vorhang wohl auch kaum dazu stehen würde.

THE BIG C

„Wenn ich das gewusst hätte, hätte ich die Augenklappe schon vierzig Jahre früher aufgesetzt", meinte Wayne als er für seinen bärbeißigen DER MARSHALL 1970 endlich den Oscar erhielt. Dieser Film war der Auftakt einer Reihe von Spätwestern, in denen Wayne mit Würde alterte, aber im Gegensatz zu Kollegen wie dem gleichaltrigen James Stewart noch immer die Action übernahm. In der Nachfolge von DIRTY HARRY drehte er, Mitte der Siebziger sogar noch zwei Großstadtwestern: McQ SCHLÄGT ZU in Seattle und BRANNIGAN - EIN MANN AUS STAHL in London.
DIRTY HARRY-Regisseur Don Siegel war es auch, der Waynes wundervollen Schwanengesang DER LETZTE SCHARFSCHÜTZE inszenierte, in dem dank seiner Rolle als krebskranker Revolverheld und der eingestreuten „Jugendszenen" aus STAGECOACH Rolle und Leben perfekt miteinander verschmolzen.
Kettenraucher Wayne, der schon geglaubt hatte „the big C" (C = Cancer = Krebs) „weggelutscht" zu haben (immerhin hatte er bereits 1964 zwei schwere Operationen überstanden, die ihm einen halben Lungenflügel kosteten, und war kurz darauf wieder bei DIE VIER SÖHNE DER KATIE ELDER fest im Sattel gesessen), wurde nach weiteren Operationen am Herzen (er bekam die Herzklappe eines Schweins eingesetzt) sowie am Magen und an den Lymphknoten (beides wurde entfernt) doch von der heimtückischen Krankheit gefällt.
John Wayne, der davon überzeugt war, dass Gott ihn geliebt hat (und wir zweifeln auch nicht daran), starb am 11. Juni 1979 um 17.30 Uhr. Er bekam den auf einem mexikanischen Sprichwort beruhenden Grabspruch, den er sich immer gewünscht hatte: **„Er war hässlich, er war stark, er hatte Würde - Feo, fuerte y formal!"**

STECKBRIEF

Bürgerlicher Name: . . . .*Marion Robert Morrison*
Geburtstag: . . . .*26. Mai 1907*
Todestag: . . . .*11. Juni 1979*
Geburtsort: . . . .*Winterset, Iowa, USA*
Spitznamen: . . . .*Duke, JW*
Größe: . . . .*1,93 m*
Auszeichnungen: . . .*2 Golden Globes, 1 Cecil B. DeMille Award, 1 Oscar*

US Plakat (1930)

The Big Trail

US Plakat (1929)

DIE FRÜHEN JAHRE: 1926–1939

Es gibt den einen alles verändernden Film in John Waynes Karriere: STAGECOACH. Zwar bedurfte es später noch RED RIVER, damit sich Wayne als Star wirklich konsolidieren konnte, doch John Fords STAGECOACH war der Wendepunkt. Bis zu jenem Zeitpunkt im Jahr 1939 hatte John Wayne zwar schon in einer ganzen Reihe von Filmen mitgewirkt, aber der Erfolg wollte sich nicht einstellen. Er war ein Schauspieler, der auf kleine schäbige B-Western limitiert war.

In dieser Funktion wurde er häufig für die Republic Studios tätig, aber der große Wurf war in den Reihen, in denen er regelmäßig auftrat, wahrlich nicht dabei. Sein Debüt beim Film gab der damals 19-jährige Wayne als Statist im Film BROWN OF HAVARD (1926). Die folgenden Jahre waren von weiteren Komparsen-Auftritten gezeichnet. Erst 1929 hatte er in WORDS AND MUSIC einen echten Part mit eigenem Rollennamen. Er selbst firmierte in den Stabsangaben als Duke Morrison.

Die folgenden Jahre waren dennoch davon gezeichnet, Kleinstrollen und Engagements als Komparse hinter sich zu bringen. Doch 1930 kam für John Wayne die große Chance seines jungen Lebens. Raoul Walsh besetzte ihn in der Hauptrolle seines Westerns THE BIG TRAIL (DER GROSSE TRECK). Der ehemalige Schauspieler Walsh, der sich als Regisseur zu Stummfilmzeiten einen Namen gemacht hatte, konnte 20th Century Fox überzeugen, in sein Epos zu investieren – und zwar die damals gigantische Summe von drei Millionen Dollar. THE BIG TRAIL war einer der ersten Tonfilme und sollte nach Walshs Willen ein Epos nie gekannten Ausmaßes werden. Darum weigerte er sich auch, im Backlot des Studios zu drehen. Nein, er wollte ausschließlich an Originalschauplätzen arbeiten. Da dies das Budget deutlich beanspruchte, war nicht genug Geld vorhanden, um Stars wie Gary Cooper oder Tom Mix anzuheuern, wie es Walsh vorgeschwebt hatte.

Die Legende will es, dass John Wayne entdeckt wurde, als er als Prop Man bei Fox arbeitete und einem von Walshs Assistenten auffiel, der ihn bat, für den Regisseur vorzusprechen. Man gab Wayne keine Kopie des Drehbuchs. Er sollte improvisieren,

***WORDS AND MUSIC** ist ein Musical, das sowohl als Stummfilmfassung als auch mit Ton produziert wurde. Der Film gilt heutzutage als verschollen.*

The Big Trail

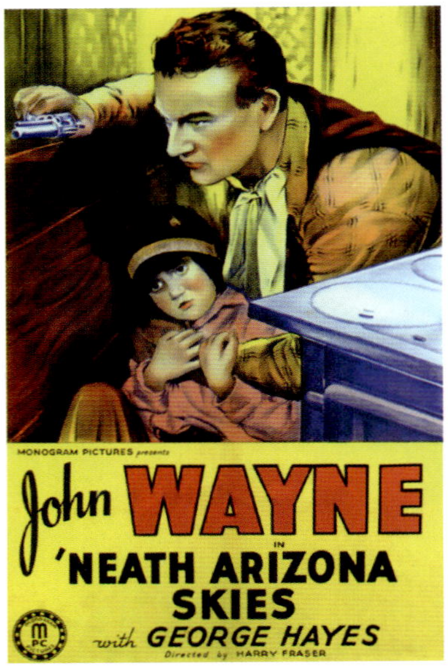

US Plakat (1934)

ARIZONA, US Lobby Card (1931)

während Ian Keith bestens vorbereitet war und auch alle Dialoge kannte. Keith machte sich einen Spaß daraus, Wayne immer wieder auflaufen zu lassen, bis diesem die Hutschnur platzte und er mit einigen Fragen konterte, die Keith wie einen Narren aussehen ließen. Wayne glaubte, dass er damit die Chance auf die Rolle verspielt hatte, doch Walsh mochte die Aggressivität, die Wayne an den Tag legte und bot ihm die Hauptrolle an.

In THE BIG TRAIL spielt Wayne einen Mann, der die Mörder seines Freundes sucht und diese bis zu einem Wagen-Treck verfolgt. Er schließt sich dem Treck an, wobei er vorgibt, für die Siedler Schutz bieten zu können, sucht aber tatsächlich nur weiter nach den Missetätern.

Der Film, den man gut und gerne als das HEAVEN'S GATE seiner Zeit bezeichnen könnte, war ein groß angelegte Werk, das auch heute noch aufwendig erscheint. Das Problem für moderne Zuschauer ist schon eher, dass die Schauspieler zum Overacting neigen – etwas, das beim Stummfilm mangels Ton nicht nur Gang und Gebe, sondern auch notwendig war. Gedreht wurde in der Wüste von Arizona, wobei nicht nur die Hitze der Crew zusetzte, sondern „Montezumas Fluch" den einen oder anderen fällte, darunter auch John Wayne. Walsh drehte den Film in Fox Grandeur, einem 70mm-Vorläufer von CinemaScope. Das Studio bestand jedoch auch darauf, dass er den Film in 35mm drehen sollte, da die wenigsten Kinos 70mm abspielen konnten. Zudem musste Walsh gleichzeitig eine deutschsprachige Version namens DIE GROSSE FAHRT mit anderen Schauspielern, darunter Theo Shall und Marion Lessing, realisieren. Außerdem wurden noch eine spanisch- und eine französischsprachige Version des Films gedreht.

US PLAKAT (1932)

Bei RIDE HIM COWBOY wird sogar John Waynes Pferd Duke auf dem Poster genannt. Dasselbe Pferd ritt Wayne noch in sechs weiteren Filmen.

Das 158 Minuten lange Werk wurde in der 70mm-Variante aufgeführt. Danach kürzte man den Film auf eine Laufzeit von 126 Minuten herunter und brachte die 35mm-Version in die Kinos. Das Publikum war aber weder an der einen noch der anderen Version interessiert, so dass sich THE BIG TRAIL zum herben Flop entwickelte. Das wiederum war für John Waynes Karriere katastrophal. Hatte das Studio erwartet, dass er zum neuen Star aufsteigen könnte, so wurde er nun fallen gelassen, was für ihn hieß, dass er fast ein Jahrzehnt im B-Film versumpfte.

In den 30er Jahren drehte John Wayne eine ganze Reihe von kleinen B-Western, die meist Laufzeiten von 50 bis 60 Minuten hatten. Einige davon fanden viele Jahre später auch den Weg nach Deutschland und wurden gekürzt in der Reihe WESTERN VON GESTERN gezeigt. Andere wurden erst in den letzten Jahren kostengünstig synchronisiert und auf DVD veröffentlicht.

Mit seiner Rolle des Stony Brooke war John Wayne einer der Three Mesquiteers, ein Wortspiel mit den Musketieren und der Mesquite-Wüste in Nevada, und spielte in B-Western mit, von denen es eine ganze Reihe gab, wobei die Mesquiteers immer mal wieder wechselten. In jenen Jahren lernte Wayne aber auch George Sherman kennen, der einige dieser B-Western inszenierte und den Wayne in den 70er Jahren holte, um einen Film für ihn zu inszenieren.

Filmhistorisch betrachtet haben diese B-Western der 30er Jahre praktisch keinerlei Wert. Sie waren schnell heruntergekurbelte Massenware, von denen Studios pro Jahr Hunderte an den Start warfen. Auch als Vehikel für einen hoffnungsvollen Schauspieler waren sie nur bedingt geeignet, denn man konnte zwar durchaus zum kleineren Western-Star innerhalb dieser B-Riege werden, aber der Aufstieg zum A-Film gelang kaum einem. John Wayne war dabei eine der rühmlichen Ausnahmen, die im B-Western anfing und sich dann einen Namen bei großen und aufwendigen Produktionen machte.

Diese frühen Filme sind dementsprechend auch nur für jene Enthusiasten interessant, die wirklich jedes Fitzelchen Filmmaterial mit John Wayne sehen wollen und müssen. Als Kuriosität ist der eine oder andere Film sicherlich nicht uninteressant, so etwa SANTA FE STAMPEDE (AUFSTAND IN SANTA FE, 1938), der vor allem deswegen kurios erscheint, weil der Titel ebenso wie die deutsche Titelvariation von STAGECOACH den Begriff „Santa Fe" führt, aber alles in allem sind dies B-Filme, die zurecht in Vergessenheit geraten sind.

John Waynes Karriere ist in zwei Phasen zu untergliedern: Vor und nach STAGECOACH. Nur weniges, das davor kam, hat auch heute noch etwas zu bieten, das interessant wäre, so etwa THE BIG TRAIL. Ansonsten fand die beachtliche und filmhistorisch relevante Karriere des John Wayne erst nach dem Jahr 1939 richtig statt.

US Plakat (1934)

Als Breck Coleman in THE BIG TRAIL** (linke Seite) **sollte John Wayne auch als romantischer Leading Man überzeugen. NEATH ARIZONA SKIES war ein kleiner B-Western, wie John Wayne sie in den 30er Jahren zuhauf drehte.

JAHR	ORIGINALTITEL	DEUTSCHER TITEL	ROLLE
1926	Brown of Havard	Yale	Footballspieler
1926	Bardelys the Magnificent	Galgenhochzeit	Wächter
1926	The Great K&A Train Robbery	Räuber der Königsschlucht	Komparse
1927	Annie Laurie	Annie Laurie	Komparse
1927	The Drop Kick		Footballspieler
1928	Mother Machree		Komparse
1928	Four Sons		Beamter
1928	Hangman's House		Komparse
1928	Noah's Ark	Die Arche Noah	Komparse
1929	Speakeasy		Komparse
1929	The Black Watch		Komparse
1929	Words and Music		Pete Donahue
1929	Salute		Bill
1929	The Forward Pass		Komparse
1930	Men Without Women	U 13	Radiosprecher
1930	Born Reckless		Komparse
1930	Rough Romance	Mord in Alaska	Lumberjack
1930	Cheer Up and Smile		Komparse
1930	The Big Trail	Der große Treck	B. Coleman
1931	Girls Demand Excitement		P. Brooks
1931	Three Girls Lost		G. Wales
1931	Arizona		Lt. Denton
1931	The Deceiver		R. Thorpe
1931	Range Feud		Clint Turner
1931	Maker of Men		D. Rhodes
1932	The Shadow of the Eagle		C. McCoy
1932	Two-Fisted Law		Duke
1932	Lady and Gent	Der Mann aus Stahl	B. Kinney
1932	The Hurricane Express		Larry Baker
1932	Ride Him, Cowboy		John Drury
1932	That's My Boy		Footballspieler
1932	The Big Stampede		John Steele
1932	Haunted Gold		John Mason
1933	The Telegraph Trail		John Trent
1933	The Three Musketeers	Die drei Musketiere	Lt. T. Wayne
1933	Central Airport	Der Weg ins Ungewisse	Co-Pilot
1933	Somewhere in Sonora		J. Bishop
1933	The Life of Jimmy Dolan		Smith
1933	His Private Secretary		D. Wallace
1933	Baby Face		Jimmy McCoy Jr.
1933	The Man from Monterey		Capt. J. Holmes
1933	Riders of Destiny	Die Wasserrechte von Lost Creek	Saunders
1933	College Coach		Student
1933	Sagebrush Trail	Sein Freund, der Desperado	John Brant
1934	The Lucky Texan	Lucky Texan	J. Mason
1934	West of the Divide		Ted Hayden
1934	Blue Steel	Showdown am Adlerpass	Carruthers
1934	The Man from Utah	Rodeo	J. Weston
1934	Randy Rides Alone		R. Bowers
1934	The Star Packer	Der Schatten	J. Travers
1934	The Trail Beyond	Gier nach Gold	Rod Drew
1934	The Lawless Frontier	Land ohne Gesetz	John Tobin
1934	'Neath the Arizona Skies		C. Morrell
1935	Texas Terror	Abenteuer in Texas	J. Higgins
1935	Rainbow Valley	Im Tal des Regenbogens	John Martin
1935	The Desert Trail	Der Rodeo-Raub	John Scott
1935	The Dawn Rider	Freunde/Reiter in der Dämmerung	J. Mason

JAHR	ORIGINALTITEL	DEUTSCHER TITEL ..ROLLE
1935	Paradise Canyon	Feuerwasser und ......J. Wyatt frische Blüten
1935	Westward Ho	Westwärts! ....John Wyatt
1935	The New Frontier	Flammende Grenze ..Dawson
1935	Lawless Range	Tal der Angst ....Middleton
1936	The Oregon Trail	Capt. John Delmont
1936	The Lawless Nineties	Land der Zukunft ....John Tipton
1936	The Lonely Trail	Wie vom Winde verweht ....Capt. John Ashley
1936	King of the Pecos	König vom Pecos........Clayborn
1936	Winds of the Wasteland	Winde der Wildnis........J. Blair
1936	Sea Spoilers	....................................B. Randall
1936	Conflict	................................Pat Glendon
		....................................Bill
1937	California Straight Ahead!	....................................Biff Smith
1937	I Cover the War	Bomben über dem ....Bob Adams Orient / In gefährlicher Mission
1937	Idol of the Crowds	....................................J. Hansen
1937	Adventure's End	Nacht des Grauens ....Duke Slade Der Schatz am Meeresgrund
1937	Born to the West	Spielhölle von Wyoming D. Rudd
1938	Pals of the Saddle	Freunde im Sattel ......S. Brooke
1938	Overland Stage Raiders	Gold in den Wolken ....S. Brooke
1938	Santa Fe Stampede	Aufstand in Santa Fe ..S. Brooke
1938	Red River Range	....................................S. Brooke
1939	The Night Riders	Ritter in der Nacht ......S. Brooke
1939	Three Texas Steers	....................................S. Brooke
1939	Wyoming Outlaw	Der Bandit von ....S. Brooke Wyoming
1939	New Frontier	Wasser für Arizona......S. Brooke

US Plakat (1932)

US Plakat (1932)

US Plakat (1932); (Rechts) US Plakat (1933)

US Plakat (1939)

US Plakat (1940)

US Plakat (1939)

Three Texas Steers

Teilausschnitt aus dem deutschen WA Plakat von 1974

SEINE FILME AB 1939

A1 Erstaufführungsplakat von 1950; Grafik: Schubet

HÖLLENFAHRT NACH SANTA FÉ

1939

Originaltitel: . . . . .STAGECOACH
Deutscher Alternativtitel: . . . . .Ringo
US-Erstaufführung: . . . . .2. März 1939
Dt. Erstaufführung: . . . . . . .13. Oktober 1950
Laufzeit: .96 Minuten
Regie: . . . . .John Ford
Drehbuch: . . . . . .Dudley Nichols, Ben Hecht
Musik: . . . . .Gerard Carbonara
Kamera: . . . . .Bert Glennon
Schnitt: . . . . .Otho Lovering, Dorothy Spencer, Walter Reynolds
Darsteller:
John Wayne . . . .(Ringo Kid)
Claire Trevor . . . .(Dallas)
Andy Devine . . . .(Buck)
John Carradine . . . .(Hatfield)
Thomas Mitchell . . . .(Doc Boone)
Louise Platt . . . .(Lucy Mallory)
George Bancroft . . . . .(Sheriff 'Curly' Wilcox)
Donald Meek . . . .(Peacock)
Berton Churchill . . . .(Gatewood)
Tim Holt . . . .(Lieutenant)
Tom Tyler . . . .(Luke Plummer)

Inhalt:
Eine gefährliche Postkutschenfahrt steht neun Passagieren bevor, denn Indianerhäuptling Geronimo ist auf dem Kriegspfad. Den Weg durch indianerreiches Gebiet treten u.a. an: der Spieler Hatfield, der stets besoffene Dr. Boone, die schwangere Lucy Mallory, der mit den Rücklagen seiner Bank durchgebrannte Gatewood, die Bardame Dallas und kurzfristig auch Sheriff Wilcox, der den bekannten Desperado Ringo Kid eingefangen hat, der eine alte Rechnung mit einigen seiner alten Kumpane offen hat. Die Emotionen kochen sehr bald hoch, als eine Kutschenstation offensichtlich von den Indianern aufgebracht wird. Als die Rothäute angreifen, liegt es dann an Ringo, die braven Leute vor den Angreifern zu bewahren.

Es war das Jahr 1939. John Wayne hatte zu jener Zeit bereits mehr als ein Jahrzehnt auf seine große Chance gewartet. Er hatte in Dutzenden von B-Western mitgespielt und mit THE BIG TRAIL (DER GROSSE TRECK) 1930 schon einmal die Gelegenheit gehabt, sich als Star zu beweisen. Doch der Film ging unter - und mit ihm Wayne. Was er in den folgenden Jahren machen musste, waren B-Western, die einst das Butter und Brot Hollywoods waren, zum Ende der 30er Jahre jedoch als Peinlichkeit empfunden wurden. Der Western, so war die einhellige Meinung, war auf dem besten Weg auszusterben. Es sollte gänzlich anders kommen.

Die Geschichte von STAGECOACH beginnt bereits 1937. Regisseur John Ford wurde damals auf die Geschichte „Stage to Lordsburg" aus der Feder von Earnest Haycox aufmerksam. Veröffentlicht worden war sie im April 1937 im Magazin „Colliers". Ford mochte sie und kaufte für 2.500 Dollar die Filmrechte. Er war der Meinung, dass er angesichts seines Renommees schnell einen Finanzier finden würde, um das Projekt anzugehen. Doch Ford schien unterschätzt zu haben, wie es um den Western in jenen Tagen wirklich stand.
Ford ließ ein Drehbuch von Dudley Nichols anfertigen, das dieser Stück für Stück zwischen anderen Aufträgen fertig stellte. Mit seinem späteren Star John Wayne war Ford bereits seit Jahren befreundet. Wayne hatte für Ford bereits als Ausstatter bei dessen Stummfilmen gearbeitet. Seit jener Zeit pflegten beide freundschaftlichen Kontakt, allerdings hatte sich Ford nie verpflichtet gefühlt, dem Duke unter die Arme zu greifen. Gerade mal ein paar Tage Arbeit als Statist hatte Wayne in Ford-Produktionen bislang bekommen.

John Wayne spielt in HÖLLENFAHRT NACH SANTA FÉ (STAGECOACH) den Desperado Ringo Kid.

Nun lud Ford den Duke jedoch ein, mit ihm einen Bootstrip zu unternehmen. Dort gab er ihm „Stage to Lordsburg" zu lesen und wollte wissen, was er davon hielt. Wayne erklärte, dass Haycox eine starke Geschichte geschrieben hatte. Daraus entspann sich ein Dialog, der etwa so gewesen sein muss.

„Wer denkst Du sollte Ringo Kid spielen", wollte Ford wissen.
„Lloyd Nolan", antwortete Wayne mit Überzeugung.
„Nolan!", schrie Ford. Und - wie es seine Art war -fuhr aufbrausend fort: *„Duke, Du dummer Kerl. Glaubst Du nicht, dass Du die Rolle spielen könntest?"*
„Zum Teufel, ja", antwortete Wayne. Und fügte hinzu: *„Wenn ich die Gelegenheit dazu bekomme."*
„Die hast Du!", beendete Ford das Gespräch.

Österreichisches WA Foto von 1961

Ford hatte von vornherein vorgehabt, den Part von Ringo Kid mit John Wayne zu besetzen. Was ihn dazu angetrieben haben mag, darüber kann man spekulieren. War es eine Art Pflichtbewusstsein gegenüber einem Freund? Oder sah er im Duke den perfekten Kandidaten für den Part? Oder er war endlich bereit, Waynes Star-Potenzial anzuerkennen und als Starmacher zu fungieren. Vielleicht war es von allem ein wenig. Auf jeden Fall wollte er John Wayne für die Rolle. Und darum riet er dem Schauspieler mit allem Nachdruck, sich nicht mit einem Vertrag an ein Studio zu binden, bis er STAGECOACH produktionsfertig hatte. Wayne dachte darüber nach und tat wie ihm geheißen, da ihm klar war, dass er im Moment im B-Film versumpft war, aber eine große John-Ford-Produktion für ihn die Chance bot, endlich den echten wahrhaftigen Durchbruch zu schaffen. Doch Waynes Geduld wurde auf eine harte Probe gestellt, denn für Ford war es alles andere als leicht, mit STAGECOACH in Produktion zu gehen. Er stellte das Skript verschiedenen Studios vor, erhielt aber Absagen. Erst als er sich an den unabhängigen Produzenten Walter Wanger wandte, der auf dem United-Artists-Lot arbeitete und der Firma noch einen Film schuldig war, hatte er Glück. Wanger mochte das Drehbuch und erkannte darin auch das, was Ford von Anfang an angesprochen hatte: STAGECOACH sollte nicht einfach nur ein aufgeblähter B-Western werden. Er sollte eine A-Produktion werden, die nicht auf Jugendliche abzielte, sondern Erwachsene ansprach.
Wanger wollte Gary Cooper in der Rolle des Ringo Kid. Ford schluckte, erklärte dann jedoch, dass er bereits einen Schauspieler gecastet hatte: John Wayne. Wanger war nicht gerade euphorisch, wusste er doch um den Status des Schauspielers. Aber er vertraute Ford genug, um sich nicht gegen diese Wahl zu stellen.

„Wenn nicht alles schwarz und weiß ist, dann frage ich: Warum verdammt noch mal ist das nicht so?“
(Zitat John Wayne)

Die Dreharbeiten von STAGECOACH begannen am 10. November 1938. Gedreht wurde hauptsächlich im Monument Valley. Eine absolute Neuerung, wurden Western bis dato doch kaum an Originalschauplätzen, sondern oftmals im Studio gedreht. Ford verbuchte das Finden des Monument Valleys immer als sein Verdienst, auch wenn er es nicht war. Denn tatsächlich hatte Wayne ihm den Ort nahegelegt, nachdem er selbst ihn in seiner Freizeit bei einem Dreh entdeckt hatte. Dass Ford das Valley bei jeder Gelegenheit als seine Entdeckung ausgab, störte Wayne. Anfangs fand er auch Widerworte, ließ diese aber verstummen, denn er wusste nur zu gut, dass man in Fords Gunst sehr schnell fallen konnte.

Die Beziehung zwischen Ford und Wayne war niemals eine, die man mit den Worten „beste Freundschaft" definieren könnte. Beide kannten sich seit Jahren, verbrachten auch Zeit miteinander, doch ließ Ford Wayne immer spüren, wer Erfolg hatte, und wer nicht. Beide hatten 1929 bei MEN WITHOUT WOMEN zusammengearbeitet. Doch danach kam nichts mehr, noch nicht einmal, als Waynes Karriere drohte, den Bach runterzugehen, als er von Fox gefeuert und später von Columbia aus seinem Vertrag entlassen wurde.

Wenn Wayne arbeitete, dann traf sich Ford des Öfteren mit ihm, kritisierte aber ständig, in welch schäbigen und billigen Filmen der Schauspieler mitwirkte. Wenn Wayne nicht arbeitete, ignorierte Ford ihn weitestgehend. Das ging sogar soweit, dass Wayne Ford am Set eines neuen Films besuchte und dieser durch ihn hindurch blickte, als wäre er Luft.

Ford hätte auch mit Gary Cooper an diesem Film arbeiten können, aber er wollte Wayne. Es hat den Anschein, dass er als dessen Entdecker gesehen werden wollte. Etwas, das mit dem bereits etablierten Cooper niemals der Fall gewesen wäre. Warum sich der Regisseur jedoch erst so spät dazu entschloss, Wayne einzusetzen, bleibt fraglich. In all den anderen Jahren schien er mehr damit zufrieden zu sein, Wayne kleinzuhalten. Und so manches betrachtete er gar als persönlichen Affront, etwa als Raoul Walsh den Schauspieler im Ford-Gefolge fand und selbst in einem Film einsetzte. So kam es, dass Ford über lange Zeit hinweg nicht mit Wayne sprach, einmal gar über zwei Jahre. Und Wayne konnte sich darauf nie einen Reim machen.

Die Dreharbeiten waren für den Duke alles andere als ein Zuckerschlecken. Ford war dafür bekannt, sowohl im Privaten als auch bei der Arbeit schnell aus der Haut zu fahren. Und er hatte eine durchaus bösartige Ader. So schien er es zu genießen, Wayne am Set zu demütigen. Als dieser ihm gegenüber einmal er-

JOHN WAYNES ENTOURAGE:

JOHN FORD

John Ford wurde am 1. Februar 1894 in Cape Elizabeth, Maine, geboren. Sein bürgerlicher Name war John Martin Feeney, aber seine Freunde sprachen ihn mit einer Reihe von Spitznamen an: Pappy, Coach, Uncle Jack oder The Admiral.

Er war das zehnte von elf Kindern in der Familie Feeney. Zum Film folgte Ford seinem Bruder Frank, der ab 1909 als Schauspieler tätig war und in mehr als 500 Filmen mitgewirkt hat. Schon während der Stummfilmzeit verdiente sich Ford seine Sporen als Regisseur. Sein erster Film war 1917 THE TORNADO, den er noch unter dem Namen Jack Ford inszenierte. Ford drehte Dutzende von Stummfilmen und in den 30er Jahren etablierte er sich als einer der erfolgreichsten Regisseure seiner Generation. Als er mit John Wayne STAGECOACH drehte, war er bereits ein echter Star.

Ford trat mit Eintritt der USA in den Zweiten Weltkrieg der Armee bei und drehte an der Front Dokumentarfilme, darunter THE BATTLE OF MIDWAY (1942) und DECEMBER 7TH (1943), für die er mit dem Oscar als bester Dokumentar-Regisseur ausgezeichnet wurde.

Fords ganz große Zeit als Regisseur kam in den 40er und 50er Jahren. Er drehte eine Reihe von bemerkenswerten Western, wobei er mit Vorliebe im Monument Valley arbeitete, egal, ob dieses zur Story passte oder nicht. Einige seiner besten Arbeiten hat er mit John Wayne zusammen fabriziert: BIS ZUM LETZTEN MANN (Fort Apache, 1948); DER TEUFELSHAUPTMANN (She Wore A Yellow Ribbon, 1949); RIO GRANDE (Rio Grande, 1950); DER SIEGER (The Quiet Man, 1952); DER SCHWARZE FALKE (The Searchers, 1956).

Oscars erhielt er als bester Regisseur für: DER VERRÄTER (The Informer, 1935); FRÜCHTE DES ZORNS (The Grapes of Wrath, 1940); SCHLAGENDE WETTER (How Green Was My Valley, 1942) und DER SIEGER (The Quiet Man, 1952).

John Ford verstarb am 31. August 1973 an den Folgen eines Krebsleidens.

John Ford war am Set ein Tyrann. Doch viele seiner Stars wie John Wayne liebten ihn. Der Duke glaubte, dass nur Ford und Howard Hawks in der Lage waren, große Leistungen aus ihm herauszukitzeln.

STAGECOACH war der erste Western, der das Thema sehr viel ernsthafter anging. War der Western zuvor eine Domäne des B-Films, so machte John Ford daraus etwas weitaus Edleres und begründete eine Tradition, die dem Genre die Zukunft sicherte.

wähnte, dass er meinte, Ko-Star Andy Levine würde die Zügel zu locker und damit unrealistisch halten, rief Ford Cast und Crew zusammen und verkündete lautstark, dass Wayne Devine für einen schlechten Schauspieler hielte.

Ford pflegte, jeden Morgen erst einmal eine Tirade an Flüchen loszulassen. Sein liebstes Ziel war John Wayne, der ihm nichts rechtmachen konnte. Dabei war der Duke immer der erste am Set, kannte sowohl seinen Text als auch den seiner Kollegen, und probte sogar noch nach Drehschluss. Viele seiner Kollegen erklärten Jahre später, dass sie sich dafür schämten, wie Ford den Schauspieler behandelt hatte.

Wayne selbst ertrug dies alles stoisch. Und verließ das Set, wenn es ihm zu viel wurde. Gegenüber dem Stuntman Yakima Cannutt, der den Sprung von der Kutsche auf das Pferdegespann absolvierte, erklärte Wayne einmal, dass es reiche und er sich Ford zur Brust nehmen würde. Cannutt riet ihm davon ab, da Ford die Macht besaß, Waynes Karriere zu vernichten.

Der Duke war ein pragmatischer Mann. Ihm war klar, dass Cannutt Recht hatte und so machte er gute Miene zum bösen Spiel. Das

George Bancroft als Sheriff 'Curly' Wilcox

In STAGECOACH war John Wayne noch ein junger Mann. Aber schon hier konnte man erkennen, dass er zum Star geboren war. Sein Schauspiel ist größer als das Leben selbst. Er erscheint überdimensional. Und dennoch dauerte es nach STAGECOACH noch einige Jahre bis John Wayne zum Superstar aufstieg.

Ergebnis war, dass Ford ihn auch in weiteren Filmen einsetzte. Ford verbuchte darum gerne für sich, dass er den Star John Wayne gemacht hatte. Und Wayne ohne ihn nichts sei, doch mit dem Erfolg von RED RIVER (PANIK AM ROTEN FLUSS) im Jahr 1948, der unter der Regie von Howard Hawks entstand, bewies Wayne der ganzen Welt, dass er als Schauspieler tatsächlich ein Selfmademan war.

Die Dreharbeiten zu STAGECOACH dauerten bis zum 22. Dezember 1938. Neben dem Monument Valley hatte man auch in Kayenta und Mesa in Arizona und in Dry Lake, Victorville, Fremont Pass, Newhall, Calabasas und Chatsworth in Kalifornien gedreht. Außerdem fand Studioarbeit in Encino bei RKO und in den Republic Studios statt.

Das Budget, das für den Film anvisiert worden war, betrug 392.000 Dollar. Der Film wurde deutlich teurer und kostete letzten Endes 531.374 Dollar. An der Kinokasse erwies sich STAGECOACH als Erfolg. Er spielte über 1,1 Millionen Dollar ein, wobei bei einer Wiederaufführung im Jahr 1944 noch einmal knapp 300.000 Dollar hinzukamen. John Wayne hatte von dem Geldsegen nichts. Er hatte für 600 Dollar die Woche gearbeitet (zum Vergleich: ein Star wie James Cagney erhielt in jener Zeit

US Plakat (1939)

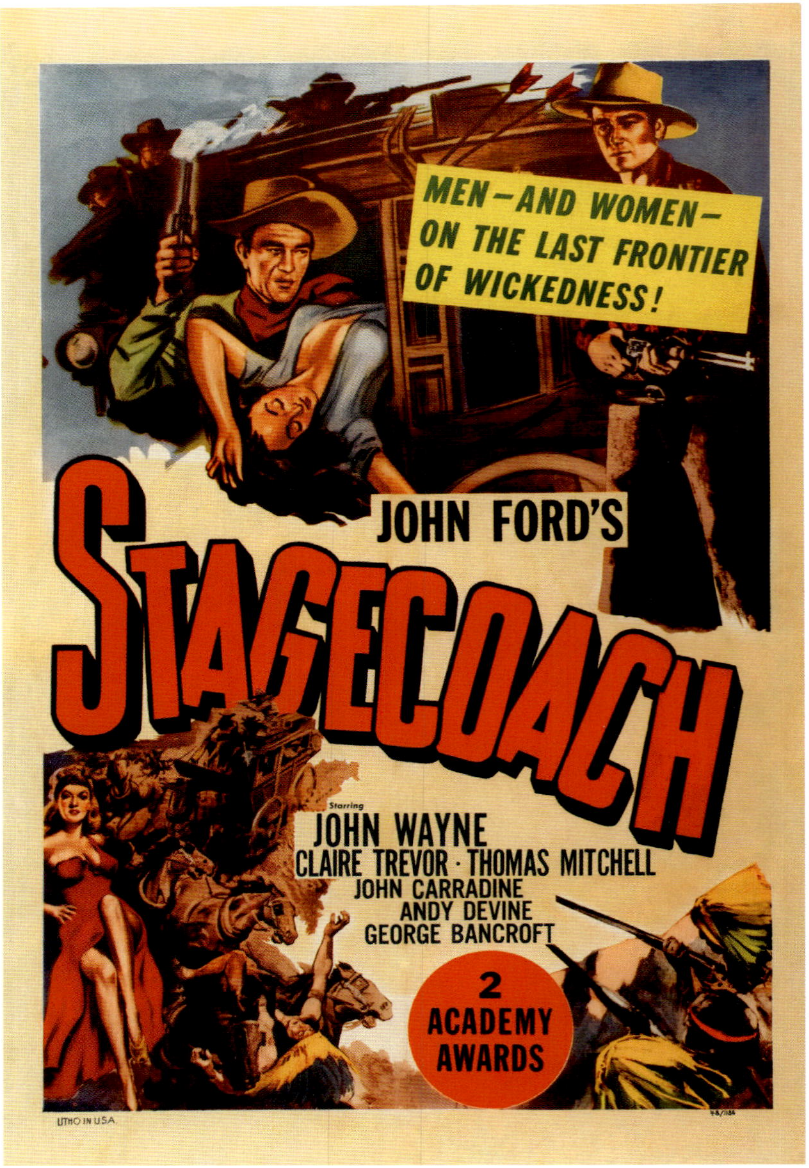

WA US Plakat (1940)

US Plakat (1939)

US Lobby Card (1939)

DAS DEUTSCHE WERBEMATERIAL

EA: Erstaufführung I WA: Wiederaufführung

Plakate:
Höllenfahrt nach Santa Fé . .A1-EA von 1950
Ringo . . . . .A1-WA von 1961 rotes Motiv
Ringo . . . .A1-WA von 1965 schwarzes Motiv
Gleiche Motive, nur anderes Verleihzeichen.
Ringo . . .A2-WA von1965 / Motiv Postkutsche
Höllenfahrt nach Santa Fé / Ringo
. . . . .A1-WA von 1974
Kinoaushangfotos:
Über genaue Anzahl der Aushangfotos zur EA und WA ist nichts bekannt. 20 Motive vom WA-Satz sind bekannt.
WA Fotos von 1974: 12 Fotos, die Motiv unterscheiden sich von den **Atlas** Motiven.

12.500 Dollar pro Woche). Aber was Wayne bekam, war unbezahlbar: Erfolg als Schauspieler.

Der Film erhielt sieben Oscar-Nominierungen und konnte zwei der Statuetten gewinnen. Während Regie, Kamera, Schnitt, Art Direction und der Film selbst leer ausgingen, konnte sich Thomas Mitchell über die Ehrung als bester Nebendarsteller freu. Des Weiteren gab es einen Oscar für die musikalische Aufnahme.

STAGECOACH hat ein ganzes Genre definiert. Aus heutiger Sicht mag der Film darum altmodisch wirken, aber das kommt nur daher, dass das, was 1939 hoch originell war, in den folgenden Jahrzehnten kopiert wurde. Kopiert wurde auch der Film selbst, denn 1966 gab es ein Remake gleichen Namens, das in Deutschland als SAN FERNANDO veröffentlicht wurde. Bemerkenswert ist dieses nur, weil nach vertraglicher Regelung mit Entstehung des Remakes das Original für mehrere Jahre kaltgestellt und weder im Fernsehen noch im Kino ausgewertet worden ist. 1986 wurde auch noch ein Remake fürs Fernsehen produziert, das hier zu Lande den Titel HÖLLENFAHRT NACH LORDSBURG trägt.

Indianer greifen in STAGECOACH die Kutsche an. John Ford nutzte das Szenario für einige halsbrecherische Action-Sequenzen.

Deutsche WA Fotos von 1961

RIVER
RENNAN · CLAIRE TREVOR
M SEITER

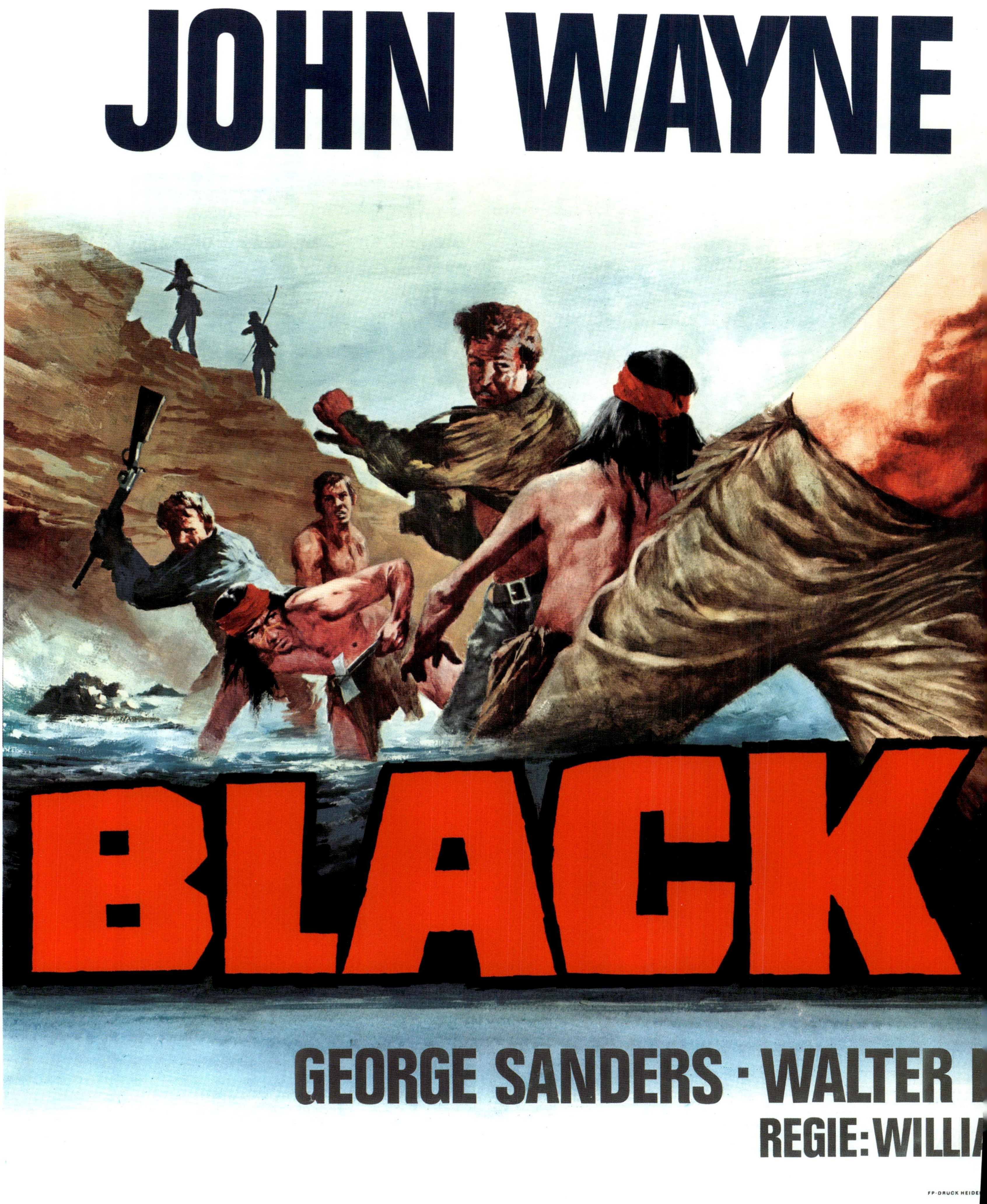

A0; Erstaufführungsplakat von 1966; Grafik: unbekannt

A1 Wiederaufführungsplakat von 1965; Grafik: Fischer-Nosbusch

BLACK RIVER

1939

Originaltitel: ...... **ALLEGHENY UPRISING**
US-Erstaufführung: .....10. November 1939
Dt. Erstaufführung: ....21. Oktober 1966
Laufzeit: ....81 Minuten
Regie: ....William A. Seiter
Drehbuch: ...................P.J. Wolfson
Musik: ....Anthony Collins
Kamera: ....Nicholas Musuraca
Schnitt: ....George Crone
Darsteller:
John Wayne ....(James Smith)
Claire Trevor ....(Janie MacDougall)
George Sanders ....(Captain Swanson)
Brian Donlevy ....(Ralph Callendar)
Wilfrid Lawson ....("Mac" MacDougall)
Robert Barrat ....(Duncan)
John F. Hamilton ....(Der Professor)
Moroni Olsen ....(Tom Calhoon)
Eddie Quillan ....(Will Anderson)
Chill Wills ....(John M'Cammon)
Ian Wolfe ....(Mr. Poole)
Wallis Clark ....(Sgt. McGlashan)

Inhalt:
Nachdem die Indianer 1759 den Briten geholfen haben, die Franzosen zu besiegen, hoffen die Siedler der Allegheny-Region auf Frieden mit den Ureinwohnern. Damit dies auch so bleibt, wollen die Siedler verhindern, dass skrupellose Händler Waffen und Alkohol an die Indianer liefern. Da ihnen die Krone nicht helfen will, kümmern sie sich selbst um ihr Wohl und riegeln das Tal ab. Die Händler bringen britische Truppen mit sich und es kommt zum ausufernden Konflikt und Schusswechsel, als die Siedler ein Fort belagern. Am Ende können die Siedler jedoch beweisen, dass die Händler illegale Waren eingeführt haben.

Der Film entstand unter verschiedenen Arbeitstiteln -THE FIRST REBEL, PENNSYLVANIA UPRISING und ALLEGHENY FRONTIER - und basiert auf dem Roman „The First Rebel" von Neil H. Swanson. Republic lieh John Wayne für diesen Film an RKO Radio Pictures aus. Dafür erhielt die Firma 10.000 Dollar, während Wayne immerhin eine Gage von 6.000 Dollar einstreichen konnte.

Das Budget des Films war auf 530.000 angelegt, wurde jedoch überzogen und mit weiteren Dollars, die in das Marketing flossen, stand am Ende ein Kostenaufwand von 696.000 Dollar. Da der Film in den USA nur 730.000 Dollar erwirtschaftete, stand RKO am Ende mit einem Verlust von gut einer viertel Million Dollar da. Besser bezahlt als der Duke war seine Kollegin Claire Trevor, mit der er schon in STAGECOACH gespielt hatte. Diese bekam für ihre Dienste eine Gage von 22.500 Dollar. Kurz vor Beginn der Dreharbeiten wurden zwei Schauspieler ausgetauscht. Bruce Cabot sollte eigentlich Ralph Callendar spielen während Cedric Hardwicke als Captain Swanson zu sehen sein sollte. Es gab außerdem eine Sequenz mit Walter Walker als Benjamin Franklin, die jedoch vor Kinostart aus dem Film entfernt wurde.

Die Dreharbeiten fanden vom 10. Juli bis zum 3. September in den Santa Monica Mountains und am Lake Sherwood statt. Zeitgenössische Kritiken fanden vor allem nette Worte für Nicholas Musuracas expressionistische Kameraarbeit, Waynes Wirken wurde eher als Standard bezeichnet.

DAS DEUTSCHE WERBEMATERIAL
Plakate:
Black River ....A0 quer EA von 1966
Über ein A1 Plakat ist nichts bekannt.
Kinoaushangfotos:
18 EA Fotos

Deutsches EA Foto von 1966

ALLEGHENY UPRISING kam als BLACK RIVER im Jahr 1966 in Deutschland in die Kinos. Damit startete er mehr als ein Vierteljahrhundert nach US-Uraufführung und ist einer der Wayne-Filme, die mit der größten Verzögerung nach Deutschland kamen.

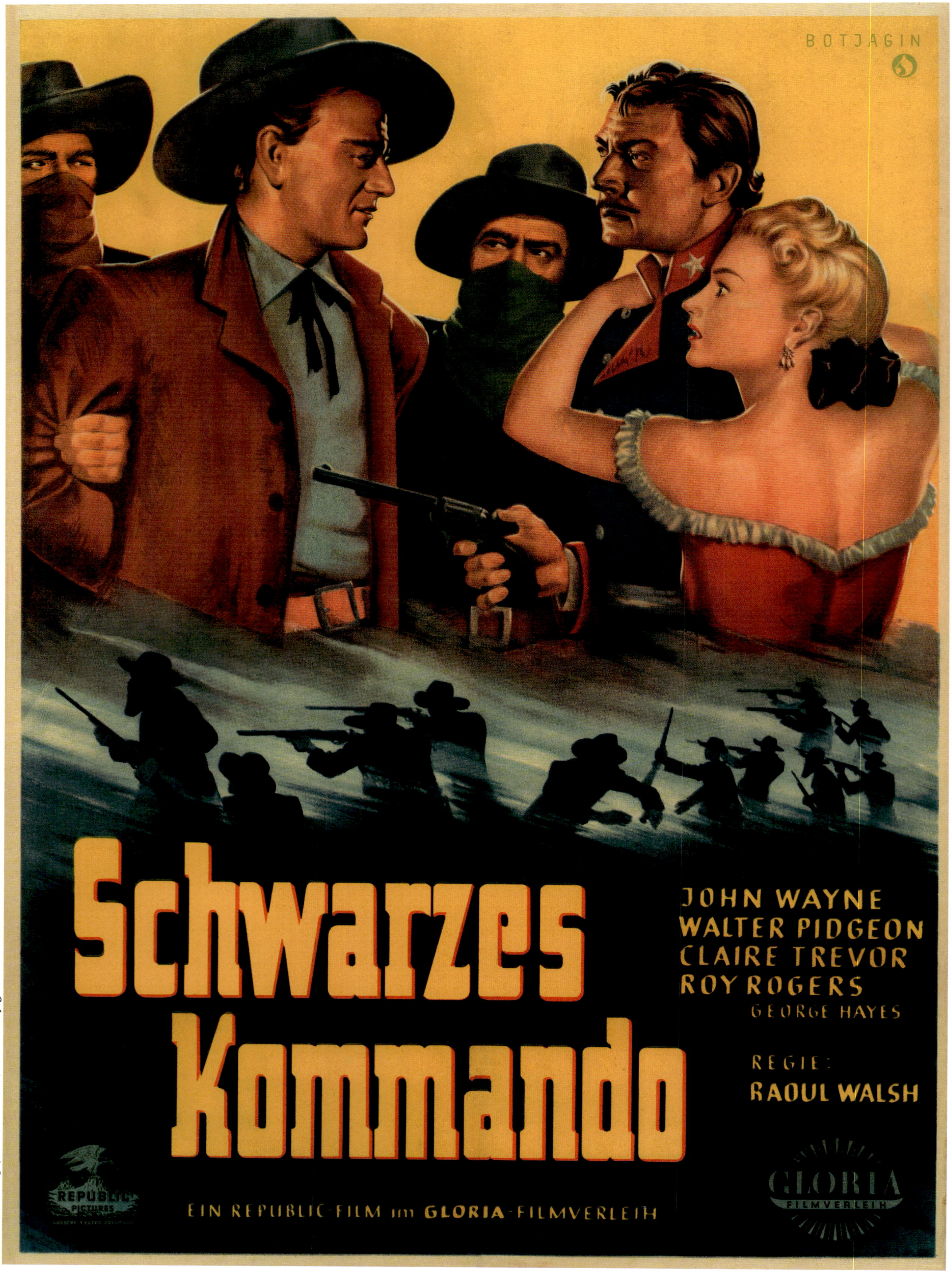

A1 Erstaufführungsplakat von 1951; Grafik: Botjagin

SCHWARZES KOMMANDO

1940

Originaltitel: . . . .**THE DARK COMMAND**
US-Erstaufführung: . . . . .15. April 1940
Dt. Erstaufführung: . . . . .31. August 1951
Laufzeit: .94 Minuten
Regie: . . . . .Raoul Walsh
Drehbuch: . . . . .Grover Jones, Lionel Houser, F. Hugh Herbert
Musik: . . . . .Victor Young
Kamera: . . . . .Jack A. Marta
Schnitt: . . . . .William Morgan
Darsteller:
John Wayne . . . .(Bob Seton)
Claire Trevor . . . .(Mary McCloud)
Walter Pidgeon . . . . . .(William “Will” Cantrell)
Roy Rogers . . . . .(Fletcher “Fletch” McCloud)
George 'Gabby' Hayes .(Andrew “Doc” Grunch)
Marjorie Main . . . .(Mrs. Cantrell)
Porter Hall . . . .(Angus McCloud)
Raymond Walburn . . . .(Richter Buckner)
Joe Sawyer . . . .(Bushropp)
Helen MacKellar . . . .(Mrs. Hale)
J. Farrell MacDonald . . . .(Dave)
Trevor Bardette . . . .(Mr. Hale)

Inhalt:
Kansas 1859: Bob Seton, schlagkräftiger Texaner, ist junger Sheriff der kleinen Stadt Lawrence. Als der verschlagene und machthungrige Lehrer William Cantrell und seine Bande die Kleinstadt in Schutt und Asche legen, will Seton Gerechtigkeit und zieht Cantrell, der auch in Liebesangelegenheiten sein Rivale ist, zur Rechenschaft. Inmitten des beginnenden Bürgerkrieges geht es nun um Leben und Tod, denn Cantrell nutzt die Wirren, um sich selbst zu bereichern. Es kommt zum Showdown zwischen Seton und Cantrell.

Für John Wayne war THE DARK COMMAND ein großes Projekt. Nach STAGECOACH hatte er deutlich an Profil gewonnen. Er war zwar Dank der Republic-B-Western, in denen er Stony Brooke spielte, ein halbwegs bekannter Schauspieler, aber kein A-Star. Durch STAGECOACH hatte sich daran jedoch einiges geändert. Noch war Duke nicht am Zenit angekommen, doch er zeigte, dass er das Zeug dazu hatte, einer der größten Stars des amerikanischen Filmgeschäfts zu werden.

Er stand im Jahr 1939 bei Republic unter Vertrag. Offenbar hatte er eine Regelung gefunden, die es ihm erlaubt hatte, dennoch bei STAGECOACH mitzuwirken. Allerdings hatte er keine Garantie, dass Republic ihn nicht in weiteren B-Filmen verheizen würde. Zu seinem Glück lief sein Vertrag jedoch nur noch ein Jahr. Um in diesem Jahr nicht in Sachen Image geschädigt zu werden, trat er zusammen mit seinem Agenten in Neuverhandlungen mit Republic ein. Er verpflichtete sich, für mehrere Jahre in Republic-Produktionen mitzuwirken, aber diese mussten der A-Riege angehören. Außerdem erklärte sich das Studio bereit, Waynes Einsätze so zu planen, dass sie nicht mit anderen großen Produktionen, die er für andere Studios machen wollte, kollidierten.

Das erste Projekt, mit dem John Wayne für Republic tätig wurde, war THE DARK COMMAND, der auf dem Roman „A Texas Illiad“ von W.R. Burnett basiert. Der Film hatte ein Budget von 383.000 Dollar, das am Ende bis auf 408.000 Dollar aufgestockt werden musste. Dies war notwendig, weil die Dreharbeiten, die vom 29. November bis zum 23. Dezember 1939 liefen, für mehrere Wochen unterbrochen werden mussten, da Waynes Ko-Star Claire Trevor erkrankte und mit heiserer Stimme nicht

John Wayne mit seiner Kollegin Claire Trevor, die schon in STAGECOACH an seiner Seite spielte und in mehreren Filmen mit ihm eingesetzt wurde. Dies geschah, weil man auf die Popularität von STAGECOACH setzte. Zeitweise war Claire Trevor auch besser bezahlt als John Wayne.

John Wayne und Walter Pidgeon spielen hier Rivalen - und das in mehr als nur einer Beziehung.

hatte. Als Waynes Stuntman fungierte erneut Yakima Canutt, der auch die Regie der Stuntsequenzen übernahm. Dass man Wayne die Schauspielerin Claire Trevor zur Seite stellte, hatte Methode. Sie spielte schon mit Duke in STAGECOACH mit und war auch in ALLEGHENY UPRISING (BLACK RIVER, 1939) zu sehen gewesen. Mit von der Partie war auch Roy Rogers, der für Republic in einigen B-Western gleich sich selbst gespielt hatte und im Lauf der Jahre als singender Cowboy bekannt wurde.

1949 produzierte Republic mit LAW OF THE GOLDEN WEST ein Remake, in dem auch viel Stock Footage aus THE DARK COMMAND Wiederverwendung fand. THE DARK COMMAND erwies sich als derart populär, dass Republic den Film 1944 und 1952 erneut in die Kinos brachte.

mehr sprechen konnte. Aufgenommen wurden die Dreharbeiten am 1. Februar 1940 und dauerten weitere 16 Tage an. Die Unterbrechung war für Republic nicht weiter schlimm, hatte man sich doch bei Lloyds of London gegen Ausfälle versichert, um den Film fertig stellen zu können. Bei Versicherungskosten von 10.000 Dollar überwies Lloyds of London schließlich 150.000 Dollar.

Für die Regie verpflichtete man Raoul Walsh (1887-1980), der knapp zehn Jahre zuvor schon mit Wayne an THE BIG TRAIL (DER GROSSE TRECK, 1931) zusammengearbeitet

NOTIZ:
In SCHWARZES KOMMANDO wird die Stadt Lawrence in Kansas geschichtsgetreu abgebrannt, Zu diesem Zweck mußte die Produktion die Stadt nach alten photographischen Dokumenten nachbauen lassen, was die Summe von 100.000,- Dollar kostete. Außerdem wurden in dieser großartigen Szene 50 besonders gutbezahlte und wagemutige Gefahrendarsteller eingestetzt, so daß eine weitmöglichste Echtheit des Ablaufs gewährleistet war.

NOTIZ:
Zur Premiere des Filmes lieh sich Republic vom Western Union Museum den allerersten brauchbaren Telegraphen aus, der überhaupt aufzutreiben war. Er wurde einst auf der Linie Baltimore-Washington benutzt, auf der am 24. Mai 1844 die historischen Worte von Morse „What that God wrought" durchgegeben wurden. Dieser Apparat war gewissermaßen der Großvater des Morsefernschreibers und wurde durch den Film wieder der Vergessenheit entrissen.

Deutsches WA Foto von 1956

DAS DEUTSCHE WERBEMATERIAL

EA: Erstaufführung I WA: Wiederaufführung

Plakate:
Schwarzes Kommando . . .A1 EA von 1951
Schwarzes Kommando . . .A1 WA von 1956
Kinoaushangfotos:
Die genaue Anzahl der EA, als auch der WA Aushangfotos ist nicht bekannt.

Bild unten: Das Motiv gibt es auch als deutsches Aushangfoto.

A1 Wiederaufführungsplakat von 1956; Grafik: Goetze

THREE FACES WEST

1940

Originaltitel: .... THREE FACES WEST
US-Erstaufführung: .... 3. Juli 1940
Dt. Erstaufführung: .... nicht erschienen
Laufzeit: .... 79 Minuten
Regie: .... Bernard Vorhaus
Drehbuch: .... F. Hugh Herbert, Joseph Moncure March, Samuel Ornitz
Kamera: .... Victor Young
Schnitt: .... John Alton
Darsteller:
John Wayne .... (John Phillips)
Sigrid Gurie .... (Leni "Lenchen" Braun)
Charles Coburn .... (Dr. Karl Braun)
Spencer Charters ..... (Dr. "Nunk" Atterbury)
Roland Varno .... (Dr. Eric von Scherer)
Sonny Bupp .... (Billy Welles)

Inhalt:
John Phillips lebt in einer kleinen ländlichen Stadt, die dringend einen Arzt benötigt. Darum beruft er sich auf das Angebot von „We the People", das Ärzte, die aus Nazi-Deutschland und den besetzten Gebieten geflohen sind, in solch kleine Gemeinden geschickt werden. Dr. Braun und seine Tochter Leni kommen in Ashville Forks an, als gerade ein Sandsturm losbricht. Leni trauert noch immer um ihren Verlobten, den Arzt Eric von Scherer, der in Österreich den Nazis zum Opfer gefallen ist. Aber langsam verliebt sie sich in John, der seine Mitbewohner davon überzeugen will, weit weg in Oregon von Neuem anzufangen. Kurz bevor John und Leni heiraten wollen, erfährt sie, dass Eric noch lebt und in San Francisco ist. Doch der Doktor ist ein Spion in Diensten des Dritten Reichs…

THREE FACES WEST ist auch niemals in Deutschland ausgewertet worden. Der Verdacht liegt nahe, dass es mit dem Thema 3. Reich zu tun hat.

THREE FACES WEST war ein B-Film, der von Republic mit einem anvisierten Budget von 100.000 Dollar produziert wurde, dann jedoch 135.000 Dollar kostete. John Wayne erhielt eine Gage von 15.000 Dollar. Die Dreharbeiten des Films fanden vom 27. März bis zum 16. April 1940 in Lone Pine und auf dem Studio-Lot von Republic statt.

Die Regie hatte man dem deutschen Exilanten Bernard Vorhaus (1904-2000) übertragen, was wohl auch damit zusammenhing, da er sich mit den Figuren im Film identifizieren konnte. Er selbst war 1937 aus Deutschland geflohen und hatte in den USA zwar seine Regie-Karriere fortgesetzt, kam aber nicht über recht mondäne Projekte hinaus. In den 50er Jahren war seine Karriere vorbei, als er bei der durch Senator Joe McCarthy durchgeführten Kommunistenhatz als Mitglied der kommunistischen Partei denunziert wurde. Zu jener Zeit hatte Vorhaus seine Verbindungen zur Partei aber schon längst gelöst.

Autor Samuel Ornitz (1890-1957) war ein erfolgreicher Drehbuchautor, aber auch Romanautor und wurde vor allem als einer der „Hollywood Ten" bekannt. 1947 wurden er und andere Filmschaffende vor die HUAC (House of Un-American Activities Committee) zitiert, weil er früher Mitglied der kommunistischen Partei war. Der Ausschuss forderte, dass Ornitz und seine Kollegen andere denunzieren sollten, was diese jedoch nicht taten. Stattdessen bildeten die „Hollywood Ten" eine geschlossene Front und verweigerten der HUAC die Mitarbeit. Ornitz wurde wegen Missachtung des Gerichts zu einem Jahr Haft verurteilt. Daraufhin befanden sich Ornitz und die anderen Mitglieder der „Hollywood Ten" auf Hollywoods schwarzer Liste. Er hat niemals wieder ein Drehbuch geschrieben, war jedoch als Romanautor weiterhin moderat erfolgreich.

THREE FACES WEST ist ein eher unbedeutender Film im Oeuvre von John Wayne, bemerkenswert nur, weil der Duke eine Affäre mit seiner Kollegin Sigrid Gurie hatte.

US Plakat (1940)

Obwohl in New York geboren, lebte Sigrid Gurie mit ihrer Familie in Norwegen und kam erst 1936 nach Hollywood. Mit ihrem Bruder, dem bekannten norwegischen Resistance-Kämpfer Knut Haukelid hatte sie den Kontakt abgebrochen. Gurie starb 1969 an den Folgen einer Embolie.

US EA Plakat (1940), One Sheet

DER LANGE WEG NACH CARDIFF

1940

Originaltitel: . . . **THE LONG VOYAGE HOME**
US-Erstaufführung: . . . . .11. November 1940
Dt. Erstaufführung: . . . . .24. Januar 1964
Laufzeit: . . . . .105 Minuten
Regie: . . . . .John Ford
Drehbuch: . . . . .Dudley Nichols
Musik: . . . . .Richard Hageman
Kamera: . . . . .Gregg Toland
Schnitt: . . . . .Sherman Todd
Darsteller:
John Wayne . . . .(Olsen)
Thomas Mitchell . . . .(Driscoll)
Barry Fitzgerald . . . .(Cocky)
Ian Hunter . . . .(Smitty)
Wilfrid Lawson . . . .(Captain)
Mildred Natwick . . . .(Freda)
John Qualen . . . .(Axel)
Joseph Sawyer . . . .(Davis)

Inhalt:
Die Besatzung der Glencairn besteht aus Einzelgängern, Ausgestoßenen, Verlierern des Lebens, denen nichts als die Arbeit auf ihrem Schiff geblieben ist. Sie alle träumen von einem Heim und nur Donkeyman hat erkannt, dass das Schiff ihr Schicksal ist. Nach einem Stopp in den USA soll die Glencairn Waffen nach London transportieren. Auf der Überfahrt kommt es zu Spannungen und die Crew hält Smitty für einen Spion. Nach Durchsuchen seiner Sachen zeigt sich aber, dass er ein ganz anderes Geheimnis hat: Seiner Alkoholsucht wegen hat er seine Familie verlassen. In London trifft die Crew auf Ole Olsen, der nach Hause nach Stockholm möchte. Die Matrosen der Glencairn beschließen, ihm zu helfen. Als Ole in einer Bar unter Drogen gesetzt und gekidnappt wird, um auf dem Frachter Amindra zu dienen, helfen ihm seine neuen Freunde. Sie können ihn von dem Frachter herunterbringen, doch Driscoll bleibt zurück. Er hat Oles Platz eingenommen. Tags darauf finden seine Freunde durch eine Schlagzeile in der Zeitung heraus, dass die Amindra versenkt worden ist.

Nicht nur wegen seiner B-Filme, auch wegen STAGECOACH war John Wayne auf Western festgenagelt. Er erhielt in seiner noch jungen Karriere nur selten die Gelegenheit, aus diesem Schema auszubrechen. Und auch nach STAGECOACH rannten ihm die Produzenten mit großen Stoffen nicht gerade die Bude ein. John Ford dachte jedoch an ihn: Das Ergebnis ist eine der ungewöhnlichsten Rollen des Dukes und ein Film, mit dem er sich als vielseitiger Schauspieler erwies.

John Ford konnte Walter Wanger überzeugen, THE LONG VOYAGE HOME zu produzieren. Der Film basiert auf den Bühnenstücken von Eugene O'Neill, die jedoch nur Einakter waren. Darum fiel es Nichols zu, aus den vier Stücken „The Moon of the Caribees", „In the Zone", „Bound East for Cardiff" und „The Long Voyage Home" eine durchgehende Geschichte zu machen. Das Ergebnis ist ein Melodrama, das für jene Zeit vielleicht etwas zu naturalistisch und düster anmutete, als dass der Film wirklich ein gigantischer Erfolg hätte sein können.

Für den Part von Ole Olsen wollte Ford unbedingt Wayne. Ole strahlt eine Unschuld und Naivität aus, die Ford wohl auch im jungen Wayne erkannt hatte. Und darum wollte er ihn unbedingt in der Rolle, selbst wenn Wayne das weit weniger enthusiastisch sah.

Denn Ford wollte, dass die Figur mit einem schwedischen Akzent gesprochen wird. Wayne machte sich jedoch Sorgen, dass er lächerlich erscheinen würde, wenn er versuchte, einen skandinavischen Akzent nachzuahmen. Doch Ford wischte diese Bedenken weg und machte Wayne das Zugeständnis, einen Sprach-Coach anzuheuern. Er verpflichtete die Schauspielerin Osa Massen, die mit Wayne an seinem Akzent

John Wayne meisterte in DER LANGE WEG NACH CARDIFF die Herausforderung, mit Akzent zu spielen.

Als Ole Olsen lieferte John Wayne eine seiner bis dato besten Darstellungen ab und konnte einmal abseits des Western-Sujets zeigen, was in ihm steckte.

arbeitete. Erst spät erfuhr Ford, dass Massen gar keine Schwedin, sondern Dänin war. Er entschied jedoch, dass ein wie auch immer gearteter skandinavischer Akzent für das Publikum mehr als ausreichend sei. Und so trainierte Wayne fleißig mit Massen, mit der er auch eine kurze Affäre hatte.

Der Part des Ole Olsen ist nicht die Hauptfigur von THE LONG VOYAGE HOME. Er ist eine Nebenfigur. Und dennoch von immenser Wichtigkeit, da er für die Crew der Glencairn die Hoffnung auf ein besseres Leben verkörpert. Für Wayne war dies eine Rolle, wie er sie so zuvor noch nicht zu spielen hatte. Auch während des Drehs vergingen seine Sorgen nicht, dass das Publikum und die Kritik ihn auslachen könnten. Doch diese waren unbegründet, denn der Film wurde wohlwollend aufgenommen und Wayne selbst in den Kritiken sehr vorteilhaft bedacht. Ihm selbst war klar, dass der Film ein wichtiger Meilenstein auf dem Weg dahin war, als ein ernsthafter Schauspieler und nicht nur als ein Western-Darsteller wahrgenommen zu werden.

THE LONG VOYAGE HOME gehört dementsprechend auch zu jenen seiner Filme, die der Duke selbst sehr schätzte. Sein Geld konnte der Film beim ersten Kinoeinsatz jedoch nicht wieder einspielen, mit Wiederaufführungen brachte jedoch auch dieses Werk seinen Produzenten einen Gewinn ein.

Als Budget waren 675.000 Dollar vorgesehen, wobei dieses auch nur geringfügig mit ein paar Tausend Dollar überschritten wurde. Beim Ersteinsatz wurde jedoch lediglich ein Einspiel von gut 580.000 Dollar generiert.

Gedreht wurde der Film vom 18. April bis zum 27. Mai 1940 in den Samuel-Goldwyn-Studios und am Hafen von Wilmington. Bemerkenswert an THE LONG VOYAGE HOME ist neben Waynes ungewöhnlicher Rolle auch die fantastische Kameraarbeit von Gregg Toland (1904-1948), der im Jahr darauf für Orson Welles CITIZEN KANE fotografieren sollte. Seine Karriere begann er 1926 mit dem Stummfilm THE BAT. Seitdem gehörte zu den experimentierfreudigsten Kameramännern Hollywoods und reizte die Grenzen dessen aus, was mit Beleuchtung, Positionierung der Kamera und Schattenwurf möglich war. Toland war mit einem Drei-Jahres-Einkommen von 200.000 Dollar der bestbezahlte Kameramann Hollywoods und wurde noch Jahre nach seinem Tod von Welles in den höchsten Tönen gelobt, gab er doch immer zu, dass es Toland war, der ihm alles über den Einsatz einer Kamera beim Drehen eines Films beigebracht hatte.

Bei der Oscar-Verleihung 1941 war THE LONG VOYAGE HOME für sechs Oscars nominiert - und zwar in den Kategorien „Beste Kamera“, „Beste Effekte“, „Bester Schnitt“, „Beste Musik“, „Bestes Drehbuch“ und „Bester Film“ - ging aber vollkommen leer aus. John Ford konnte aber immerhin den NYFCC Award der New York Film Critics als bester Regisseur mit nach Hause nehmen.

US Plakat (1940)

US Plakat (1940)

US Lobby Card (1940)

Deutsche EA Fotos von 1964

Bemerkenswert an den Aushangfotos ist die sehr aufdringliche Platzierung des Filmtitels innerhalb der Bilder. Da hätte man deutlich dezenter arbeiten können, da die Bilder so etwas erdrückt werden.

DAS DEUTSCHE WERBEMATERIAL

EA: Erstaufführung I WA: Wiederaufführung

Plakate:
Der Lange Weg nach Cardiff A1-EA von 1964
Kinoaushangfotos:
Die genaue Anzahl der EA Aushangfotos ist nicht bekannt. Die höchste bekannte FSK-Nummer ist die #15.

ein Atlas Film

John Wayne und der lange Weg nach Cardiff. Dieser Film festigte Dukes Meinung, dass Ford der beste Regisseur ist, mit dem er jemals zusammengearbeitet hat. Und dass nur Ford ihn zu Höchstleistungen anspornen konnte.

A1 Erstaufführungsplakat von 1949; Grafik: Weber

DAS HAUS DER SIEBEN SÜNDEN

1940

Originaltitel: .... **SEVEN SINNERS**
Deutsche Alternativtitel: .....Sieben Sünder
US-Erstaufführung: ....25. Oktober 1940
Dt. Erstaufführung: ....8. Juli 1949
Laufzeit: ....87 Minuten
Regie: ....Tay Garnett
Drehbuch: .....John Meehan, Harry Tugend
Musik: ....Hans J. Salter, Frank Skinner
Kamera: ....Rudolph Maté
Schnitt: ....Ted J. Kent
Darsteller:
John Wayne ....(Lt. Dan Brent)
Marlene Dietrich ....(Bijou Blanche)
Broderick Crawford (Edward Patrick Finnegan)
Mischa Auer ....(Sasha Mencken)
Oskar Homolka ....(Antro)
Billy Gilbert ....(Tony)
Albert Dekker ....(Dr. Martin)
Anna Lee ....(Dorothy Henderson)
Reginald Denny ....(Captain Church)

Inhalt:
Die überaus attraktive Sängerin Bijou verdreht regelmäßig allen Männern den Kopf und provoziert mit ihren Auftritten Schlägereien im Publikum. Auch Navy-Leutnant Dan Brent verfällt der schönen Blonden und lädt sie auf sein Schiff ein. Als er Bijou einen Heiratsantrag macht und ihretwegen seinen Dienst quittieren möchte, weiß diese nicht so recht, wie sie sich entscheiden soll: Ist sie bereit für den Hafen der Ehe?

Marlene Dietrich

SEVEN SINNERS ist keines von John Waynes größeren oder wichtigeren Werken. Bemerkenswert ist der Film eigentlich nur, weil er hier das erste Mal auf Marlene Dietrich traf. Noch zweimal sollten beide vor der Kamera agieren. Gleichzeitig kamen sie sich jedoch auch privat näher, wobei der Duke sein Faible für Frauen mit ausländischem Akzent weiterhin kultivieren konnte.

Marlene Dietrich (1901-1992) wurde durch Josef von Sternbergs DER BLAUE ENGEL (1930) bekannt. Der Erfolg brachte von Sternberg in die USA, wobei er seine Liebhaberin Marlene mit sich nahm. Seit den frühen 30er Jahren war die Dietrich in Hollywood tätig, zum Zeitpunkt von SEVEN SINNERS begann ihre Karriere aber gerade erst wieder neu zu erblühen, nachdem einige ihrer Filme in den späten 30er Jahren gefloppt waren. Dietrich, die sich damit rühmte, mit drei Männern des Kennedy-Clans geschlafen zu haben, zog sich in den 50er Jahren sukzessive aus dem Kinogeschäft zurück, war jedoch noch im Theater aktiv. Für ihre Arbeit an SEVEN SINNERS erhielt sie eine Gage von 150.000 Dollar.

Gedreht wurde der Film von Juli bis zum 14. September 1940. Man filmte auf dem Universal-Studios-Lot, aber auch dem Saugus Airfield. Kameramann Rudolph Maté (1898-1964) begann seine Karriere in Europa, wurde jedoch 1935 nach Hollywood gerufen, wo er sich als herausragender Kameramann positionieren konnte. Der mehrfach Oscarnominierte Maté gab diese Profession 1947 auf und wurde Regisseur. Er inszenierte fast 30 Filme, zu seinen bekanntesten gehören hier der Film Noir D.O.A. (OPFER DER UNTERWELT, 1950), der Science-Fiction-Film WHEN WORLDS COLLIDE (DER JÜNGSTE TAG, 1951) und das Historienspektakel THE 300 SPARTANS (DER LÖWE VON SPARTA, 1962), das auch eine seiner letzten Arbeiten war.

1950 entstand ein Remake des Films unter dem Titel SOUTH SEA SINNER (SÜDSEE-VAGABUNDEN).

A2 Wiederaufführungsplakat von 1979

Deckblatt (Cover) des Werberatschlages

DAS DEUTSCHE WERBEMATERIAL

EA: Erstaufführung | WA: Wiederaufführung

Plakate:

Das Haus der sieben Sünden

. . . . .A1-EA von 1949

. . . . .A2-WA von 1979

Kinoaushangfotos:

Über EA Aushangfotos ist nichts bekannt.

WA Aushangfotos: 8 Motive

Deutsches WA Foto von 1979

SEHR GEEHRTER HERR THEATERBESITZER!

Marlene „ist erneut im Lande!

und mit ihr der Streifen, nach dem Ihr Publikum verlangt:
Universal-International's

DAS HAUS DER SIEBEN SÜNDEN
(SEVEN SINNERS)

ein weiterer Film mit dem geliebten und vergötterten Star

Marlene Dietrich

in welchem sie sich selbst und die ‚blonde Frenchy' aus dem „Großen Bluff" um ein Vielfaches übertrifft. Haargenau die Rolle, die Millionen ihrer Bewunderer auf der ganzen Welt von ihr gespielt sehen wollen, verkörpert Marlene Dietrich in dieser romantischen und musikalischen Komödie: Exotisch, erotisch, lachend, weinend; mit ihrer eigenartigen und einmaligen Stimme einschmeichelnde Chansons hauchend; mit ihrem verführerischen und betörenden Augenaufschlag die Männerwelt verwirrend; mit ihren prächtigen Kostümen, die noch genug Spielraum lassen, um dem Publikum einen Blick auf ihre bewunderungswürdigen Beine zu gönnen; und mit einem starken Arm, um eventuell zu weit gehende Bewerber von sich fernzuhalten. Kurz gesagt: Marlene, wie sie liebt, leibt und lebt! Und damit: Marlene, wie sie Ihr Publikum liebt und sehen will — was der Riesenerfolg des „Großen Bluff" nachdrücklich bewiesen hat. Diesmal allerdings verlegt Marlene als Kaffeehaus-Sängerin den Schauplatz ihrer verführerischen Taten vom Wilden Westen in die romantische und paradiesisch anmutende Gegend der Südsee-Inseln. Da sie überall Eifersucht und Kämpfe um ihre Gunst entfacht, wird sie von einer Insel zur anderen verwiesen — jedesmal mit dem gleichen Resultat. Von ihren Gegenspielern seien nur JOHN WAYNE, MISCHA AUER (der bisher in keinem Marlene-Film fehlte), BRODERICK CRAWFORD (einen ehemaligen Matrosen darstellend, der ihr in hündischer Ergebenheit auf allen Wegen als Leibgardist folgt) und OSCAR HOMOLKA erwähnt. Die mit einem Flirt beginnende Geschichte entwickelt sich zu einer reichen Anzahl amüsanter und nicht weniger spannender Liebesaffären, untermalt von typischen ‚Marlene-Songs' (die auch diesmal FRIEDRICH HOLLÄNDER für sie komponierte) und vielen köstlichen und geistvollen — von dem Regisseur TAY GARNETT inszenierten — Einfällen. Nicht weniger verführerisch, nicht weniger anziehend als Marlene selbst ist auch der vielversprechende Titel „Das Haus der sieben Sünden", der Ihnen ungeahnte Werbemöglichkeiten für die Hausfront, Vorreklame, Einladungskarten, Handzettel und sonstige Werbung bietet. Vorschläge hierzu finden Sie auf den folgenden Seiten.

Mit Marlene Dietrich in Universal-International's „Haus der sieben Sünden" haben Sie die Sensation der Woche, volle Kassen und ein begeistertes Publikum!

Unsere Vorschläge für Ihre HAUSFRONT

Marlene Dietrich
Das Haus der sieben Sünden
(SEVEN SINNERS)
MIT JOHN WAYNE
MISCHA AUER · OSCAR HOMOLKA
REGIE: TAY GARNETT
EIN UNIVERSAL-INTERNATIONAL-FILM

Wir bitten Sie, darauf zu achten, daß bei allen Ankündigungen, an der Außenfront, bei Zeitungs-Inseraten, Einladungskarten und jeglicher Werbung die beiden Schutzmarken der MPEA und der Universal-International gezeigt werden.

MARLENE DIETRICH
Das Haus der sieben Sünden
(SEVEN SINNERS)
mit JOHN WAYNE
MISCHA AUER · OSCAR HOMOLKA
REGIE: TAY GARNETT
Ein Universal-International-Film

US Plakat (1941)

A MAN BETRAYED

1941

Das Skript für A MAN BETRAYED war im August 1940 fertig und trug noch den Titel GANGS OF KANSAS CITY. Die Dreharbeiten begannen nur wenige Monate später am 3. Januar und liefen bis zum 30. Januar 1941. Es handelt sich um das Remake des gleichnamigen Films aus dem Jahr 1936, der ebenfalls von Republic produziert worden ist. Lief der Film damals aber nur eine knappe Stunde, so war man nun mit gut 80 Minuten eher abendfüllend.

Das Budget für den Film betrug 250.000 Dollar. Während der Produktion benutzte man den Arbeitstitel CITADEL OF CRIME, bevor man sich vor Veröffentlichung des Films darauf festlegte, den Titel des Originalfilms zu benutzen.

Für die weibliche Hauptrolle wurde zuerst Ona Munson in Betracht gezogen, die mit GONE WITH THE WIND (VOM WINDE VERWEHT, 1939) einen riesigen Hit hatte, und bei Republic unter Vertrag stand. Angedacht waren auch Ellen Drew und Patricia Morison bevor man sich schließlich für Frances Dee entschied, die zwei Jahre später unter Jacques Tourneur die Hauptrolle in I WALKED WITH A ZOMBIE (ICH FOLGTE EINEM ZOMBIE, 1943) spielte.

Die Regie führte der aus Ungarn stammende Jack H. Auer, der auch schon das Original 1936 inszeniert hatte.

Originaltitel:	**A MAN BETRAYED**
US-Erstaufführung:	7. März 1941
Dt. Erstaufführung:	nicht erschienen
Laufzeit:	82 Minuten
Regie:	John H. Auer
Drehbuch:	Isabel Dawn
Kamera:	Jack A. Marta
Schnitt:	Charles Craft
Darsteller:	
John Wayne	(Lynn Hollister)
Frances Dee	(Sabra Cameron)
Edward Ellis	(Thomas „Tom" Cameron)
Wallace Ford	(Casey)
Ward Bond	(Floyd)
Harold Huber	(Morris "Morrie" Slade)
Alexander Granach	(T. Amato)

Inhalt:

Lynn Hollister ist ein junger Anwalt, der die Kleinstadt verlässt und nach Temple City kommt, um dort den Tod seines Freundes Johnny zu untersuchen. Die Polizei hat den Tod zum Selbstmord erklärt, doch Hollister glaubt nicht daran. Da auch Tom Cameron in die Angelegenheit verstrickt ist, sucht Hollister ihn auf, wittert er doch einen Sumpf der Korruption, was diesen Politiker betrifft. Camerons Tochter Sabra interessiert sich für Hollister. Hollister erlebt mit, wie Cameron Wahlmanipulation begeht. Gleichzeitig findet er heraus, wer Johnny wirklich getötet hat. Cameron wiederum verspürt Reue. Er stellt sich der Polizei und hilft, den Korruptionssumpf trockenzulegen, wofür er eine Bewährungsstrafe erhält. Zusammen mit Hollister und seiner Tochter Sabra zieht er nach Spring Valley, um dort ein neues Leben zu beginnen.

US Lobby Card (1941)

LADY FROM LOUISIANA

1941

Originaltitel: . . . . . .**LADY FROM LOUISIANA**
US-Erstaufführung: . . . . .22. April 1941
Dt. Erstaufführung: . . . . .nicht erschienen
Laufzeit: .82 Minuten
Regie: . . . . .Bernard Vorhaus
Drehbuch: . . . . .Vera Caspary, Michael Hogan, Guy Endore
Kamera: . . . . .Jack A. Marta
Schnitt: . . . . .Edward Mann
Darsteller:
John Wayne . . . .(John Reynolds)
Henry Stephenson (General Anatole Mirbeau)
Helen Westley . . . .(Blanche Brunot)
Ona Munson . . . .(Julie Mirbeau)
Ray Middleton .(Blackburn „Blackie“ Williams)
Jack Pennick . . . .(Coffy Brown)

Inhalt:
Auf einem Mississippi-Dampfer lernen sich Julie Mirbeau und der Anwalt John Reynolds kennen. Die beiden verlieben sich, doch als der Dampfer am Zielort anlegt, wird klar, dass Reynolds gegen Julies Vater ermitteln soll. Dieser leitet die Lotterie und man sagt ihm nach, dass er diese manipulieren würde. Das führt zu Spannungen, doch schließlich merkt man, dass es nicht der General ist, der die Einkünfte der Lotterie anders verwendet als gedacht…

Die ursprünglichen Titel für diesen Film waren LADY FROM NEW ORLEANS und LADY OF NEW ORLEANS. Die Produktion war schon einmal im Jahr 1939 angedacht, wobei damals noch Sol Siegel als Produzent fungieren sollte. Die Dreharbeiten begannen jedoch erst am 3. März und liefen bis zum 26. März 1941. John Wayne erhielt abermals eine höhere Gage und konnte sich nun bereits über 24.000 Dollar freuen.
Mit Bernard Vorhaus hatte er schon gearbeitet, ebenso mit Ona Munson, die in B-Western recht erfolgreich war und später vergleichsweise jung an einer Überdosis Schlaftab-letten starb. Sie spielte noch einmal an der Seite des Dukes, nämlich in 1945 im Streifen DAKOTA.

US Plakat (1941)

LADY FROM LOUISIANA ist ein ungewöhnlicher Film für John Wayne. Wohl auch, weil er aus der Rolle fällt, kam er nie nach Deutschland.

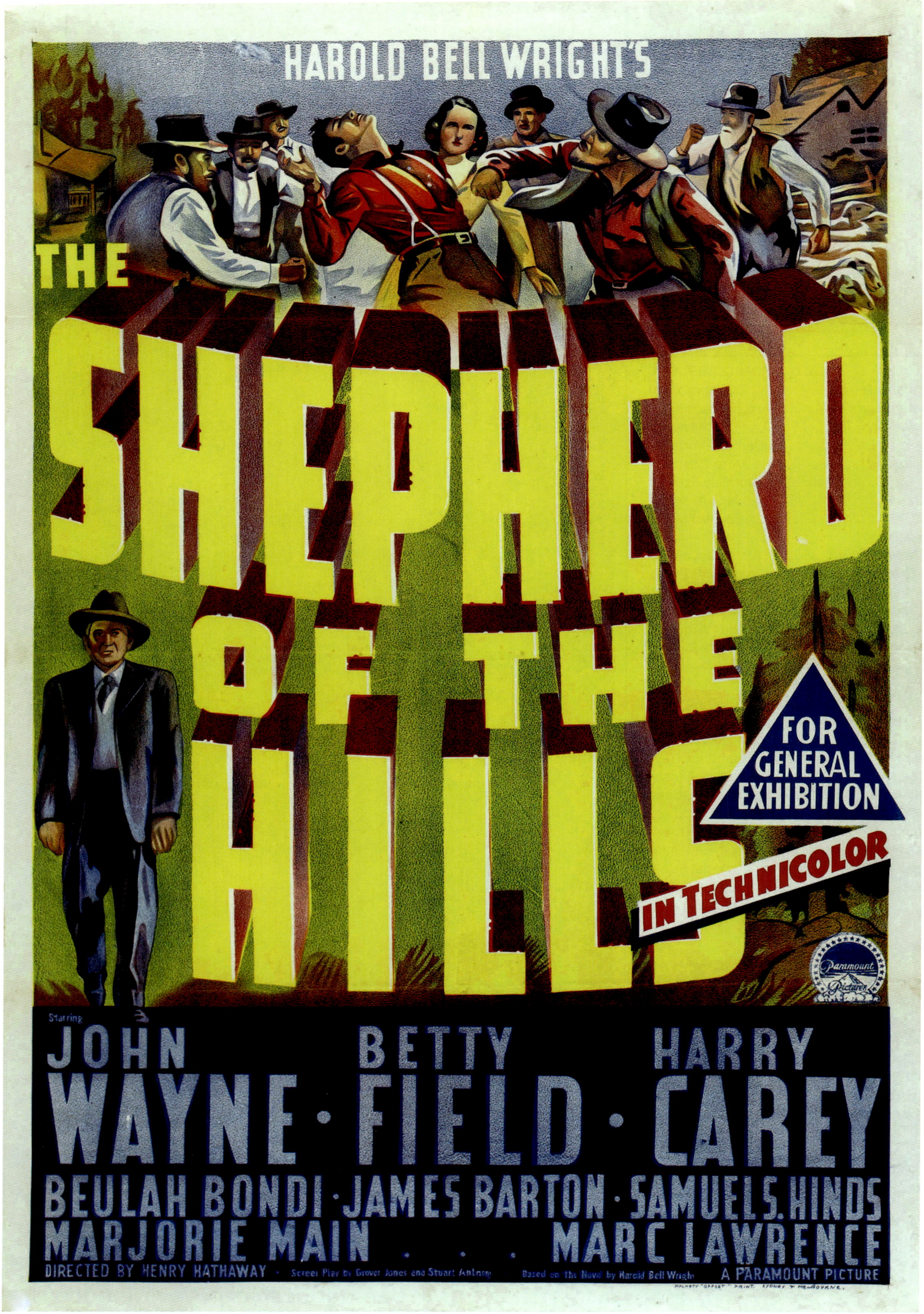

US EA Plakat (1941), One Sheet

VERLUCHTES LAND

1941

Originaltitel: . **THE SHEPHERD OF THE HILLS**
US-Erstaufführung: . . . . 18. Juli 1941
Dt. Erstaufführung: . . . . 7. Juni 1991 (TV)
Laufzeit: . . . . 98 Minuten
Regie: . . . . Henry Hathaway
Drehbuch: . . . . Stuart Anthony, Grover Jones
Musik: . . . . Gerard Carbonara
Kamera: . . W. Howard Greene, Charles Lang
Schnitt: . . . . Ellsworth Hoagland
Darsteller:
John Wayne . . . . (Matt)
Betty Field . . . . (Sammy Lane)
James Barton . . . . (Matt)
Harry Carey . . . . (Daniel Howitt)
Beulah Bondi . . . . (Tante Mollie)
Ward Bond . . . . (Wash Gibbs)
Marjorie Main . . . . (Granny Becky)
John Qualen . . . . (Coot Royal)
Tom Fadden . . . . (Jim Lane)
Dorothy Adams . . . . (Elvy Royal)

Inhalt:
Nach dem Tod seiner Mutter ist Matt Matthews vom Hass zerfressen. Er schwört, jenen zu töten, der sie einst verließ und niemals wiederkehrte. Seine Obsession sorgt dafür, dass Sammy Lane und er niemals heiraten. Eines Tages kommt ein Fremder in die Stadt, der beginnt, den Menschen zu helfen. Sammy findet ihn sehr sympathisch. Als der Fremde das Stück Land kaufen will, auf dem Matts Mutter lebte, findet Sammy heraus, dass es sich bei ihm um Matts Vater handelte. Er hatte einst einen Mann getötet und kam deswegen ins Gefängnis. Nun will er verhindern, dass sein Sohn denselben Fehler macht, selbst wenn er ihn dafür töten müsste.

THE SHEPHERD OF THE HILLS basiert auf dem gleichnamigen Buch von Harold Bell Wright, das sich in den USA damals mehr als zwei Millionen Mal verkauft hatte. Paramount sicherte sich die Filmrechte und setzte Henry Hathaway (1898-1985) auf den Regiestuhl. Eigentlich hieß er Marquis Henri Leonard de Fiennes. Den Adelstitel trug er, weil sein Großvater einst Hawaii für den König von Belgien in Beschlag nahm. Als Regisseur war Hathaway erfolgreich und kitzelte aus einigen seiner Stars tolle Darstellungen heraus. Die Filmkritik interessierte sich jedoch kaum für ihn. Manche Schauspieler berichteten, dass es schwierig war, unter Hathaway zu arbeiten. Der meinte in einem Interview einmal: *„Um ein guter Regisseur zu sein, muss man ein echter Bastard sein. Ich bin einer und ich weiß es.“*

Mit dem Duke arbeitete Hathaway noch mehrmals zusammen, darunter an THE SONS OF KATIE ELDER (DIE SÖHNE DER KATIE ELDER, 1965) als auch TRUE GRIT (DER MARSHALL, 1969), für den Wayne auch den Oscar als bester Hauptdarsteller erhielt.
Der Duke war für THE SHEPHERD OF THE HILLS nicht die erste Wahl. Das Studio dachte zuerst an die Mimen Tyrone Power und John Garfield, bevor man sich für Wayne entschied. Auch was die Nebenrollen betraf, waren zuerst andere Mimen im Gespräch. So durften sich zeitweise Burgess Meredith, Robert Preston und Lynne Overman Hoffnungen auf einen Einsatz im Film machen.

Die Dreharbeiten fanden vom 9. September bis zum 14. November 1940 statt, wobei dies für den Duke der erste Farbfilm war, in dem er mitwirkte. Gedreht wurde nahe dem Big Bear Lake im San-Bernardino-Gebirge im Süden Kaliforniens.

Obwohl THE SHEPHERD OF THE HILLS von Paramount produziert wurde, befindet sich der Film seit 1958 im Besitz von Universal. In jenem Jahr verkaufte Paramount ein Paket von 700 Filmen, die zwischen 1929 und 1949 entstanden sind, an MCA/Universal, wo man dringend Futter für die Fernseh-Networks benötigte.

Erst 50 Jahre nach seiner Entstehung erhielt THE SHEPHERD OF THE HILLS eine deutsche Synchronisation, die für die Fernsehausstrahlung angefertigt worden ist.

JOHN WAYNES ENTOURAGE:

HARRY CAREY

John Wayne in VERFLUCHTES LAND. Der Duke war mit dem Western-Star Harry Carey befreundet. Careys große Zeit war jedoch noch in der Stummfilmära.

Harry Carey wurde am 16. Januar 1878 in der New Yorker Bronx geboren. Er besuchte West Point und die Universität von New York. Zur Schauspielerei fand er, nachdem er ein Theaterstück geschrieben und darin gespielt hatte. 1909 spielte er in seinem ersten Film mit. Zwei Jahre später lernte er D.W. Griffith kennen, der ihn in einigen seiner Stummfilme einsetzte. Über seine zweite Frau lernte er auch den jungen Regisseur John Ford kennen. Er mochte ihn und drängte Carl Laemmle, dem jungen Mann eine Chance zu geben. Beide Männer waren Freunde, doch 1921 trennten sich ihre Wege im Streit. Später lebte ihre Freundschaft aber wieder auf.

In den 20er Jahren stieg Carey zu einem der großen Western-Filmhelden auf. Ein Jahrzehnt später – der Tonfilm war da – wurde er zu einem beliebten Charakterdarsteller und erhielt für seine Leistung in MR. SMITH GOES TO WASHINGTON (MR. SMITH GEHT NACH WASHINGTON, 1939) eine Oscarnominierung.
Harry Carey starb am 21. September 1947 an den Folgen von Lungenkrebs. Sein filmisches Vermächtnis umfasst mehr als 250 Titel.

LADY FOR THE NIGHT

1942

Originaltitel: . . . . **LADY FOR A NIGHT**
US-Erstaufführung: . . . . 5. Januar 1942
Dt. Erstaufführung: . . . . nicht erschienen
Laufzeit: . . . . 87 Minuten
Regie: . . . . Leigh Jason
Drehbuch: . . . . . Isabel Dawn, Boyce DeGaw
Musik: . . . . David Buttolph
Kamera: . . . . Norbert Bodine
Schnitt: . . . . Ernest J. Nims
Darsteller:
Joan Blondell . . . (Jenny 'Jen' Blake Alderson)
John Wayne . . . . (Jackson Morgan)
Philip Merivale . . . . (Stephen Alderson)
Blanche Yurka . . . . (Julia Anderson)
Ray Middleton . . . . (Alan Alderson)
Edith Barrett . . . . (Katherine Alderson)
Leonid Kinskey . . . . (Boris)
Joan Blondell . . . . (Jenny Alderson)
Hattie Noel . . . . (Chloe)
Montagu Love . . . . (Richter)
Carmel Myers . . . . (Mrs. Dickson)
Dorothy Burgess . . . . (Flo)
Guy Usher . . . . (Gouverneur)

Inhalt:
Jenny Blake ist eine Entertainerin und Mitbesitzerin des Spielcasinos Memphis Belle. Was sie sich jedoch am meisten wünscht, ist in der Gesellschaft aufgenommen zu werden. Ihre Chance erhält sie, als Alan Alderson dermaßen viele Schulden anhäuft, dass das Anwesen der Familie, The Shadows, versteigert werden müsste. Jenny streicht Aldersons Schulden im Austausch für einen Ehering. Sie lässt ihre Vergangenheit hinter sich, doch bei den Aldersons ist sie nicht wohlgelitten. Tante Julia intrigiert gegen Jenny, aber ihr alter Freund Jackson Morgan kann ihr dank seines immensen Einflusses helfen. Am Ende verlässt Jenny ihren Mann, heiratet Jackson und betreibt mit diesem ein Casino.

Der Arbeitstitel für diesen Film war MEMPHIS BELLE. John Wayne ist hier nicht die Hauptfigur. Vielmehr taucht er auch in den Stabsangaben erst an zweiter Stelle nach Joan Blondell auf. Von Waynes Seite war dies sicherlich Kalkül, denn das Melodrama half wie so manch anderer seiner Filme, ihn beim weiblichen Publikum als romantischen Leading Man zu etablieren. Während er mit seinen Action- und Western-Rollen vor allem Männer ansprach, sollten Filme wie LADY FOR A NIGHT helfen, auch die Frauen von ihm zu überzeugen.

Der Film wurde vom 29. September bis 14. November 1941 gedreht. Für Wayne war das Werk honorartechnisch eine Neuerung, denn er erhielt neben einer Minimum-Gage auch eine Umsatzbeteiligung.

Der Film ist aus heutiger Sicht kaum noch erträglich. Nicht, weil das Melodrama sehr kitschig dargeboten ist, sondern weil die Art, wie die schwarze Minderheit dargestellt ist, selbst für die Verhältnisse von 1942 erschütternd ist. Der Film ist reich an Stereotypen, was die afroamerikanische Bevölkerung betrifft und den Figuren werden Zeilen in den Mund gelegt, wie sie hässlicher kaum sein könnten. Und auch der Duke erhält eine solche Zeile, als einer der farbigen Angestellten einen Fehler begeht und Jackson Morgan ihn ermannt, sich zu bessern: *„Sonst verschiffe ich dich zurück nach Afrika.“*

US Plakat (1941)

US Plakat (1941)

Joan Blondell zeigt sich hier besonders aufreizend. Die 1906 geborene Schauspielerin war in einer Reihe von Musicals zu sehen, spielte aber nur selten die Hauptrolle. In LADY FOR A NIGHT war sie einmal die erste Geige. Blondell war u.a. mit Dick Powell verheiratet.

A0 hoch, Erstaufführungsplakat von 1951; Grafik: Bonne

PIRATEN IM KARIBISCHEN MEER

1942

Originaltitel: . . . . **REAP THE WILD WIND**
Deutscher Alternativtitel: . . . Ernte des Sturms
US-Erstaufführung: . . . . 15. Juni 1942
Dt. Erstaufführung: . . . . 16. Februar 1951
Laufzeit: . . . . 123 Minuten
Regie: . . . . Cecil B. DeMille
Drehbuch: . . . . Alan LeMay, Charles Bennett, Jesse Lasky Jr.
Musik: . . . . Victor Young
Kamera: . . . . . . Victor Milner, William V. Skall
Schnitt: . . . . Anne Bauchens
Darsteller:
John Wayne . . . . (Captain Jack Stuart)
Ray Milland . . . . . . (Stephen „Steve" Tolliver)
Paulette Goddard . . . . (Loxi Claiborne)
Raymond Massey . . . . (King Cutler)
Robert Preston . . . . (Dan Cutler)
Lynne Overman (Captain Phillip „Phil" Philpott)
Susan Hayward . . . . (Drusilla Alston)
Charles Bickford . . . . (Bully Brown)
Walter Hampden . . . . . (Cmmdre. Devereaux)
Louise Beavers . . . . (Maum Maria)
Martha O'Driscoll . . . . (Ivy Devereaux)
Elisabeth Risdon . . . . (Mrs. Claiborne)

Inhalt:
Florida, 1840: Captain Jack Stuart gerät mit seinem Schiff in Seenot und wird nur knapp gerettet. An der Rettung beteiligt ist die hübsche Loxi, die sich sofort in den charismatischen Seebären verliebt. Doch auch der Rechtsanwalt Stephen Tolliver wirbt um sie. Während sich unter den beiden Kontrahenten eine dramatische Rivalität entwickelt, droht bereits weiteres Unheil durch King Cutler, einem skrupellosen Piraten, der vor der Küste sein Unwesen treibt. Vom eifersüchtigen Tolliver verleumdet, sieht Captain Stuart bald keinen anderen Weg, als mit dem berüchtigten Cutler gemeinsame Sache zu machen …

Dass Cecil B. DeMille den Duke für eine wichtige Rolle in seinem Film REAP THE WILD WIND wollte, muss Wayne sehr befriedigt haben. Zu Beginn seiner Karriere hatte er versucht, in einem von DeMilles Filmen eine Rolle zu ergattern, war jedoch gescheitert. Es war jedoch nicht die Hauptrolle. An erster Stelle stand Ray Milland, gefolgt von Paulette Goddard. Als der Film 1954 noch einmal in die Kinos gebracht wurde, hatte sich das geändert. Da Wayne mittlerweile einer der größten Stars der Welt war, erhielt er auf dem Poster die erste Stelle, gefolgt von der ebenfalls erfolgreichen Susan Hayward, die hier allerdings nur eine Nebenrolle spielt.

Die Paramount-Produktion wurde vom 26. Mai bis 19. August 1941 und vom 9. September bis zum 12. September 1941 gedreht. Man nutzte hier vor allem das Paramount-Lot. Als Budget wurde eine Summe von zwei Millionen Dollar veranschlagt, die um ein Achtel überschritten wurde. Der Duke erhielt dabei nur eine Gage von knapp über 30.000 Dollar. Der Film erwies sich an der Kinokasse als Hit, spielte mehr als zwölf Millionen Dollar ein und brachte nach Abzügen des Anteils der Kinoketten dem Studio einen beträchtlichen Gewinn ein, der durch den Re-Release 1954 noch optimiert wurde. Auch dieser Film wurde von Paramount jedoch im Paket an Universal verkauft, so dass diese Firma heute die Rechte an REAP THE WILD WIND kontrolliert.

John Wayne bereitet sich für den Tauchgang vor. Dies ist einer von Waynes eher atypischen Filmen.

Deutsche WA Fotos von 1960

Im Vorfeld hatte DeMille an verschiedene Stars für die Hauptrollen gedacht, darunter James Stewart, John Barrymore, Rex Harrison, William Boyd, Claudette Colbert, Katharine Hepburn und Tallulah Bankhead. Seine erste Wahl für Waynes Part war jedoch Errol Flynn, der seinerzeit bei Warner unter Vertrag stand. Und Warner weigerte sich, den Mimen an Paramount auszuleihen.

John Wayne war zwar froh darüber, in einem wichtigen Film wie diesem mit einer Rolle bedacht worden zu sein, der Part selbst gefiel ihm aber nicht. Und so beschwerte er sich auch immer wieder einmal darüber, dass er nur für den Film gecastet worden war, um Ray Milland als „echten Mann“ erscheinen zu lassen.

REAP THE WILD WIND war der Film, mit dem Paramount sein 30-jähriges Bestehen als Filmstudio feierte. Die Gummikrake, die in den Unterwasserszenen eingesetzt wurde, wurde 1942 vom Studio im Sinne der Kriegsbemühungen der USA gespendet. Gummi war schlagartig eine rare Ressource geworden, nachdem Japan Malaysia und Indochina erobert hatte, die Hauptthersteller von Gummi.

A1, Erstaufführungsplakat von 1951 aus Österreich; Grafik: Paryzek

Rechts: A0 quer, Wiederaufführungsplakat von 1960; Grafik: Peltzer

Deckblatt (Cover) des Werberatschlages

DAS DEUTSCHE WERBEMATERIAL

EA: Erstaufführung I WA: Wiederaufführung

Plakate:

Piraten im Karibischen Meer
. . . . A0 Hochplakat EA von 1951
Über ein EA A1 Plakat ist nichts bekannt
Ernte des Sturms . . . . A1 EA von 1951
Österreichisches Plakat zur Erstaufführung mit dem Titel „Ernte des Sturms“.
Piraten im Karibischen Meer
. . . . A1-WA von 1960
. . . . A0 quer WA von 1960

Kinoaushangfotos:
Die genaue Anzahl der Aushangfotos zur EA und WA ist nicht bekannt.

Deutsche EA Fotos von 1951

A1, Wiederaufführungsplakat von 1960; Grafik: Goetze

A1, Erstaufführungsplakat von 1950; Grafik: Harzer

DIE FREIBEUTERIN

1942

Originaltitel: . . . . .THE SPOILERS
Deutsche Alternativtitel: . . .Stahlharte Fäuste
US-Erstaufführung: . . . . .8. Mai 1942
Dt. Erstaufführung: . . . . .31. Januar 1950
Laufzeit: .87 Minuten
Regie: . . . . .Ray Enright
Drehbuch: . . . . .Lawrence Hazard, Tom Reed
Musik: . . . . .H.J. Salter
Kamera: . . . . .Milton Krasner
Schnitt: . . . . .Clarence Kolster
Darsteller:
John Wayne . . . .(Roy Glennister)
Marlene Dietrich . . . .(Cherry Malotte)
Randolph Scott . . . . .(Alexander McNamara)
Margaret Lindsay . . . .(Helen Chester)
Samuel S. Hinds . . .(Richter Horace Stillman)
Harry Carey . . . .(Al Dextry)
Richard Barthelmess . . .(Bronco Kid Farrow)
George Cleveland . . . .(Banty)
Russell Simpson . . . .(Flapjack Sims)
William Farnum . . . .(Wheaton)
Ray Bennett . . . .(Clark)
Forrest Taylor . . . .(Bennett)

Inhalt:
Alaska zur Zeit des Goldrauschs: auf den Straßen der Goldgräberstadt Noma regiert das Recht des Stärkeren. Wem ein Claim gehört, wird mit dem Revolver entschieden. Auch Ray Glennister, Besitzer der größten Miene der Stadt und Geliebter der resoluten Saloonbesitzerin Cherry Mallott, muss seinen Besitz immer wieder mit der Waffe verteidigen. Als Alexander McNamara auftaucht, will dieser gemeinsam mit einem Richter endlich Gesetz und Ordnung nach Noma bringen. Doch in Wirklichkeit ist McNamara nur auf Glennisters Miene aus – und auf die schöne Cherry.

THE SPOILERS basiert auf dem gleichnamigen Roman von Rex Beach. Produzent Charles Feldman sicherte sich die Filmrechte an dem Roman im Juli 1941, zahlte dafür 17.500 Dollar und veräußerte sie vier Monate später an Frank Lloyd Productions für 50.000 Dollar plus 25 Prozent vom Nettogewinn. Ein erklecklicher Gewinn, der sich noch auswuchs, da der Film bei Produktionskosten von knapp 725.000 Dollar mehr als zwei Millionen in die Kassen spülte. Im November 1952 offerierte Universal als Rechteinhaber des Films Feld-

John Wayne und Marlene Dietrich. Die zwei Schauspieler arbeiteten mehrmals zusammen, wobei Dietrich in THE SPOILERS der größere Star war und an erster Stelle genannt wurde.

Marlene Dietrich

Maria Magdalene Dietrich wurde am 27. Dezember 1901 in Berlin-Schöneberg geboren. Ihr Vater war Polizist und führte zuhause ein strenges Regiment. Schon als Teenager war Marlene Dietrich heißbegehrt. Sie hatte eine Affäre mit einem Professor ihrer Schule, der daraufhin suspendiert wurde. In den 20er Jahren spielte sie Kabarett. 1924 heiratete sie Rudolf Sieber, mit dem sie nur fünf Jahre zusammen war. Obwohl sie sich trennten, ließen sie sich nie scheiden und waren bis zu seinem Tod verheiratet. Dietrich spielte in einer Reihe von Stummfilmen mit und wurde 1929 von Josef von Sternberg entdeckt, der sie in DER BLAUE ENGEL (1930) einsetzte. Von Sternberg und sie wurden ein Paar und nach dem Erfolg des Films zog es beide nach Hollywood. Eine Reihe erfolgreicher Filme schloss sich an. Danach blieb der Erfolg aus und sie kehrte Ende der 30er Jahre nach Deutschland zurück, erhielt dann jedoch ein Angebot für den Western DESTRY RIDES AGAIN (1939) mit James Stewart in der Hauptrolle. Das zog sie nach Hollywood zurück, wo sie während des Zweiten Weltkriegs zur amerikanischen Staatsbürgerin wurde. Nach dem Krieg war sie als Sängerin in Las Vegas und am Broadway erfolgreich. Die letzten 13 Jahre ihres Lebens verbrachte sie in Paris. Am 6. Mai 1992 verstarb sie an akutem Nierenversagen.

v.l. Randolph Scott, Marlene Dietrich, John Wayne

Harry Carey war ein guter Freund von John Wayne und ein Star des Westerns der Stummfilmzeit.

man eine Einmalzahlung von 150.000 Dollar für seinen Teil des Kuchens, aber er lehnte ab.

Der Film aus dem Jahr 1942 war nicht die erste Adaption von THE SPOILERS. Erstmals wurde der Stoff 1914 verfilmt, dann 1923, schließlich noch einmal 1930. Auch die 1942er-Variante blieb nicht die letzte. Eine weitere Verfilmung folgte 1955. Im 1942er-Film wirkt übrigens auch William Farnum mit, der hier den Anwalt Wheaton spielt und in der Urversion von 1914 Roy Glennister darstellte.

THE SPOILERS wurde vom 12. Januar bis 25. Februar 1942 auf dem Universal-Lot und an Originalschauplätzen am Lake Arrowhead im San Bernardino Gebirge gedreht. Weitere Aufnahmen fanden im San Fernando Valley statt. Während Marlene Dietrich eine Gage von 100.000 Dollar erhielt und Randolph Scott immerhin noch 40.000 Prozent plus fünf Prozentpunkte vom Profit erhielt, musste John Wayne sich für sechs Wochen Arbeit mit einer Gage von 42.000 Dollar begnügen.

Das Highlight des Films ist der Kampf am Ende, der mit 15 Kameras gedreht wurde. John Wayne und Randolph Scott sind hier jedoch nur in Nahaufnahme zu sehen, die eigentliche Stuntarbeit wurde von ihren Doubles Eddie Parker und Alan Pomeroy verrichtet.

1943 erhielt der Film eine Oscar-Nominierung in der Kategorie „Best Art Direction – Interior Decoration, Black-and-White", konnte die Statue aber nicht erringen.

(Unten) Österreichisches WA Foto (Titelkasten wurde überklebt)

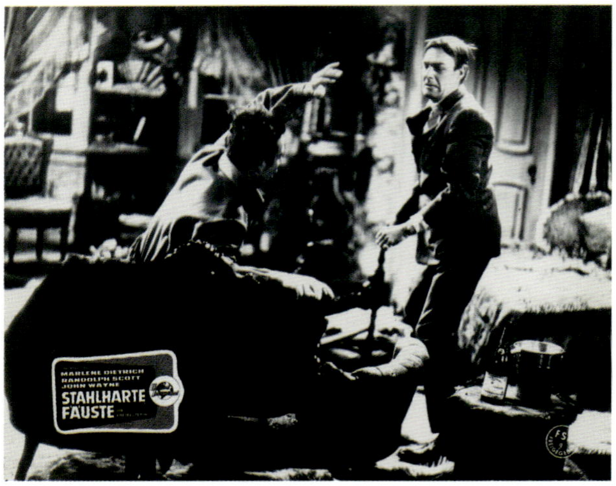

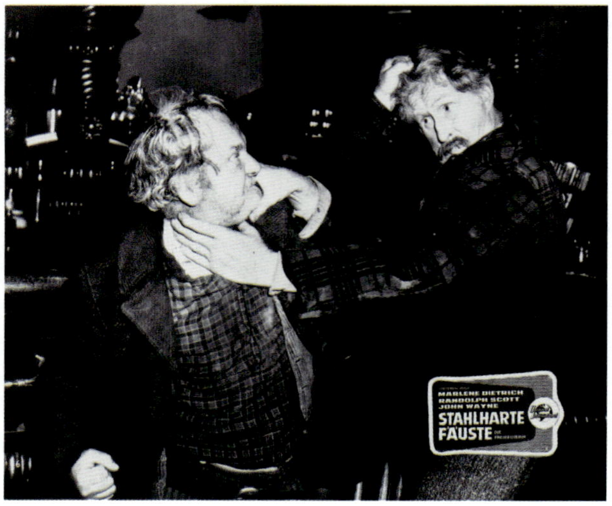

MARLENE DIETRICH
RANDOLPH SCOTT
JOHN WAYNE
STAHLHARTE
FÄUSTE

MARLENE DIETRICH
RANDOLPH SCOTT
JOHN WAYNE
STAHLHARTE
FÄUSTE

MARLENE DIETRICH
RANDOLPH SCOTT
JOHN WAYNE
STAHLHARTE
FÄUSTE

FULL LINE
MARLENE DIETRICH
RANDOLPH SCOTT
JOHN WAYNE
STAHLHARTE
FÄUSTE

MARLENE DIETRICH
RANDOLPH SCOTT
JOHN WAYNE
STAHLHARTE
FÄUSTE

MARLENE DIETRICH
RANDOLPH SCOTT
JOHN WAYNE
STAHLHARTE
FÄUSTE

MARLENE DIETRICH
RANDOLPH SCOTT
JOHN WAYNE
STAHLHARTE
FÄUSTE

Deutsche WA Fotos von 1960

DAS DEUTSCHE WERBEMATERIAL

EA: Erstaufführung | WA: Wiederaufführung

Plakate:
Die Freibeuterin . . . . .A1 EA von 1950
Stahlharte Fäuste . . . . .A1 WA von 1960
Kinoaushangfotos:
Über die genaue Anzahl der EA und WA Aushangfotos ist nichts bekannt.
Von der WA ist die höchste bekannte FSK Nummer die #25.
Die deutschen Aushangfotos wurden auch in Österreich benutzt und hatten den Titel „Goldrausch in Alaska" oder „Eine Frau ohne Moral".

Dem deutschen Titel DIE FREIBEUTERIN zum Trotz handelt es sich bei THE SPOILERS nicht um einen Piratenfilm, wie man diesen Bildern entnehmen kann.

Die Freibeuterin

THE SPOILERS

UNIVERSAL ZEIGT:
MARLENE DIETRICH
RANDOLPH SCOTT
JOHN WAYNE
STAHLHARTE FÄUSTE
DIE FREIBEUTERIN
Universal International
2

Marlene Dietrich war der unumwundene Star von THE SPOILERS. John Wayne und Randolph Scott mussten sich hier mit der zweiten und dritten Nennung in den Stabsangaben begnügen.

Cover zum Werberatschlag

A1, Wideraufführungsplakat von 1960; Grafik: Dill

A1, Erstaufführungsplakat von 1952; Grafik: Botjagin

DER DRAUFGÄNGER VON BOSTON

1942

Originaltitel: . . . . IN OLD CALIFORNIA
Deutsche Alternativtitel: . . . . Lynchjustiz
US-Erstaufführung: . . . . 31. Mai 1942
Dt. Erstaufführung: . . . . 17. Oktober 1952
Laufzeit: . . . . 88 Minuten
Regie: . . . . William C. McGann
Drehbuch: Gertrude Purcell, Frances Hyland
Musik: . . . . David Buttolph
Kamera: . . . . Jack A. Marta
Schnitt: . . . . Howard O'Neill
Darsteller:
John Wayne . . . . (Tom Craig)
Binnie Barnes . . . . (Lacey Miller)
Albert Dekker . . . . (Britt Dawson)
Helen Parrish . . . . (Ellen Sanford)
Patsy Kelly . . . . (Helga)
Edgar Kennedy . . . . (Kegs McKeever)
Dick Purcell . . . . (Joe Dawson)
Harry Shannon . . . . (Mr. Carlin)
Emmett Lynn . . . . (Whittey)

Inhalt:
Tom Craig ist ein Apotheker aus Boston, der in Sacramento neu anfangen will. Auf dem Dampfer, der ihn hinbringt, lernt er Kegs McKeever kennen, der unter starken Zahnschmerzen leidet. Tom gibt ihm ein Schmerzmittel und findet einen Freund fürs Leben. Dafür macht er sich den Outlaw Britt Dawson zum Feind, der davon lebt, Schutzgeld zu erpressen. Nach einem Streit lässt Dawson Tom und Kegs vom Dampfer werfen und warnt sie, niemals Sacramento zu betreten. Das hält Tom nicht auf. Im Gegenteil, er schlägt Dawsons Freundin Lacey einen Deal vor: Wenn er ihr Haus als Ladengeschäft benutzen kann, erhält sie die Hälfte des Profits. Tatsächlich hat sie jedoch ein Auge auf Tom geworfen, der wiederum von Ellen Sanford umgarnt wird. Und Britt Dawson ist der Apotheker sowieso ein Dorn im Auge…

Die Dreharbeiten zur Republic-Produktion IN OLD CALIFORNIA fanden vom 13. März bis 20. April 1942 im kalifornischen Kernville statt. Dieser Film entstand als Teil des Deals, den John Wayne mit Republic hatte, so dass er nur knapp über 800 Dollar pro Woche verdiente. Waynes Ko-Stars in diesem Film führten ein tragisches Leben und wurden nicht alt. Dick Purcell, der hier als Joe Dawson zu sehen ist, starb 1944 im Alter von nur 36 Jahren, nachdem er im Serial CAPTAIN AMERICA die Titelrolle gespielt hatte. Nicht sehr viel anders erging es Helen Parrish, die in gut 50 Produktionen mitgewirkt hatte, darunter auch neben Wayne in THE BIG TRAIL (DER GROSSE TRECK), und im Alter von nur 37 Jahren einer Krebskrankheit erlag.

Andruckentwurf für das EA-Plakat von 1952

Aus IN OLD CALIFORNIA wurde hier zu Lande DER DRAUFGÄNGER VON BOSTON. Der Film kam mit zehnjähriger Verspätung in die deutschen Kinos.

US Plakat (1942)

US Plakat (1942)

Belgisches Plakat (1948)

DAS DEUTSCHE WERBEMATERIAL

EA: Erstaufführung | WA: Wiederaufführung

Plakate:

Der Draufgänger von Boston

. . . . .A1 EA von 1952

Kinoaushangfotos:

Über die genaue Anzahl der Aushangfotos ist nichts bekannt. Auffällig ist, dass es Fotos von „Gloria“ und auch welche von „Löwen Film“ gibt.

Deutsche EA Fotos von 1952

A1, Erstaufführungsplakat von 1954; Grafik: Botjagin

UNTERNEHMEN TIGERSPRUNG

1942

Originaltitel: . . . . .FLYING TIGERS
US-Erstaufführung: . . . . .8. Oktober 1942
Dt. Erstaufführung: . . . . .2. Juli 1954
Laufzeit: . . . . .102 Minuten
Regie: . . . . .David Miller
Drehbuch: . . . .Kenneth Gamet, Barry Trivers
Musik: . . . . .Victor Young
Kamera: . . . . .Jack A. Marta
Schnitt: .Ernest Nims
Darsteller:
John Wayne . . . .(Captain Jim Gordon)
John Caroll . . . . . .(Woodrow "Woody" Jason)
Anna Lee . . . .(Brooke Elliott)
Paul Kelly . . . .(Hap Smith)
Gordon Jones . . . .(Alabama Smith)
Mae Clarke . . . .(Verna Bales)
Addison Richards . . . .(Col. R.T. Lindsay)
Edmund MacDonald . . . .("Blackie" Bales)
Bill Shirley . . . .(Dale)
Tom Neal . . . .(Reardon)

Inhalt:
Captain Jim Gordon leitet die Freiwilligen-Armee in China, die mit ihren Flugzeugen den Japanern begegnet. Die Flying Tigers sind in ganz China legendär, müssen sie sich doch immer einer Übermacht stellen. Gordon erhält drei neue Piloten: Blackie, der sich angesichts seiner Vergangenheit rehabilitieren will, und Woody und Alabama, die bislang für Privatfirmen geflogen sind, nun jedoch für 600 Dollar im Monat plus 500 Dollar pro abgeschossenem japanischem Flugzeug in Asien kämpfen. Woody ist dabei eine echte Söldnerseele, der sich an Brooke heranmacht, die zuvor Gordon schöne Augen gemacht hat. Als er zu einem Einsatz zu spät kommt, fliegt ein anderer Pilot, der kaum noch richtig sehen kann und dabei stirbt. Gordon ist zornig. Doch dieser Zorn schwindet – spätestens, als Woody selbst bei einem Einsatz ums Leben kommt.

FLYING TIGERS wurde vom 28. April bis zum 26. Juni 1942 in den Republic Studios und auf der Russell Ranch in Chatsworth gedreht. Das ursprünglich anvisierte Budget betrug knapp 265.000 Dollar, letzten Endes kostete der Film aber deutlich mehr, nämlich fast 400.000 Dollar. Die Investition hatte sich dennoch gelohnt, denn an der Kinokasse erwirtschaftete der Film mehr als vier Millionen Dollar, wobei knapp 30 Prozent in die Taschen von Republic flossen.

Das Logo der Flying Tigers wurde von den Walt Disney Studios entworfen. Während John Wayne für seine Dienste 8.400 Dollar erhielt, kostete die gesamte Schauspielerriege knapp über 80.000 Dollar.

Für Duke war dieser Film in gewisser Weise ein Meilenstein. Einerseits zementierte er weiterhin beim amerikanischen Volk seinen Ruf des All-American-Hero, andererseits sorgte er dafür, dass er sich selbst Vorwürfe machte. Duke war nicht wie viele seiner Kollegen in den Krieg gezogen. Er musste es nicht, da er als dreifacher Familienvater zurückgestellt war. Aber gegenüber Regisseur David Miller beichtete er seine Selbstzweifel.

Wayne: *„Jesus, David, was werden die Leute von mir denken, wenn sie mich auf der Leinwand den Krieg gewinnen sehen und wissen, dass ich nur ein Scharlatan bin?"*

David Miller dachte kurz darüber nach und entgegnete dann: *„Du bist kein Scharlatan, Duke. Du spielst mit deinem Herzen. Du verleihst deiner Figur Ehrlichkeit und Anstand. Und du sorgst dafür, dass sich die Amerikaner besser fühlen können, weil sie glauben können, dass dieser Krieg von Männern wie dir gefochten wird. Und dass wir ihn gewinnen können. Also mach dich nicht selbst fertig."*

John Wayne und Anna Lee in FLYING TIGERS. Der Film entstand während des Zweiten Weltkriegs und wurde demensprechend erst viele Jahre später in Deutschland aufgeführt.

Internationale Plakatmotive für FLYING TIGERS. Das linke Motiv ist aus Mexiko, das rechte aus den USA. Das kleine darunter ist ein französisches Motiv, wobei der Titel alternativ am unteren Rand auch in niederländischer Schrift steht.

Ob die aufmunternde Rede von Miller geholfen hat, ist nicht überliefert. Was Duke aber sicherlich weiter in seiner Krise bestärkt haben wird, war die Tatsache, dass sowohl Miller als auch Produzent Edmund Grainger sich nach Fertigstellung des Films zur Armee verpflichteten.
Für FLYING TIGERS wurde das komplette Hauptquartier der Fliegerhelden errichtet. Außerdem bauten die Handwerker sieben Replikate der Flugzeuge aus Holz und Leinen. Die Second Unit wurde von George Sherman geleitet, der über der Wüste von Arizona waghalsige Flugaufnahmen einfing.

Alle Mühen hatten sich gelohnt. FLYING TIGERS war nicht nur ein finanzieller Erfolg, sondern wurde auch in drei Kategorien für den Oscar nominiert: Beste Soundaufnahme, Beste Musik und Beste Spezialeffekte.

Mexikanisches Plakat (1942)

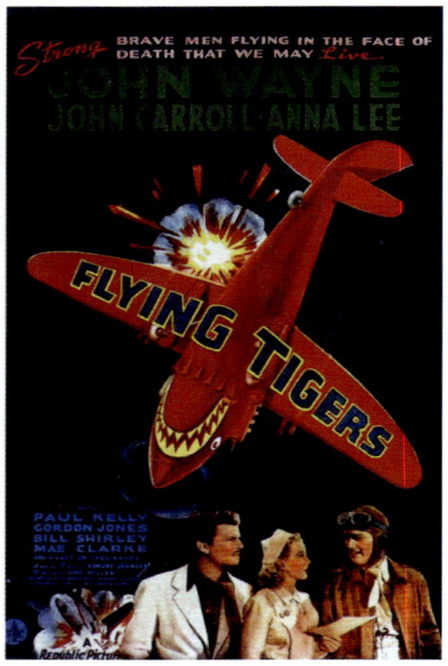

(Oben) US Plakat (1942)
(Unten) Belgisches Plakat (1952)

Deutsche EA Fotos von 1954

DAS DEUTSCHE WERBEMATERIAL

EA: Erstaufführung | WA: Wiederaufführung

Plakate:

Unternehmen Tigersprung
. . . . .A1 EA von 1954

Kinoaushangfotos:
Über die genaue Anzahl der Aushangfotos ist nichts bekannt.

PITTSBURGH

Die Dreharbeiten für PITTSBURGH dauerten vom 24. August bis zum 18. Oktober 1942 an. Die Idee für die Geschichte des Films gab es schon 1940. Ein halbes Jahr später begann man mit dem Schreiben der ersten Drehbuchfassung, der bald weitere folgen sollten. Der Arbeitstitel des Films war dabei lange Zeit OUT OF THIS EARTH.

John Wayne, der für seine Rolle ein Honorar von 50.000 Dollar erhielt, wurde hier nur an dritter Stelle geführt. Marlene Dietrich erhielt das Doppelte dessen, was Wayne einstrich und wurde an erster Stelle im Film genannt. Auch Randolph Scott verdiente mehr. Er bekam 65.000 Dollar und stand an zweiter Stelle.

Der gesamte Film kostete knapp über 630.000 Dollar, erwirtschaftete für Universal aber ein Netto-Einspiel von mehr als 2,8 Millionen Dollar weltweit. Der Film selbst ist natürlich auch deutliche Propaganda, denn am Ende der Geschichte sind nicht nur die Freunde wieder vereint, nein, sie machen sich auch um die Kriegsbemühungen verdient. Die Botschaft für den Zuschauer war also klar: Jeder kann helfen, auch an der Heimatfront.

Die Regie des Films sollte ursprünglich Arthur Lubin übernehmen, der auch schon unter Vertrag stand, aber das Projekt am 15. Juli 1942 verließ. Da die Dreharbeiten nur wenige Wochen später beginnen sollten, war Eile geboten, einen neuen Regisseur zu finden. Man entschied sich schließlich für Lewis Seiler (1891-1963), der schon mit Wayne zusammengearbeitet hatte, als dieser noch seinen echten Namen benutzte, und zwar im Tom-Mix-Western GREAT K & A TRAIN ROBBERY aus dem Jahr 1926.

1942

Originaltitel: . . . . .PITTSBURGH
US-Erstaufführung: . . . . .11. Dezember 1942
Dt. Erstaufführung: . . . . .nicht erschienen
Laufzeit: .91 Minuten
Regie: . . . . .Lewis Seiler
Drehbuch: . . . . . .Kenneth Gamet, Tom Reed
Musik: . . . . .Frank Skinner, H.J. Salter
Kamera: . . . . .Robert De Grasse
Schnitt: .Paul Landres
Darsteller:
John Wayne . . . .(Charles Markham)
Marlene Dietrich . . . .(Josie Winters)
Randolph Scott . . . .(John Evans)
Frank Craven . . . .(J.M. Powers)
Louise Allbritton . . . .(Shannon Prentiss)
Shemp Howard . . . .(Shorty)
Thomas Gomez . . . .(Joe Malneck)
Ludwig Stössel . . . .(Dr. Grazlich)
Samuel S. Hinds . . . .(Morgan Prentiss)
Paul Fix . . . .(Burnside)
William Haade . . . .(Johnny)
Charles Coleman . . . .(Mike)

Inhalt:
Charles und John sind Minenarbeiter, wollen aber mehr als das sein. Nachdem sie Josie Winters kennen gelernt haben, kündigen sie und eröffnen eine eigene Firma, die sehr schnell erfolgreich wird. Während John den Minenarbeitern helfen will, geht es Charles nur um den Profit. Darum heiratet er auch die Tochter des Minenmagnaten anstelle von Josie, die er eigentlich liebt. Zwischen den Freunden kommt es zum Bruch und wenig später verliert Charles alles. Ihm wird bewusst, dass er vom rechten Weg abgekommen ist, weswegen er noch einmal neu beginnt.

Mexikanisches Plakat (1942)

REUNION IN FRANCE

1942

Originaltitel: . . . . REUNION IN FRANCE
US-Erstaufführung: . . . . . 25. Dezember 1942
Dt. Erstaufführung: . . . . nicht erschienen
Laufzeit: . . . . 104 Minuten
Regie: . . . . Jules Dassin
Drehbuch: . . . . . Jan Lustig, Marvin Borowsky, Marc Connelly
Musik: . . . . Franz Waxman
Kamera: . . . . Robert H. Planck
Schnitt: . . . . Elmo Veron
Darsteller:
John Wayne . . . . (Pat Talbot)
Joan Crawford (Michelle „Mike" de la Becque)
Philip Dorn . . . . (Robert Cortot)
Reginald Owen . . . . (Schultz)
Albert Bassermann . (General Hugo Schröder)
John Carradine . . . . (Ulrich Windler)
Anne Ayars . . . . (Juliet Pinot)
J. Edward Bromberg . . . . (Durand)
Moroni Olsen . . . . (Paul Grebeau)
Henry Daniell . . . . (Emile Fleuron)
Howard Da Silva . . . . (Anton Stregel)
Charles Arnt . . . . (Honore)
Ava Gardner . . . . (Marie)

Inhalt:
Michelle de la Becque ist wohlhabend, lebt in Paris und interessiert sich nicht für den Krieg. Doch der Krieg holt auch sie ein und nachdem die Nazis Paris eingenommen haben, steht sie mittellos dar. Ihr Verlobter Robert Cortot wird hingegen reich, da seine Fabriken für die Nazi-Kriegsmaschinerie eingesetzt werden. Michelle beschwört ihn, sein Tun zu unterlassen, doch ohne Erfolg. Wenig später trifft sie auf Pat Talbot, einem Amerikaner, der für die Briten kämpft und mit seiner RAF-Maschine abgeschossen wurde. Er braucht ihre Hilfe, um das Land zu verlassen. Sie wendet sich an Robert, der ihr hilft. Und wie sich herausstellt, hilft er auch Frankreich, da er der führende Kopf der Resistance ist.

(Linke Seite) ***Randolph Scott und John Wayne spielen in PITTSBURGH Partner. Scott wurde ebenso wie Wayne als Western-Held bekannt, erreichte aber niemals die Popularität seines Ko-Stars.***

REUNION IN FRANCE wurde vom 17. Juni bis zum 4. August gedreht, wobei eine später eingebaute Sequenz am 15. September zum Abschluss gebracht wurde. Der Film wurde von MGM produziert, wo man sich das Werk knapp über eine Million Dollar kosten ließ. Unterm Strich machte MGM damit einen Gewinn von gut über 200.000 Dollar nach der ersten Auswertung.

Die Hauptrolle spielte natürlich die bei MGM unter Vertrag stehende Joan Crawford, während John Wayne, der von Republic ausgeliehen wurde, die zweite Geige spielen musste. Und das sichtlich ungern tat. Eigentlich wollte man bei MGM ohnehin viel lieber Alan Ladd für den Part, doch als das nicht hinhaute, entschied man sich für Duke. Andere Schauspieler, die im Vorfeld für die Produktion in Frage kamen, waren Agnes Moorehead, Keenan Wynn und Hans Conried.

Crawford, die dafür berüchtigt war, sich in ihre männlichen Ko-Stars zu verlieben, hatte auch ein Auge auf John Wayne geworfen und machte ihm recht aggressiv Avancen. Der lehnte jedoch ab, da er ohnehin gerade frisch verliebt war. In einer kleinen Rolle ist in REUNION IN FRANCE auch die junge Ava Gardner zu sehen, die sich im Gespräch mit Michael Munn später erinnerte: *„Ich fand, dass Duke ein sehr attraktiver Mann war und es war witzig zu sehen, wie sich Crawford bemühte, ihn für sich zu gewinnen. Aber er lehnte ab und meinte nur, dass er nicht die Art Kerl wäre. Das machte sie wütend und so sagte sie zu mir: Es hat ihm aber Spaß gemacht, Marlene Dietrich zu vögeln. Was hat sie, was ich nicht habe? Ich war zu jener Zeit nur ein ganz kleines Starlet bei Metro und wenn ich ihr die Antwort darauf gegeben hätte – dass es Klasse war – wäre meine Karriere vorüber gewesen."*

An REUNION IN FRANCE wirkten einige spätere Oscar-Gewinner mit. Joseph Leo Mankiewicz (1909-1993) begann seine Karriere als Autor, wurde dann Produzent und war ab 1946 auch Regisseur. Sowohl für das Drehbuch als auch die Regie von A LETTER TO THREE WIVES (EIN BRIEF AN DREI FRAUEN, 1949) wurde er mit der Auszeichnung geehrt. Die Musik von REUNION IN FRANCE komponierte Franz Waxman (1906-1967), ein deutscher Immigrant, der 1934 das Land verlassen hatte und dessen erste Arbeit in Hollywood BRIDE OF FRANKENSTEIN (FRANKENSTEINS BRAUT, 1935) gewesen ist. Für SUNSET BLVD. (BOULEVARD DER DÄMMERUNG, 1950) und A PLACE IN THE SUN (EIN PLATZ AN DER SONNE, 1951) wurde er mit dem Oscar für die Beste Musik ausgezeichnet.

Der ursprüngliche Titel des Films war REUNION. Er sollte im Februar 1943 debütieren, aber das Studio zog ihn auf Weihnachten 1942 vor und änderte den Titel zu REUNION IN FRANCE. Der Grund hierfür war, dass das Interesse der amerikanischen Bevölkerung am Krieg in Europa und der Lage Frankreichs sehr groß war.

REUNION IN FRANCE ist einer der wenigen Filme von John Wayne, die nicht in Deutschland ausgewertet wurden.

US Plakat (1942)

A1, Erstaufführungsplakat von 1962; Grafik: unbekannt

HARTE BURSCHEN - STEILE ZÄHNE

1943

Originaltitel: . . . . **A LADY TAKES A CHANCE**
Deutsche Alternativtitel: Der Wildwestkavalier
Englischer Alternativtitel: . . . The Cowboy and the Girl
US-Erstaufführung: . . . . 19. August 1943
Dt. Erstaufführung: . . . . 14. Oktober 1960
Laufzeit: . . . . 86 Minuten
Regie: . . . . William A. Seiter, Henry Hathaway
Drehbuch: . . . . Robert Ardrey
Musik: . . . . Roy Webb
Kamera: . . . . Frank Redman
Schnitt: . . . . Theron Warth
Darsteller:
John Wayne . . . . (Duke Hudkins)
Jean Arthur . . . . (Molly J. Truesdale)
Charles Winninger . . . . (Waco)
Phil Silvers . . . . (Smiley Lambert)
Mary Field . . . . (Florrie Bendix)
Grant Withers . . . . (Bob Hastings)
Tom Fadden . . . . (Mullen)

Inhalt:
Molly J. Truesdale macht Urlaub - und zwar mit einem Busreiseunternehmer mitten im nicht mehr gar so wilden Westen. Sie lernt den Cowboy Duke Hudkins kennen. Beide unterhalten sich im Saloon und übersehen die Zeit, so dass Molly plötzlich ohne Bus dasteht. Duke bietet ihr an, sie ihn die nächste Stadt zu bringen. Doch auf dem Weg wird beiden klar, dass sie füreinander bestimmt sind.

A LADY TAKES A CHANCE war der erste Film, den John Wayne für RKO machte. Dort hatte Produzent Frank Ross das Paket für diesen Film geschnürt, war er doch auch ein perfektes Vehikel für seine Frau Jean Arthur. Und für Duke war der Film ebenfalls etwas ganz neues, denn in einer leichtherzigen Komödie hatte man ihn auch noch nicht gesehen.

Der Film wurde vom 8. Dezember 1942 bis zum 20. März 1942 gedreht. Mit Unterbrechungen, versteht sich. Die ungewöhnlich lange Drehzeit erklärt sich auch daher, dass Henry Hathaway als Regisseur mit dem Film begann, dann jedoch die Produktion verließ.

Der Film wurde unter den Arbeitstiteln FREE FOR ALL, RODEO STORY und THE COWBOY AND THE LADY produziert. Letzteren Titel benutzte man auch, als der Film 1950 noch einmal in die Kinos gebracht wurde. Außerdem wurde bei der Wiederaufführung Wayne an erster Stelle genannt, während er zuvor hinter Jean Arthur zurückstehen musste. Der Film verschlang ein Budget von 664.000 Dollar, wobei Wayne davon schon alleine mehr als 55.000 Dollar bekam.

Eine Blüte deutscher Titelschöpfung: Aus A LADY TAKES A CHANCE wurde HARTE BURSCHEN – STEILE ZÄHNE.

(Rechts) Österreichisches EA Foto von 1960

John Wayne als Westerner, allerdings ein moderner. Kein typischer Film für den Star, der hier an der Seite von Jean Arthur agiert.

FAVORIT FILMVERLEIH „Harte Burschen - Steile Zähne"

FAVORIT FILMVERLEIH „Harte Burschen - Steile Zähne"

FAVORIT FILMVERLEIH „Harte Burschen - Steile Zähne"

FAVORIT FILMVERLEIH „Harte Burschen - Steile Zähne"

FAVORIT FILMVERLEIH „Harte Burschen - Steile Zähne"

FAVORIT FILMVERLEIH „Harte Burschen - Steile Zähne"

FAVORIT FILMVERLEIH „Harte Burschen - Steile Zähne"

„Harte Burschen - Steile Zähne“

„Harte Burschen - Steile Zähne“

„Harte Burschen - Steile Zähne“

„Harte Burschen - Steile Zähne“

DAS DEUTSCHE WERBEMATERIAL

EA: Erstaufführung | WA: Wiederaufführung

Plakate:

Harte Burschen steile Zähne .... A1 EA von 1960

Kinoaushangfotos:

20 EA Aushangfotos. Die Fotos wurden auch in Österreich verwendet.

„Harte Burschen - Steile Zähne“

„Harte Burschen - Steile Zähne“

„Harte Burschen - Steile Zähne“

„Harte Burschen - Steile Zähne“

A1, Erstaufführungsplakat von 1950; Grafik: Schweinfurth

DIE HÖLLE VON OKLAHOMA

1943

Originaltitel: . . . . IN OLD OKLAHOMA
Englischer Alternativtitel: . War of the Wildcats
US-Erstaufführung: . . . . . . 6. Dezember 1943
Dt. Erstaufführung: . . . . 25. August 1950
Laufzeit: . . . . 102 Minuten
Regie: . . . . Albert S. Rogell
Drehbuch: . . . . Ethel Hill, Eleanor Griffin
Musik: . . . . Walter Scharf
Kamera: . . . . Jack A. Marta
Schnitt: . . . . Ernest Nims
Darsteller:
John Wayne . . . . (Daniel F. Somers)
Martha Scott . . . . (Catherine Elizabeth Allen)
Albert Dekker . . . . (Jim „Hunk" Gardner)
George 'Gabby' Hayes . . . . . . (Despirit Dean)
Marjorie Rambeau . . . . (Bessie Baxter)
Paul Fix . . . . (Cherokee Kid)
Grant Withers . . . . (Richardson)
Dale Evans . . . . (Cuddles Walker)
Sidney Blackmer . . . . (Teddy Roosevelt)
Cecil Cunningham . . . . (Mrs. Aames)
Irving Bacon . . . . (Ben)

Inhalt:
Im Jahr 1906 gibt Catherine Allen ihren Job als Lehrerin auf. Sie hat einen deftigen romantischen Roman geschrieben und sucht nun nach dem Abenteuer. Im Zug lernt sie den Ölförderunternehmer Jim Gardner kennen, der ihr Avancen macht. Um sich vor ihm zu schützen, bittet sie den Cowboy Daniel Somers, sich neben sie zu setzen. Obwohl sie eigentlich nach Kansas City will, landen sie alle in Sapulpa, Oklahoma, wo Jim seine Quelle hat. Dort geht der Ölrausch richtig in die Vollen, wobei der Großteil eines unterirdischen Aufkommens auf dem Land der Indianer ist. Jim möchte die Indianer am liebsten übers Ohr hauen, doch da hat Daniel auch noch ein Wörtchen mitzureden…

John Wayne war erpicht darauf, in irgendeiner Form an den Kriegsbemühungen teilzunehmen, doch Herbert Yates, der Republic leitete, schaffte es, Duke im Land zu behalten. Zudem wusste er, dass Dukes aktuelle Affäre mit der Mexikanerin Chata, die er nach Hollywood geholt hatte, potenzieller Zündstoff war. Darum sorgte er mittels des vorhandenen Kontrakts dafür, dass John Wayne seinen nächsten Film anging – und der wurde in Utah gedreht, weit abseits von Hollywood.

Die Dreharbeiten fanden vom 28. Juni bis zum 4. September 1943 in Utah statt, wo man im Paria Canyon, in Cedar City und in Virginia Springs filmte. Waynes Gage für diesen Film belief sich auf etwas mehr als 43.000 Dollar.
IN OLD OKLAHOMA war einer der erfolgreichsten Republic-Filme überhaupt. Und Yates' Plan war aufgegangen. Der Film wurde 1950 noch einmal unter dem Titel WAR OF THE WILDCATS in die Kinos gebracht.

US Plakat (1943)

IN OLD OKLAHOMA war ein Erfolg für das Produktionsstudio Republic Pictures. Dort produzierte man eine ganze Reihe von John-Wayne-Filmen.

NOTIZ:
MARTHA SCOTT, die Hauptdarstellerin in DIE HÖLLE VON OKLAHOMA war ursprünglich Verkäuferin in einem Warenhaus. Orson Welles entdeckte sie für den Funk, von wo ihr der Sprung zum Film verhältnismäßig schnell glückte. Kein Wunder bei dem Aussehen.

NOTIZ:
ALBERT DEKKER, der bekannte amerikanische Charakterdarsteller, ist der Gegenspieler John Waynes in diesem Film. In Puncto Personengröße steht er dem langen John Wayne nicht viel nach. Er ist 2,03 m groß.

DAS DEUTSCHE WERBEMATERIAL

EA: Erstaufführung | WA: Wiederaufführung

Plakate:
Die Hölle von Oklahoma . . . . A1 EA von 1950

Kinoaushangfotos:
Über die genaue Anzahl der Aushangfotos ist nichts bekannt.

A1, Erstaufführungsplakat von 1954; Grafik: Botjagin

ALARM IM PAZIFIK

1944

Originaltitel: . . . . .**THE FIGHTING SEABEES**
Englischer Alternativtitel: . . .Donovan's Army
US-Erstaufführung: . . . . .27. Januar 1944
Dt. Erstaufführung: . . . . .27. April 1954
Laufzeit: .100 Minuten
Regie: . . . . .Edward Ludwig
Drehbuch: Borden Chase, Aeneas MacKenzie
Musik: .Walter Scharf
Kamera: . . . . .William Bradford
Schnitt: . . . . .Richard L. Van Enger
Darsteller:
John Wayne . . . .(Lt. Cmdr. Wedge Donovan)
Susan Hayward . . . .(Constance Chesley)
Dennis O'Keefe . . . .(Robert Yarrow)
Willam Frawley . . . .(Eddie Powers)
Paul Fix . . . .(Ding Jacobs)
Leonid Kinskey . . . .(Sawyer Collins)
Grant Withers . . . .(Whanger Spreckles)
William Forrest . . . .(Tom Kerrick)

Inhalt:
Wedge Donovan befehligt eine unbewaffnete Baukolonie, die im Auftrag der Navy die Ölfelder auf den Inseln im Pazifik versorgt und Landebahnen baut. Immer wieder werden die Arbeiter Ziel japanischer Angriffe. Um den Attacken Einhalt zu gebieten, fordert Donovan die Bewaffnung seiner Männer. Doch als er sich durchsetzt, eskalieren die Konflikte. Die Construction Battalions, wie sie nun heißen, werden in erbitterte Kämpfe mit den Japanern verstrickt. Und auch unter den Männern kommt es zu Reibereien.

THE FIGHTING SEABEES wurde vom 20. September bis zum 5. Dezember 1943 gedreht. Als Drehorte dienten die Iverson Ranch in Chatsworth, Camp Rosseau in Point Hueneme und Camp Pendleton in Kalifornien. Szenen für die Parade wurden in Camp Endicott in Davisville, Rhode Island, gedreht. Der Film wurde auf ein Budget von knapp unter 700.000 Dollar festgesetzt. John Wayne erhielt für seine Dienste eine Gage von knapp 32.000 Dollar.

THE FIGHTING SEABEES, der im Januar 1944 in die amerikanischen Kinos kam, war nur einer aus einer ganzen Reihe von Filmen, die sich mit der Kriegsthematik beschäftigten. Zu jener Zeit hatte Wayne bereits akzeptiert, dass er nicht selbst in den Krieg ziehen würde, aber er fand einen gewissen Grad von Befriedigung, weil er sich zur Verfügung stellte, die kämpfende Truppe zu unterhalten. Er reiste zum Südpazifik und nach Australien, wo er zahlreiche Soldaten traf. Und er kam zu der Erkenntnis, dass er vielleicht auf diese Art mehr bewirken konnte, als wenn er auf einem Schlachtfeld stünde. Und dennoch nagte an Wayne ein gewisser Zweifel, da er als Patriot niemals selbst für sein Land zur Waffe gegriffen hatte.

Noch während der Dreharbeiten von THE FIGHTING SEABEES konnte Duke seine erste Frau Josephine überzeugen, endlich der Scheidung zuzustimmen.

Der Film selbst war ein Erfolg und wurde in den Kategorien „Beste Musik" und „Beste Spezialeffekte" für den Oscar nominiert. Republic brachte den Film 1954 noch einmal in die Kinos.

Eine dramatische Handlung voll herrlichem Schwung und hartem Humor

Die Construction Battalions werden CBs abgekürzt, was phonetisch wie „seabees" klingt. Daraus ergibt sich auch der Originaltitel THE FIGHTING SEABEES.

Deutsche EA Fotos von 1954

John Wayne und Susan Hayward

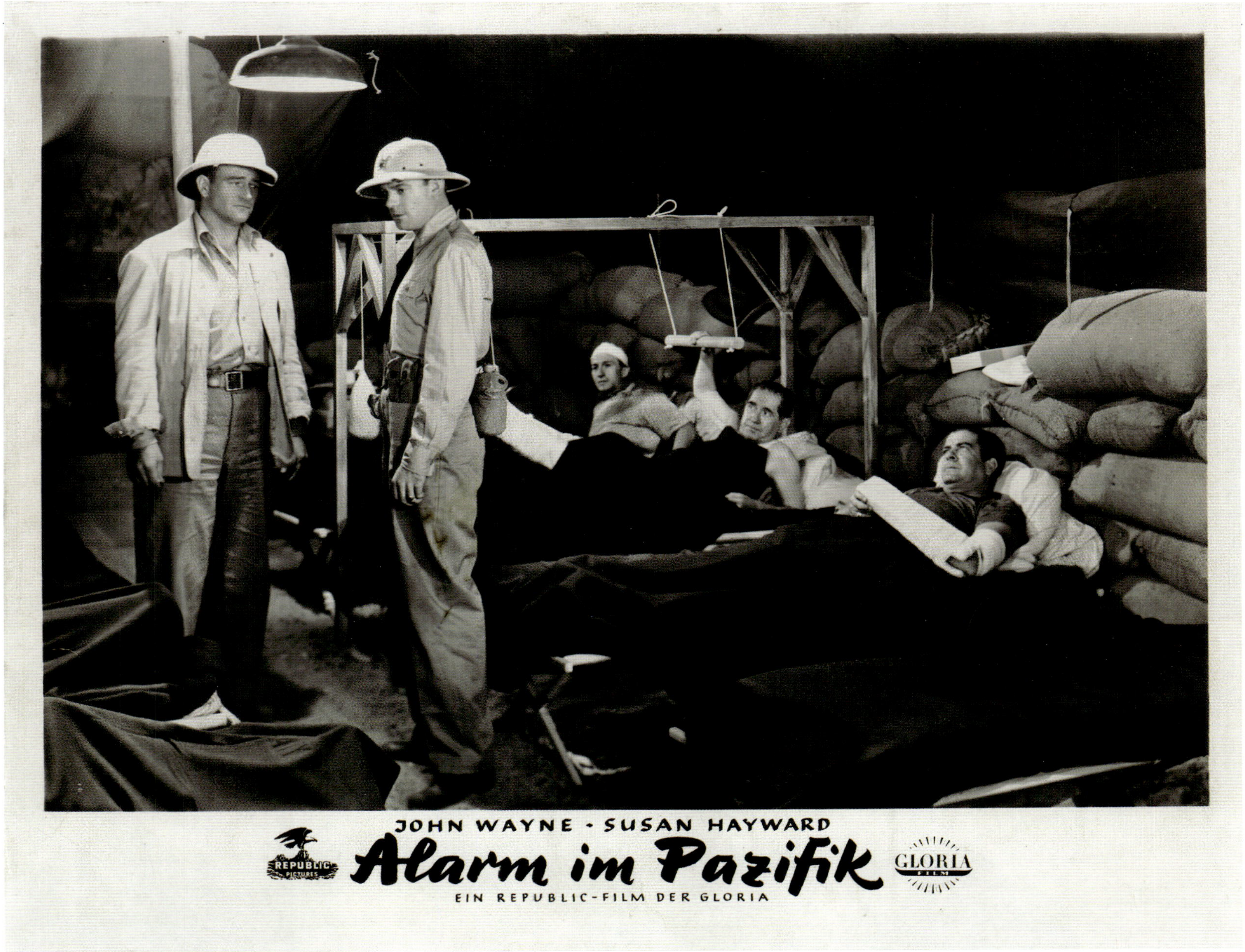

Cover zum Werberatschlag

DAS DEUTSCHE WERBEMATERIAL

EA: Erstaufführung | WA: Wiederaufführung

Plakate:

Alarm im Pazifik . . . . .A1 EA von 1954

Kinoaushangfotos:

Über die genaue Anzahl der Aushangfotos ist nichts bekannt.

Sammleranfertigung: Deutsches Aushangfoto handcoloriert

US Plakat (1944)

Belgisches Plakat (1948)

A1, Erstaufführungsplakat von 1949; Grafik: Schulz-Neudamm

MIT BÜCHSE UND LASSO

Ein in allen Sätteln gerechter Cowboy zwischen zwei Frauen des Wilden Westens!

1944

Originaltitel: ....TALL IN THE SADDLE
Deutsche Alternativtitel: ....In Arizona ist die Hölle los / Der Fremde aus Arizona / Der Rächer der Enterbten
US-Erstaufführung: ....29. September 1944
Dt. Erstaufführung: ......8. Dezember 1949
Laufzeit: ....87 Minuten
Regie: ....Edwin L. Marin
Drehbuch: ....Michael Hogan, Paul Fix
Musik: ....Roy Webb
Kamera: ....Robert De Grasse
Schnitt: ....Philip Martin
Darsteller:
John Wayne ....(Rocklin)
Ella Raines ....(Arleta „Arly" Harolday)
Ward Bond ....(Robert Garvey)
George 'Gabby' Hayes ....(Dave)
Audrey Long ....(Clara Cardell)
Elisabeth Risdon ....(Elizabeth Martin)
Russell Wade ....(Clint Harolday)
Don Douglas ....(Harolday)
Frank Puglia ....(Talo)
Paul Fix ....(Bob Clews)
Russell Simpson ....(Pat Foster)

Inhalt:
Rocklin kommt nach Santa Inez. In der Kutsche reist auch Miss Martin, die Tante von Clara Cardell, die die K.C. Ranch geerbt hat, nachdem ihr Besitzer Red Cardell unter mysteriösen Umständen ermordet worden ist. In der Stadt legt sich Rocklin mit einem Pokerspieler und den durchtriebenen Clews-Brüdern an. Eigentlich wollte er ja als Vorarbeiter auf der K.C. Ranch arbeiten, da er eine Einladung für diesen Job bekommen hatte, doch er hat kein Interesse daran, für die Frau zu arbeiten. Rocklin findet schnell einen anderen Job, bei dem jedoch auf ihn geschossen wird. Und dann wendet sich Clara Cardell an ihn, die vermutet, dass ihre Tante zusammen mit dem sinistren Garvey etwas im Schilde führt. Und sie hat Recht, doch auch Rocklin ist nicht, wer er zu sein vorgibt: Er ist der Neffe von Red Cardell...

TALL IN THE SADDLE wurde vom 17. April bis zum 19. Juni 1944 auf der Albertson Ranch in Lake Sherwood gedreht. Die Second Unit arbeitete derweil in Tucson und Flagstaff im US-Bundesstaat Arizona. Der Film kostete etwa 565.000 Dollar, erwirtschaftete aber ein zehnmal so hohes Einspiel an den Kinokassen.

Mit diesem Film wollte John Wayne mehr Kontrolle über seine Projekte erhalten. Er war es, der auf die Originalgeschichte von Gordon Ray, die im März und April in „The Saturday Evening Post" erschien, aufmerksam geworden war und die Rechte daran erwarb. Er beauftragte auch Paul Fix, eine erste Version des Drehbuchs zu schreiben. Da Wayne mit dem Produzenten Robert Fellows gut konnte, war er bei diesem Film in alle großen Entscheidungen eingebunden.

So trafen sich Wayne, Fix und Ward Bond zum Lunch mit Ella Raines, die für den Part der Arly vorgesprochen hatte. Wayne mochte die junge Frau. Und Raines liebte die Rolle, da sie ganz anders als das war, was Frauen in jener Zeit üblicherweise spielen konnten. Sie war in einem Western und kleidete sich wie ein Mann. Dem Autor Michael Munn erzählte Raines später, dass sie eines Abends bemerkte, wie zwei Frauen ihr in einem Wagen folgten, als sie nach Hause fuhr. Dies geschah mehrmals, bis Raines dies Duke erzählte, der ihr erklärte, dass die zwei wohl Lesbierinnen seien, die an ihr interessiert seien. Am nächsten Abend geleiteten Duke und Ward Bond Raines zu ihrem Auto und machten einen Abstecher zum Wagen der beiden wartenden Damen. Ella Raines erfuhr nie, was Duke und Bond den beiden sagten, aber sie hat sie danach nie wieder gesehen.

Beim Dreh gab es einmal Schwierigkeiten. In einer Szene sollten Duke und Raines nebeneinander reiten und sich unterhalten. Raines fühlte sich mit ihrem Pferd Blackie sicher, doch als eine Glocke läutete, mit der ein Signal für den Kameramann gegeben wurde, dass es nun losging, raste Blackie plötzlich los und Raines hatte Schwierigkeiten, ihn wieder unter

In den Armen von John Wayne wird auch Ella Raines schwach.

Kontrolle zu bekommen. Duke fand das amüsant. Ein zweiter Take wurde vorbereitet und es geschah wieder, dass Blackie plötzlich lossprintete. Auch beim dritten Versuch ging das Pferd durch. Duke war nun einigermaßen aufgebracht und bestand darauf, dass sie beide die Pferde tauschen. Als der vierte Take anstand und die Glocke läutete, raste Blackie los und auch Duke konnte ihn nicht wieder unter Kontrolle bringen.

Duke war wütend und schrie das Pferd an, aber auch das brachte keine Ergebnisse. Da kam der Tiertrainer und erklärte: *„Ich hab vergessen euch das zu sagen. Blackie war früher ein Rennpferd. Wenn er die Glocke hört, denkt er, dass das Rennen beginnt."*

TALL IN THE SADDLE ist bemerkenswert, da dies einer der ersten Filme ist, in denen ein Matte-Painting des Hintergrunds mit Live-Action im Vordergrund kombiniert wurde. Der Effekt wurde von Spezialeffekt-Veteran Vernon Walker (1894-1948) entwickelt.

Der Film wurde von RKO 1949 und in den 50er Jahren noch einmal in die Kinos gebracht.

US Lobby Card (1944)

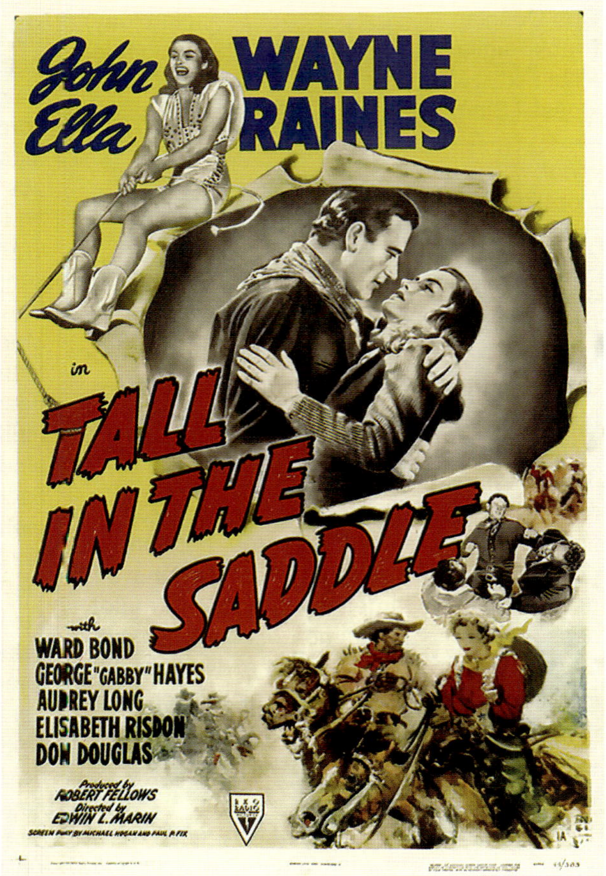

US Plakat (1944)

DAS DEUTSCHE WERBEMATERIAL

EA: Erstaufführung | WA: Wiederaufführung

Plakate:

Mit Büchse und Lasso . . . .A1 EA von 1949
In Arizona ist die Hölle los A1 WA von 1960
Der Fremde von Arizona . .A1 WA von 1965

Kinoaushangfotos:

40 EA Aushangfotos mit dem Titel „Mit Büchse und Lasso". Es gibt auch Fotos mit dem Aufkleber „Rächer der Enterbten".

20 WA Aushangfotos mit dem Titel „In Arizona ist die Hölle Los". Die Motive sind mit der EA identisch.

20 WA Aushangfotos mit den Titel „Der Fremde von Arizona". Die Motive sind mit der EA identisch, aber nicht alle mit der WA von „In Arizona ist die Hölle los".

Der Film wurde in Deutschland unter verschiedenen Titeln veröffentlicht. Teils benutzte man dasselbe Aushangfotomaterial und überklebte nur den Titel.

Deutsches EA Foto von 1949 (Rächer der Enterbten)

Deutsche WA Fotos von 1960 (In Arizona ist die Hölle los)

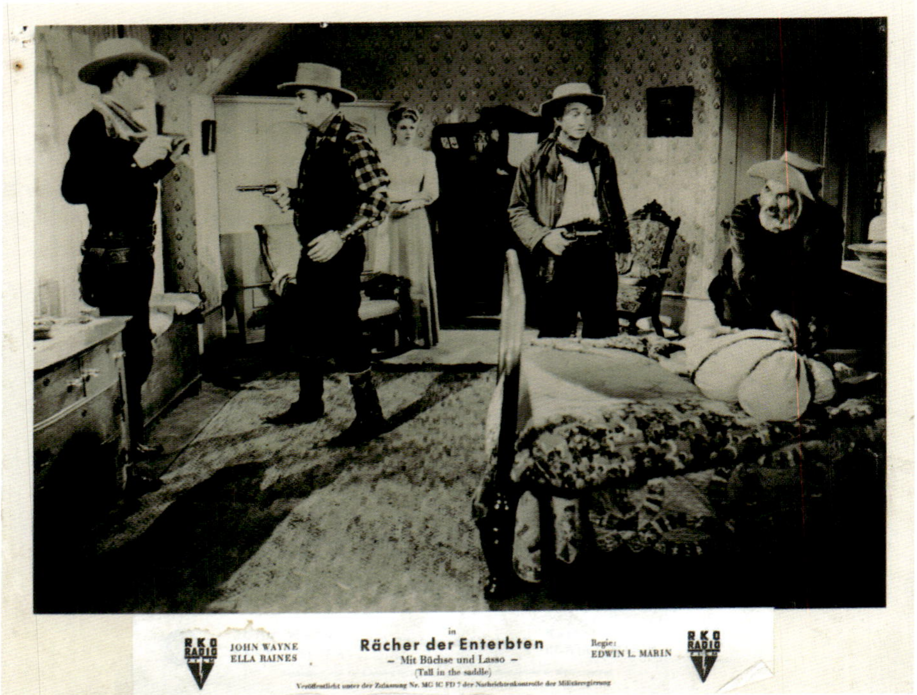

Deutsche WA Fotos von 1965 (Der Fremde von Arizona)

Deutsche EA Fotos von 1949 (Rächer der Enterbten)

Kugeln, Gangster, Todesritte!
Abenteuer im Land der heißen Colts
JOHN
WAYNE
In Arizona ist
die Hölle los
(Mit Büchse und Lasso)
Jugendfrei
ab 6 Jahren
mit Ella Raines · Regie: Edwin L. Marin · Constantin-Film
Nozinski
FOTOPRESS HEIDELBERG

A1, Wiederaufführungsplakat von 1960; Grafik: Nozinski

RKO RADIO
JOHN WAYNE
ELLA RAINES
in
Rächer der Enterbten
– Mit Büchse und Lasso –
(Tall in the saddle)
Regie:
EDWIN L. MARIN
RKO RADIO
Veröffentlicht unter der Zulassung Nr. MG IC FD 7 der Nachrichtenkontrolle der Militärregierung

HAY
GRAIN
FEED
JOHN WAYNE
ELLA RAINES
in
„… se und Lasso"
… THE SADDLE)
Regie:
EDWIN L. MARIN

JOHN WAYNE
In Arizona ist die Hölle los
(MIT BÜCHSE UND LASSO)

RKO RADIO
JOHN WAYNE
ELLA RAINES
in
Rächer der Enterbten
– Mit Büchse und Lasso –
(Tall in the saddle)
Regie:
EDWIN L. MARIN
RKO RADIO
Veröffentlicht unter der Zulassung Nr. MG IC FD 7 der Nachrichtenkontrolle der Militärregierung

JOHN WAYNE
In Arizona ist die Hölle los
(MIT BÜCHSE UND LASSO)

in
Rächer der Enterbten
– Mit Büchse und Lasso –
(Tall in the saddle)
Regie:
EDWIN L. MARIN
RKO RADIO
Veröffentlicht unter der Zulassung Nr MG IC FD 7 der Nachrichtenkontrolle der Militärregierung

JOHN WAYNE
In Arizona ist die Hölle los
(MIT BÜCHSE UND LASSO)

JOHN WAYNE
ELLA RAINES
in
Rächer der Enterbten
– Mit Büchse und Lasso –
(Tall in the saddle)
Regie:
EDWIN L. MARIN

JOHN WAYNE
ELLA RAINES
Rächer der Enterbten
– Mit Büchse und Lasso –
(Tall in the saddle)
Regie:
EDWIN L. MARIN

JOHN WAYNE
In Arizona ist die Hölle los
(MIT BÜCHSE UND LASSO)
FSK 16

JOHN WAYNE
In Arizona ist die Hölle los
(MIT BÜCHSE UND LASSO)
FSK 5 FREIGEGEBEN

A1, zweites Wiederaufführungsplakat von 1965; Grafik: unbekkant

SAN FRANCISCO LILY

1945

Originaltitel: . . . . **FLAME OF THE BARBARY COAST**
US-Erstaufführung: . . . . .28. Mai 1945
Dt. Erstaufführung: . . . . . . .17. Oktober 1950
Laufzeit: . . . . .91 Minuten
Regie: .Joseph Kane
Drehbuch: . . . . .Prescott Chaplin
Musik: . . . . .R. Dale Butts, Mort Glickman
Kamera: . . . . .Robert De Grasse
Schnitt: . . . . .Richard L. Van Enger
Darsteller:
John Wayne . . . .(Duke Fergus)
Ann Dvorak . . . .(Ann „Flaxen" Terry)
Joseph Schildkraut . . . .(Tito Morell)
William Frawley . . . .(Wolf Wylie)
Virginia Grey . . . .(Rita Dane)
Russell Hicks . . . .(Cyrus Danver)
Jack Norton . . . .(Byline Connors)
Paul Fix . . . .(Calico Jim)
Eve Lynne . . . .(Martha)

Inhalt:
Duke Fergus kommt nach San Francisco, um das Geld eines seiner Leute zurückzuholen, das dieser bei einem getürkten Roulette-Spiel verloren hat. Tito Morell, Eigentümer des El Dorado, ist beeindruckt und bezahlt Duke. Da Tito ein Auge auf eine Frau geworfen hat, beschließt seine Freundin Flaxen Terry, ihm eine Lektion zu erteilen. Sie macht sich an Duke heran und animiert ihn zum Glückspiel, das er, da getürkt, gewinnt. Doch am Ende verliert Duke alles und Flaxen kauft ihm ein Zugticket, damit er nach Montana zurückkann. Dort sucht er die Hilfe eines Freundes, der ihm beibringt, Poker zu spielen und auch zu gewinnen. Danach kehrt Duke nach San Francisco zurück…

DAS DEUTSCHE WERBEMATERIAL
Plakate:
San Francisco Lilly . . . .A1 EA von 1950
Kinoaushangfotos:
Über die genaue Anzahl der Aushangfotos ist nichts bekannt. In Österreich gibt es 40 Fotos mit dem Titel „Die Nacht vor dem Untergang" von 1950.

FLAME OF THE BARBARY COAST wurde mit einem Budget von 600.000 Dollar produziert und war als Jubiläumsfilm des zehnjährigen Bestehens von Republic gedacht. Die Dreharbeiten liefen vom 6. Juni bis zum 19. August 1944, wobei hauptsächlich auf dem Studio-Lot gedreht wurde. John Wayne erhielt für seine Dienste eine Gage von 50.000 Dollar plus eine zehnprozentige Beteiligung des Einspiels.

Für die weibliche Hauptrolle war eigentlich Claire Trevor vorgesehen, die mit Duke in STAGECOACH und anderen Filmen gespielt hatte. Auch für die Figur Rita Dane war erst eine andere Schauspielerin vorgesehen: Helen Vinson, die dann durch Virginia Gilmore ersetzt wurde, die wiederum von Virginia Grey ersetzt wurde. Paul Fix war ebenfalls wieder mit von der Partie. Und er erinnerte sich später, dass John Wayne während des gesamten Drehs eine ziemlich üble Laune hatte. Ihm war bewusst, dass er nicht mehr in den Krieg ziehen würde. Dafür hatte man bei Republic gesorgt, da man gegenüber der Einzugsbehörde argumentiert hatte, dass Wayne einen viel wichtigeren Teil zur Aufrechterhaltung der Moral als Schauspieler leistete - und damit hatte man vermutlich sogar recht.

Dementsprechend war Duke während der Dreharbeiten jedoch schlecht drauf und leicht gereizt. Darüber hinaus hatte er zu jener Zeit bereits die Einstellung entwickelt, dass Filme Geld einspielen müssen und ein Handwerk sind. Er erwartete von seinen Kollegen also genau dieselbe Art Professionalität, die er selbst an den Tag legte – und die war immens. Wayne war jedoch auch, wie Fix erklärte, ein sehr großzügiger Mann, der am Film Beteiligten mit ein paar hundert Dollar aushalf, wenn diese pleite waren. Und er verlangte das Geld niemals zurück.

FLAME OF THE BARBARY COAST war in den Kategorien „Beste Musik" und „Bester Sound" für den Oscar nominiert. Republic brachte den Film 1950 noch einmal in die amerikanischen Kinos.

US Plakat (1945)

A1, Erstaufführungsplakat von 1954; Grafik: Peltzer

STAHLGEWITTER

1945

Originaltitel: . . . . .BACK TO BATAAN
Englischer Alternativtitel: . .The Invisible Army
Dt. Alternativtitel: . . . . .Zwei schlagen zurück
US-Erstaufführung: . . . . .31. Mai 1945
Dt. Erstaufführung: . . . . .24. September 1954
Laufzeit: .95 Minuten
Regie: . . . . .Edward Dmytryk
Drehbuch: .Ben Barzman, Richard H. Landau
Musik: . . . . .Roy Webb
Kamera: . . . . .Nicholas Musuraca
Schnitt: .Marston Fay
Darsteller:
John Wayne . . . . . .(Colonel Joseph Madden)
Anthony Quinn . . . . .(Capt. Andrés Bonifacio)
Beulah Bondi . . . .(Bertha Barnes)
Fely Franquelli . . . .(Dolici Dalgaco)
Leonard Strong . . . .(General Homma)
Abner Biberman . . . . . .(japanischer Captain)
Richard Loo . . . .(Major Hasko)
Philip Ahn . . . .(Colonel Coroki)
Alex Havier . . . .(Sgt. Bernessa)
'Ducky' Louie . . . .(Maximo Cuenca)
Lawrence Tierney . . . .(Lt. Cmdr. Waite)
Paul Fix . . . .(Bindle Jackson)

Inhalt:
Pazifischer Ozean 1942: Unaufhaltsam erobern die kaiserlich japanischen Truppen die Philippinen und installieren sofort ein grausames Regiment. Der amerikanische Oberst Madden erhält den Auftrag, die zersplitterten, einheimischen Widerstandskräfte zu einen und eine Guerilla-Armee gegen die Japaner aufzustellen. Mit Hilfe des philippinischen Hauptmanns Bonifacio und einer Spionin gelingt es Madden, eine Handvoll tapferer Männer zusammenzustellen. Der blutige Kampf geht fort, auch als die Japaner einen Marionetten-Kaiser installieren und Unabhängigkeit vorgaukeln.

BACK TO BATAAN wurde vom 6. November 1944 bis zum 2. März 1945 in den RKO-Studios und in Arcadia gedreht. Der Film kostete 1.252.000 Dollar, wobei sich John Waynes Gage auf 87.500 Dollar belief. Sein Ko-Star Anthony Quinn, der von MGM ausgeliehen wurde, verdiente übrigens nur 15.500 Dollar.

Die Arbeit an BACK TO BATAAN war außergewöhnlich schwierig. Denn der konservative Duke traf hier auf Edward Dmytryk und Ben Barzman, die beide nicht nur politisch links eingestellt, sondern in jener Zeit auch Mitglieder der amerikanischen Kommunistischen Partei waren. Während Barzmans Karriere im Zuge der Untersuchung der HUAC, des House of Un-American Activities Committees, praktisch zerstört wurde erging es Dmytryk besser. Aber auch Edward Dmytryk (1908-1999) hatte unter der Kommunistenhatz zu leiden. Der Sohn ukrainischer Einwanderer war immer linkspolitisch eingestellt, aber 1949 schon längst nicht mehr Mitglied der Kommunistischen Partei. Er wurde zu einem der Hollywood Ten, die sich weigerten, andere Filmemacher zu bezichtigen. Darum wurde Dmytryk wegen Missachtung des Ausschusses in Haft genommen. Nach ein paar Monaten erklärte er sich schließlich bereit, andere Leute, die in Hollywood tätig waren, als Kommunisten zu bezichtigen. Dies nahmen ihm viele in Hollywood krumm. Dennoch schaffte es Dmytryk seine Karriere 1952 wieder aufzunehmen, wobei er für Klassiker wie THE CAINE MUTINY (DIE CAINE WAR IHR SCHICKSAL, 1954) und WARLOCK (WARLOCK, 1959) verantwortlich zeichnet. In den 70er Jahren versandete seine Karriere und so begann er, als Lehrer an der Universität von Austin, Texas, zu arbeiten.

Auf dem Set von BACK TO BATAAN kam es des Öfteren zu erhitzten Debatten. Als Duke von Produzent Robert Fellows der Autor Ben Barzman vorgestellt wurde, erklärte dieser: *„Für*

Anthony Quinn und John Wayne verstanden sich während der Dreharbeiten von BACK TO BATAAN sehr gut. Dafür hatte Wayne einige Probleme mit seinem links gerichteten Regisseur.

Auf der Leinwand kämpfte John Wayne gegen die Japaner, hinter den Kulissen des Drehs waren es die Kommunisten. So hatte Wayne einige heftige Diskussionen mit dem Autor Ben Barzman, der eindeutig kommunistisch eingestellt war.

meine Freunde bin ich Duke", und fügte dann hinzu, „und für die Leute, mit denen ich arbeite, ebenso."

Während der Dreharbeiten war auch ein technischer Berater vor Ort, Colonel George S. Clarke, der von der US-Armee dem Film zugeteilt worden war und einer der letzten Soldaten war, der 1942 die Philippinen verließ. Duke respektierte den Mann und mochte es gar nicht, als Dmytryk etwas zu dem Soldaten sagte, das seiner konservativen Einstellung zuwiderlief. Duke konfrontierte den Regisseur also.

Duke: *„Bist Du ein Kommunist?"*
Dmytryk: *„Wenn die Masse des amerikanischen Volks den Kommunismus will, dann denke ich, dass das gut für das Land ist."*

Für Wayne stand damit zweifelsfrei fest, wie Dmytryk einzuschätzen war. Aber er war ein Profi. Und der Film musste zu Ende gebracht werden, also gingen die Dreharbeiten weiter. Die Diskussionen endeten aber nicht, sondern gingen mit Barzman weiter.

John Wayne bringt das STAHLGEWITTER über die Japaner.
Der Schauspieler, der selbst nie bei der Armee war, hat so gut wie kaum sonst jemand Soldaten gespielt.

Barzman: *„Du solltest nicht ständig über das russische Volk herziehen. Ohne es würden wir den Krieg verlieren."*
Duke: *„Es ist nicht das russische Volk, mit dem ich ein Problem habe. Es ist der Kommunismus. Und wir sollten nicht vergessen, dass die Russen jetzt nur unsere Verbündeten sind, weil die Nazis Russland angegriffen haben, obwohl Stalin zu Beginn des Krieges nur zu gerne einen Nichtangriffspakt mit Hitler geschlossen hat. Aber eins sag ich dir, wenn der Krieg vorbei ist, wird es Stalins kommunistischer Staat sein, der für uns die größte Gefahr darstellt."*
Barzman: *„Gerede wie das löst Kriege aus. Die Russen werden unsere Freunde sein."*
Duke: *„Sie werden deine Freunde sein."*

John Wayne hat nie ein Blatt vor den Mund genommen, wenn es darum ging, seine Meinung in Bezug auf den Kommunismus auszudrücken. Dennoch war er bis 1947 nicht Teil der 1944 ins Leben gerufenen Bewegung Motion Picture Alliance for the Preservation of American Ideals, deren Aufgabe und Ziel es war, Hollywood von innen heraus von kommunistischen Umtrieben zu säubern. Aufgrund seiner Meinungsäußerung und weil er nicht Teil der Allianz war, wurde er besonders von Kommunisten ins Visier genommen und erhielt sowohl Drohanrufe als auch Drohbriefe.

Was die Arbeit an BACK TO BATAAN betraf, so erklärte John Wayne Jahre später: „Barzman war genau die gleiche Art Mensch wie Dmytryk. Ich musste mit diesen Leuten zusammen arbeiten, aber ich hatte das Gefühl, dass die Zeit bald kommen würde, wenn etwas gegen diese politische Tendenz getan werden musste. Gott sei Dank waren an dem Film aber auch gute Männer beteiligt, wie Paul Fix oder Tony Quinn."

A1, zweites Wiederaufführungsplakat von 1961; Grafik: unbekannt

NOTIZ:
ANTHONY QUINN - voller bürgerlicher Name Antonio Rudolfo Oaxaca Quinn - wurde am 21. April 1915 im mexikanischen Chihuahua geboren. Seine Familie zog nach Los Angeles, als Quinn noch ein Junge war. Er wuchs in Boyle Heights auf und besuchte zuerst die Polytechnic High School und danach die Belmont High. Nach der Schule versuchte er sich als Boxer und studierte dann Architektur unter Frank Lloyd Wright, der ihn ermunterte, seinem Traum von der Schauspielerei zu folgen. Nachdem er am Theater gearbeitet hatte, gab Quinn 1936 mit THE PLAINSMAN (DER HELD DER PRÄRIE), in dem er einen Indianer spielte, sein Filmdebüt. Der Film wurde von Cecil B. DeMille inszeniert, der später sein Schwiegervater werden sollte. 1937 heiratete er Katherine DeMille, mit der er bis 1965 zusammen blieb. Dann ließen sich beide scheiden. Da Quinn mexikanischer Staatsbürger war und erst 1947 US-Bürger wurde, musste er am Zweiten Weltkrieg nicht teilnehmen und hatte so die Gelegenheit, während der Abwesenheit vieler US-Stars bessere Rollen zu ergattern. Quinn war Anfang der 50er Jahre am Broadway erfolgreich und erhielt 1952 für seine Darstellung in VIVA, ZAPATA! (VIVA ZAPATA) den Oscar als bester Nebendarsteller. Er wurde zu einem der größten Stars der 50er und 60er Jahre und spielte in Filmen wie BARABBAS (BARABBAS, 1961) und LAWRENCE OF ARABIA (LAWRENCE VON ARABIEN, 1962) mit. Quinn blieb bis ins hohe Alter aktiv. In den 90er Jahren spielte er in den HERCULES-Fernsehfilmen den Göttervater Zeus. Sein letzter Film war der 2002 posthum veröffentlichte AVENGING ANGELO (AVENGING ANGELO) mit Sylvester Stallone. Er starb am 3. Juni 2001 an einer Lungenentzündung.

US Plakat (1945)

(Links) Deutsche EA Fotos *Deutsches WA Foto von 1961*

DAS DEUTSCHE WERBEMATERIAL

EA: Erstaufführung | WA: Wiederaufführung

Plakate:

Stahlgewitter . .A1 EA von 1954 im Verleih der RKO
Stahlgewitter .A1 WA von 1958 Motiv wie EA Plakat im Verleih von ABC Film
Stahlgewitter . . . . .A1 WA von 1961
Zwei schlagen zurück . . . . .A1 WA von 1963

Kinoaushangfotos:
Zu allen 4 Aufführungen wurden die gleichen Motive benutzt, nur das Schriftlogo wurde verändert. Über die genaue Anzahl der Fotos ist nichts bekannt.

Österreichisches EA Foto

24
RKO RADIO FILM
Stahlgewitter
mit
JOHN WAYNE und ANTHONY QUINN

A1, 3. Wiederaufführungsplakat von 1963; Grafik: Goetze

(Oben und unten) Deutsche EA Fotos von 1954

(Fotos oben) Deutsche WA Fotos von 1958

(Unten) Deutsches WA Foto von 1963

A1, Erstaufführungsplakat von 1956; Grafik: Rütters

SCHNELLBOOTE VOR BATAAN

1945

Originaltitel: . . .THEY WERE EXPENDABLE
Dt. Alternativtitel: . . . . .Ein verlorener Haufen
US-Erstaufführung: . . . . .20. Dezember 1945
Dt. Erstaufführung: . . . . .22. Mai 1956
Laufzeit: . . . . .135 Minuten
Regie: . . . . . .John Ford, Robert Montgomery
Drehbuch: . . . . .Frank Wead
Musik: . . . . .Herbert Stothart
Kamera: . . . . .Joseph H. August
Schnitt: . . . . . .Douglass Biggs, Frank E. Hull
Darsteller:
John Wayne . . . .(Rusty Ryan)
Robert Montgomery . . . .(John Brickley)
Donna Reed . . . .(Sandy Davyss)
Jack Holt . . . .(General Martin)
Ward Bond . . . .(Boats Mulcahey)
Marshall Thompson . . . .(Snake Gardner)
Paul Langton . . . .(Andy Andrews)
Leon Ames . . . .(James Morton)
Arthur Walsh . . . .(Jones)
Donald Curtis . . . .(Shorty Long)
Cameron Mitchell . . . .(George Cross)
Jeff York . . . .(Tony Aiken)

Inhalt:
Als die Japaner den Marinestützpunkt Pearl Harbor bombardieren, können die Männer auf den Patrouillenbooten der Navy zeigen, was in ihren kleinen Schiffen steckt. Die Philippinen sind durch die Blockade abgeschnitten, und die Patrouillenboote schmuggeln sich durch die von den Japanern kontrollierten Gewässer in die Subic-Bucht, um hochrangige Offiziere von den schwer bedrängten Inseln zu evakuieren, darunter auch General MacArthur.

John Ford, der im Krieg Dokumentationen gedreht hatte, darunter über die Schlacht von Midway, und dabei auch schwer verletzt worden ist – auf einem Auge blieb er blind – wollte mit THEY WERE EXPENDABLE den Soldaten ein Denkmal setzen, die besonders zu Beginn des Pazifikkriegs mit kleinen wendigen Schnellbooten den Japanern zugesetzt hatten.

Für die Hauptrolle holte er Robert Montgomery (1904-1981), der gerade eben aus dem Krieg zurückgekehrt war und in Diensten der Navy einen Bronze Star erhalten hatte. Für John Wayne blieb nur der Part des zweiten Hauptdarstellers. Ford hatte sich wohl vor allem für Montgomery entschieden, weil dieser ein echter Kriegsheld war.

Die Dreharbeiten für THEY WERE EXPANDABLE starteten am 11. Februar und liefen bis zum 14. Juni 1945. Gedreht wurde kaum im Studio, dafür aber an Locations in Südflorida, darunter Key Biscayne.

Während zuerst Spencer Tracy und Sidney Franklin für die Hauptrollen in Betracht gezogen wurden, waren es schließlich Montgomery und Wayne, die als jünger und actionorientierter angesehen wurden.

Für Duke waren die Dreharbeiten abermals kein Zuckerschlecken. Denn Ford ließ ihn spüren, dass er ein Mann war, der den Krieg zuhause verbracht hatte. Donna Reed, die hier die weibliche Hauptrolle spielt, erinnerte sich Jahre später, dass Ford es richtig auf Duke abgesehen hatte. Der Regisseur war für seine sadistische Ader bekannt, die er an seinen Schauspielern ausließ. Und besonders an Duke hatte er einiges auszusetzen.

In einer Szene mochte Ford nicht, wie Duke salutierte und so polterte er los: *„Du hast nicht die leiseste Ahnung, wie man salutiert, oder? Das kommt, weil Du nie bei der Armee warst.*

(Rechts) Deutsches EA Foto von 1956

Nachdem die USA in den Zweiten Weltkrieg eingetreten waren, nahm auch die Anzahl entsprechender Filme zu. THEY WERE EXPENDABLE ist aber mehr als nur ein Propagandafilm.

Du bist lieber zuhause geblieben und hast mit lausigen Filmen Dein Geld gemacht, während Deine Landsleute ihr Leben ließen."
Wayne ließ auch diese Tirade über sich ergehen. Doch sie endete nicht schnell. Und er bekam Hilfe von seinem Ko-Star. Robert Montgomery war nicht gewillt, tatenlos zuzusehen, wie sich Ford verbal auf Wayne stürzte.
Darum schrie er Ford an: *„Niemand redet so mit Duke. Du solltest Dich etwas schämen."*
Damit hatte Ford nicht gerechnet. Er war perplex, getroffen und hatte – laut Donna Reed – auch Tränen in den Augen.
Bis Wayne zu ihm ging, ihm auf die Schulter klopfte und sagte: *„Schon okay, Coach. Du willst ja nur, dass der Film so gut wie möglich wird."*

John Wayne mochte Ford. Und Ford mochte Wayne sicherlich auch. Aber ihrer beider Beziehung war außergewöhnlich diffizil. Es war eine Hassliebe, die Zeit ihres Lebens lang Fortbestand haben sollte.

Die Dreharbeiten waren jedoch auch in anderer Beziehung anstrengend. In einer Szene wird das Boot, in dem Duke sitzt, von einem Flugzeug angegriffen. Es wird auf das Boot geschossen und die Windschutzscheibe bricht. Allerdings hatte der Spezialeffektmann vergessen, die echte Scheibe mit einer aus Plexiglas auszutauschen. So brach die echte Scheibe

Französisches Plakat (1947)

und ein Splitterregen ergoss sich auf Duke. Duke schnappte sich einen Hammer, der am Boden lag und lief dem Mann hinterher.
Ford: *„Nein, nicht. Er ist einer von meiner Crew."*
Duke: *„Scheiß auf Deine Crew, gottverdammt. Es sind meine Augen."*
Aber Wayne hatte Glück. Er zog sich keine ernsthaften Verletzungen zu. Und auch der Spezialeffektmann hatte Glück, da Wayne beruhigt werden konnte, bevor er ihn erwischte.
THEY WERE EXPENDABLE war ein teurer Film. Das Budget belief sich am Ende auf 2.933.000 Dollar und überschritt das anvisierte Budget damit um gut 300.000 Dollar. Das war auch die Summe, die Ford für seine Dienste erhielt. Die Gage von John Wayne belief sich auf stattiche 75.000 Dollar.

Das Drehbuch wurde von Frank Wead geschrieben, der Lieutenant Commander in der U.S. Navy gewesen ist und nach Ende des Ersten Weltkriegs drängte, die US-Luftwaffe nicht nur technisch hochzurüsten, sondern auch darauf beharrte, dass Flugzeugträger ein essenzieller Bestandteil künftiger Konflikte sein würden.

Ford verstand sich mit Wead sehr gut. Das bewog ihn auch, 1957 dessen Leben mit THE WINGS OF EAGLES (DEM ADLER GLEICH) ein Denkmal zu setzen, wobei es John Wayne war, der Frank „Spig" Wead spielte. Teile von THEY WERE EXPENDABLE wurden übrigens von Robert Montgomery inszeniert, nachdem sich Ford bei einem Sturz einen Bruch zugezogen hatte. Wayne war enttäuscht, dass Ford ihn nicht gebeten hatte, für ihn einzuspringen…

General Martin** (Jack Holt, rechts) **teilt Lieutenant "Rusty" Ryan** (John Wayne, links) **mit, daß er ausgeflogen werden soll.

DAS DEUTSCHE WERBEMATERIAL

EA: Erstaufführung | WA: Wiederaufführung

Plakate:

Schnellboote vor Bataan

. . . . .A1 EA von 1956

Kinoaushangfotos:

Über die genaue Anzahl der Aushangfotos ist nichts bekannt. Die höchste bekannte FSK-Nummer ist die #15.

Lieutenant John Brickley** (Robert Montgomery, links) **ist der Kommandant des 3. US-Schellboot-Geschwaders. Zu ihm gehört auch Lieutenant „Rusty“ Ryan** (John Wayne, rechts)**. Bei Kriegsausbruch in der amerikanischen Marine wenig angesehen, zeigen sie und ihre Männer bald, was Schnellboote leisten können.

A1, Erstaufführungsplakat von 1950; Grafik: Botjagin

LIEBE IN DER WILDNIS

1945

Originaltitel: .DAKOTA
Deutsche Alternativtitel: .Blut am Fargo River
Brennende Prärie / Cowboy-Liebe
US-Erstaufführung: . . . . .25. Dezember 1945
Dt. Erstaufführung: . . . . .15. Dezember 1950
Laufzeit: .82 Minuten
Regie: .Joseph Kane
Drehbuch: . . . . .Lawrence Hazard
Kamera: . . . . .Jack A. Marta
Schnitt: . . . . .Fred Allen
Darsteller:
John Wayne . . . .(John Devlin)
Vera Ralston . . . .(Sandy Poli)
Walter Brennan . . . .
(Captain Bounce of the Riverbird)
Ward Bond . . . .(Jim Bender)
Mike Mazurki . . . .(Bigtree Collins)
Ona Munson . . . .(Jersey Thomas)
Olive Blakeney . . . .(Mrs. Stowe)
Hugo Haas . . . .(Marco Poli)
Nick Stewart . . . .(Nicodemus)
Paul Fix . . . .(Carp)
Grant Withers . . . .(Slagin)

Inhalt:
Der Spieler John Devlin möchte unter seine Vergangenheit einen Schlussstrich ziehen und plant, sich mit seiner Frau Sandy ein Stück Land in Nord-Dakota zu kaufen. Durch den expandierenden Eisenbahnbau soll das Land an Wert gewinnen. Doch auch die Gangster Bender und Collins wissen das. Mit ihrer Gang terrorisieren sie die Farmer. John und Sandy werden um ihre Ersparnisse gebracht. Fest entschlossen verbündet sich John mit einigen Farmern, um die Bande ein für allemal zu vertreiben.

DAKOTA war der erste Film, den John Wayne unter seinem neuen nicht-exklusiven Vertrag mit Republic drehte. Dieser garantierte ihm ein Einkommen von zehn Prozent der Brutto-Studioeinnahmen, was in diesem Fall eine Gage von fast 150.000 Dollar bedeutete. Der Film selbst kostete knapp 850.000 Dollar und blieb damit noch knapp 45.000 Dollar unter dem anvisierten Budget.

Der neue Vertrag garantierte Duke auch deutlich mehr Rechte. Er wollte einige seiner eigenen Filme auch produzieren. Das konnte er bei DAKOTA nicht, aber er bestand gegenüber Republic-Chef Herbert Yates darauf, dass Paul Fix, Grant Withers und Ward Bond Rollen erhielten. Außerdem wollte er Yakima Canutt als Mann für die Second Unit haben. Yates kam ihm hier entgegen, bestand aber selbst darauf, dass seine Frau-in-spe, die Tschechin Vera Hruba Ralston, die Hauptrolle spielen sollte. Duke war damit nicht glücklich: *„Als Mensch war sie wunderbar. Als Schauspielerin aber nicht."*

Wie sich Paul Fix erinnerte, erhielt Wayne inmitten der Dreharbeiten die Nachricht, dass sein Sohn Michael von einer Klippe gestürzt war. Er hatte sich eine schwere Rückenverletzung zugezogen, aber die Ärzte versicherten, dass der Junge sich wieder erholen würde. Dennoch war Duke während der Dreharbeiten gramgebeugt. Seiner Darstellung sieht man dies nicht an. Er war eben ein echter Vollblutprofi.

Die Dreharbeiten zu DAKOTA fanden von Juli bis September 1945 an Locations im San Joaquin Valley, Ojai und den Mammoth Lakes in Kalifornien statt.

DAKOTA ist einer von John Waynes unspektakuläreren Filmen, der auch erst mit fünfjähriger Verspätung nach Deutschland kam.

DAS DEUTSCHE WERBEMATERIAL

EA: Erstaufführung | WA: Wiederaufführung

Plakate:
Liebe in der Wildnis . . . . .A1 EA von 1950
Blut am Fargo River . . . .A1 WA von 1964
Das Motiv der WA ist nicht bekannt.
Kinoaushangfotos:
Über die genaue Anzahl der EA und WA Fotos ist nichts weiter bekannt.

(Rechts) Deutsche WA Fotos von 1964

Österreichisches WA Foto von 1964

DAKOTA wurde unter verschiedenen Titeln in Deutschland ausgewertet. BLUT AM FARGO RIVER sollte dabei eher ein an Action interessiertes Klientel ansprechen, während COWBOY-LIEBE auf den Romantik-Aspekt und das weibliche Publikum setzte.

Cover vom Werberatschlag

WITHOUT RESERVATIONS

1946

Originaltitel: . . . .WITHOUT RESERVATIONS
Englischer Alternativtitel: . . . .Thanks God, I'll Take It From Here
US-Erstaufführung: . . . . .13. Mai 1946
Dt. Erstaufführung: . . . . .nicht erschienen
Laufzeit: .107 Minuten
Regie: .Mervyn LeRoy
Drehbuch: . . . . .Andrew Solt
Musik: . . . . .Roy Webb
Kamera: . . . . .Milton R. Krasner
Schnitt: .Jack Ruggiero
Darsteller:
John Wayne . . . .(Rusty Thomas)
Claudette Colbert .(Christopher "Kit" Madden)
Don DeFore . . . .(Dink Watson)
Anne Triola . .(Consuela "Connie" Callaghan)
Frank Puglia . . . .(Ortega)
Thurston Hall . . . .(Henry Baldwin)
Dona Drake . . . .(Dolores Ortega)
Louella Parsons . . . .(sich selbst)
Frank Wilcox . . . .(Jack)

Inhalt:
Die Dreharbeiten der Verfilmung ihres Romans „Here is Tomorrow" stehen für Kit Madden auf dem Spiel, denn der eigentlich anvisierte Cary Grant ist abgesprungen. Darum begibt sich Kit nach Hollywood, um beim Casting zu helfen. Im Zug lernt sie den Flieger Rusty Thomas kennen, der praktisch das lebende Abbild ihrer Romanfigur ist. Sie möchte ihn unbedingt für den Film gewinnen, muss jedoch feststellen, dass er „Here is Tomorrow" grauenhaft findet. Darum verschweigt sie ihm auch zuerst, wer sie wirklich ist. Und während eine zarte Liebschaft zwischen beiden erblüht, kommt natürlich raus, was sie von ihm will und wer sie wirklich ist. Rusty ist enttäuscht, aber am Ende siegt die Liebe …

WITHOUT RESERVATIONS ist eine leichtherzige Komödie und war damit etwas, das ganz und gar aus John Waynes üblichem Schema herausfiel. Der Film war für ihn wichtig, um auch zu zeigen, dass er mehr als nur Action beherrschte. In den Stabsangaben wird er erst nach Claudette Colbert genannt.

John Wayne war zuerst sehr unsicher, ob er diesen Film machten sollte. WITHOUT RESERVATIONS ist eine leichtherzige Komödie und hat keinerlei Action, die Waynes Fans in der Regel erwarteten. Produzent Jesse L. Lasky konnte jedoch Wayne als auch Claudette Colbert überzeugen, die Befürchtungen hegte, der Film könnte zu sehr mit IT HAPPENED ONE NIGHT (ES GESCHAH IN EINER NACHT, 1934) verglichen werden. Und vielleicht dachte sie auch, dass Duke nun mal kein Clark Gable war.

Beide ließen sich jedoch von Lasky breitschlagen, forderten aber einen guten Regisseur. Der kam in Form von Mervyn LeRoy (1900-1987), der ein paar Jahre später das Monumentalwerk QUO VADIS (1951) verfilmen sollte.
LeRoy war sicher, dass Duke der Rolle gewachsen war. Er ermutigte ihn, indem er ihm klar machte, dass er auch in früheren Filmen schon komödiantische Szenen gespielt hatte.

US Plakat (1946)

*(Links)
US Plakat
(1946)*

Nun würde er dies eben nur für einen ganzen Film machen.

Die Dreharbeiten fanden vom 8. Oktober 1945 bis zum 14. Januar 1946 statt. Dabei wurde hauptsächlich auf dem RKO-Studio-Lot gearbeitet. Ein paar Außenszenen wurden jedoch auch in Chatsworth gedreht.

Das Budget war auf 1,5 Millionen Dollar anvisiert. Es wurde um 183.000 Dollar überschritten. Duke erhielt für seine Dienste 87.500 Dollar, während Colbert 150.000 einstrich. Sie wurde auch an erster Stelle genannt. Noch immer nicht war John Wayne der unumwundene Star, doch lange sollte dieser Zustand nicht mehr andauern. WITHOUT RESERVATIONS war für RKO der erfolgreichste Film des Jahres 1946.

A1, Wiederaufführungsplakat von 1957; Grafik: Goetze

DER SCHWARZE REITER

1947

Originaltitel: . . .**ANGEL AND THE BADMAN**
Englischer Alternativtitel: . .The Angel and the Outlaw
US-Erstaufführung: . . . . . . .15. Februar 1947
Dt. Erstaufführung: 1949
Laufzeit: . . . . .100 Minuten
Regie: . . . . .James Edward Grant
Drehbuch: . . . . .James Edward Grant
Musik: . . . . .Richard Hageman
Kamera: .Archie Stout
Schnitt: . . . . .Harry Keller
Darsteller:
John Wayne . . . .(Quirt Evans)
Gail Russell . . . .(Penelope Worth)
Harry Carey . . . .(Marshal Wistful McClintock)
Bruce Cabot . . . .(Laredo Stevens)
Irene Rich . . . .(Mrs. Worth)
Lee Dixon . . . .(Randy McCall)
Stephen Grant . . . .(Johnny Worth)
Tom Powers . . . .(Dr. Mangram)
Paul Hurst . . . .(Frederick Carson)
Olin Howland . . . .(Bradley)
John Halloran . . . .(Thomas Worth)
Joan Barton . . . .(Lila Neal)

Inhalt:
Outlaw Quirt Evans wird bei einem Bankraub angeschossen. Eine Quäker-Familie nimmt den Verwundeten auf und pflegt ihn gesund. Die Zeit bei den tief religiösen Menschen bringt ihn dazu, seinen Lebenswandel zu überdenken. Hin und her gerissen zwischen dem Pfad der Gewalt und der Liebe zu der hübschen Quäkerstochter Penelope, holt ihn seine Vergangenheit auf brutale Weise ein. Sein Widersacher Laredo Stevens hat ihn bereits aufgespürt und sinnt nach Rache.

ANGEL AND THE BADMAN, der während der Produktion auch den Titel THE GUN trug, war der erste Film, den John Wayne auch produzierte. Eigentlich wollte er selbst gar nicht die Hauptrolle spielen und versuchte zuerst Gary Cooper und dann Randolph Scott für den Part zu begeistern. Beide lehnten jedoch ab, weswegen er selbst die Hauptrolle übernahm, was dem Studio Republic mehr als recht gewesen ist.

Das Drehbuch wurde von James Edward Grant geschrieben, der schon bald zu einem guten Freund von Duke werden sollte. Beide arbeiteten fast Tag und Nacht an der Geschichte, die Duke ansprach, weil sei so ungewöhnlich war. Denn am Ende ist es nicht seine Figur, die den Killer seines Vaters erschießt. Er legt seine Waffe nieder, weil er die Quäkerin Penelope liebt. Doch der Marshall tötet dann Laredo Stevens. Für Wayne war dies bemerkenswert, denn natürlich hätte ein jeder erwartet, dass die Wayne-Figur am Ende selbst Rache übt.
Im Verlauf der Vorproduktion konnte Grant seinen Kumpel Duke überzeugen, ihn selbst Regie führen zu lassen. Eine Entscheidung, die Duke später bereute, denn angesichts der ungewöhnlichen Geschichte war der Film viel zu gewöhnlich inszeniert, weswegen er Grant später auch sagen musste: *„Du bist ein herausragender Autor, aber das Inszenieren solltest Du anderen überlassen."*

John Waynes Freund, der Autor James Edward Grant, versuchte sich hier auch als Regisseur. Duke befand jedoch, dass das wahre Talent seines Kumpels das Schreiben war.

A1, EA von 1949; Grafik: Schulz-Neudamm

Die Art, wie der frühere Journalist Grant schrieb, sprach Duke jedoch an. Er fand, dass Grant genau die Worte fand, die ihm in seinen Rollen am besten standen. Die Arbeit an ANGEL AND THE BADMAN war für Duke enorm zeitaufwendig. Er hatte unterschätzt, wie viel Arbeit an der Produktion eines Films hing. Das machte ihn einigermaßen dünnhäutig, weswegen er am Set des Öfteren mal herumbrüllte, was gar nicht seine Art war. Aber er war auch immer schnell dabei, sich bei Freunden und Kollegen für sein Verhalten zu entschuldigen. Ein besonderes Interesse hegte Wayne für die damals 22-jährige Gail Russell. Man sagte ihm später nach, dass er eine Affäre mit der jungen Frau gehabt hätte. Dies brachte seine zweite Ehefrau Chata auf, als sie sich Jahre später scheiden ließ.

John Wayne und Gail Russell: Böse Zungen sprachen ihnen eine Affäre zu, allerdings war es wohl eher so, dass Russell beim stattlichen Wayne den Beschützerinstinkt weckte. Ihre Erfahrungen beim Film waren alles andere als rosig gewesen. Und sie hatte Produzenten kennen gelernt, die sie ausnutzen wollten. Darum war sie umso überraschter, wie höflich sich John Wayne ihr gegenüber verhielt.

Doch Duke verneinte immer, eine sexuelle Beziehung zu der jungen Frau gehabt zu haben. Er wusste, dass Russell eine sehr zerbrechliche junge Frau war. Sie hatte es in Hollywood nicht leicht gehabt und war mehr als einmal ein Opfer der Casting Couch. Duke legte aber Wert darauf, dass er kein solcher Produzent war. Er hatte Russell angeheuert, weil sie ihn als Schauspielerin überzeugt hatte. Duke behandelte sie gut, mit Respekt, und zuerst fehlinterpretierte sie sein Verhalten in der Art, dass auch er sie ausnutzen wollte. Doch dann erkannte sie, dass dies ein Produzent war, der anders als jene war, denen sie zuvor begegnet ist. Sie war ein trauriges Mädchen, das sein Lampenfieber mit Alkohol zu bekämpfen suchte. Daraus wurde eine Sucht, der sie im Alter von nur 36 Jahren durch Herzversagen erlag - ihr Schauspielstern war zu jener Zeit längst verblasst, da die Alkoholsucht auch deutlichen Einfluss auf ihre Arbeit genommen hatte. ANGEL AND THE BADMAN wurde vom 22. April bis zum 6. Juli 1946 in Sedona und Flagstaff, Arizona, gedreht. Das eigentliche Budget sollte nur knapp 950.000 Dollar betragen, wurde jedoch auf 1,31 Millionen überzogen. Wayne verdiente als Produzent und Hauptdarsteller knapp 180.000 Dollar. Der Film warf im ersten Anlauf für Republic keine Gewinne ab, wurde jedoch 1959 noch einmal in die Kinos gebracht.

Die Geschichte wurde fast 40 Jahre später in leicht veränderter Form mit WITNESS (DER EINZIGE ZEUGE, 1985) erneut erzählt, nur dass die Hauptfigur John Book hier am Ende selbst zur Waffe greift…

GLORIA
FILMVERLEIH
JOHN WAYNE
GAIL RUSSELL
in
„Der schwarze Reiter“
(ANGEL AND THE BADMAN)
Regie:
JAMES EDWARD GRANT
REPUBLIC

(Oben) Deutsche EA Foto von 1949

(Unten) Österreichisches WA Foto von 1957

BEER
JOHN WAYNE
GAIL RUSSELL
„Der schwarze Reiter“
Regie:
JAMES EDWARD GRANT
FILMVERLEIH

DAS DEUTSCHE WERBEMATERIAL

EA: Erstaufführung | WA: Wiederaufführung

Plakate:

Der Schwarze Reiter . . . . .A1 EA von 1949
Der Schwarze Reiter . . . . .A1 WA von 1957

Kinoaushangfotos:

Über die genaue Anzahl der Aushangfotos ist nichts bekannt.

JOHN WAYNE · GAIL RUSSELL
Der
SCHWARZE Reiter
(Angel and the Badman)
REGIE: EDWARD GRANT
REPUBLIC

Österreichische WA Fotos (Im Textbalken ist nur der Titel zu sehen, kein Verleihlogo oder Darstellernamen)

Deutsches EA Foto von 1949

Ein faszinierendes Aushangfoto, das auf einem Publicity-Foto basiert. Der Kontrast von Wayne/Russell auf der einen Seite, dem bedrohlichen Schatten auf der anderen Seite sorgt für sehr viel Dramatik.

A1, Erstaufführungsplakat von 1954; Grafik: Williams

TYCOON

1947

Originaltitel: .TYCOON
US-Erstaufführung: . . . . .27. Dezember 1947
Dt. Erstaufführung: . . . . .4. Februar 1954
Laufzeit: .128 Minuten
Regie: . . . . .Richard Wallace
Drehbuch: . . . . . . .Borden Chase, John Twist
Musik: .Leigh Harline
Kamera: . . .W. Howard Greene, Harry J. Wild
Schnitt: .Frank Doyle
Darsteller:
John Wayne . . . .(Johnny Munroe)
Laraine Day . . . . .(Maura Alexander Munroe)
Cedric Hardwicke . . . . .(Frederick Alexander)
Judith Anderson . . . .(Ellen Braithwaite)
Anthony Quinn . . . .(Ricky Vegas)
James Pleason . . . .(Pop Mathews)
Grant Withers . . . .(Fog Harris)
Paul Fix . . . .(Joe)

Inhalt:
Der Ingenieur Johnny Munroe baut für den Industriemagnaten Frederick Alexander eine Eisenbahnstrecke durch die Anden. Zwischen den beiden Männern kommt es zu Differenzen, weil Munroe eine von Alexander aus Kostenersparnis angeordnete Streckenführung durch einen Tunnel als zu lebensgefährlich ablehnt und sich zudem in Alexanders schöne Stieftochter Maura verliebt. Er setzt sich mit seiner Meinung durch. Aber auch beim Brückenbau stößt er auf so viele Schwierigkeiten, dass er das Werk schließlich nur mit Mauras Hilfe beenden kann.

DAS DEUTSCHE WERBEMATERIAL
Plakate:
Tycoon . . . . .A1 EA von 1955
Kinoaushangfotos:
Über die genaue Anzahl der Aushangfotos ist nichts bekannt.

TYCOON wurde vom 6. Januar bis zum 26. April 1947 in den RKO Studios und an Originalschauplätzen in Lone Pine, Kalifornien, gedreht. Eigentlich hatte man vorgehabt, direkt in Mexiko zu drehen, was John Wayne und Anthony Quinn begrüßt hatten, doch eine Woche vor Drehstart änderte man bei RKO seinen Entschluss.

Das eigentliche Budget sollte nur knapp über 1,8 Millionen Dollar sein, der Film kostete aber letzten Endes die beträchtliche Summe von 3,2 Millionen Dollar und erwies sich für RKO als Flop.

Eigentlich hatte sich Duke darauf gefreut, mit Maureen O'Hara zu arbeiten, die er kurz zuvor kennen gelernt hatte und die ihm auf Anhieb sympathisch war. Denn, so Duke, es störte sie nicht, wenn Männer um sie herum das F-Wort benutzen. Und Duke tat das oft. O'Hara erinnerte sich später, dass Wayne einmal zu ihr sagte: *„Du bist der beste Kerl, den ich je kennen gelernt habe."*

Bei RKO entschied man sich aber gegen O'Hara, da man der Meinung war, zwischen beiden Schauspielern herrsche nicht genügend Chemie. Eine Entscheidung, die Wayne immer als dumm abstempelte. Er mochte den Film aber ohnehin nicht besonders. Und das nicht nur, weil er nicht in Mexiko gedreht wurde und weil O'Hara nicht mit von der Partie war, auch weil er die Story nicht besonders mochte.
Bei Liebesszenen, die er mit Laraine Day zu drehen hatte, kam es zu weiteren Komplikationen, denn deren neuer Ehemann Leo Durocher war besonders bei romantischen Szenen am Set zugegen und beäugte beide wie ein Adler. Darum hielt sich Wayne bei den Kuss-Szenen deutlich zurück, was auch Ko-Star Anthony Quinn auffiel. Der empfahl ihm, das wie ein Profi einfach durchzuziehen, aber Duke meinte nur: *„Tony, ich habe bereits genügend Probleme mit meiner Ehe. Da muss ich nicht auch noch dafür sorgen, dass Laraine auch welche bekommt. Bringen wir diesen Scheißhaufen von einem Film einfach hinter uns."*

Der Film basiert auf dem Roman „Tycoon" von C.E. Scoggins, der im Jahr 1934 das erste Mal veröffentlicht worden ist.

(Rechts)
US Lobby Card
(1947)

John Wayne und Laraine Day in TYCOON. Beide spielen ein Paar, das sich kennen und lieben lernt.

A1, Erstaufführungsplakat von 1953; Grafik: Williams

BIS ZUM LETZTEN MANN

1948

Originaltitel: ....**FORT APACHE**
Dt. Alternativtitel: .Kampf um das Apachenfort
Englischer Alternativtitel: ....War Party
US-Erstaufführung: ....9. März 1948
Dt. Erstaufführung: ....9. Oktober 1953
Laufzeit: ....125 Minuten
Regie: ....John Ford
Drehbuch: ....Frank S. Nugent
Musik: ....Richard Hageman
Kamera: ....Archie Stout
Schnitt: ....Jack Murray
Darsteller:
John Wayne ....(Captain Kirby York)
Henry Fonda ...(Lt. Colonel Owen Thursday)
Shirley Temple .....(Philadelphia Thursday)
Pedro Armendáriz ....(Sgt. Beaufort)
Ward Bond ...(Sgt. Major Michael O'Rourke)
George O'Brien ..(Captain Sam Collingwood)
Victor McLaglen ......(Sgt. Festus Mulcahy)
Anna Lee ....(Emily Collingwood)
Irene Rich ....(Mary O'Rourke)
Dick Foran ....(Sgt. Quincannon)
Guy Kibbee ....(Dr. Wilkens)
Grant Withers ....(Silas Meacham)
John Agar .....(Michael Shannon O'Rourke)

Inhalt:
Oberstleutnant Thursday ist verbittert, weil er nach dem Bürgerkrieg seinen Generalsrang verloren hat und in den Westen geschickt wurde, um das Kommando über Fort Apache zu übernehmen. Bei seinen Untergebenen ist der stramme Karrierist, der auf einen schnellen Prestige-Sieg über die Apachen aus ist, die Indianer verachtet, "weil sie keine Ehre haben", und in seiner Truppe arrogant auf die Einhaltung des Reglements und der gesellschaftlichen Rangunterschiede pocht, sofort unbeliebt. Captain York dagegen, in Indianerkriegen erfahren, ein Praktiker und Gentleman, ist ein Vorgesetzter nach dem Herzen seiner Männer. Aus Protest gegen die korrupten Methoden des Indianer-Agenten Silas Meacham führt Häuptling Cochise seine Apachen nach Mexiko. Thursday lockt ihn zurück und attackiert ihn unter Brechung seines Wortes und gegen den Protest Yorks. Cochise reibt die Abteilung auf. York entkommt mit wenigen Leuten.

Seit STAGECOACH hatte sich John Waynes Karriere entwickelt, doch mittlerweile mehr als 40 Jahre alt machte er sich Sorgen, wo er bleiben würde. Für den Leading Man glaubte er sich schon zu alt. Auch dies war ein Grund, warum er stärker ins Produzentenfach einsteigen und ultimativ auch Regie führen wollte, da er glaubte, dass seine Zeit als Schauspieler mit einem Ablaufdatum versehen war. Duke hätte sich nicht stärker irren können, denn seine besten Jahre lagen noch vor ihm.

Nach THEY WERE EXPENDABLE heuerte ihn John Ford wieder für einen Film an. Doch in FORT APACHE spielte Wayne nicht die Hauptrolle. Die hatte Henry Fonda inne. Den Part des romantischen Liebhabers bekam er aber auch nicht, der war Newcomer John Agar vorbehalten. Und so hatte Wayne das Gefühl, dass er zwar mit Captain Kirby York einen guten Part abbekommen hatte, aber er konnte auch nicht leugnen, dass er Angst hatte, bald nur noch auf Nebenrollen abonniert zu sein.

Dass Ford ihm nur den Kirby-Part angeboten hatte, lag, das wusste Duke, daran, dass der Regisseur noch immer nicht der Meinung war, dass Wayne als Schauspieler eine derart komplexe Rolle wie es die von Henry Fonda war, überzeugend spielen konnte.

Am Set unterhielt sich Wayne des Öfteren mit seinen Ko-Stars und erzählte dem jungen John Agar auch davon, dass er glaubte, dass seine Schauspielzeit auslaufe. Doch Agar sah es richtig. Er versuchte, Duke Mut zu machen und betonte, dass er selbst die Rolle in dem Film überhaupt nur bekommen hatte, weil seine Frau Shirley Temple die Hauptrolle spielte.

Wayne und Agar verstanden sich gut. Der ältere Duke konnte verstehen, wie es Agar erging, denn während des Drehs war er John

John Wayne als Soldat im ersten Film von John Fords niemals geplanter Kavallerie-Trilogie.

Henry Fonda ist der Star in FORT APACHE. John Wayne spielt hier nur die zweite Geige. Im Film stehen beide Männer, obwohl Soldaten in derselben Armee, auf sehr unterschiedlichem Posten.

Fords neuester Prügelknabe, der dem Meister nichts recht machen konnte. Duke versuchte Agar zu beruhigen, indem er ihm erklärte, dass Ford auf diese rüde Art, mit der er mit Schauspielern verkehrte, nur bestmögliche Leistung aus ihnen herauskitzeln wollte. Aber Agar war davon nicht überzeugt.

Immerhin hatte ihn Ford jedoch nicht durchgehend auf dem Kieker, denn Ward Bond kam per Flugzeug zum Dreh ins Monument Valley und der Lärm seiner Ankunft ruinierte einen Take, was Wayne zu Agar gerichtet nur so kommentierte: *„Du kannst Dich jetzt entspannen. Pappy* (ein Spitzname für Ford) *hat jetzt einen neuen Prügelknaben."*

Ganz ernsthaft war das nicht gemeint, denn alle drei Männer waren Freunde. Und Duke und Ford zogen Bond gerne mit Sprüchen auf. Die prallten an ihm und seinem riesigen Ego ohnehin ab. Gerade Duke und Bond genossen es aber immer wieder, sich am Set „eine Szene zu liefern", nach der Unbeteiligte glauben könnten, beide Männer würden sich jetzt gleich an die Gurgel gehen. Aber es war immer nur Spaß. Die Dreharbeiten für FORT APACHE begannen am 24. Juli und endeten am 13. September 1947. Gedreht wurde im Monument Valley, in Mexican Hat in Utah und in Corriganville in Simi Valley. Die Studioaufnahmen entstanden in den Selznick Studios in Culver City. In Corriganville wurde das titelgebende Fort aufgebaut, das von Film und Fernsehen noch Jahre später verwendet wurde.

Der Film war auf ein Budget von 2,25 Millionen Dollar anvisiert und sollte im Verlauf von 72 Drehtagen abgeschlossen werden. Ford unterbot das bei weitem. Er benötigte nur 2,15 Millionen Dollar und drehte den kompletten Film innerhalb von 45 Tagen. Waynes Honorar war ursprünglich 100.000 Dollar plus ein Prozent der Nettoeinkünfte. Der Vertrag wurde später dahingehend abgeändert, dass er 50.000 Dollar plus fünf Prozent der Nettoeinkünfte erhielt. Kollege Henry Fonda erhielt 100.000 Dollar plus ein Prozent der Nettoeinkünfte. Dieselbe Summe strich auch Shirley Temple ein, sie bekam jedoch keine Beteiligung. Ihr Mann John Agar arbeitete für 150 Dollar die Woche.

FORT APACHE war für Wayne ein enorm wichtiger Film, dem eine Reihe nicht weniger großartiger Werke folgen sollten. Die Filme der Jahre 1948 bis 1950 waren es, die ihn zum Superstar machen sollten. Und FORT APACHE war der erste Schritt dieser Entwicklung, da Ford hier einen Film abgeliefert hatte, der enorm mutig ist. Denn er funktioniert auf einer Ebene, die den Zuschauer überrascht. Man glaubt fest daran, dass Yorks Bedenken gegen die Strategie letzten Endes obsiegen und die Soldaten vor der Vernichtung bewahrt werden. Doch niemand hört auf York. Vielmehr wird er als Feigling seines Rangs enthoben, nur um miterleben zu müssen, wie er Recht hatte und seine Kameraden von den Indianern aufgerieben werden. Man sieht schon, die Inspiration für die Geschichte war die katastrophale Fehlentscheidung von General Custer, dessen Truppen am Little Big Horn von den Sioux vernichtend geschlagen wurden. Und wie in der Realität spiegelt auch der Film wieder, wie Überlebende und Militär versucht haben, die Unzulänglichkeiten und Fehlentscheidungen von Custer zu verbergen.

FORT APACHE war Fords erster Film seiner inoffiziellen Kavallerie-Trilogie, die er später mit SHE WORE A YELLOW RIBBON (DER TEUFELSHAUPTMANN, 1949) und RIO GRANDE (RIO GRANDE, 1950) zum Abschluss brachte. Für Henry Fonda war dies der letzte Film, den er fertig stellte, bevor er wegen seiner linkspolitischen Aktivitäten auf eine graue Liste gesetzt wurde und in den kommenden Jahren nur ein paar Fernsehauftritte absolvierte. Erst 1955 kehrte er ins Kino zurück und setzte dort fort, wo er 1948 aufgehört hatte, als einer der ganz großen Stars seiner Generation.
John Ford produzierte FORT APACHE zusammen mit Merian Cooper, bekannt für KING KONG (KING KONG UND DIE WEISSE FRAU, 1933). Mit ihrer Firma Argosy Productions benötigten sie einen Hit, um ihr nach dem Flop von THE FUGITIVE (BEFEHL DES GEWISSENS, 1947) finanzielle Stabilität zu verleihen. RKO brachte den Film 1953 erneut in die Kinos.

John Ford drehte FORT APACHE im Monument Valley. Der Regisseur liebte das Monument Valley und wenn er irgend konnte, drehte er einen Film dort. Praktisch jeder seiner Western, egal, ob er handlungstechnisch dort spielt oder nicht, wurde dort gedreht. Ford drehte nur dann nicht dort, wenn das Budget dies nicht zuließ.

JOHN WAYNES ENTOURAGE:

WARD BOND

Wardell E. Bond wurde am 9. April 1903 in Benkelman, Nebraska, geboren. Er war ein guter Freund von John Ford und John Wayne. Beide arbeiteten mit Vorliebe mit ihm zusammen. Und mochten seine Art. Damit eckte er aber auch an, denn Bond war arrogant, von sich selbst eingenommen und besaß kaum Taktgefühl, aber er hatte einen unschlagbaren Sinn für Humor. Und das Trio Ward, Ford und Wayne spielte sich während der Dreharbeiten des Öfteren gegenseitig Streiche.

Bond begann seine Karriere 1929 und spielte bis zu seinem Tod in mehr als 250 Filmen mit, allein 26 davon unter der Regie von John Ford. Er war in einigen der größten Hits von John Wayne zu sehen, so etwa in THE SEARCHERS (DER SCHWARZE FALKE, 1956) und RIO BRAVO (RIO BRAVO, 1959). Von 1957 bis 1961 spielte er eine der Hauptrollen in der Western-Serie WAGON TRAIN.

Bei einem Jagdausflug mit John Wayne schoss dieser Bond versehentlich einmal an. In seinem Testament hinterließ Bond seinem Freund sein eigenes Gewehr. Wohl ein Wink, dass er damit besser schießen könnte. Bond starb vergleichsweise jung am 5. November 1960 an den Folgen eines Herzinfarkts.

John Wayne als Soldat im Wilden Westen. Seine Kavallerie-Filme genießen bei den Zuschauern hohes Ansehen.

Ward Bond war einer der besten Freunde von John Wayne. Beide standen in einer Vielzahl von Filmen vor der Kamera.

A1, Wiederaufführungsplakat von 1961; Grafik: unbekannt

Interessant ist an FORT APACHE auch, dass in John Fords Film die Indianer nicht einfach nur als die Schurken dargestellt werden. Tatsächlich kann man sie und ihr Handeln verstehen. Und steht auf Seiten von Waynes York.

DAS DEUTSCHE WERBEMATERIAL

EA: Erstaufführung | WA: Wiederaufführung

Plakate:

Bis zum Letzten Mann . . . . A1 EA von 1953

Bis zum Letzten Mann . . . . A1 WA von 1961

Kinoaushangfotos:

Über die genaue Anzahl der Fotos ist nichts bekannt. Die höchste bekannte FSK-Nummer ist die #22. Die Motive der EA und WA unterschieden sich nur durch die Titelvignette.

JOHN WAYNE • HENRY FONDA • SHIRLEY TEMPLE
PEDRO ARMENDARIZ
in
Bis zum letzten Mann
Regie: JOHN FORD

JOHN WAYNE • HENRY FONDA • SHIRLEY TEMPLE
PEDRO ARMENDARIZ
in
Bis zum letzten Mann
Regie: JOHN FORD

JOHN WAYNE • HENRY FONDA • SHIRLEY TEMPLE
PEDRO ARMENDARIZ
in
Bis zum letzten Mann
Regie: JOHN FORD

JOHN WAYNE • HENRY FONDA • SHIRLEY TEMPLE
PEDRO ARMENDARIZ
in
Bis zum letzten Mann
Regie: JOHN FORD

JOHN WAYNE • HENRY FONDA • SHIRLEY TEMPLE
PEDRO ARMENDARIZ
in
Bis zum letzten Mann
Regie: JOHN FORD

JOHN WAYNE • HENRY FONDA • SHIRLEY TEMPLE
PEDRO ARMENDARIZ
in
Bis zum letzten Mann
Regie: JOHN FORD

(Oben) Deutsche EA Fotos von 1953; (unten) Deutsches WA Foto von 1961

JOHN WAYNE · HENRY FONDA
BIS ZUM letzten
Mann

JOHN WAYNE · HENRY FONDA
BIS ZUM letzten
Mann

LE MASSACRE DE
FORT APACHE
JOHN FORD
P.123

A1, Erstaufführungsplakat von 1951; Grafik: unbekannt

PANIK AM ROTEN FLUSS

1948

Originaltitel: .... **RED RIVER**
Englischer Alternativtitel: . . .The River is Red
US-Erstaufführung: ....26. August 1948
Dt. Erstaufführung: ....9. Februar 1951
Laufzeit: ....133 Minuten
Regie: ....Howard Hawks
Drehbuch: . . .Borden Chase, Charles Schnee
Musik: ....Dimitri Tiomkin
Kamera: ....Russell Harlan
Schnitt: ....Christian Nyby
Darsteller:
John Wayne ....(Thomas Dunson)
Montgomery Clift ....(Cherry Valance)
Joanne Dru ....(Tess Millay)
Walter Brennan ....(Groot Nadine)
Coleen Gray ....(Fen)
John Ireland ....(Matthew “Matt” Garth)
Noah Beery Jr. ....(Buster McGee)
Harry Carey ....(Mr. Melville)
Harry Carey Jr. ....(Dan Latimer)
Paul Fix ....(Teeler Yacey)
Hank Worden ....(Simms Reeves)
Dan White ....(Laredo)
Glenn Strange ....(Naylor)
Shelley Winters ....(Tanzmädchen)

Inhalt:
Thomas Dunson und Groot Nadine verlassen St. Louis und schließen sich einem Treck in Richtung Kalifornien an. In Texas werden sie sesshaft und gründen eine Rinderfarm. 15 Jahre später ist die Ranch enorm groß geworden. Doch in den Nach-Bürgerkriegswirren ist der Rindermarkt schwer eingebrochen. Um nicht bankrott zu gehen, entscheidet Dunson, dass 10.000 Rinder nach Missouri getrieben werden müssen, wo sie leichter verkauft werden können. Der Rinder-Treck beginnt und fordert den Männern alles ab. Deserteure erschießt Dunson skrupellos, andere will er hängen lassen. Als er eine fatale Entscheidung den weiteren Weg betreffend fällt, stellt sich sein Mündel Matt gegen ihn…

Als Howard Hawks seinem Kollegen John Ford den Film RED RIVER zeigte, platzte es aus diesem heraus: *„Ich hatte keine Ahnung, dass der Hurensohn spielen kann!“* Der Hurensohn war John Wayne, der unter Hawks‘ Regie eine seiner besten Leistungen ablieferte. Durch diesen Film wurde auch Ford klar, dass er ein schauspielerisches Schwergewicht hatte, das er bisher sträflich vernachlässigt hatte.

Dabei war der Film schon zwei Jahre zuvor fertig gestellt worden. Die Dreharbeiten zu RED RIVER liefen vom 26. August bis zum 16. Dezember 1946. Darüber, warum der Film zwei Jahre brauchte, bis er endlich in die Kinos kam, gibt es verschiedene Versionen. Eine Version besagt, dass Howard Hughes die Veröffentlichung durch eine Klage stoppte, da er glaubte, dass das Finale direkt aus seinem Film THE OUTLAW übernommen war. In seiner Begründung wurde erklärt, dass Hawks eigentlich THE

OUTLAW inszenieren sollte, aber wegen kreativer Differenzen ausstieg, so dass Hughes es selbst machen musste. Wie der Disput gelöst wurde, darüber scheiden sich die Geister. Die einen behaupten, Duke hätte sich an Hughes gewandt und darum gebeten, die Angelegenheit fallen zu lassen. Die anderen meinen, Hawks hätte mit seinem Cutter Christian Nyby das Finale so oft umgeschnitten, bis es Hughes genehm war.

Es gibt aber noch zwei weitere Varianten, warum der Film erst 1948 veröffentlicht wurde. In der einen hielt Hawks ihn wegen Schwierigkeiten mit United Artists zurück, in der anderen

In RED RIVER spielte John Wayne einen Mann, der deutlich älter als er selbst ist. Dieser Film öffnete John Ford die Augen, was John Waynes schauspielerisches Talent betraf.

Montgomery Clift ist der junge Held der Geschichte von RED RIVER und muss sich damit John Wayne entgegenstellen.

John Wayne spielt Thomas Dunson, einen harten Mann, der nach seinen eigenen Regeln lebt.

lag es an Wayne, der die Veröffentlichung verhinderte, da man ihm seine Gage noch immer nicht ausgezahlt hatte.

Für Hawks war RED RIVER eine Herzensangelegenheit. Er war damals schon ein profilierter Regisseur, der sich nun unbedingt an einem Western versuchen wollte. Es sollte ein episches Werk werden. Und Ausgangslage dafür war Borden Chases unveröffentlichter Roman „Break of Dawn", der später in Fortsetzungen in der „Saturday Evening Post" als „The Chisholm Trail" erschien.

Für die Hauptrolle des Thomas Dunson hatte Hawks eigentlich Gary Cooper vorgesehen. Der lehnte aber ab, da er fürchtete, dass die Skrupellosigkeit der Figur seinem Leinwand-Image schaden könnte. Für den Schurkenpart des Cherry Valance wollte Hawks Cary Grant engagieren, doch auch dieser lehnte das Angebot ab. An seine Stelle trat John Ireland, wobei das Skript so umgeschrieben wurde, dass der Valance-Part deutlich kleiner ausfiel. Die weibliche Hauptrolle sollte Margaret Sheridan übernehmen, doch sie wurde schwanger und empfahl daher ihre Freundin Joanne Dru, die auch engagiert wurde.

Auf der Suche nach einem geeigneten Hauptdarsteller überzeugte Dukes Agent Charles Feldman den Regisseur, dass sein Schützling die perfekte Wahl für die Rolle war. Hawks traf sich mit Wayne, zeigte ihm aber nicht das Drehbuch, sondern erzählte ihm nur, wie die Geschichte ablaufen sollte. Duke war Feuer und Flamme für das Projekt. Und er stimmte mit Hawks darin überein, dass man die Figur Thomas Dunson nicht verwässern durfte. Er musste so gespielt werden, wie er im Skript gestaltet worden ist.
Was Duke ein paar Sorgen bereitete, war die Tatsache, dass er einen älteren Mann jenseits der 50 spielen musste. Darüber sprach er mit Hawks.

Duke: *„Ich möchte keinen alten Mann spielen."*
Hawks: *„Du wirst bald selbst einer sein, also kannst Du doch schon mal üben."*
Duke: *„Und wie soll ich einen alten Mann spielen?"*
Hawks: *„Sieh einfach mich an, wie ich aufstehe und rumlaufe. So spielst Du das."*

Für Wayne war dies eine Herausforderung. Und eine, die er mit Bravour meisterte. Für ihn war immer klar, dass STAGECOACH sein Durchbruch war, aber RED RIVER war der Film, der ihn zum Star machte. Denn zuvor galt, dass Wayne zwar große Leistungen vollbringen konnte, diese aber nur unter der Regie von John Ford. Nun hatte er bewiesen, dass dem nicht so war.

Das Budget für RED RIVER betrug ursprünglich 1.258.000 Dollar, wurde dann auf

1.800.000 Dollar erhöht und belief sich letzten Endes auf 2.700.000 Dollar. Duke erhielt als Gage 125.000 Dollar plus eine Beteiligung. Später wurde der Kontrakt angepasst, so dass Duke 165.000 Dollar und zehn Prozent von den Nettoeinnahmen erhielt, was inklusive aller Wiederaufführungen ein Salär von mehr als 375.000 Dollar bedeutete. Howard Hawks wiederum erhielt 175.000 Dollar plus eine Beteiligung.

Als Waynes Gegenpart heuerte man den Newcomer Montgomery Clift (1920-1966) an. Für ihn war dies sein erster Film, doch als RED RIVER in die Kinos kam, kannte ihn das Publikum schon aus THE SEARCH (DIE GEZEICHNETEN, 1948), für den er eine Oscar-Nominierung als bester Hauptdarsteller erhalten hat. Anfangs gab es Bedenken, dass Wayne und Clift nicht miteinander auskommen würden, da sie politisch diametral zueinander standen und beide ihre Meinung sehr dezidiert wiedergeben konnten. Doch beide verständigten sich darauf, während des Drehs die Politik außenvorzulassen.
Dennoch kamen Duke und Walter Brennan mit Clift nicht gut zurecht, da sie erfahren hatten, dass er homosexuell war. Darum gingen sie ihm aus dem Weg, wenn nicht gedreht wurde. Duke versuchte aber auch, Clift aus dem Film entfernen zu lassen, als er erfuhr, dass der junge Mann eine Affäre mit John Ireland hatte. Aufgrund der Probleme zwischen beiden lehnte Clift Jahre später auch ab, die Rolle von Dean Martin in RIO BRAVO (1959) zu übernehmen. Der Legende nach wurde die Szene mit Clift und Ireland, als sie ihre Pistolen miteinander vergleichen, während der Dreharbeiten eingefügt, als langsam die Runde machte, dass beide etwas miteinander hatten.

Als Duke der junge Clift vorgestellt wurde, hatte er überdies Bedenken, dass der im Vergleich zu ihm kleine Mann vielleicht auf der Leinwand nicht so wirken würde, als könnte er es wirklich mit ihm aufnehmen. Diese Bedenken wurden nach Dreh der ersten gemeinsamen Szene zerstreut. Und auch auf Dukes Frage, ob ein Kampf, den Clift gewinnen würde, glaubhaft umzusetzen sei, hatte Hawks eine Antwort parat: Auch er selbst könnte gegen Wayne gewinnen, wenn dieser hinfallen würde und er selbst einen Tritt an den Kiefer nachschieben könnte. Und so wurde es dann auch gefilmt.
Während der Dreharbeiten kam Duke die Arbeitsweise von Hawks entgegen. Anders als Ford ermutigte der Regisseur seine Schauspieler, aktiv am kreativen Prozess teilzunehmen und eigene Ideen einzubringen. Wayne mochte es bei Hawks' Filmen besonders, dass er niemals die Drehbücher ansah. Vielmehr fragte er den Regisseur, was er in der nächsten Szene zu tun hatte und improvisierte. Nach Dukes Philosophie musste man nicht Dialogzeilen auswendig lernen. Man musste nur na-

JOHN WAYNES ENTOURAGE:

HOWARD HAWKS

Howard Hawks wurde am 30. Mai 1896 in Goshen, Indiana, geboren. Anders als sein Freund und Kollege John Ford hat Hawks nie einen Oscar als bester Regisseur bekommen. Er war einmal nominiert und wurde von der Academy 1975 mit einem Ehren-Oscar für sein Lebenswerk bedacht.

Seine Karriere begann Hawks in der Stummfilmzeit, wobei er als Produktionsmanager und Regisseur der Second Unit begann. Bevor er zum Film kam, kämpfte er im Ersten Weltkrieg und war später Pilot und Rennfahrer. Seinen ersten Film inszenierte er im Jahr 1926: THE ROAD TO GLORY. Mit weiteren Stummfilmen machte er sich einen Namen und wechselte dann anstandslos ins Tonfach. 1932 inszenierte er SCARFACE - ein finanzieller wie künstlerischer Erfolg.

Hawks' Karriere verlief steil. Und in den späten 40er Jahren war er es, der John Wayne mit RED RIVER zum Star machte. Der Regisseur war nicht nur im Western versiert, sondern verstand es, sich in jedem Genre gut zu präsentieren. Er vertrat die Meinung, dass die Figuren immer vor der Geschichte kommen. Gleichwohl wusste er, wie wichtig ein tolles Skript ist, weswegen er immer bestrebt war, hervorragende Autoren wie William Faulkner für seine Filme zu rekrutieren. Howard Hawks verstarb am 26. Dezember 1977 an den Folgen eines Schlaganfalls.

Howard Hawks war einer von zwei Regisseuren, die John Wayne über alles schätzte. Im Lauf seiner Karriere arbeitete er oftmals mit Hawks zusammen.

Zu Hawks' wichtigsten Filmen gehören:

LEOPARDEN KÜSST MAN NICHT (Bringing up Baby, 1938), SERGEANT YORK (Sergeant York, 1941), ICH WAR EINE MÄNNLICHE KRIEGSBRAUT (I was a Male War Bride, 1949), BLONDINEN BEVORZUGT (Gentlemen Prefer Blondes, 1953), RIO BRAVO (Rio Bravo, 1959), HATARI (Hatari, 1962) und EL DORADO (El Dorado, 1966).

Am Anfang von RED RIVER spielt John Wayne noch einen Mann seines Alters. Doch dann springt die Geschichte 15 Jahre in die Zukunft und Wayne muss einen alten Mann darstellen. Für Duke, der wenig erpicht aufs Altern war, stellte dies eine große Herausforderung dar.

türlich passenden Text darbieten. Hawks war aber auch von Duke beeindruckt, weil dieser es tatsächlich schaffte, zwei oder drei Drehbuchseiten innerhalb weniger Minuten zu memorieren und dann vor der Kamera wirkte, als hätte er nie etwas anderes getan.

Was Hawks sehr gerne machte, war es, Schauspielern ein paar Dialogzeilen zu geben, die nicht im Skript waren. Somit waren diese Dialoge für die anderen Schauspieler überraschend und so entwickelte sich eine Spontanität, die den Filmen gut zu Gesicht stand.

Gedreht wurde RED RIVER in Elgin und im Rain Valley in Arizona. Die Innenaufnahmen entstanden in den Goldwyn Studios in Hollywood. Für die Studioaufnahmen ließ die Produktionsfirma 20 Tonnen Sand aus Arizona anliefern – und das immerhin für Kosten von 20 000 Dollar.

Für die Drehs mit der Rinderherde mietete man 1.000 Tiere an. Als man in Arizona ankam, um mit den Dreharbeiten zu beginnen, hatte es dort das erste Mal seit vielen Jahren wieder Sommerregen gegeben, was Hawks sogar recht kam, da er glaubte, die widrigen Umstände würden den Realismus des Films steigern.

RED RIVER war im In- und Ausland ein immenser Erfolg und wurde für zwei Oscars nominiert, und zwar in den Kategorien „Bestes Drehbuch“ und „Bester Schnitt“. Der Film gilt noch heute als einer der besten Western aller Zeiten. Kritisiert wurde und wird nur das Finale, das wahrlich klassisch gewesen wäre, wenn Clifts Figur die von Duke erschossen hätte. Das aufgesetzte Happyend zwischen den Kontrahenten war für viele allerdings nicht nachvollziehbar.

Howard Hawks sah das anders: *„Ich glaube nicht, dass man Filme machen sollten, an deren Ende einer der Protagonisten stirbt.“*

Sammleranfertigung: US-Pressefoto in Deutschland handcoloriert und mit Vignette versehen

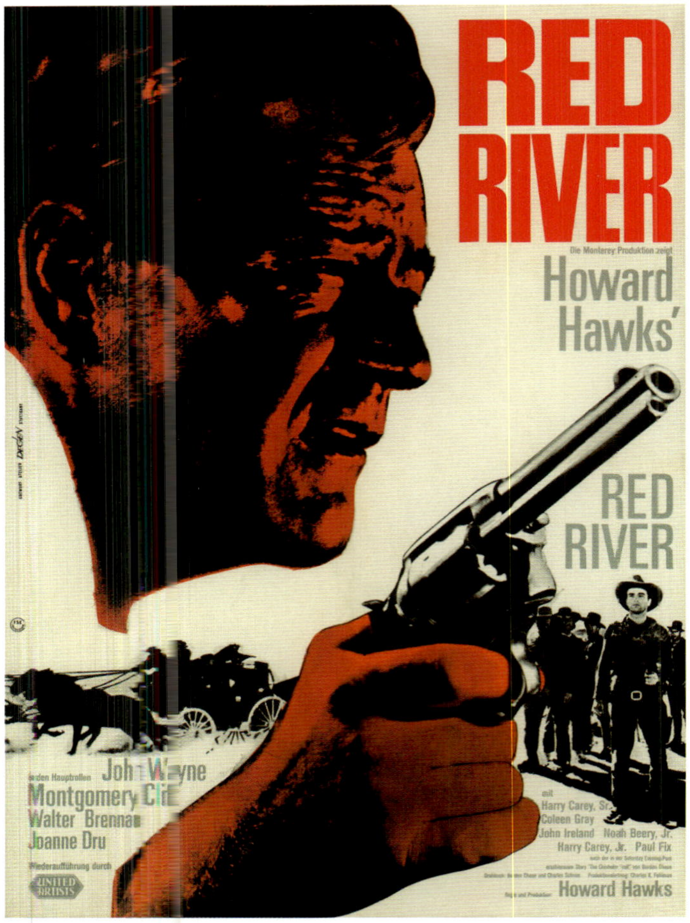

A1, Wiederaufführungsplakat von 1963; Grafik: Atelier Degen

DAS DEUTSCHE WERBEMATERIAL

EA: Erstaufführung | WA: Wiederaufführung

Plakate:

Panik am roten Fluß . . . . .A1 EA von 1951
Red River . . . . .A1 WA von 1963

Kinoaushangfotos:

24 EA Aushangfotos von 1951.
25 WA Aushangfotos von 1963
Die Motive der EA und WA sind identisch.

NOTIZ:

Die unsichtbare Karawane:

Nahezu 1000 Rinder sind die ungewöhnliche Requisiten, die den Film RED RIVER zu einem gewaltigen Wildwest-Epos werden ließ. Menschen und Tiere auf einem wochenlangen, anstrengenden Marsch, der sein Vorbild in dem historischen großen Treck nach Abeline im Jahre 1869 hat, bedurften eingehender Betreuung durch eine für die Kamera unsichtbare Karawane. Allein fünf der damals modernsten Tankwagen versorgten im 24-stündigem Einsatz die riesige Viehherde mit dem erforderlichen Trinkwasser, und acht Spezialtransportwagen sammelten die Nachzügler ein. 20 geländegängige Lastwagen führten die gesamte Ausrüstung und Verpflegung, hinzu kamen außerdem noch vier Busse und eine Anzahl schneller Jeeps für Regisseur, Assistenten und Kameraleute. Zusätzlich gelangten noch Fahrzeuge für den Futtertransport zum Einsatz.

Deutsches WA Foto von 1963

John Wayne – Montgomery Clift
Panik am
Roten Fluß

John Wayne – Montgomery Clift
Panik am
Roten Fluß

John Wayne – Montgomery Clift
Panik am
Roten Fluß

John Wayne – Montgomery Clift
Panik am
Roten Fluß

John Wayne – Montgomery Clift
Panik am
Roten Fluß

John Wayne – Montgomery Clift
Panik am
Roten Fluß

John Wayne – Montgomery Clift
Panik am
Roten Fluß

Sammleranfertigung: US-Pressefoto in Deutschland handcoloriert

John Wayne ist sichtlich gealtert. Howard Hawks gab ihm den Rat, sich ihn anzusehen, um zu wissen, wie ein alter Mann sich bewegt.

Österreichisches WA Foto von 1963 (Foto wurde beklebt mit dem Titel „Panik am Roten Fluß")

Amerikanische Lobby Card** (links) **und österreichisches Aushangfoto** (oben). **Interessant ist, dass man ein Motiv derselben Szene wählte, aber eine unterschiedliche Einstellung nahm.

Belgisches Plakat (1949)

Dänisches Plakat (1949)

A1, Erstaufführungsplakat von 1956; Grafik: Grübel

SPUREN IM SAND

1948

Originaltitel: . . . . .THREE GODFATHERS
Englischer Alternativtitel: . . . . . .3 Godfathers
US-Erstaufführung: . . . . . .1. Dezember 1948
Dt. Erstaufführung: . . . . .20. April 1956
Laufzeit: .106 Minuten
Regie: . . . . .John Ford
Drehbuch: . . . . .Laurence Stallings, Frank S. Nugent
Musik: . . . . .Richard Hageman
Kamera: . . . . .Winton C. Hoch
Schnitt: . . . . .Jack Murray
Darsteller:
John Wayne .(Robert Marmaduke Hightower)
Pedro Armendáriz (Pedro “Pete” Roca Fuerte)
Harry Carey jr. . . . .(William Kearney)
Ward Bond . . . .(Perley “Buck” Sweet)
Mae Marsh . . . .(Mrs. Perley Sweet)
Mildred Natwick . . . .(die Mutter)
Charles Halton . . . .(Oliver Latham)
Hank Worden . . . .(Deputy Curly)
Jane Darwell . . . .(Miss Florie)
Guy Kibbee . . . .(Richter)

Inhalt:
Robert, William und Pedro haben eine Bank ausgeraubt und sind auf der Flucht. Diese führte sie an ein Grab in der Wüste. Darin beerdigt ist eine Frau, die ein neugeborenes Baby hatte. Und nun müssen sich die drei Flüchtlinge um das Kind kümmern. Die Chancen, ihren Häschern zu entkommen, sinken damit auf null. Doch die Männer sind gewillt, ihr der Frau gegebenes Versprechen zu halten. Sie lassen den kleinen Robert William Pedro nicht im Stich.

Nachdem John Ford RED RIVER gesehen hatte, wusste er, dass er John Wayne das nächste Mal in einer Hauptrolle einsetzen würde. Und dieser nächste Film wurde THREE GODFATHERS, dessen Entstehungsgeschichte traurig beginnt. Bei dem Film, der im Groben auf der Geschichte von Jesus und den drei Heiligen Königen basiert, handelt es sich um ein Remake. Eigentlich war die Geschichte ein Roman, der 1913 veröffentlicht wurde. Drei Jahre später hatte Ford ihn mit Harry Carey in einer der Hauptrollen verfilmt.
Nun machte er sich an das Remake, um Carey, mit dem er 25 Stummfilme gemacht hatte, ein Denkmal zu setzen. Als Carey nach schmerzhaftem Kampf seinem Krebsleiden erlag, war Ford bei ihm. Und Duke tröstete seinen Sohn Harry Carey Jr.

Nach dem Tod seines Vaters kam Ford auf den jungen Mann zu und sagte ihm, dass er THREE GODFATHERS als Tribut an seinen Vater neu verfilmen würde. Und dass er eine der drei Hauptrollen spielen würde.
Er sagte ihm jedoch auch: *„Wenn dieser Film fertig ist, wirst Du mich hassen. Aber Deine Darstellung wird grandios sein.“*
Ford hatte nicht übertrieben, denn er behandelte den jungen Carey genauso wie er den jungen Wayne behandelt hatte. Besonders demütigend war wohl, als Ford ihn anwies, „die Position einzunehmen“, woraufhin er ihm einen Tritt in den Hintern verpasste. Und manchmal befahl er auch Duke, den Tritt auszuführen.

Die Dreharbeiten für THREE GODFATHERS begannen am 3. Mai und endeten am 9. Juni 1948. Es wurde in den RKO Studios, aber auch in Culver City gearbeitet. Als Arbeitstitel wurde CHRISTMAS EVE AT MOJAVE TANK benutzt.

THE THREE GODFATHERS ist sehr frei an die Geschichte der Heiligen Drei Könige angelegt. Dies ist die Neuverfilmung eines Stummfilms, den John Ford selbst inszeniert hatte.

Der Ritt durch die Wüste. Die drei Freunde haben es geschafft, aber noch ahnen sie nicht, was auf sie zukommt.

Die unangenehmste Szene kam jedoch, als die Protagonisten sich durch einen Sandsturm kämpfen müssen. Mit Flugzeugturbinen wurde hier Sand aufgewirbelt, der in alle Ritzen und Rinnen vordrang.

Zu Beginn des Films zeigte Ford einen Cowboy, der der Sonne entgegenritt. Das war Stuntman Cliff Lyons, der so zu Recht gemacht war, dass er Harry Carey glich. Und dort fand sich auch die Widmung „To the Memory of Harry Carey. Bright Star of the Early Western Sky".

Der Film wurde mit einem Budget von 1,25 Millionen Dollar umgesetzt, wobei hier wieder Argosy Productions, die Firma von John Ford und Merian C. Cooper, zum Einsatz kam. Vertrieben wurde der Film von MGM. Dabei war THREE GODFATHERS der erste Film, der MGM jemals vertrieb, ohne an der Produktion in irgendeiner Form beteiligt gewesen zu sein. Die Dreharbeiten, die auch im Death Valley stattfanden, waren für Duke und seine Kollegen eine Tortur. Man arbeitete von acht Uhr morgens bis elf Uhr, machte dann vier Stunden Pause, weil die Sonne erbarmungslos herunterbrannte und fing erst um 15 Uhr nachmittags wieder mit der Arbeit an. Wie Duke sich später erinnerte, waren die aufgeplatzten Lippen und der Sonnenbrand in seinem Gesicht nur teilweise das Werk der Maskenbildner. Die Hitze forderte auch bei ihm ihren Tribut.

Die drei Freunde helfen einer Lady in Not.

THE THREE GODFATHERS entstand als Tribut an den kurz zuvor verstorbenen Harry Carey. Sein Sohn Harry Carey Jr. spielt in dem Film auch mit.

DAS DEUTSCHE WERBEMATERIAL

EA: Erstaufführung I WA: Wiederaufführung

Plakate:

Spuren im Sand . . . . .A1 EA von 1956
Das große Wild West Festival . . . . . .A1 WA von 1966
(Siehe Seite 164)

Kinoaushangfotos:

Die genaue Anzahl der Aushangfotos zur EA und WA ist nichts bekannt. Die Motive der EA und WA sind gleich, haben aber grundsätzlich unterschiedliche FSK Nummern. Höchste bekannte FSK Nummer von der EA ist die #20 und bei der WA die # 21.

(Oben) Deutsches WA Foto von 1956

John Waynes Figur muss auf das Kind aufpassen. Es trägt den Namen seiner drei Retter.

MGM's
„Spuren im Sand"

(Unten und rechts) Deutsche EA Fotos von 1956

MGM's
„Spuren im Sand"
FARBE VON TECHNICOLOR

MGM's
„Spuren im Sand"

Der MGM Verleih veranstaltete 1966 die große Wildfest Film Festival Woche. Dort liefen die Filme SPUREN IM SAND, TAL DER RACHE, SCHLUCHT DES VERDERBENS, VOM TEUFEL GERITTEN, GERAUBTES GOLD, DER SCHATZ DES GEHENKTEN und MANN GEGEN MANN. Dafür wurde in Gemeinschaftsplakat entworfen (siehe oben) und neue Fotos gedruckt.

A1, Erstaufführungsplakat von 1965/66; Grafik: unbekannt

MGM's
„Spuren im Sand"

MGM's
„Spuren im Sand"
FARBE VON TECHNICOLOR

MGM's
„Spuren im Sand"
FARBE VON TECHNICOLOR

A1, Erstaufführungsplakat von 1950; Grafik: unbekannt

IM BANNE DER ROTEN HEXE

1948

Originaltitel: . . . **WAKE OF THE RED WITCH**
Deutsche Alternativtitel: . . . . . Das Geheimnis der roten Hexe
US-Erstaufführung: . . . . 1. März 1949
Dt. Erstaufführung: . . . . 10. Oktober 1950
Laufzeit: . . . . 106 Minuten
Regie: . . . . Edward Ludwig
Drehbuch: . . . . Harry Brown, Kenneth Gamet
Musik: . . . . Nathan Scott
Kamera: . . . . Reggie Lanning
Schnitt: . . . . Richard L. Van Enger
Darsteller:
John Wayne . . . . (Kapitän Ralls)
Gail Russell . . . . (Angelique Desaix)
Gig Young . . . . (Samuel „Sam" Rosen)
Adele Mara . . . . (Teleia Van Schreeven)
Luther Adler . . . . (Mayrant Ruysdaal Sidneye)
Eduard Franz (Harmenszoon Van Schreeven)
Grant Withers . . . . (Wilde Youngeur)
Henry Daniell . . . . (Jacques Desaix)
Paul Fix . . . . (Antonio „Ripper" Arrezo)
Dennis Hoey . . . . (Munsey)
Jeff Corey . . . . (Mr. Loring)
Erskine Sanford . . . . (Dr. van Arken)

Inhalt:
Kapitän Ralls versenkt sein Schiff, was eine Untersuchung nach sich zieht. Diese wird jedoch von Mayrant Ruysdaal Sidneye gestoppt. Daraufhin stechen Ralls, sein Partner Sam und der Maat Ripper wieder in See. An ihrer Destination erwartet sie jedoch eine Überraschung: Sidneye. Endlich erfährt auch Sam, was Sindeye und Ralls miteinander verbindet. Sie haben einst den Polynesiern einen riesigen Schatz an Perlen abgejagt, doch ihrer beider Streit, in dem es auch um eine Frau ging, sorgte dafür, dass ihr Schiff, Rote Hexe, unterging. Nun wollen sie den Schatz heben, doch es wird einen von ihnen das Leben kosten...

WAKE OF THE RED WITCH basiert auf einem Roman von Garland Roark, den einst MGM als Clark-Gable-Vehikel optioniert hatte. Nun bot sich hier aber eine interessante Rolle für Wayne, der am Ende den Tod findet - eher ungewöhnlich für einen John-Wayne-Film.

Obwohl Duke den Film nicht produzierte, hatte er doch viel Einfluss auf das Casting und so sorgte er dafür, dass seine Freunde Paul Fix und Grant Withers Rollen in dem Film bekamen. Duke entschied auch, dass Gail Russell die perfekte Wahl für die weibliche Hauptrolle war. Eine Entscheidung, die man vielleicht als närrisch bezeichnen könnte. Nicht, weil Russell keine gute Schauspielerin war, sondern weil es schon ein paar Jahre zuvor Gerüchte gab, dass beide eine Affäre hatten. Sie nun erneut zu besetzen, erzürnte seine Frau Chata, die natürlich überzeugt war, dass ihr Mann sie betrog.
Ob dem so war, lässt sich heute nicht mehr feststellen. Wayne und Russell wurden zwar des Öfteren bei gemeinsamen Aktivitäten gesehen, aber sie waren dabei nie alleine.

Der Film wurde vom 14. Juli bis zum 21. August 1948 in den Republic Studios und im Arboretum im kalifornischen Arcadia gedreht. Weitere Studiosequenzen drehte man im Oktober und November.

Besonders herausfordernd war die Szene mit dem Oktopus, für den sechs Puppenspieler vonnöten waren, um das ca. acht Meter lange Ungetüm zu animieren. Das Budget des Films belief sich am Ende auf knapp über 1,2 Millionen Dollar. Der Film spülte Republic gutes Geld in die Kasse, wobei Duke dank seiner Beteiligung von zehn Prozent auf eine Gage von mehr als 283.000 Dollar kam.

Auf der Insel Tahuata trifft Käpt'n Ralls** (John Wayne, l.) **den früheren Eigentümer der „Roten Hexe", Sidneye** (Luther Adler, r.) **wieder. Beide waren einmal in die gleiche Frau verliebt und hegen jetzt wieder gemeinsame Interessen: die Bergung des Goldschatzes.

(Links) Deutsches WA Foto; (rechts) Deutsches EA Foto von 1950

DAS DEUTSCHE WERBEMATERIAL

EA: Erstaufführung | WA: Wiederaufführung

Plakate:

Im Banne der roten Hexe . . . . .A1 EA von 1950

Kinoaushangfotos:

Über die Genaue Anzahl der EA Fotos ist nichts bekannt. Es gibt Fotos mit FSK Stempel von einer (vermutlichen) WA.

Deutsche EA Fotos von 1950 (Gloria)

WAKE OF THE RED WITCH ist ein eher ungewöhnlicher Abenteuerfilm für John Wayne. Der exotische Lokalkolorit trägt jedoch dazu bei, dass der Film viel Atmosphäre besitzt.

REPUBLIC
Im Banne der roten Hexe
GLORIA

REPUBLIC PICTURES
IM BANNE

REPUBLIC

REPUBLIC
Im Banne der roten Hexe
GLORIA

FSK
REPUBLIC
IM BANNE DER ROTEN HEXE

Anfertigung, kein offizielles Aushangfoto!

Anfertigung, kein offizielles Aushangfoto!

A1, Erstaufführungsplakat von 1950; Grafik: unbekannt

IN LETZTER SEKUNDE

1949

Originaltitel: . .THE FIGHTING KENTUCKIAN
Englischer Alternativtitel: . . . .Eagles in Exile / A Strange Caravan
US-Erstaufführung: . . . .15. September 1949
Dt. Erstaufführung: . . . . .24. November 1950
Laufzeit: .100 Minuten
Regie: . . . . .George Waggner
Drehbuch: . . . . .George Waggner
Musik: .George Antheil
Kamera: .Lee Garmes
Schnitt: . . . . .Richard L. Van Enger
Darsteller:
John Wayne . . . .(John Breen)
Vera Ralston . . . .(Fleurette de Marchand)
Philip Dorn . . . .(Col. Georges Geraud)
Oliver Hardy . . . .(Willie Paine)
Marie Windsor . . . .(Ann Logan)
Hugo Haas . . . .(General Paul de Marchand)
Grant Withers . . . .(George Hayden)
Odette Myrtil . . . .(Madame de Marchand)
Paul Fix . . . .(Beau Merritt)
Mae Marsh . . . .(Hattie)
Jack Pennick . . . .(Captain Dan Carroll)
Mickey Simpson . . . .(Jacques)
John Howard . . . .(Blake Randolph)

Inhalt:
Alabama 1818. An der Spitze eines Scharfschützen-Regiments passiert John Breene eine Siedlung, in der sich wohlhabende französische Flüchtlinge niedergelassen haben. Durch Zufall eskortiert er die Kutsche von Fleurette, der Tochter eines Generals, und verliebt sich in sie. Doch die Hand der jungen Dame wurde von ihrem Vater bereits dem reichen Geschäftsmann Blake Randolph versprochen. Zwischen den beiden Freiern entbrennt ein erbitterter Kampf, in dem es schon bald nicht nur um die Liebe zu Fleurette, sondern auch um das Schicksal der gesamten französischen Gemeinde geht...

John Wayne produzierte auch THE FIGHTING KENTUCKIAN, allerdings bestand Republic-Chef Herbert Yates darauf, dass seine Freundin Vera Ralston erneut die Hauptrolle spielt. Duke stritt deswegen mit Yates, musste sich aber letzten Endes geschlagen geben. Seinem Freund Paul Fix erzählte er später, dass sich ohnehin niemand an Vera Ralston erinnern würde. Im Gedächtnis des Publikums würden nur die Szenen zwischen Oliver Hardy und ihm hängen bleiben.

Das Skript stammte von George Waggner (1894-1984), der auch als Regisseur erfolgreich war und kurz nach THE FIGHTING KENTUCKIAN ins Fernsehen wechselte, wo er bis in die 60er Jahre u.a. mit Stoffen wie BATMAN beschäftigt war. Sein bekanntester Film ist die Universal-Produktion THE WOLF MAN (DER WOLFSMENSCH, 1941), mit dem das letzte große Monster der Universal Studios sein Stelldichein feierte.

Duke war mit dem großen Komiker Oliver Hardy (1892-1957) befreundet und wollte ihn unbedingt in diesem Film dabei haben. Hardy war auch interessiert, machte sich aber Sorgen, dass die Leute glauben könnten, Stan Laurel und er hätten sich getrennt. Laurel ermutigte Hardy jedoch, den Part anzunehmen. Und so fand sich der Schauspieler schon bald in Westernklamotten wieder.

THE FIGHTING KENTUCKIAN wurde vom 9. März bis zum 29. April 1949 gedreht. Als Drehorte wurden die Fox Ranch in Agoura und Teile des nordwestlichen San Fernando Valleys genutzt. Das Budget war auf 1,125 Millionen Dollar angelegt und wurde um gut 200.000 Dollar überschritten. Bei der Erstauswertung in den US-Kinos fuhr der Film Verluste ein, aber mit

John Wayne als John Breen. In einem ähnlichen Outfit war er als Davy Crockett in ALAMO zu sehen.

Locandina, Erstaufführungsplakat von 1950

Das italienische Plakat für THE FIGHTING KENTUCKIAN** (links). **John Wayne fand Vera Ralstons Spiel alles andere als gut. Dafür mochte er den Humor, den Oliver Hardy** (rechte Seiten, unten) **in den Film einbrachte.

Wiederaufführungen und der internationalen Auswertung machte der Film ein erkleckliches Sümmchen Gewinn, so dass Duke mit seiner zehnprozentigen Beteiligung über die Jahre eine Summe von 175.000 Dollar erhielt.

John Wayne war mittlerweile über 40 Jahre alt und wollte nicht mehr alle Stunts selbst machen. Gedoubelt wurde er hier erstmals von dem Stuntman Chuck Roberson, der fortan bei allen weiteren Filmen Dukes Stunt-Double war. Duke gab ihm über die Jahre auch immer wieder kleine Sprechparts in seinen Filmen.

Duke hatte übrigens in einer Beziehung unrecht. Die Zuschauer erinnerten sich an Vera Ralston, allerdings erinnerten sie sich daran, dass ihre „Schauspielkunst“ ein Desaster war. Das hinderte Yates jedoch nicht, ihr auch in den 50er Jahren einige Rollen zuzuschanzen.

US Lobby Card (WA 1953)

US Lobby Card (1949)

US Plakate (1949)

US Lobby Card (1949)

DAS DEUTSCHE WERBEMATERIAL

EA: Erstaufführung | WA: Wiederaufführung

Plakate:

In Letzter Sekunde . . . . .A1 EA von 1950
Plakatmotiv wie in den USA

Kinoaushangfotos:

Über die genaue Anzahl der EA Fotos ist nichts bekannt.

GLORIA FILMVERLEIH

John Wayne mochte Vera Ralston als Mensch, als Schauspielerin fand er sie jedoch katastrophal.

US Lobby Card (1949)

US Plakat (1949)

A1, erstes Wiederaufführungsplakat von 1962; Grafik: Krede

DER TEUFELSHAUPTMANN

John
WAYNE
Joanne
DRU
John
AGAR
RKO
DER
Teufelshauptmann
REGIE: John Ford · Farbe von TECHNICOLOR·

1949

Originaltitel: ....**SHE WORE A YELLOW RIBBON**
US-Erstaufführung: ....22. Oktober 1949
Dt. Erstaufführung: ....5. Februar 1954
Laufzeit: ....103 Minuten
Regie: ....John Ford
Drehbuch: ....Frank S. Nugent, Laurence Stallings
Musik: ....Richard Hageman
Kamera: ....Winton C. Hoch
Schnitt: ....Jack Murray
Darsteller:
John Wayne (Captain Nathan Cutting Brittles)
Joanne Dru ....(Olivia Dandridge)
John Agar ....(Lt. Flint Cohill)
Ben Johnson ....(Sgt. Tyree)
Harry Carey Jr. ....(Lt. Ross Pennell)
Victor McLaglen ....(Sgt. Quincannon)
Mildred Natwick ....(Abby Allshard)
George O'Brien ....(Major Mac Allshard)
Arthur Shields ....(Dr. O'Laughlin)
Michael Dugan ....(Sgt. Hochbauer)
John Big Tree ......(Chief Pony That Walks)
Fred Graham ....(Sgt. Hench)
Francis Ford ....(Connelly)
Tom Tyler ....(Mike Quayne)

Inhalt:
Kurz bevor er in seinen wohlverdienten Ruhestand geschickt wird, muss Hauptmann Nathan Brittles seinen letzten Auftrag erfüllen. Er soll zwei Frauen aus dem Fort vor den Indianern in Sicherheit bringen. Doch an der Poststation, wo er die beiden absetzen will, findet er nur noch Leichen und Trümmern vor. Als der „Teufelshauptmann" sich für dieses Blutbad rächen will, wird ihm gemeldet, dass bereits tausend indianische Krieger schwer bewaffnet den Fluss entlang reiten. Ein letztes Mal zieht Brittles mit seinen Männern in einen scheinbar aussichtslosen Kampf...

Für John Ford stand es außer Frage, dass er für den Part des 60-jährigen Brittles John Wayne wollte. Der war zum Zeitpunkt der Dreharbeiten zwar erst 41 Jahre alt, hatte aber mit RED RIVER bewiesen, dass er auch einen älteren Mann spielen konnte. Das tat er nun auch in SHE WORE A YELLOW RIBBON, dem zweiten Film von Fords Kavallerie-Trilogie. Gemäß der Aussage seines Sohns Patrick war dieser Film einer von Waynes Liebsten. Er mochte besonders die Rolle, auch weil sie ihn mit schauspielerischen Bonmots belohnte, die es in anderen seiner Filme nicht gab, so etwa die Szene, in der er seiner toten Frau erzählt, was er an diesem Tag erlebt hat.

Der Film basiert auf der Geschichte „War Party" von James Warner Bellah, die in der „Saturday Evening Post" erschienen ist. Die Dreharbeiten begannen am 28. Oktober und liefen bis zum 27. November 1948. Mit nur 31 Drehtagen war dies ein Film, der sehr schnell abgedreht wurde.

Das Budget belief sich auf 1.850.000 Dollar und wurde nur um ein paar Tausend Dollar überschritten. Duke erhielt für seine Darstellung insgesamt 175.000 Dollar. Sein Ko-Star John Agar war mit nur knapp 500 Dollar die Woche dabei. Die Navajo-Indianer-Statisten erhielten pro Tag 18 Dollar.

Neben einigen festen Größen im John-Ford-Filmkosmos war auch Ben Johnson mit von der Partie. Der Mann hatte als Stuntman begonnen, versuchte sich nun aber als Schauspieler, hielt sich aber nicht gerade für einen besonders guten. Er wusste aber, warum Ford

John Wayne in seiner zweiten Rolle als Kavallerie-Soldat. SHE WORE A YELLOW RIBBON war ein großer Erfolg und zählt auch unter den Arbeiten von Regisseur John Ford zu dessen Besten.

ihn wollte, denn auf dem Pferd machte ihm keiner etwas vor. Als er ans Set kam, meinte Duke zu ihm, dass er wohl Fords neuer Prügelknabe werden würde, doch tatsächlich wurde er von dem Regisseur sehr gut behandelt.

Johnson versuchte aber auch, sich nicht persönlich zu verstricken. Als er von Ford eingeladen wurde, mit ihm und einigen anderen Karten zu spielen, sagte er wohl oder übel zu, spielte aber so schlecht, dass Ford ihn nicht noch einmal fragen würde. Später erinnerte sich Johnson, dass Duke ein herausragender Kartenspieler war, aber oft absichtlich gegen Ford verlor, um diesen glücklich zu machen.

Duke selbst wiederum erlebte Ford gänzlich neu am Set. Denn der Regisseur zeigte ihm gegenüber eine ganz neue Form von Respekt.

NOTIZ:
JOHN AGAR wurde am 31. Januar 1921 in Chicago, Illinois, geboren. Der Öffentlichkeit wurde er bekannt, als er 1945 „America's Sweetheart" Shirley Temple heiratete. Sein Filmdebüt gab er in John Fords FORT APACHE (BIS ZUM LETZTEN MANN). 1949 trennten sich Temple und Agar wieder voneinander. Er arbeitete mehrmals mit John Wayne zusammen und ist bei Fans für seine Western und SF-Filme beliebt. Er spielte u.a. in REVENGE OF THE CREATURE (DIE RACHE DES UNGEHEUERS, 1955), TARANTULA (TARANTULA, 1955) und ATTACK OF THE PUPPET PEOPLE (1958) mit. 1972 berichtete das Magazin „Famous Monsters of Filmland" von seinem Ableben. Verfrüht, denn Agar lebte noch bis ins Jahr 2002. Es gibt einige Ausgaben des Magazins, die er signiert hat.

Ein Publicity-Foto für SHE WORE A YELLOW RIBBON, das John Wayne und seine Kollegen in voller Kavallerie-Montur zeigt. Bart trug John Wayne in seinen Filmen nur selten, zur Rolle von Captain Nathan Brittles passt er jedoch hervorragend. (v.l.n.r. John Wayne, Harry Carey Jr, Ben Johnson, John Agar und George O'Brien)

NOTIZ:

VOM UNTERGANG EINES GROSSEN VOLKES

John Ford drehte auch SHE WORE A YELLOW RIBBON im Monument Valley. Sein Kameraman Winton C. Hoch fing wundervolle Bilder ein, an denen man sich kaum satt sehen kann.

Der Krieg gegen den roten Mann wurde mit einem Zynismus und einer kalten Grausamkeit geführt, wie sie nur von zusammengewürfeltem Packzeug, dem man überlegene, tödliche Waffen in die Hand gedrückt hat, aufgebracht werden können. Soldaten und Farmer schonten weder Frauen noch Kinder und der Skalp des Gegners war bei den Bleichgesichtern eine ebenso beliebte Siegestrophäe wie bei den Rothäuten. Die „befriedeten" Stämme, die guten Willens waren, sich ins Unabänderliche zu fügen, sahen sich bald den Beamten der Indian-Company ausgeliefert, die sie betrogen und auspressten bis zum letzten. Es dauerte eine geraume Zeit, bis die Indianer einsahen, dass nur ein Zusammenschluss aller Native Americans und ein endgültiges Begraben ihrer kleinlichen Fehden Erfolg versprach.

Tatsächlich gelang es hervorragenden Führerpersönlichkeiten, ein paar Tausend Mann für den gemeinsamen Befreiungskampf zu gewinnen. Ihr erster Erfolg war die Vernichtung der 264 Reiter des Generals Custer am Little Big Horn. Jetzt wurde der rote Mann sich seiner Stärke bewusst und der ganze Westen gärte 1876 in wildem Aufruhr. Es war eine kritische Stunde für das ganze Land, und wenn ein solcher Massenaufstand auch an dem endgültigen Geschick des indianischen Volkes wohl nichts geändert haben würde, es wäre ihm zweifellos ein glänzender Augenblickserfolg beschieden gewesen. Zahlenmäßig waren die Rothäute ihren Bedrückern so wie so überlegen und durch die bessere Bewaffnung hatten sie auch eine echte Chance. Weiße Händler hatten sie inzwischen mit modernsten Winchester-Repetiergewehren ausgerüstet, während die amerikanischen Soldaten primitive einschüssige Karabiner mit sich führten. Allerdings konnten die Indianer nie den Schock vor dem Rückstoß dieser Waffen ganz verwinden und schossen meist aus der Hüfte, mehr oder weniger ungezielt. Dass es zu diesem großen Kriege nicht kam, ist das Verdienst einiger weniger Truppenführer, die ihre Überlegenheit im Feld und am Verhandlungstisch einsetzen konnten.

Er hatte ihn nun als einen Schauspieler von Format akzeptiert und das bedeutete Duke sehr viel. Duke war Zeit seines Lebens dankbar dafür, was Ford und Hawks für ihn getan hatten. Und als er sich Ende der 40er Jahre anschickte, zum Superstar zu werden, da hatte er nur eines zu bedauern: *„Das einzige Problem ist, dass ich so erfolgreich geworden bin, dass viele dieser schrecklichen B-Western, in denen ich mitgespielt habe, wieder in die Kinos gebracht werden. Und die Leute können dann sehen, wie schlecht ich damals war.“*

Der Film wurde an Fords liebstem Ort, dem Monument Valley, gedreht. Schlichtweg brillant ist die Kameraarbeit von Winton C. Hoch, der hierfür mit einem Oscar belohnt wurde. In einer Nebenrolle ist übrigens Fords älterer Bruder Francis (1881-1953) zu sehen. Der war in der Stummfilmzeit ein viel beschäftigter Regisseur, aber sein Stern war just in dem Moment am Sinken, als der seines Bruders zu steigen begann. Nach dem Ende seiner Regiekarriere sattelte er zum Schauspieler um und nahm so ziemlich jeden Job an, der sich ihm anbot.

DER TEUFELSHAUPTMANN war ein großer Erfolg und fuhr Gewinne ein, die durch Wiederaufführungen in späteren Jahren noch maximiert wurden.

(Rechts oben)
A1, Erstaufführungsplakat vom 1954; Grafik: Williams

John Wayne spielt einen Mann, der um die 60 Jahre alt ist. Schon mit RED RIVER hatte er bewiesen, dass er es verstand, weil älter zu spielen, als er selbst war.

A1, zweites Wiederaufführungsplakat von 1966; Grafik: unbekannt

JOHN WAYNE
DER Teufelshauptmann
EIN FARBFILM IN TECHNICOLOR
FSK 16 FREIGEGEBEN

Österreichische WA Fotos (mit weißen Rahmen)

Deutsche WA Fotos von 1962

DAS DEUTSCHE WERBEMATERIAL

EA: Erstaufführung | WA: Wiederaufführung

Plakate:

Der Teufelshauptmann ....A1 EA von 1954
Der Teufelshauptmann ....A1 WA von 1962
Der Teufelshauptmann ....A1 WA von 1966

Kinoaushangfotos:

Über die genaue Anzahl der EA und WA Fotos ist nichts bekannt. Höhste bekannte FSK Nr. der WA ist die #15.

A1, Erstaufführungsplakat von 1952; Grafik: Botjagin

TODES-KOMMANDO

1949

Originaltitel: ....SANDS OF IWO JIMA
Deutsche Alternativtitel: . . .Todeskommando - Du warst unser Kamerad / Du warst unser Kamerad / Iwo Jima – Die große Schlacht
US-Erstaufführung: ....1. März 1950
Dt. Erstaufführung: ....4. Juni 1952
Laufzeit: ....100 Minuten
Regie: ....Allan Dwan
Drehbuch: Harry Brown, James Edward Grant
Musik: ....Victor Young
Kamera: ....Reggie Lanning
Schnitt: ....Richard L. Van Enger
Darsteller:
John Wayne ....(Sgt. John M. Stryker)
John Agar ....(Peter Conway)
Adele Mara ....(Allison Bromley)
Forrest Tucker ....(Al Thomas)
Wally Cassell ....(Benny Regazzi)
James Brown ....(Charlie Bass)
Richard Webb ...(„Handsome" Dan Shipley)
Arthur Franz ....(Robert Dunne)
Julie Bishop ....(Mary)
James Holden ....(Soames)
Peter Coe ....(George Hellenpolis)
Richard Jaeckel ....(Frank Flynn)

Inhalt:
Am 19. Februar 1945 landen über 100.000 amerikanische Soldaten auf der japanischen Insel Iwo Jima. Es sollte die entscheidende Schlacht des Krieges im Pazifik werden. Unter den Befehlshabern befindet sich Sergeant Stryker, ein harter und unerbittlicher Kommandant, der seine Männer bereits im Trainingscamp an den Rand ihrer Kräfte treibt. Doch unter der harten Schale verbirgt sich ein vom Schicksal gebeutelter Mann, der bereit ist, alles für seine Männer zu geben – auch das Leben.

1949 war nicht nur das Jahr, in dem John Wayne mit seiner Darstellung in SHE WORE A YELLOW RIBBON punktete, es war auch das Jahr, in dem er für SANDS OF IWO JIMA als bester Hauptdarsteller für den Oscar nominiert, aber von Broderick Crawford für ALL THE KING'S MEN (DER MANN, DER HERRSCHEN WOLLTE, 1949) geschlagen wurde. Viele sehen Waynes Darstellung in Fords Western als überragender an. Duke selbst gehörte auch dazu. Er glaubte aber auch, dass er eigentlich für beide Filme nominiert sein müsste, etwas, das nach den Oscar-Regularien damals noch nicht möglich war, heute aber funktioniert. Eigentlich hatte Produzent Edward Grainger gar nicht vor, John Wayne in der Hauptrolle zu besetzen. Er hatte das Projekt Herbert Yates von Republic angetragen, der bereit war, es mit 200.000 Dollar zu finanzieren. Grainger wusste aber, dass er mit diesem Budget keinen realistischen Film machen konnte. Was er brauchte, war eine Million Dollar. Auch die

John Wayne kämpft in SANDS OF IWO JIMA gegen die Japaner. Nach dem Kriegsfilme unmittelbar nach Ende des Zweiten Weltkriegs auf wenig Interesse beim Publikum stießen, war dies 1949 anders. SANDS OF IWO JIMA wurde zum beispiellosen Erfolg.

***SANDS OF IWO JIMA** war ein Film, der großen Aufwands bedurfte. Die Produktion konnte auf die Unterstützung des Marine Corps setzen.*

Summe zu finanzieren, war Yates bereit, sofern Grainger John Wayne in der Hauptrolle besetzen würde. Also fügte sich Grainger – und musste es niemals bereuen.

Als Duke das Projekt angeboten wurde, war er unsicher. Der Krieg war gerade erst vier Jahre vorbei und er konnte nicht abschätzen, ob das Publikum bereits wieder einen Kriegsfilm sehen wollte. Er erklärte sich aber aufgrund der Stärke des Skripts dazu bereit, in dem Film mitzuwirken.

Harry Brown hatte das Skript verfasst. Duke brachte James Edward Grant hinzu, der die Dialoge für seine Figur umschrieb und deren Charakter deutlich vertiefte. Für Duke war die Rolle eine Herausforderung. Und ebenso war sie eine Herausforderung für das Publikum, denn dies ist einer der wenigen Filme, an deren Ende John Wayne stirbt. Das Bemerkenswerte daran ist, dass seine Figur Sgt. Stryker nicht heldenhaft im Kampf untergeht. Vielmehr ist es eine Szene, in der er ruhig mit seinen Männern spricht, nach einer Zigarette greift und durch einen Heckenschützen hinterrücks erschossen wird.

Deutsche WA Fotos von 1966

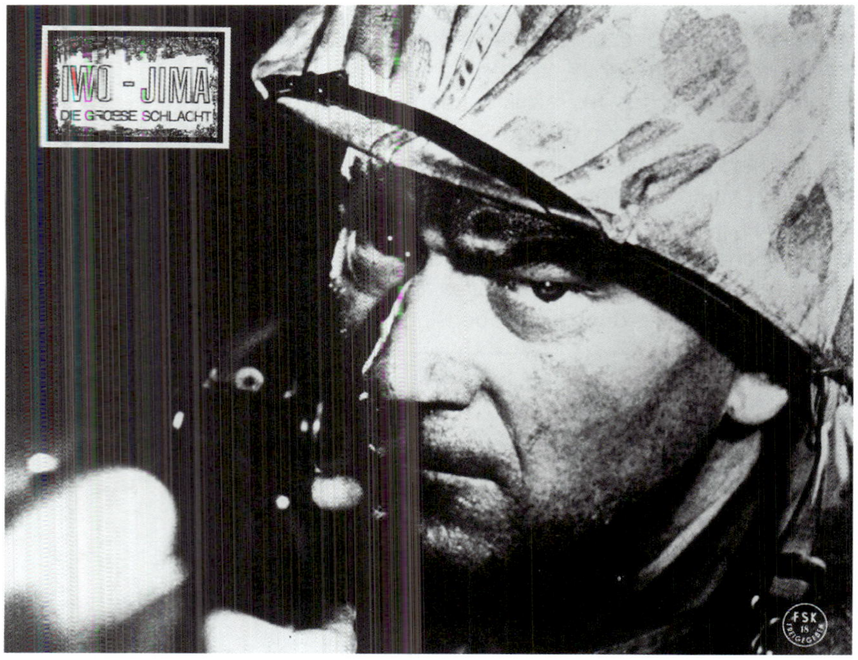

Eine Szene wie diese illustriert auch sehr gut, dass der Ansatz von SANDS OF IWO JIMA war, einen realistischen Kriegsfilm zu erzählen. Aus heutiger Sicht mag einiges, was in der Handlungsebene mit den Figuren passiert, etwas klischeehaft wirken, 1949 war es aber frisch und glaubwürdig. Und mehr noch als das waren die Kampfsequenzen auf Iwo Jima von einer Intensität, die der Kriegsfilm zuvor nie erreicht hatte. Hier wird auf Realismus gesetzt, der sogar noch dadurch unterstrichen wurde, dass echtes Archivmaterial von der Schlacht auf Iwo Jima in den Film integriert wurde.

Duke war auch voll des Lobs über Regisseur Allan Dwan, den er zusammen mit Henry Hathaway für einen der besten Regisseure hält, mit denen er nach John Ford und Howard Hawks je zusammen gearbeitet hat.

John Wayne hatte damals seine Frau Chata zu den Dreharbeiten mitgenommen, aber aufgrund ewiger Streitigkeiten zog er es vor, die Abende in einer Bar zu verbringen. John Agar und die anderen jungen Kollegen schlossen sich ihm gerne an, wobei er sie Nacht für Nacht unter den Tisch trank und am nächsten Tag dennoch frisch wie der junge Frühling am Set stand. Seinen Kollegen gelang dies nicht so gut, weswegen sich Dwan entschloss, dem einen Riegel vorzuschieben. Er holte sich dafür die Hilfe eines echten Drill Sergeant, der seine Crew ordentlich durch die Mangel nahm, woraufhin, so John Agar, keiner mehr außer Wayne länger als bis zehn Uhr abends aufblieb.

Österreichisches EA Streifenplakat (1952)

SANDS OF IWO JIMA ist einer der wenigen Filme, in denen John Waynes Figur am Ende stirbt. Auch dies hat sicherlich dazu beigetragen, den Film so realistisch erscheinen zu lassen.

Deutsches EA Foto von 1952

Die Dreharbeiten des Films fanden vom 11. Juli bis zum 23. August 1949 in Camp Pendleton und Camp Del Mar statt. Der Film kostete knapp 1,4 Millionen Dollar, hätte aber wohl eher eine weitere Million verschlungen, wenn die Produktion nicht die unbegrenzte Unterstützung des Marine Corps gehabt hätte.

Man stellte nicht nur 1.200 Marines als Statisten zur Verfügung - etwas, das Duke besonders schätzte, weil diese einfach viel realistischer waren als normale Statisten, die versuchten, sich als Soldaten auszugeben -, sondern versorgte SANDS OF IWO JIMA auch mit Sherman Tanks, Flugzeugen, Artillerie, Waffen, Trucks, Flammenwerfern und Walkie-Talkies. Für die Szenen mit der Landung am Strand wurden zwei Corsair-Maschinen und 30 Amtracs eingesetzt, die von der Marine Air Station in El Toro stammten.

John Wayne erwies sich als Sgt. Stryker einmal mehr als formidabler Action-Held. Er spielte in SANDS OF IWO JIMA auf Teufel komm raus und wurde dafür mit einer Oscar-Nominierung belohnt.

A1, zweites Wiederaufführungsplakat von 1960; Grafik: Goetze

Die detaillierten Darstellungen der Schlachtszenen stellten für die Spezialeffektcrew eine echte Herausforderung dar. Insgesamt wurden mehr als 200 Stangen Dynamit und 50 Schwarzpulverbomben vergraben, um damit das Schlachtengeschehen nachbilden zu können.

SANDS OF IWO JIMA erwies sich als großer Erfolg und spielte mehr als zwölf Millionen Dollar an den Kinokassen ein, von denen fünf Millionen an das Studio flossen. John Wayne erhielt dank seiner Beteiligung eine Gage von 480.000 Dollar. Mehr als das Geld freute ihn jedoch die Anerkennung seiner Zunft, als er für den Oscar nominiert wurde. Weitere Nominierungen erhielt der Film für den besten Schnitt, den besten Sound und das beste Drehbuch.

Im Zuge des Erfolgs von SANDS OF IWO JIMA wurde John Wayne eingeladen, seine Fußabdrücke vor dem Grauman's Chinese Theater in Zement zu verewigen. Für dieses Ereignis wurde echter schwarzer Sand vom Strand von Iwo Jima eingeflogen und mit dem Zement vermischt.

Für seine schauspielerische Leistung bei SANDS OF IWO JIMA erhielt John Wayne eine Oscar-Nominierung als bester Hauptdarsteller. Gewonnen hat er nicht. Darauf musste noch mehrere Jahrzehnte warten.

Deutsches WA Foto von 1966

DAS DEUTSCHE WERBEMATERIAL

EA: Erstaufführung | WA: Wiederaufführung

Plakate:

Du warst unser Kamerad
. . . . .A1 EA von 1952

Todeskommando . .A1 EA von 1952
Gleiches Motiv wie „Du warst unser Kamerad"

Todeskommando . .A1 WA von 1955
Mit altem FSK-Stempel

Todeskommando . .A1 WA von 1960
Gleiches Motiv, neuer FSK-Stempel

Iwo Jima . . . . .A0 quer WA von 1966
Über ein A1 Plakat mit diesem Titel ist nichts bekannt

Kinoaushangfotos:
Über die Anzahl der EA und WA Aushangfotos ist nichts bekannt.

A1, 3. Wiederaufführungsplakat von 1966; Grafik: Goetze

„Der Sozialismus verändert das selbstsüchtige Wesen des Menschen nicht. Er stoppt Gier nicht. Wenn man 20 Dollar nimmt und 20 Leuten in einem Raum jeweils einen Dollar gibt, dann garantiere ich, dass ein Jahr später einer dieser Bastarde das meiste dieses Geldes haben wird. Das ist einfach die menschliche Natur. Und die kann man auch mit Gesetzen nicht austreiben."
(Zitat John Wayne)

A1, Erstaufführungsplakat von 1951; Grafik: Botjagin

RIO GRANDE

1950

Originaltitel: . . . .**RIO GRANDE**
Englischer Alternativtitel: . . . . .Rio Bravo, Rio Grande Command
US-Erstaufführung: . . . . .15. November 1950
Dt. Erstaufführung: . . . . .28. September 1951
Laufzeit: .105 Minuten
Regie: . . . . .John Ford
Drehbuch: . . . . . . .James Kevin McGuinness
Musik: . . . . .Victor Young
Kamera: .Bert Glennon
Schnitt: . . . . .Jack Murray
Darsteller:
John Wayne . . . .(Lt. Col. Kirby Yorke)
Maureen O'Hara . . . . . .(Mrs. Kathleen Yorke)
Ben Johnson . . . .(Trooper Travis Tyree)
Claude Jarman Jr. . . . .(Trooper Jefferson “Jeff” Yorke)
Chill Wills . . . .(Dr. Wilkins)
Harry Carey Jr. . . . .(Trooper Daniel “Sandy” Boone)
J. Carrol Naish . . . .(Lt. Gen. Philip Sheridan)
Victor McLaglen . . . .(Sgt. Maj. Timothy Quincannon)
Grant Withers . . . .(U.S. Deputy Marshal)
Peter Ortiz . . . .(Capt. St. Jacques)
Steve Pendleton . . . .(Capt. Prescott)
Karolyn Grimes . . . .(Margaret Mary)
Fred Kennedy . . . .(Trooper Heinze)

Inhalt:
Kirby Yorke ist Kavallerieoffizier in einem texanischen Fort. Seine Aufgabe ist es, den Südwesten für Ansiedler zu sichern und die Überfälle der Apachen einzudämmen. Aber die Regierung der Vereinigten Staaten hat mit Mexiko ein Abkommen getroffen, wonach die Streitkräfte der Union den Grenzfluss Rio Grande nicht passieren dürfen. Dies bedeutet, dass die Indianer jederzeit in Mexiko Unterschlupf finden. Für Yorke gibt es nur eine Möglichkeit die Indianer zu überwältigen: Er muss den Rio Grande überschreiten. In dieser schwierigen Situation tauchen auch noch Kirbys Frau und sein Sohn Jeff, die er seit 15 Jahren nicht gesehen hat, im Fort auf. Und so kämpft er nicht nur für seine Liebe und seine Ehre, sondern auch gegen seine Befehle…

John Ford hatte mit THE QUIET MAN (DER SIEGER, 1952) ein Projekt, das er hegte und pflegte. Allerdings war es schwierig, selbiges finanziert zu bekommen, da er an Originalschauplätzen in Irland drehen wollte. Da John Wayne um dieses Projekt wusste, sprach er mit Herbert Yates und versuchte es ihm schmackhaft zu machen, indem er ihm erklärte, dass es für Republic auch mit Prestige verbunden war, wenn man einen Film von John Ford präsentieren konnte.
Yates war interessiert, aber auch Pragmatiker. Er erklärte sich bereit, den Film zu produzieren. Allerdings wollte er zuvor von Ford einen Film im Stil von FORT APACHE oder SHE WORE A YELLOW RIBBON. Ford erklärte sich damit einverstanden, setzte sich mit seinem Autor James Kevin McGuinness auseinander und entwickelte auf Basis der Geschichte „Mission with no Record“ von James Warner Bellah, die in der „Saturday Evening Post“ erschienen war, ein Drehbuch.

Was Ford eigentlich nicht vorhatte, war, eine Kavallerie-Trilogie zu Ende zu bringen. Den Eindruck musste man nach Sichtung der drei Soldaten-Filme haben, die er von 1948 bis 1950 inszeniert hatte, aber ohne die Bedingung von Yates wäre RIO GRANDE nie zustande gekommen. Umso eigenartiger mutet es an, dass Ford darauf achtete, Dukes Figur den Namen Kirby Yorke zu geben. Er deutet damit an, es mit demselben Soldaten zu tun zu haben, der in FORT APACHE zu sehen war. Doch die Schreibweise ist leicht anders. In FORT APACHE schrieb sich der Name noch „York“ ohne das E am Ende. So mancher hat spekuliert, dass dies vielleicht nur ein geschicktes Manöver war, um eine Kontroverse heraufzubeschwören.

JOHN WAYNES ENTOURAGE:

HARRY CAREY JR.

Harry Carey Jr. wurde am 16. Mai 1921 in Saugus, Kalifornien, geboren. Er trat in die Fußstapfen seines Vaters Harry Carey Sr. Als dieser starb, versprach ihm John Ford, dass er in seinem nächsten Film dabei sein würde. Sein Vater hatte ihm den Spitznamen Dobe gegeben. Der Sohn wollte eigentlich klassischer Sänger werden. Als die USA in den Zweiten Weltkrieg eintraten, meldete sich Harry Carey zur Navy. Nach drei Jahren wurde er in die Dokumentarfilmeinheit von John Ford versetzt. Der hatte sicherlich einige Strippen gezogen. Dobe protestierte, aber ändern konnte er es nicht.
1944 heiratete Harry Carey Jr. die Tochter von Paul Fix, Marilyn. Seit damals sind beide verheiratet und haben vier Kinder. Nach Ende des Krieges begann er mit der Schauspielerei, spielte mit seinem Vater in Howard Hawks' RED RIVER (PANIK AM ROTEN FLUSS, 1948) und wurde zu einem Teil von John Fords Filmfamilie. Er wirkte in einer Reihe von Ford-Filmen mit und wurde auch immer wieder von John Wayne zu Projekten hinzugeholt. Insgesamt spielte er in zehn Filmen mit Wayne zusammen.

Seine Karriere umfasst beinahe 150 Filme und Serien. Bis in die 90er Jahre blieb Harry Carey Jr. aktiv. 1994 veröffentlichte er das Buch „Company of Heroes: My Life As An Actor in the John Ford Stock Company".

Aus SHE WORE A YELLOW RIBBON kehrten hingegen Trooper Travis Tyree und Sgt. Timothy Quincannon zurück. Letzterer wurde von Victor McLaglen gespielt, der praktisch dieselbe Figur, aber mit anderem Namen auch in FORT APACHE dargestellt hat.
RIO GRANDE wurde vom 15. Juni bis 21. Juli 1950 in Moab, Utah, und am Colorado River gedreht. Ben Johnson meinte später in einem Interview, dass er den Eindruck hatte, als sei der Film für Ford nur lästige Pflichterfüllung, weswegen ihm vieles nicht so wichtig war. Während der Dreharbeiten gab es einen Disput zwischen Johnson und Ford. Johnson hatte mit Harry Carey Jr., den alle nur Dobe nannten, getuschelt und Ford wollte wissen, was er gesagt hatte. Als Johnson erneut antwortete, er hätte nur etwas zu Harry gesagt, fuhr Ford ihn an: *„Ich hab dir eine Frage gestellt, dummer Kerl."* Das ließ sich Johnson nicht bieten. Er stand auf, verließ das Set und flüsterte Ford im Vorbeigehen zu, wohin er sich seinen Film stecken konnte. Ford schickte Harry los, um Johnson zurückzuholen. Der kam auch und die Dreharbeiten gingen ungestört weiter. Fortan gab es zwischen Ford und Johnson keine Schwierigkeiten mehr, aber nach dem Ende der Dreharbeiten sprach Ford jahrelang nicht mehr mit Johnson und setzte ihn auch in keinem seiner Filme ein. *„So war John Ford"*, meinte Johnson später.

Während der Dreharbeiten in Utah entschieden sich die Schauspieler, an der High School eine „Amateur Talentshow" vorzuführen. Die Gesangstruppe Sons of the Pioneers war ohnehin für den Film tätig und brachte einige Songs zum Besten, die an verschiedenen Stellen im Film zu hören sind. Neben den Sons of the Pioneers standen auf der High School in Utah aber auch weitere Mitglieder des Ensembles, darunter auch John Wayne, der vieles konnte, aber den richtigen Ton treffen war keines seiner Talente. Duke dachte sich aber, er würde im Ensemble untergehen, so dass man gar nicht heraushören würde, wie falsch er singt. Doch Ford hatte einen Witz auf seine Kosten vorbe-

NOTIZ:

„Die beste Rolle meines Lebens“

sagte John Wayne und meinte seine Arbeit an dem Film RIO GRANDE. Besonders glücklich war Amerikas „Filmstar Nummer Eins“ über seinen Regisseur John Ford, der ihm vor Jahren den Weg zum Film ebnete. Damals wirkte John Wayne als Requisiteur zwischen den Kulissen der Filmmetropole. Mit RIO GRANDE bewies der damals dreifache „Oscar“-Preisträger John Ford, dass er nicht nur große Stars entdecken konnte, sondern auch wusste, wie man einen Spitzenfilm macht.

RIO GRANDE ist der dritte Film in John Fords Kavallerie-Trilogie, die als solche nie geplant worden ist. Im direkten Vergleich mit den beiden Vorgängern schneidet dieser Film etwas schlechter ab.

reitet. Auf ein vorher vereinbartes Zeichen verließen plötzlich alle die Bühne – mit Ausnahme von John Wayne. Der sah keine andere Möglichkeit, als das Lied zu Ende zu singen, so falsch es auch war. Das Publikum belohnte ihn mit einer Standing Ovation, weil er den Mut bewiesen hatte, dennoch auf der Bühne zu bleiben.

Für John Wayne war der Film eine angenehme Erfahrung, auch weil er endlich die Gelegenheit hatte, mit Maureen O'Hara zusammenzuarbeiten. Und wie erwartet, verlief diese Arbeit sehr angenehm. Die Chemie zwischen beiden stimmte und so gehören sie zu den großen Paaren der Filmgeschichte. Vier weitere Filme, in denen sie zusammen arbeiteten, sollten noch folgen.

Duke hatte übrigens eine ganze eigene Interpretation der Geschichte. Er sah sie als Metapher auf die Invasion Südkoreas durch nordkoreanische Truppen. Diese schlugen zu und zogen sich dann in ihr Gebiet zurück, während die Südkoreaner und Amerikaner ausharrten.

John Wayne und Maureen O'Hara: Auch privat verstanden sie sich prächtig.

NOTIZ:

Der Regisseur rief - und Maureen kam

Im Jahr 1941 holte der Regisseur John Ford eine junge irische Schauspielerin nach Hollywood, die sich gerade an der Seite Charles Laughtons in den Filmen RIFFPIRATEN (1939) und DER GLÖCKNER VON NOTRE DAME (1939) die ersten Sporen verdient hatte. John Ford übertrug ihr die Hauptrolle seines Filmes SCHLAGENDE WETTER (1941) und damit begann der Weg Maureen O'Haras zum Weltruhm. Aus Dankbarkeit versprach sie ihrem Regisseur, stets für ihn zu arbeiten, wann immer er es wünsche. Nun, John Ford wünschte sich acht Jahre später Maureen O'Hara als Partnerin John Waynes in seinem Film RIO GRANDE. Sofort sagte Maureen zwei andere Filme ab, verzichtete auf einen Urlaub, den sie sich nach einem Jahr intensiver Arbeit gönnen wollte und wurde John Waynes Filmfrau. Auch hier bewies John Ford seine glückliche Hand in der Besetzung eines großen Films mit den besten Darstellern.

So stehen in RIO GRANDE die Apachen für die Nordkoreaner. Und die Armee tut im Film das, was in der Realität nach Dukes Meinung höchstdringlich war: Sie folgt den Angreifern in ihr eigenes Territorium.

RIO GRANDE wurde mit einem Budget von knapp über 1,5 Millionen Dollar fertig gestellt. Duke begnügte sich hier mit einer Gage von 100.000 Dollar, obwohl er laut Vertrag auch mehr hätte bekommen können, da seine Beteiligung derart ausgehandelt war, dass es zehn Prozent, aber mindestens 150.000 Dollar waren. Seine Kollegin Maureen O'Hara wurde mit 50.000 Dollar entlohnt.

Mit diesem Film hatte John Wayne praktisch die Transformation abgeschlossen. Was auch immer er künftig spielte, ob Cowboy, Soldat, Polizist oder was auch immer, er war immer John Wayne. Seine Persona war zum Inbegriff des aufrechten Amerikaners geworden. Und er mühte sich Zeit seines Lebens, dem eigenen Anspruch gerecht zu werden.

NOTIZ:

Vater und Sohn Wayne

In dem Film RIO GRANDE sieht zum ersten mal Pat Wayne, Johns zehnjähriger Sohn, vor der Kamera. Pat kam eigentlich nur auf einen kurzen Besuch zu den Außenaufnahmen und war sehr überrascht, als sein Vater ihm eine kleine Rolle „schenkte". So lässt sich der Knabe Pat drehbuchgemäß von Indianern rauben, während sein (richtiger) Vater wie ein Wirbelwind hinter den verbrecherischen Apachen herjagt.

(Oben) Österreichische WA Fotos von 1965 im Verleih der Jupiter Film (wurde nur überklebt)

(Unten) Deutsche WA Fotos von 1960 (Titel: „John Wayne in Rio Grande")

Deutsche WA Fotos von 1965 (Titel: „John Wayne als Colonel York"

DAS DEUTSCHE WERBEMATERIAL

EA: Erstaufführung I WA: Wiederaufführung

Plakate:
Rio Grande ....A1 EA von 1951
Rio Grande ....A1 WA von 1960
Colonel York ....A1 WA von 1965
Colonel York ....A1 WA von 1965
Kinoaushangfotos:
23 EA Aushangfotos
Über die genaue Anzahl der WA Fotos ist nichts bekannt

Österreichische WA Fotos.

Sammleranfertigung: US-Pressefoto in Deutschland handcoloriert

John Wayne spielt Colonel York. Die Schreibweise variiert je nach Quellmaterial zwischen „Yorke" und „York". Dass es sich bei ihm um dieselbe Figur wie in FORT APACHE handelt, hat John Ford weder bestätigt noch dementiert.

A1, 1. Wiederaufführungsplakat von 1960; Grafik: unbekannt

John Wayne ist Colonel York. Eine Paraderolle für den Schauspieler. Das links unten stehende Plakatmotiv weist überdeutlich auf den Star und den Regisseur des Films hin

US Plakat (1950)

A1, zweites Wiederaufführungsplakat von 1965, Grafik: Braun

A1, zweites Wiederaufführungsplakat (Motiv „B“) von 1965; Grafik: unbekannt

A1, Erstaufführungsplakat von 1952; Grafik: Kumpf

A1, Erstaufführungsplakat von 1953; Grafik: „it“

UNTERNEHMEN SEEADLER

1951

Originaltitel: ....OPERATION PACIFIC
US-Erstaufführung: ....27. Januar 1951
Dt. Erstaufführung: ....12. Juni 1953
Laufzeit: ....111 Minuten
Regie: ....George Waggner
Drehbuch: ....George Waggner
Musik: ....Max Steiner
Kamera: ....Bert Glennon
Schnitt: ....Alan Crosland Jr.
Darsteller:
John Wayne ....(Duke E. Gifford)
Patricia Neal ....(Mary Stuart)
Ward Bond ....(John T. "Pop" Perry)
Scott Forbes ....(Lt. Larry)
Philip Carey ....(Bob Perry)
Paul Picerni ....(Jonesy)
William Campbell ....(The Talker)
Kathryn Givney ....(Commander Steele)
Martin Milner ....(Caldwell)
Cliff Clark ....(Commander)
Jack Pennick ....(Chief)
Virginia Brissac ....(Schwester Anne)

Inhalt:
Im Pazifik wütet der Zweite Weltkrieg, und Lt. Commander Duke E. Gifford steckt mittendrin. Er evakuiert Kinder von Inseln, die sich in Feindeshand befinden. Er überwacht die Entwicklung von Torpedos in Pearl Harbor. Und er durchpflügt im U-Boot die Tiefen des Meeres – denn er wartet nur auf die Chance, seine verbesserten „Blechfische" (Torpedos) auf den Feind abzufeuern.

DAS DEUTSCHE WERBEMATERIAL

Plakate:
Unternehmen Seeadler .A1 EA von 1953
Kinoaushangfotos:
Über die genaue Anzahl der EA Fotos ist nichts bekannt.

Bei den Ko-Stars in diesem Film findet sich auch Paul Picerni, der später als einer der Unbestechlichen in der Eliot-Ness-Serie THE UNTOUCHABLES (CHICAGO 1930) bekannt wurde.

OPERATION PACIFIC war ein Kriegsfilm, der vom September bis November 1950 in Burbank gedreht wurde. Die Produktion erhielt die Unterstützung der Navy und konnte das U-Boot Thunder für Außenaufnahmen benutzen. Zudem ließ man bei Warner in Burbank auch noch eine lebensgroße Replik eines U-Boots bauen.
Weitere Unterstützung erhielt die Produktion durch Vize-Admiral Charles Lockwood, der während des Zweiten Weltkriegs die gesamte amerikanische Unterseebootflotte im Pazifik befehligte und für den Film als technischer Berater zur Verfügung stand.

John Wayne war sich darüber im Klaren, dass der Film nicht mit Werken wie SANDS OF IWO JIMA zu vergleichen war. Ihm war aber auch bewusst, dass man aller Mühen zum Trotz nicht nur großartige Filme machen kann. Wichtig ist, auch bei den geringer wertigen Projekten mit Würde daraus hervorzugehen.

US Lobby Card (1951)

Für Duke war dies der erste Film eines Vertrags mit Warner, der aus sieben Produktionen bestand. Er erhielt 175.000 Dollar Gage plus 50.000 Dollar bei jeder Wiederaufführung und 50 Prozent von den Reingewinnen, nachdem alle Kosten getilgt waren. Bei einem Budget von knapp 1,5 Millionen Dollar spielte OPERATION PACIFIC weltweit 8,9 Millionen Dollar ein. An das Studio flossen so knapp 3,9 Millionen Dollar.

Admiral Nimitz, der während des Zweiten Weltkriegs das Oberkommando über die Navy hatte, war voll des Lobes über den Film und betonte, dass das Publikum hier sehen kann, welche Herausforderungen die Besatzung eines U-Boots meistern muss. Zudem sei der Film, so Nimitz, ein Monument, das aufzeigt, wie wichtig die Unterseestreitkräfte für die Freiheit und Sicherheit der Vereinigten Staaten von Amerika sind.

NOTIZ
Die Arbeit mit **PATRICIA NEAL**, die seine Frau spielte, war für Wayne angenehm. Sie selbst sah das etwas anders, da sie das Gefühl hatte, Duke wäre mit den Gedanken oft wo anders. Zudem war er aufbrausender als sonst. Alles Dinge, die sie auf seine ehelichen Probleme zurückführte. Sie wurde oft von ihrem damaligen Freund Gary Cooper besucht, der sie drängen wollte, das Kind, das sie erwartete, abtreiben zu lassen. Davon wusste Duke nichts und so freundete er sich mit Cooper an.

A1, Erstaufführungsplakat von 1952; Grafik: Kumpf

STÄHLERNE SCHWINGEN

1951

Originaltitel: . . . . . **FLYING LEATHERNECKS**
Deutsche Alternativtitel: . . . . . . Guadalcanal - Entscheidung im Pazifik / Jagdgeschwader Wildkatze
US-Erstaufführung: . . . . 26. August 1951
Dt. Erstaufführung: . . . . . 12. September 1952
Laufzeit: . . . . 102 Minuten
Regie: . . . . Nicholas Ray
Drehbuch: . . . . James Edward Grant
Musik: . . . . Roy Webb
Kamera: . . . . William E. Snyder
Schnitt: . . . . Sherman Todd
Darsteller:
John Wayne . . . . . (Major Daniel Xavier Kirby)
Robert Ryan . . . . (Captain Carl „Griff“ Griffin)
Don Taylor . . . . (Lt. Vern “Cowboy” Blithe)
Janis Carter . . . . (Joan Kirby)
Jay C. Flippen . . . . (Clancy)
William Harrigan . . . . (Joe Curran)
James Bell . . . . (Colonel)
Maurice Jara . . . . (Shorty Vegay)
James Dobson . . . . (Pudge McCabe)
Carleton Young . . . . (Col. Riley)
Brett King . . . . (Ernie Stark)

Inhalt:
Das berühmte amerikanische Flugzeuggeschwader „Die Ledernacken der Luft“ ist im Kriegsjahr 1942 im Südpazifik stationiert. Als Major Dan Kirby, ein Mensch von kompromissloser Härte, ihr neuer Kommandeur wird, kommen starke Spannungen und Auseinandersetzungen innerhalb der Truppe auf. Mit seiner harten Linie macht sich Kirby kaum Freunde bei den Fliegern. Die Mannschaft hätte lieber den kameradschaftlichen Captain Griffin als neuen Vorgesetzten gesehen. Der Unfrieden spitzt sich immer stärker zu und ein Kampf scheint unvermeidlich, doch dann erkennen die Kontrahenten, dass sie alle einen gemeinsamen Feind haben.

FLYING LEATHERNECKS war ein Kriegsfilm, der von RKO und Howard Hughes produziert wurde. Im Lauf der Jahre haben sich ein paar Legenden entwickelt, was John Waynes Salär bei diesem Film betrifft. Es wurde an verschiedenen Stellen berichtet, dass Hughes Wayne eine Gage von drei Millionen Dollar gewährte. Dies erscheint allerdings im Lichte dessen, was Filme damals kosteten und welche Gagen für Topstars gezahlt wurden, sehr unwahrscheinlich. Andere Quellen berichten so auch von einer Gage von 300.000 Dollar, was weit realistischer anmutet. Und das gilt umso mehr, da das Budget des gesamten Films 1.575.000 Dollar betrug.

Das Drehbuch wurde von Dukes Freund James Edward Grant geschrieben, einem Alkoholiker, der auch die Wayne-Produktion THE BULLFIGHTER AND THE LADY (1951) geschrieben hatte, aber während des Drehs nicht in der Lage war, eine Neufassung des Skripts zu liefern, wie es Regisseur Budd Boetticher gefordert hatte. Stattdessen nistete sich Grant in Mexiko für eine Woche in einem Hurenhaus ein und genoss das Leben.

Sowohl Duke als auch sein Ko-Star Robert Ryan waren für die Rollen von Kampfpiloten eigentlich schon viel zu alt. Dem Publikum war das freilich egal. Hinter den Kulissen krachte es überdies umso mehr als im Film selbst, denn hier trafen politische

John Wayne als Pilot in FLYING LEATHERNECKS. In Kriegsfilmen hat er oft agiert, als Pilot war er jedoch nicht gar so oft zu sehen.

NOTIZ:
ROBERT RYAN ist am 11. Nov. 1909 in Chicago geboren worden. Seine Großeltern wanderten aus Irland aus und ließen sich in den Staaten nieder. Kaum hatte Robert Ryan die Schule hinter sich, brach in den Vereinigten Staaten die große Wirtschafts- und Finanzkrise aus und warf seine Zukunftspläne über den Haufen. Der junge Mann nahm, was sich ihm bot, versuchte sich in den verschiedensten Berufen, lernte Menschen und bitteren Hunger kennen.
Als man ihn eines Tages mit der Regie für ein Bühnenstück betraute, das eine höhere Töchterschule aufführte, entdeckte er seine Liebe zum Theater. Er nahm Schauspielunterricht, obwohl er manchmal nicht wusste, wovon er das tägliche Brot bezahlen sollte. Eine unerwartete Erbschaft, die ihm 2.000 Dollar in den Schoß legte, erlaubte ihm, nach Hollywood zu reisen, wo er seine Studien bei Wladimir Solokoff beendete.
Hier in Kalifornien lernte er auch seine spätere Frau Jessie Cadwaller kennen. Es waren wahre Rechenkunststücke, die die junge Frau zu meistern hatte, denn was für einen kaum gereicht hatte, sollte jetzt für zwei langen. Schließlich kam die große Chance. Man begann, sich für ihn zu interessieren und gab ihm wichtige Rollen in den Filmen BOMBARDIER, THE SKY'S THE LIMIT und THE TENDER COMRADE. Mit einem Schlage bedeutete der Name Robert Ryan etwas bei den Gewaltigen der Besetzungsbüros. Da brach der Krieg aus und Ryan wurde zur Marine eingezogen. Es wurde Januar 1944, als er die Uniform ausziehen konnte. Sein neuer Start in Hollywood stand unter den glücklichsten Vorzeichen. Seine Rollen in CROSSFIRE und später in BERLIN-EXPRESS mit Merle Oberon und RETURN OF THE BAD MEN (DER SCHRECKEN VON TEXAS) brachten ihm Weltruhm ein.
Kaum ein anderer Darsteller hat wie Robert Ryan die Höhen und Tiefen des Lebens, Menschen aller Berufe und Hautfarben kennen gelernt. Das befähigte ihn, seine Rollengestalten mit blutvollem Leben zu füllen.

A1, 4. Wiederaufführungsplakat von 1978; Grafik: unbekannt

A1, 3. Wiederaufführungsplakat von 1972; Grafik: Goetze

Gegensätze aufeinander. Während Howard Hughes ihn als Propaganda verstand, die auch zeigen sollte, dass er weit abseits linken Gedankenguts stand, sah sein Regisseur Nicholas Ray das gänzlich anders. Er und Darsteller Robert Ryan waren Linksaktivisten und kamen immer wieder mit John Wayne und Jay C. Flippen in Streit über die schwarze Liste, die die einen ablehnten und die anderen befürworteten.

Gedreht wurde FLYING LEATHERNECKS vom 20. November 1950 bis zum 27. Januar 1951 in der Marine Base „Camp Pendleton“. Innenaufnahmen fanden in den RKO-Pathé-Studios in Culver City statt. Der Film spielte in den USA 7,5 Millionen Dollar ein.

(Links) Deutsches WA Foto von 1959 im Ernestus Verleih

Der 1973 an Lungenkrebs verstorbene Robert Ryan, der mit THE WILD BUNCH in einem gänzlich anderen Schlag von Western mitgespielt hatte, als jene, für die Duke bekannt war, machte neben John Wayne in FYLING LEATHERNECKS eine gute Figur.

NOTIZ:

Geschichte und Film

Jede Armee der Welt hält für einige ihrer Regimenter Spitznamen bereit. Ein bekanntes deutsches Garderegiment wurde „die Maikäfer“ genannt, eine traditionsreiche englische Formation kennt man im britischen Weltreich unter dem schönen Namen „Pontius Pilatus-Brigade“ und die amerikanischen Marinesoldaten heißen ganz allgemein „Leathernecks“, zu deutsch etwa „Ledernacken“. Als Kolonialtruppe im Buschkampf eingesetzt, trugen die Männer einen Lederschutz am Genick, der sie vor Pfeilen und Messern der Eingeborenen schützen solle. So wenigstens erklärt die Regimentsgeschichte diesen merkwürdigen Beinamen. Die Marinesoldaten rühmen sich einer stolzen Vergangenheit und gehören jedenfalls zu den ausgesprochenen Lieblingen ihres Landes. Den ersten Sprung über den großen Teich taten sie im Jahre 1800, als sie in Tripolis eingesetzt wurden, um hier den Piraten und Seeräubern, die das Mittelmeer unsicher machten, das Handwerk zu legen. Verstärkt durch Eingeborenentruppen unternahmen sie ihren berühmten Marsch von Alexandria quer durch die lybische Wüste und nahmen Derna im Sturm. Von ihrem heldenmütigen Kampf auf den Philippinen gegen die Japaner im zweiten Weltkrieg erzählt ein Farbfilm der RKO, STÄHLERNE SCHWINGEN, der im Original den Titel FLYING LEATHERNECKS führt und damit die Fliegereinheiten dieser Formation meint.

NOTIZ:

Ein interessantes Experiment

Es ist eine bekannte Tatsache: Vielen Schauspielern wird es eher möglich sein, glutvolle dichterische Dithyramben zu sprechen als auf der Bühne Alltagsbanalitäten zu bringen. Zum Teil liegt es an den Worten, die ihnen der Autor in den Mund legt, aber auch in ein kurzes „Die Pferde sind gesattelt“ wird gerade der Anfänger versuchen, seine ganze Seele und sein ganzes Können hineinzulegen. Produzent Edmund Grainger und Regisseur Nicholas Ray, die für die RKO den Farbfilm STÄHLERNE SCHWINGEN drehten, glaubten die Wurzel des Übels erkannt zu haben. Der Darsteller eines modernen Films dürfe die Worte seiner Rolle nicht auswendig lernen, sondern müsse sie auf der Szene selbst finden und formen. Ihre Schauspieler, John Wayne und Robert Ryan an der Spitze, erfuhren also erst kurz vor Drehbeginn nur den Inhalt der Szenen. Der Dialog gewann dadurch an natürlicher Frische und klang wirklich so, als wären die Worte nicht auswendig gelernt, sondern zum ersten Male gesprochen. Grainger meint, dieses Experiment bedinge zwar häufigere Proben, spare aber an der eigentlichen Aufnahmezeit.

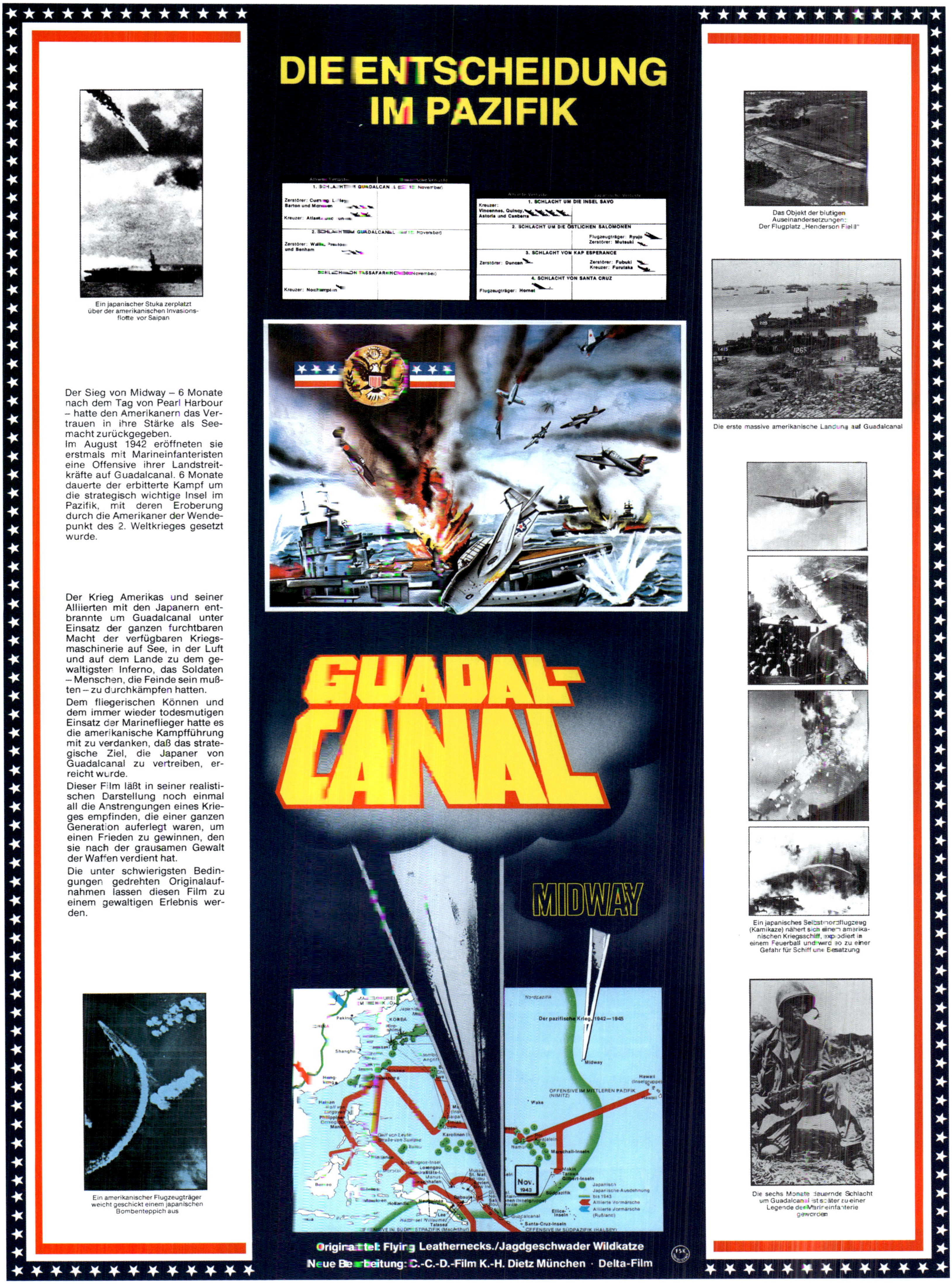
DIE ENTSCHEIDUNG IM PAZIFIK
Zerstörer:
Barton und
Kreuzer:
Zerstörer:
und Benham
Kreuzer:
Alliierte Verluste
Japanische Verluste
1. SCHLACHT UM DIE INSEL SAVO
Kreuzer: Vincennes, Quincy, Astoria und Canberra
2. SCHLACHT UM DIE ÖSTLICHEN SALOMONEN
Flugzeugträger: Ryujo
Zerstörer: Mutsuki
3. SCHLACHT VON KAP ESPERANCE
Zerstörer: Duncan
Zerstörer: Fubuki
Kreuzer: Furutaka
4. SCHLACHT VON SANTA CRUZ
Flugzeugträger: Hornet
Ein japanischer Stuka zerplatzt über der amerikanischen Invasionsflotte vor Saipan
Der Sieg von Midway – 6 Monate nach dem Tag von Pearl Harbour – hatte den Amerikanern das Vertrauen in ihre Stärke als Seemacht zurückgegeben.
Im August 1942 eröffneten sie erstmals mit Marineinfanteristen eine Offensive ihrer Landstreitkräfte auf Guadalcanal. 6 Monate dauerte der erbitterte Kampf um die strategisch wichtige Insel im Pazifik, mit deren Eroberung durch die Amerikaner der Wendepunkt des 2. Weltkrieges gesetzt wurde.
Der Krieg Amerikas und seiner Alliierten mit den Japanern entbrannte um Guadalcanal unter Einsatz der ganzen furchtbaren Macht der verfügbaren Kriegsmaschinerie auf See, in der Luft und auf dem Lande zu dem gewaltigsten Inferno, das Soldaten – Menschen, die Feinde sein mußten – zu durchkämpfen hatten.
Dem fliegerischen Können und dem immer wieder todesmutigen Einsatz der Marineflieger hatte es die amerikanische Kampfführung mit zu verdanken, daß das strategische Ziel, die Japaner von Guadalcanal zu vertreiben, erreicht wurde.
Dieser Film läßt in seiner realistischen Darstellung noch einmal all die Anstrengungen eines Krieges empfinden, die einer ganzen Generation auferlegt waren, um einen Frieden zu gewinnen, den sie nach der grausamen Gewalt der Waffen verdient hat.
Die unter schwierigsten Bedingungen gedrehten Originalaufnahmen lassen diesen Film zu einem gewaltigen Erlebnis werden.
Ein amerikanischer Flugzeugträger weicht geschickt einem japanischen Bombenteppich aus
GUADAL-CANAL
MIDWAY
Der pazifische Krieg 1942—1945
Midway
Hawaii
OFFENSIVE IM MITTLEREN PAZIFIK (NIMITZ)
Wake
Marshall-Inseln
Gilbert-Inseln
Nov. 1943
Südpazifik
Guadalcanal
Santa-Cruz-Inseln
Ellice-Inseln
Japanische Ausdehnung bis 1943
Alliierte Vormärsche
Alliierte Vormärsche (Rußland)
Peking
Korea
Shanghai
Hongkong
Philippinen
Manila
Karolinen
Borneo
Holländisch
Originaltitel: Flying Leathernecks./Jagdgeschwader Wildkatze
Neue Bearbeitung: C.-C.-D.-Film K.-H. Dietz München · Delta-Film
FSK
Das Objekt der blutigen Auseinandersetzungen: Der Flugplatz „Henderson Field"
Die erste massive amerikanische Landung auf Guadalcanal
Ein japanisches Selbstmordflugzeug (Kamikaze) nähert sich einem amerikanischen Kriegsschiff, explodiert in einem Feuerball und wird so zu einer Gefahr für Schiff und Besatzung
Die sechs Monate dauernde Schlacht um Guadalcanal ist später zu einer Legende der Marineinfanterie geworden

A1, 4. Wiederaufführungsplakat (Motiv „B") von 1978; Grafik: unbekannt

Französisches Erstaufführungsplakat von 1951 (Größe: 120 x 160 cm)

A1, 1. Wiederaufführungsplakat von 1959; Grafik: unbekannt

John Wayne arbeitete mehrmals für Howard Hughes' Studio RKO.

Italinisches Erstaufführungs Plakat (1952) (Größe: ca. A1)

Deutsche WA Fotos von 1966

(Unten) WA Foto von 1972

Deutsche WA Fotos von 1966 (oben und rechts oben)

Österreichische EA Foto von 1952 im Favorit Verleih

Deutsches EA Foto von 1952

Jagdgeschwader Wildkatze
TECHNICOLOR
John Wayne Robert Ryan · Don Taylor
RCS und Schröder-Film

Jagdgeschwader Wildkatze
TECHNICOLOR
John Wayne Robert Ryan · Don Taylor

Jagdgeschwader Wildkatze
TECHNICOLOR
John Wayne Robert Ryan · Don Taylor
RCS und Schröder-Film

Jagdgeschwader Wildkatze
TECHNICOLOR
John Wayne Robert Ryan · Don Taylor

Jagdgeschwader Wildkatze
TECHNICOLOR
John Wayne Robert Ryan · Don Taylor
THRU THESE PORTALS PASS THE
FASTEST MARINES IN THE WORLD

Jagdgeschwader Wildkatze
TECHNICOLOR
John Wayne Robert Ryan · Don Taylor
RCS und Schröder-Film

Jagdgeschwader Wildkatze
TECHNICOLOR
John Wayne Robert Ryan · Don Taylor

A1, zweites Wiederaufführungsplakat von 1966; Grafik: unbekannt

(Unten) Deutsche EA-Fotos von 1966; (Rechts) Deutsche EA-Fotos von 1952 (mit RKO Logo)

Foyer Austattungsplakat

DAS DEUTSCHE WERBEMATERIAL

EA: Erstaufführung I WA: Wiederaufführung

Plakate:

Stählerne Schwingen ....A1 EA von 1952
Stählerne Schwingen ....A1 WA von 1959
Der Verleih war nicht mehr RKO sondern W. Ernestus-Film
Jagdgeschwader Wildkatze ....A1 WA von 1966
Jagdgeschwader Wildkatze ....A0 quer WA von 1966
Jagdgeschwader Wildkatze ....A1 WA von 1972
Motiv teilweise wie das A0 quer
Gudalcanal - Entscheidung im Pazifik ...A1 WA von 1978
Gudalcanal - Entscheidung im Pazifik ...A1 WA von 1978
Unterschiedliche Motive

Kinoaushangfotos:

30 EA Aushangfotos von 1952
30 WA Aushangfotos von 1959
30 WA Aushangfotos von 1966
16 WA Aushangfotos von 1972
16 WA Aushangfotos von 1978

Die Motive der Aushangfotos sind bei allen Aufführungen gleich.

John Wayne·Robert Ryan
STÄHLERNE SCHWINGEN
RKO EINE HOWARD HUGHES-PRODUKTION IN TECHNICOLOR

„Jeder Mann, der einen Film mit einem X-Rating produziert, sollte dann auch gezwungen sein, sich diesen mit seiner eigenen Tochter anzusehen."
(Zitat John Wayne)

(Rechts) US Plakat 1951

JOHN FORD'S
Der
SIEGER
(THE QUIET MAN)
John Wayne
Maureen O'Hara
Barry
Fitzgerald
Victor
McLaglen
Regie
John Ford
Ein amerikanischer Film nach unserem Geschmack
REPUBLIC PICTURES
Ein Republic-Farbfilm der Gloria in Technicolor
GLORIA
FILMVERLEIH

A1, Erstaufführungsplakat von 1953; Grafik: unbekannt

DER SIEGER

1952

Originaltitel: . . . . THE QUIET MAN
Deutsche Alternativtitel: . . . Die Katze mit dem roten Haar / Die Katze mit den roten Haaren
US-Erstaufführung: . . . . 14. September 1952
Dt. Erstaufführung: . . . . 1. Mai 1953
Laufzeit: . . . . 129 Minuten
Regie: . . . . John Ford
Drehbuch: . . . . Frank S. Nugent
Musik: . . . . Victor Young
Kamera: . . . . Winton C. Hoch
Schnitt: . . . . Jack Murray
Darsteller:
John Wayne . . . . (Sean Thornton)
Maureen O'Hara . . . . . . (Mary Kate Danaher)
Barry Fitzgerald . . . . . (Michaleen Oge Flynn)
Ward Bond . . . . (Peter Lonergan)
Victor McLaglen . (Squire Red „Will“ Danaher)
Mildred Natwick . . . . (Sarah Tillane)
Francis Ford . . . . (Dan Tobin)
Eileen Crowe . . . . (Elisabeth Playfair)
Arthur Shields . . . . (Cyril Playfair)
Charles B. Fitzsimons . . . . (Hugh Forbes)
James O'Hara . . . . (Vater Paul)
Sean McClory . . . . (Owen Glynn)
Jack MacGowran . . . . (Ignatius Feeney)

Inhalt:
Ein ehemaliger amerikanischer Boxer namens Sean Thornton kommt in das Land seiner Väter, um sich eine irische Frau zu suchen. Er heiratet eine kratzbürstige Dorfschöne ohne Mitgift und zeigt ihrem verschlagenem Bruder handgreiflich, wer Herr im Haus ist. Denn auch wenn Will Danaher gegen diese Beziehung ist, kann er gegen das Glück von Sean und Mary Kate nichts ausrichten.

THE QUIET MAN war ein Traumprojekt von John Ford. Die Story „Green Rushes“ von Maurice Walsh erschien 1933 in der „Saturday Evening Post“ und seit 1944 hielt Ford die Filmrechte an dem Stoff. Es dauerte jedoch Jahre, bis die Produktion endlich vorangehen konnte, wobei John Wayne seinen Einfluss bei Republic spielen ließ, um das Projekt Wirklichkeit werden zu lassen.

Ein erstes Drehbuch war von Richard Llewelyn geschrieben worden, doch Ford fand es zu politisch. Darum wurde eine neue Version von Frank S. Nugent geschrieben, der sich auf die Love-Story konzentrierte und politische Elemente, die es im Irland jener Zeit natürlich zuhauf gegeben hat, außenvorließ.

Dass John Wayne die Hauptrolle spielen würde, war klar. Maureen O'Hara als seine Partnerin zu verpflichten, war eine der schlausten Entscheidungen von John Ford, denn die Chemie zwischen beiden war niemals besser als in diesem Film. Das kam auch zustande, weil der Dreh von kleinen Konkurrenzkämpfen durchzogen war, die Ford erfrischend fand. Bei einer Szene, bei der Wayne seine widerspenstige Frau über ein Feld zerrt, war es so, dass

Deutsches EA Foto von 1953

THE QUIET MAN war ein Traumprojekt für John Ford. Und es war ein wunderbarer Film für John Wayne und Maureen O'Hara, die hier so gut wie selten harmonierten. John Wayne musste zeitweise das Inszenieren übernehmen, als Ford krank wurde.

Maureen O'Hara's irländischer Wildfang, der erst noch gezähmt werden muss.

Dukes Gang - Ward Bond und andere - sich den Spaß machten, die Wiese mit dem Schafsdung, der überall herum lag, „aufzufrischen", während O'Haras Leute versuchten, das Zeug wieder zu entfernen. Dukes Gang gewann jedoch und O'Hara musste eine tiefe Nase voll nehmen.

Bei einer anderen Szene, bei der Sean die widerspenstige Mary Kate küsst, schlägt diese ihn daraufhin. O'Hara holte richtig aus, da sie vorhatte, Duke wirklich einen Schwinger mitzugeben. Sie traf auch, brach sich jedoch einen Knochen an und musste kurzzeitig ins Krankenhaus.

All diese Differenzen waren jedoch freundlicher Natur. Es war ein Spaß, den sich alle miteinander erlaubten. Und das sieht man dem Film auch an. Ein privater Spaß war für Ford, Wayne und O'Hara, dass sie niemals jemandem verraten haben, was O'Hara Duke ins Ohr flüsterte. Nach dem Kampf am Ende bringt Sean seine Frau nach Hause, aber diese flüstert ihm noch etwas ins Ohr, woraufhin er recht schockiert aussieht. Ford wollte eine echte Reaktion und sagte O'Hara darum, was sie Wayne ins Ohr flüstern sollte. Die meinte erst, das könne sie unmöglich sagen, aber Ford bestand darauf. Und es hatte die gewünschte Wirkung. Jahre später sagte O'Hara: *„Ford, Duke und ich hatten einen Pakt geschlossen. Niemand außer uns drei würde je erfahren, was ich da geflüstert habe."*

Gedreht wurde der Film in Irland. Die schönen Landschaften gefielen Duke und seinen Kolle-

gen. Und sie alle hatten fast das Gefühl, Urlaub zu machen. Die Abende verbrachten sie an einem schönen Fluss oder im Ashford Castle, wo sie untergekommen waren. Wayne hatte auch seine vier Kinder bei sich. Und später schloss sich auch noch Chata an.
Der Dreh war aber nicht frei von Problemen. John Ford machte sich fortwährend Sorgen, ob er mit THE QUIET MAN wirklich einen guten Film abliefern würde. Das sorgte dafür, dass er ein Magenproblem bekam und für ein paar Tage ausfiel, weswegen Duke das Ruder übernahm. Fords Probleme wurden vielleicht auch dadurch verstärkt, dass Herbert Yates die Dailies nicht mochte, den Film viel zu grün und den Humor viel zu irisch fand. Er glaubte, dass der Film kein Erfolg werden könnte und flog deswegen selbst nach Irland, um zu sehen, wofür Ford sein Geld ausgab.

Für Duke war die Gelegenheit, Regie zu führen, eine Freude. Er hatte auch schon mit Yates darüber gesprochen, THE ALAMO über Republic zu produzieren. Dort wollte er Regie führen, was Yates ihm auch in Aussicht gestellt hatte. Nachdem Duke bei THE QUIET MAN eine Szene gedreht hatte, in der Maureen O'Hara vom Strand wegläuft, sprach er mit Yates.

Duke: *„Sehen Sie, ich kann inszenieren."*
Yates: *„Maureen O'Hara, die am Strand entlangwandert, ist nicht dasselbe wie eine Schlachtenszene rund um das Alamo."*

Wayne erzürnte das. Er wusste, dass Yates gut mit Finanzen war, aber keine Ahnung vom Filmemachen hatte. Für ihn war klar, dass es keinen Unterschied macht, ob man eine große oder eine kleine Szene inszenierte. Man

Sammleranfertigung: US-Pressefoto in Deutschland handcoloriert

NOTIZ:

Kassenmagnet No. 1

Im Jahre 1929 passierte es im Fox-Atelier in Hollywood, dass ein Kulissenschieber einen Stuhl herumschleppte und plötzlich träumerisch gegen den Regisseur Raoul Walsh stieß. Verlegen wollte er sich sofort entschuldigen, aber Walsh hob abwehrend die Hand, starrte den Mann an, trat zurück, fixierte ihn schäfer und dann platzte es aus ihm heraus: „Sie sind genau das, was ich suche. Kommen Sie morgen 10 Uhr in mein Büro. Wie heißen Sie bitte?" - „Duke Morrison". - Duke Morrison - man erfand für ihn den Namen John Wayne - bekam eine Hauptrolle und wurde über Nacht die große Hoffnung Hollywoods. Ein Start also wie aus der Feder eines Autors von Dreigroschenromanen. Die weitere Entwicklung Wayne's jedoch kostete Schweiß, Arbeit und noch einmal Arbeit.

musste wissen, was man machen wollte, wie die Beleuchtung aussah und wo die Kamera positioniert sein sollte. Und all das war etwas, das Duke durchaus konnte.
Nach ein paar Tagen kam Ford zurück und drehte den Rest des Films. Zusammen mit Autor Frank S. Nugent konnte Duke den Regisseur auch überzeugen, eine Szene zu ändern. Etwas, das Ford nicht gerne mochte, da er keine Einmischung seiner Schauspieler wollte. Es war die Szene, in der Mary Kate sich nach der Hochzeit einsperrt. Im ursprünglichen Skript

geht Sean und spielt mit seinen Boxhandschuhen herum. Doch nach Dukes und Nugents Meinung entsprach dies nicht der Figur. So wurde die Szene derart geändert, dass er die Tür eintritt und ihr sagt, dass es in ihrer beider Leben keine verschlossenen Türen geben wird.

Eine Herausforderung für Duke war die Faustkampfszene mit Victor McLaglen, der damals schon 66 Jahre alt war. Duke machte sich Sorgen, dass der alte Mann dem nicht gewachsen sein könnte, irrte sich aber gewaltig, denn der bärbeißige Schauspieler hielt nicht nur Schritt, sondern das ohne sich besonders anstrengen zu müssen.

„Ich habe mein Leben so gelebt, dass meine Familie mich liebt und meine Freunde mich respektieren. Alle anderen können tun, was zum Teufel ihnen gefällt.“
(Zitat John Wayne)

Sie küssten und sie schlugen sich. Für John Waynes und Maureen O'Haras Figuren in THE QUIET MAN passt dieser Sinnspruch perfekt.

A1, Wiederaufführungsplakat von 1958; Grafik: unbekannt

NOTIZ:

MAUREEN O'HARA wurde am 17. August 1920 in Irland geboren. Sie arbeitete fünfmal mit John Wayne zusammen und war sein liebster weiblicher Ko-Star. Denn vor ihr konnte er lospoltern, wie es ihm beliebte und musste auch nicht darauf aufpassen, nur ja nicht das berüchtigte F-Wort zu benützen. O'Haras eigentlicher Name ist FitzSimons. Schon als Teenager begann sie mit der Schauspielerei. Sie arbeitete zuerst in Großbritannien und lief dort Charles Laughton auf, der sie für seinen Film THE HUNCHBACK OF NOTRE DAME (DER GLÖCKNER VON NOTRE DAME, 1939) holte und ihr gleichzeitig mit O'Hara einen griffigeren Namen verpasste. Der Film war ein immenser Erfolg und Maureen O'Hara begann ihre Karriere gleich an der Spitze. Dort blieb sie auch über Jahre hinweg und arbeitete mit allen, die in Hollywood Rang und Namen hatten. Sie zog sich 1968 mehr und mehr von der Schauspielerei zurück, als sie ein drittes Mal heiratete und spielte nur noch selten in Filmen mit. Über John Wayne sagt sie: *„Als Schauspielerin gesprochen wünschte ich, es gäbe mehr Männer wie Duke. Und als Mensch gesprochen, wäre es schön, wenn mehr Menschen so ehrlich und aufrichtig wie er wären. Er ist ein echter Mann."*

(Links oben) US Plakat (1952)

McLaglen ist übrigens der Vater von Andrew McLaglen, der bei THE QUIET MAN als Assistant Director dabei war und später eine florierende Karriere als Regisseur hatte. Als solcher inszenierte er u.a. THE WILD GEESE (DIE WILDGÄNSE KOMMEN, 1978).

Die Dreharbeiten in Irland fanden vom 7. Juni bis Ende Juli 1951 statt. Vom 3. August an kamen noch zwei Wochen Dreharbeiten in den Republic Studios hinzu, die am 23. August abgeschlossen waren.

Der Film kostete 1,7 Millionen Dollar, wobei John Wayne sich hier als Gefallen für Ford mit einer Gage von nur 100.000 Dollar begnügte. An der Kinokasse entwickelte sich THE QUIET MAN zum Erfolg. Und auch bei der Oscar-Verleihung wurde er bedacht. John Ford gewann als bester Regisseur und Winton C. Hoch für seine Kameraarbeit. Nominiert war der Film außerdem in den Kategorien „Bester Nebendarsteller", „Beste Art Direction", „Bester Film" „Bester Sound" und „Bestes Drehbuch".

THE QUIET MAN war der letzte Film, den John Wayne für Republic machte. Er sprach noch einmal mit Yates über THE ALAMO, den dieser jedoch nur als Low-Budget-Produktion machen wollte, während Wayne auf ein Budget von drei Millionen Dollar bestand. Man kam zu keiner Einigung und da Wayne seinen Vertrag mit THE QUIET MAN erfüllt hatte, war er nicht länger gewillt, für Republic zu arbeiten. Yates bot ihm zwar einen neuen Vertrag an, aber Duke lehnte ab. Für Republic war dies der Anfang vom Ende. John Wayne war der einzige zugkräftige Star, den man hatte. Innerhalb weniger Jahre verlor Republic immer mehr an Bedeutung.

***THE QUIET MAN* wurde mit mehreren Oscars ausgezeichnet, darunter für die hochkarätige Kameraarbeit.**

Deutsche WA Fotos von 1958

(Oben) Deutsches WA Foto aus den 60er zum John Wayne Festival

US Plakat (1952)

DAS DEUTSCHE WERBEMATERIAL

EA: Erstaufführung | WA: Wiederaufführung

Plakate:

Der Sieger .A1 EA von 1953
Die Katze mit dem roten Haar . . .A1 WA von 1958
Die Katze mit dem roten Haar . . .A1 WA von 2002
Amerikanisches Plakatmotiv

Der Film wurde 1988 bei den Berlin International Film Festival auch gezeigt.

Kinoaushangfotos:

Über die genaue Anzahl der Aushangfotos ist nichts bekannt.

Es gibt 2 verschiedene Fotosätze mit dem Titel „Der Sieger". Einmal von **Gloria Filmverleih** in der EA und von **MGM** in der WA.

Möglich wäre das, dass Foto (siehe linke Seite) für das „Große John Wayne Festival" benutzt wurde. (siehe auch SPUREN IM SAND)

Australisches Plakat (1952)

JOHN WAYNE
in
MARIHUANA
(BIG JIM McLAIN)
mit NANCY OLSON
Regie: EDWARD LUDWIG

MARIHUANA
mit NANCY OLSON

JOHN WAYNE
in
MARIHUANA
(BIG JIM McLAIN)
mit NANCY OLSON
Regie: EDWARD LUDWIG

Sammleranfertigung: US-Pressefoto in Deutschland handcoloriert

Ebenfalls bei den Hasty Pudding Awards der Harvard Universität wurde John Wayne gefragt, warum in seinen Filmen keine Zwerge mitspielen. Wayne: „Es ist zu schwer, ihnen aufs Maul zu hauen."

John Wayne in „Der Sieger"

A1. Erstaufführungsplakat von 1953; Grafik: Wendt

MARIHUANA

1952

Originaltitel: . . . . BIG JIM MCLAIN
Englischer Alternativtitel: . . . . . . Jim McLain
US-Erstaufführung: . . . . 30. August 1952
Dt. Erstaufführung: . . . . 21. August 1953
Laufzeit: . . . . 90 Minuten
Regie: . . . . Edward Ludwig
Drehbuch: . . . . James Edward Grant, Richard English, Eric Taylor
Musik: . . . . Paul Dunlap, Arthur Lange, Emil Newman
Kamera: . . . . Archie Stout
Schnitt: . . . . Jack Murray
Darsteller:
John Wayne . . . . (Jim McLain)
Nancy Olson . . . . (Nancy Vallon)
James Arness . . . . (Mal Baxter)
Alan Napier . . . . (Sturak)
Veda Ann Borg . . . . (Madge)
Hans Conried . . . . (Robert Henried)
Hal Baylor . . . . (Poke)
Gayne Whitman . . . . (Dr. Gelster)
Gordon Jones . . . . (Olaf)
Robert Keys . . . . (Edwin White)
John Hubbard . . . . (Clint Grey)
Soo Yong . . . . (Mrs. Namaka)
Dan Liu . . . . (Dan Liu)
Vernon „Red“ McQueen . . . . (Phil Briggs)

Inhalt:
Jim McLain und sein Partner Mal Baxter arbeiten für die HUAC, eine Kommission zur Verfolgung von Kommunisten. Besonders frustrierend ist es für beide, dass überführte Kommunisten sich auf den fünften Verfassungszusatz berufen und sich selbst nicht belasten müssen. Ihre Untersuchungen führen die beiden nach Honolulu, wo sie einer kommunistischen Zelle auf den Fersen sind. Es gelingt ihnen, die Zelle auszuheben, doch sie sind unsicher, ob die Kommunisten diesmal bekommen, was sie verdienen.

BIG JIM MCLAIN war die erste Produktion, die John Waynes eigene Firma Wayne-Fellows Productions anging. Später wurde die Firma in Batjac Productions umgetauft. Das Drehbuch wurde von Richard English und Eric Taylor geschrieben. Ersterer war ein erklärter Feind des Kommunismus und hat angeblich reihenweise Drehbücher geschrieben, die sich um Kommunisten drehen und diese natürlich in schlechtem Licht präsentieren.

Duke brachte noch James Edward Grant hinzu, der die Dialoge aufmöbelte. Er selbst war von diesem Stoff fasziniert, da seine eigene politische Gesinnung nun wahrlich kein Geheimnis war und er hier seinem Patriotismus frönen konnte. Das schien auch sein Urteilsvermögen zu beeinträchtigen, denn BIG JIM MCLAIN ist in keiner Beziehung ein guter Film.

Gedreht wurde der Streifen vom 30. April bis zum Juni 1952 in Hawaii. Studioaufnahmen fanden im Warner Studio Komplex in Burbank statt. Das Budget belief sich auf 750.000 Dollar, wurde jedoch auf die Gesamtsumme von 826.000 Dollar überzogen. Duke selbst erhielt für seine Doppelarbeit als Schauspieler und Ko-Produzent eine Gage von 150.000 Dollar. Nancy Olsen verabscheute das Drehbuch, entschied sich aber aus zwei Gründen dafür, den Film zu machen. Sie wollte mit Duke arbeiten und sie stellte sich vor, dass die Dreharbeiten in Hawaii ziemlich schön sein würden.

Als BIG JIM MCLAIN jagte John Wayne in der deutschen Fassung keine Kommunisten, sondern Drogenschmuggler.

JOHN WAYNE in MARIHUANA
(BIG JIM McLAIN)
mit NANCY OLSON
Regie: EDWARD LUDWIG

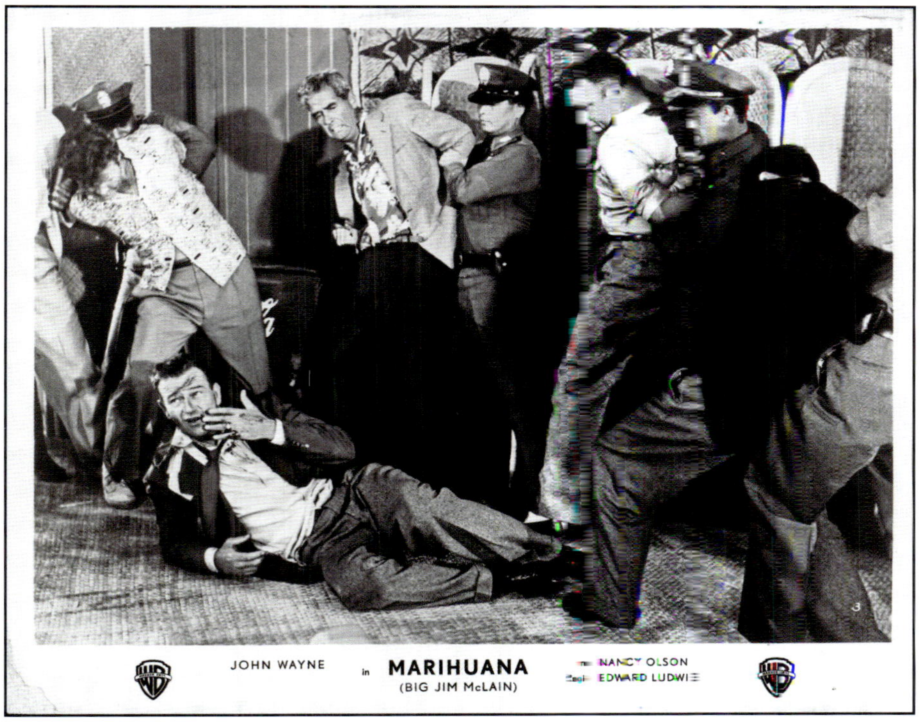
JOHN WAYNE in MARIHUANA
(BIG JIM McLAIN)
mit NANCY OLSON
Regie: EDWARD LUDWIG

JOHN WAYNE in MARIHUANA
(BIG JIM McLAIN)
mit NANCY OLSON
Regie: EDWARD LUDWIG

JOHN WAYNE in MARIHUANA
(BIG JIM McLAIN)
mit NANCY OLSON
Regie: EDWARD LUDWIG

JOHN WAYNE in MARIHUANA
(BIG JIM McLAIN)
mit NANCY OLSON
Regie: EDWARD LUDWIG

JOHN WAYNE in MARIHUANA
(BIG JIM McLAIN)
mit NANCY OLSON
Regie: EDWARD LUDWIG

JOHN WAYNE in MARIHUANA
(BIG JIM McLAIN)
mit NANCY OLSON
Regie: EDWARD LUDWIG

DAS DEUTSCHE WERBEMATERIAL

EA: Erstaufführung | WA: Wiederaufführung

Plakate:
Marihuana . . . . A1 EA von 1953
Kinoaushangfotos:
20 EA Aushangfotos

„Als ich noch an der University of South California studierte, war ich ein Sozialist und ziemlich links eingestellt. Aber als ich die Universität verließ, war alles anders. Ich wurde schlauer. Ich las, was in Russland 1917 passiert ist, als die Kommunisten übernommen haben. Der Kommunismus funktioniert einfach nicht.“

In Deutschland konnte man mit der Thematik der HUAC und der glorifizierten Kommunistenhatz nichts anfangen, weswegen man in der Synchronisation aus den Kommunisten Drogenschmuggler machte. Darum auch der deutsche Titel MARIHUANA.

BIG JIM MCLAIN war moderat erfolgreich und wurde von der Kritik schwer abgestraft. Und das zu Recht.

Deutsche EA Fotos von 1953

John Wayne lag das Thema des Films am Herzen, da er einerseits ein glühender Patriot war, andererseits selbst schlechte Erfahrungen mit Kommunisten in Hollywood gemacht hatte.

Gedreht wurde BIG JIM MCLAIN auf Hawaii. Der Lokalkolorit ist auch das Einzige, was diesen Film auszeichnet.

Sammleranfertigung: US-Pressefoto in Deutschland handcoloriert

ÄRGER AUF DER GANZEN LINIE

1953

Originaltitel: . . **TROUBLE ALONG THE WAY**
Englischer Alternativtitel: . . . . Alma Mater
US-Erstaufführung: . . . . 4. April 1953
Dt. Erstaufführung: . . . . . 13. September 1996 (nur im Fernsehen)
Laufzeit: . . . . 110 Minuten
Regie: . . . . Michael Curtiz
Drehbuch: . . . . Jack Rose, Melville Shavelson
Musik: . . . . Max Steiner
Kamera: . . . . Archie Stout
Schnitt: . . . . Owen Marks
Darsteller:
John Wayne . . . . . . (Steve Aloysius Williams)
Donna Reed . . . . (Alice Singleton)
Charles Coburn . . . . (Matthew William Burke)
Sherry Jackson . . . . (Carol Williams)
Tom Tully . . . . (Vater Malone)
Marie Windsor . . (Anne Williams McCormick)
Tom Helmore . . . . (Harold McCormick)
Dabbs Greer . . . . (Vater Mahoney)
Leif Erickson . . . . (Ed)
Douglas Spencer . . . . (George)
Lester Matthews . . . . (Patrick O'Shea)
Chuck Connors . . . . (Stan Schwegler)

Inhalt:
Vater Burke, der Rektor des St. Anthony's College, braucht dringend Geld. Andernfalls wird das College seine Tore schließen müssen. Richten soll es ein Football-Team, für das er Ex-Coach Steve Williams rekrutieren kann. Der braucht einen „richtigen" Job, da er bisher als Buchmacher tätig war, aber bald vor Gericht gegen seine Frau um das Sorgerecht für seine Tochter Carole kämpfen muss. Steve führt das Team zum Sieg, nutzt jedoch unorthodoxe Methoden, weswegen ihn Vater Burke entlässt. So sieht es so aus, als würde Steve auch das Sorgerecht über seine Tochter verlieren, doch dann bekommt er Hilfe. Und Vater Burke erkennt seinen Fehler…

Es war kein Geheimnis, dass John Wayne sich oftmals an James Edward Grant wandte, damit dieser seine Dialoge umschrieb. Das geschah oft ohne Namensnennung Grants im Vorspann. Duke wollte dies, weil Grant ein Talent dafür hatte, Dialoge so anzupassen, dass sie Dukes natürlichem Sprechmuster ähnelten, was es ihm erleichterte, sie auswendig zu lernen. Und es sorgte dafür, dass diese Dialoge sehr viel natürlicher erschienen, wenn er seine Szenen spielte. Darum war es den meisten Regisseuren auch im Endeffekt egal, wenn Duke „improvisierte".

Als Duke das Drehbuch für TROUBLE ALONG THE WAY erhielt, war er von der Geschichte angetan. Er wollte mitspielen, sagte aber zu Produzent und Ko-Autor Melville Shavelson, dass er gerne Grant an Bord bringen würde, um das Skript zu polieren. Shavelson lehnte ab und Duke nahm das Rollenangebot dennoch an. Im Geheimen ließ er Grant jedoch seinen Text für ihn umschreiben.
Das merkte Shavelson sehr schnell, so dass Duke mit der Sprache rausrückte und es dann schließlich zwei Drehbücher gab, mit denen man arbeitete. Um seinen Star nicht zu verärgern ließ Shavelson in Szenen, in denen Duke dabei war, das Grant-Skript benutzen. Aber an Tagen, an denen Duke nicht drehen sollte, griff er auf das originale Drehbuch zurück. Als Duke eines Tages am Set auftauchte, obwohl er gar nichts zu drehen hatte, merkte er natürlich, dass das originale Skript verwandt wurde, wurde wütend, packte Shavelson und schüttelte ihn durch. Ein Ereignis, das den kleinen Shavelson durchaus verängstigte. Beide sprachen nach Ende der Dreharbeiten lange nicht mehr miteinander, arbeiteten aber später noch einmal zusammen.

Während der Dreharbeiten hatte Duke auch private Probleme. Chata hatte die Scheidung eingereicht und er hatte sich in die Schauspielerin Pilar Palette verliebt, die später seine dritte Frau werden sollte. Da ihm Chata einen Detektiv auf den Hals hetzte, wurde es ihm alles zuviel, so dass er für eine Woche verschwand. Das brachte die Produktion in Bedrängnis, aber am Ende schaffte man es, die Dreharbeiten um nur drei Tage zu überziehen.

TROUBLE ALONG THE WAY wurde vom 28. August bis in den Dezember 1952 in den Warner Studios in Burbank gedreht. Der Film kostete 1.647.000 Dollar, wobei Duke 175.000 Dollar Gage plus eine Beteiligung erhielt. An den Kinokassen wurde der Streifen zum moderaten Erfolg, der aber klar machte, dass das Publikum John Wayne am liebsten in Action- oder Westernrollen sah.

US Lobby Card (1953)

John Wayne auf die Frage, wie er will, dass man sich an ihn erinnert: „Feo, Fuerte y Formal" (Ein spanisches Sprichwort, das bedeutet: „Er war hässlich, stark und besaß Würde.")

John Wayne spielt hier einen Football-Coach, der unorthodoxe Methoden nutzt, um Spiele zu gewinnen.

TROUBLE ALONG THE WAY ist einer jener Filme, die erst Jahrzehnte später via Fernsehen nach Deutschland kamen.

HE'S BEATING HIS WAY
BACK FROM THE WHITE
HELL OF THE WASTELANDS
TO WHERE HIS WOMAN IS!
WARNER BROS.
JOHN WAYNE
Island IN THE Sky
NEW PEAK OF ADVENTURE IN THE ENTERTAINMENT SKY!
WALTER ABEL
A WAYNE-FELLOWS PRODUCTION

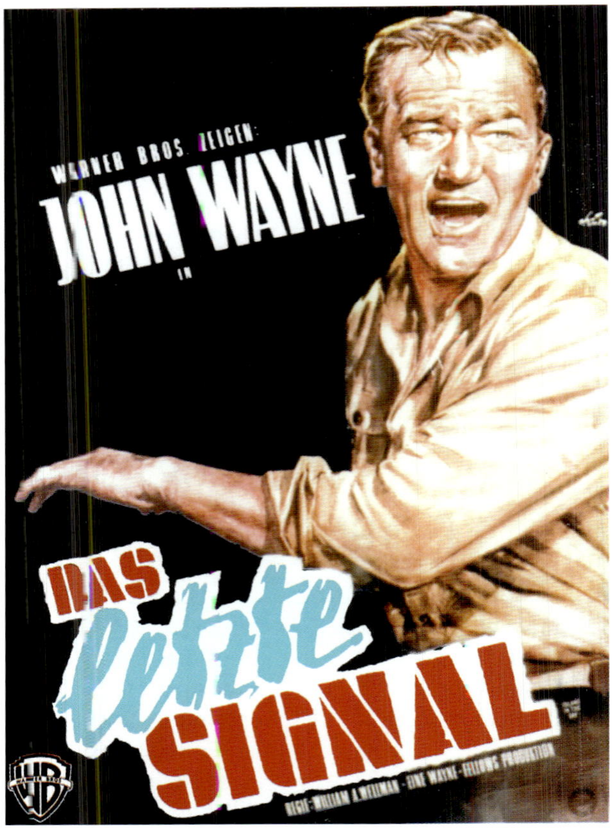

Deutsches EA Plakat von 1955; Grafik: Goetze

(Links) US Plakat von 1953

John Wayne kämpft als Pilot Dooley nach einer Notlandung ums Überleben.

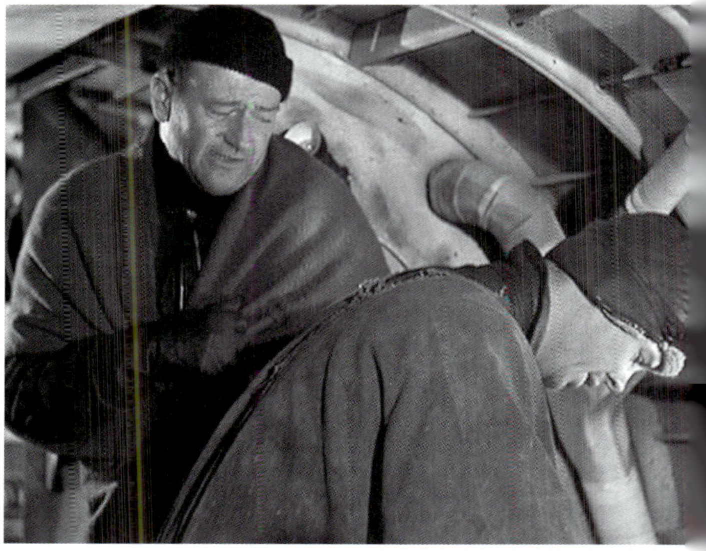

DAS LETZTE SIGNAL

1955

Originaltitel:	ISLAND IN THE SKY
US-Erstaufführung:	5. September 1953
Dt. Erstaufführung:	1. Juli 1955
Laufzeit:	109 Minuten
Regie:	William A. Wellman
Drehbuch:	Ernest K. Gann
Musik:	Emil Newman
Kamera:	Archie Stout
Schnitt:	Ralph Dawson
Darsteller:	
John Wayne	(Captain Dooley)
Lloyd Nolan	(Captain Stutz)
Walter Abel	(Col. Fuller)
James Arness	(Mac McMullen)
Andy Devine	(Willie Moon)
Allyn Joslyn	(J.H. Handy)
Jimmy Lydon	(Murray)
Harry Carey Jr.	(Ralph Hunt)
Hal Baylor	(Stankowski)
Sean McClory	(Frank Lovatt)
Wally Cassell	(D'Annunzia)
Gordon Jones	(Walrus)
Paul Fix	(Wally Miller)
Jim Dugan	(Gidley)
Robert Keys	(Major Ditson)
Mike Connors	(Gainer)
Fess Parker	(Ko-Pilot)

Inhalt:

Dooley, ein ehemaliger Armeepilot, arbeitet kurz nach dem Zweiten Weltkrieg als Transportflieger. Vom Kurs abgekommen, zwingt ihn Treibstoffmangel, auf einem gefrorenen See notzulanden. Für Dooley und seine Männer beginnt ein verzweifelter Kampf ums Überleben – mit spärlichen Nahrungsmittelvorräten, wenig Schutz, unzureichender Kleidung, einem primitiven Notfunkgerät und einem bevorstehenden arktischen Sturm. Währenddessen beginnen Dooleys Pilotenkameraden und ihre Crews aus der Luft mit einer fast aussichtslosen Suche in dieser kargen, unerschlossenen Region – und sie wissen, dass mit jeder verstreichenden Minute die Rettung der vermissten Männer unwahrscheinlicher wird ...

ISLAND IN THE SKY entstand vom 2. Februar bis April 1953 im nordkalifornischen Donner Lake. Eigentlich wollte man in Big Bear in Südkalifornien drehen, doch wegen des dort fehlenden Schnees musste man kurzfristig andere Locations finden. Innenaufnahmen entstanden in den Goldwyn Studios in Hollywood.

Das Budget belief sich auf moderate 962.000 Dollar und überschritt das anvisierte Budget dabei nur um 62.000 Dollar. John Wayne erhielt 175.000 Dollar plus eine prozentuale Beteiligung. Die Rechte an dem Film fielen darüber hinaus nach sieben Jahren an seine Firma Wayne-Fellows Productions.

Duke hatte sich für diesen Film entschieden, wobei kurz zuvor noch eine Produktion namens PAGODA im Raum stand, die jedoch mit Waynes Absage komplett gestoppt wurde. Ward Bond sollte ursprünglich auch eine Rolle in ISLAND IN THE SKY spielen. Dazu kam es jedoch nicht.

Für die Regie verpflichtete man William A. Wellman, dessen Arbeit Duke sehr schätzte. Darum bot ihm Wayne-Fellows Productions auch gleich einen Vertrag über sechs Filme an, wovon in dreien Duke selbst die Hauptrolle spielen sollte. Duke mochte Wellman (1896-1975), der nach einem Unfall eine Eisenplatte im Kopf hatte. Darum versuchten auch sämtliche Cast- und Crew-Mitglieder, ihn nur ja nicht aufzuregen oder sich auf einen Streit einzulassen, da sie fürchteten, sie könnten den alten Kerl damit umbringen.

Das Drehbuch des Films wurde von Ernest K. Gann geschrieben, der es anhand seines eigenen autobiographisch geprägten Buches „Fate of the Hunter" verfasste. In dem Buch

US Lobby Card (1953)

beschreibt Gann, wie andere Piloten und er im Norden Kanadas während des Zweiten Weltkriegs nach einem havarierten Piloten suchten und diesen auch retten konnten.

Vor Veröffentlichung des Films wurde eine Szene zwischen Sean McClory und Phyllis Winger, die im Ocean Park gedreht wurde, geschnitten. In Nebenrollen tauchen hier Mike Connors und Fess Parker auf, die beide später im Fernsehen sehr erfolgreich sein sollten, der eine mit MANNIX, der andere mit Davy Crockett in DISNEYLAND und als DANIEL BOONE.

John Wayne kämpft mit seinen Freunden nach einer Notlandung ums Überleben.

DAS DEUTSCHE WERBEMATERIAL

EA: Erstaufführung WA: Wiederaufführung

Plakate:
Das letzte Signal . . . . .A1 EA von 1955
Kinoaushangfotos:
Über die Anzahl der EA-Aushangfotos ist nicht bekannt.

(Rechts) Drei US Lobby Cards (1953)

Deutsches EA Foto von 1955

A1, *Erstaufführungsplakat von 1954; Grafik: „it“*

MAN NENNT MICH HONDO

1953

Originaltitel: .... HONDO
US-Erstaufführung: .....25. November 1953
Dt. Erstaufführung: ....29. Juli 1954
Laufzeit: ....83 Minuten
Regie: ....John Farrow
Drehbuch: ....James Edward Grant
Musik: ....Hugo Friedhofer
Kamera: ....Archie Stout, Robert Burks
Schnitt: ....Ralph Dawson
Darsteller:
John Wayne ....(Hondo Lane)
Geraldine Page ....(Angie Lowe)
Ward Bond ....(Buffalo Baker)
Michael Pate ....(Vittorio)
James Arness ....(Lennie)
Rodolfo Acosta ....(Silva)
Leo Gordon ....(Ed Lowe)
Tom Irish ....(Lieutenant McKay)
Lee Aaker ....(Johnny Lowe)
Paul Fix ....(Major Sherry)
Rayford Barnes ....(Pete)

Inhalt:
Die Kriegstrommeln der Apachen überbringen eine bedrohliche Botschaft an eine isoliert lebende Rancherin und ihrem jungen Sohn. Dann lernt sie Hondo Lane kennen, einen Kurierreiter der Kavallerie, der plötzlich verantwortlich für den Schutz der eigenwilligen Angie Lowe ist und zur Vaterfigur für deren Sohn Johnny wird. Angie, fest entschlossen, die Rückkehr ihres brutalen Ehemannes abzuwarten, lehnt es trotz der drohenden Gefahr durch kriegerische Indianerstämme ab, ihre Ranch zu verlassen. Doch fühlt sie sich mehr und mehr zu diesem Fremden hingezogen - zu Hondo, einem Mann, der durch seine Erfahrungen härter wurde, aber immer noch empfänglich ist für Sympathie, Güte und Liebe. Und Hondo wird tun, was immer er muss, um Angie und ihren Sohn vor den Apachen zu retten.

HONDO wurde von Wayne-Fellows Productions in Angriff genommen. Man brachte das Projekt zu Warner Bros., wobei Dukes Firma 400.000 Dollar des Budgets von 1,4 Millionen Dollar stemmte. Der Film unterlief das Budget übrigens und kostete nur 1.295.000 Dollar. Duke wollte in der Hauptrolle eigentlich Glenn Ford einsetzen, der auch grundsätzlich interessiert war, aber als er hörte, dass John Farrow die Regie übernehmen würde, lehnte er ab. Ford hatte zuvor mit Farrow an PLUNDER IN THE SUN (1953) gearbeitet und den Dreh schlichtweg gehasst. Er war bereit, in HONDO zu spielen, wenn Wayne einen anderen Regisseur verpflichtete. Dazu war Duke jedoch nicht bereit und da er nun einen neuen Star für die Hauptrolle brauchte, entschied er sich selbst Hondo zu werden. Das passte ohnehin, denn das Skript stammte von James Edward Grant, der die Dialoge wie immer bestens auf seinen Kumpel abstimmte.

Für die weibliche Hauptrolle einer Frau, die im Grenzland lebt, wollte Wayne keine typische Leinwandschönheit. Es sollte eine Frau sein, die schon etwas reifer war und der man auch abnahm, dass sie alleine ein Kind in dieser unwirklichen Gegend aufziehen konnte. Die erste Wahl war Katharine Hepburn, die jedoch ablehnte, was darauf fußte, dass sie Waynes politische Ausrichtung nicht mochte. Man entschied sich schließlich für Geraldine Page, die in New York am Broadway für Furore gesorgt hatte, dem Kinopublikum aber unbekannt war.

Im Nachhinein hat Duke das vielleicht bedauert, denn die Dreharbeiten waren für ihn kein Zuckerschlecken. Es wird berichtet, dass Page gerne auf Wasser und Seife verzichtete und ein sehr eigenes Aroma verströmte. Manche meinen,

Eigentlich wollte John Wayne gar nicht die Hauptrolle in HONDO spielen. Man hatte der Part Glenn Ford angeboten, der jedoch ablehnte.

das sei ihre Art des Method Actings für diese Rolle gewesen. Warum auch immer es so gewesen sein mag, Duke war alles andere als erfreut, und das umso mehr, da eine Liebesszene gedreht werden musste. Dabei erzählte er seinem Kollegen und Partner Robert Fellows: *„Jesus Christus, ich hab Angst, dass ich kotzen muss!“*

Die Situation wurde nicht besser, da eines Tages John Ford einen unangemeldeten Besuch absolvierte und sich lautstark darüber ausließ, dass kein Zuschauer auch nur eine Sekunde glauben würde, dass Wayne sich in so eine Schreckschraube verlieben würde. Fords Wort hatte in der Regel bei Wayne Gewicht und so ließ er das Drehbuch leicht ändern, damit dieser Fakt auch in der Geschichte vorkam. In einer Szene entschuldigt sich Pages Figur für ihr Aussehen, woraufhin Wayne den Galan geben und erklären darf, dass ein Mensch mehr als nur sein Aussehen ist.

Page erinnerte sich später daran, dass aus ihrer Sicht die Arbeit mit Duke sehr angenehm verlief. Allerdings war Duke in jener Zeit auch etwas schroff. Fast kein Tag verging, an dem er nicht irgendjemanden anschrie. Aber so schnell wie er wütend geworden war, verrauchte dies auch wieder und Duke war Manns genug, sich für sein Verhalten zu entschuldigen. Anders als John Ford mochte er es nicht, Leute zu verletzen und ihnen ein schlechtes Gefühl zu geben. Ihm lag daran, dass die Leute sich gut fühlten.

Darüber hinaus war er jenen gegenüber loyal, die ihm und der Produktion Loyalität bewiesen. Eines Abends wurde eine Szene in einem ausgetrockneten Flussbett gedreht. Als ein Sturm aufzog, war man schnell dabei die amerikanischen Schauspieler und die Crew aus dem Unwetter herauszuholen und sie in ihr Motel zu bringen. Die Mexikaner hingegen mussten noch das ganze Equipment aufräumen und danach draußen campen. Duke machte sich um sie Sorgen und organisierte heißen Kaffee, Sandwiches und Tequila. Er verbrachte die Nacht draußen mit den Mexikanern, trank und erzählte Geschichten.

***HONDO* war ein solcher Erfolg beschieden, dass John Waynes Firma Batjac später auch eine Fernsehserie mit der Figur realisierte.**

Zwischen Duke und Geraldine kam es gelegentlich zum Streit, der aber immer schnell aufgelöst war, was nicht zuletzt an seinem Charme lag. Als sie sich stritten, lief es in etwa so:

Duke: *„Oh, Geraldine, du bist doch nicht auf den alten Duke sauer, oder?“*
Geraldine: *„Nein“*

Und später dachte sie sich, wie dumm sie doch sei, da sie genauso wie all die anderen Frauen dem immensen Charme von John Wayne erlegen war. Politisch standen beide in unterschiedlichen Lagern. Sie war eine Liberale aus New York, er ein Erzkonservativer. In den Drehpausen hörte sie oft die Gespräche zwischen Duke, Ward Bond und John Farrow, die politisch auf einer Wellenlänge lagen, wobei Page ihrem Ko-Star mehr zutraute als den beiden anderen. Page: *„In vielen Dingen habe ich nicht mit Duke übereingestimmt. Aber er wollte nur sein Land beschützen. Und das muss man respektieren.“*

John Wayne hatte auch seine Söhne Michael und Patrick zu den Dreharbeiten mitgebracht. Beide waren daran interessiert, ins Filmgeschäft einzusteigen. Darum ließ er Michael mit

***HONDO* ist eine von John Waynes Paraderollen. Der Film erhielt legendären Status, weil er über Jahrzehnte nicht mehr aufgeführt oder im Fernsehen ausgestrahlt wurde.**

John Wayne (Hondo Lane) und Geraldine Page (Angie Lowe)

dem Prop Master und Patrick mit dem Assistant Director Bob Morrison arbeiten. Morrison war wiederum Dukes Bruder, der jedoch ständig im Schatten von John stand.

Der Film wurde in 3-D gedreht, was damals hieß, dass man zwei Kameras direkt nebeneinander bedienen musste, da sich später nur so der 3-D-Effekt erschaffen ließ. Der Film lief in den Kinos aber kaum in 3-D. Die entsprechende Welle, die zu Beginn der 50er Jahre begonnen hatte, war abgeebbt und nach nur einer Woche in New York und Los Angeles entschied man, den Rest des Landes mit der flachen Version des Films zu beliefern. In ein paar Szenen ist ersichtlich, dass diese auf den 3-D-Effekt hin ausgelegt waren, allerdings stellt HONDO auch sehr gut unter Beweis, dass man kein Gimmick benötigt, wenn man einen guten Film hat.

HONDO wurde von Mai bis August 1953 in Camargo, Mexiko, gedreht. Dem Studio brachte der Film in der ersten Auswertung mehr als vier Millionen aus dem US-Geschäft und noch einmal zwei Millionen aus dem Auslandsgeschäft als Gewinn ein. Das Kinoeinspiel belief sich weltweit auf beachtliche 15 Millionen Dollar.

JOHN WAYNES ENTOURAGE: PAUL FIX

Paul Fix wurde am 13. März 1901 in Dobbs Ferry, New York, geboren. Er lernte John Wayne kennen, als er gebeten wurde, dem jüngeren Schauspieler ein paar Tricks und Kniffe beizubringen. Beide freundeten sich an und Fix wurde zu einem Teil der erweiterten Ford-Familie, so dass er auch in vielen Filmen des Regisseurs auftauchte. Neben John Wayne agierte er in 26 Filmen. Seine Tochter Marilyn heiratete später Harry Carey Jr., den Sohn von Harry Carey Sr., einem der ersten Western-Filmhelden überhaupt, mit dem auch John Wayne und John Ford befreundet waren.

Paul Fix war ein angesehener Charakterdarsteller, spielte in den 30er Jahren aber vor allem Schurken. Erst durch die Filme mit Wayne und Ford erhielt er andere Rollen und konnte sich als Charaktergesicht etablieren. SF-Fans kennen ihn als Dr. Mark Piper im zweiten STAR TREK-Pilotfilm „Where No Man Has Gone Before" („Die Spitze des Eisbergs"). Sein Part wurde für die Serie jedoch gestrichen und durch einen anderen Doktor ersetzt.

Fix spielte in mehr als 300 Filmen und Fernsehserien mit. Er starb am 14. Oktober 1983 an Nierenversagen.

The Eagle's Brood* (1935)** *(von links nach rechts)* ***Paul Fix, John Merton, Addison Richards, Frank Shannon

Lobby Cards (1953)

Mexikanisches Plakat (1953)

Lange Zeit war HONDO einer jener John-Wayne-Filme, die zwar von jenen, die ihn gesehen haben, geliebt wurden, die aber kaum irgendwo auftauchten. Die genauen Umstände sind nicht klar, aber rechtliche Verstrickungen haben über Jahrzehnte dafür gesorgt, dass der Film nach dem Kinoeinsatz nicht ausgewertet werden konnte. Als er Anfang der 80er Jahre auf dem US-Network CBS lief, war dies eine einmalige Sache, woraufhin HONDO wieder für lange Zeit in der Versenkung verschwand. Die Serie MARRIED WITH CHILDREN (EINE SCHRECKLICH NETTE FAMILIE) machte sich daraus sogar einen Spaß, denn in einer Folge versucht Al Bundy, HONDO im Fernsehen zu sehen, aber aufgrund seiner missratenen Familie wird dieser Wunsch vereitelt. Und am Ende hört Al nur noch, wie man die Wiederholung des Films in ein oder zwei Jahrzehnten ankündigt.
Mittlerweile ist HONDO nicht mehr obskur. Es gibt ihn auch auf DVD, so dass der Film, der inhaltlich vielleicht nicht die Speerspitze des Wayne-Werks darstellt, aber als Film hervorragend umgesetzt ist, auch wiederentdeckt werden kann.

Duke fand, dass Page keine allzu gute Schauspielerin war. Sie mochte auf der Bühne überzeugen können, aber im Film fand er sie eher schwach. Die Academy of Motion Pictures sah dies anders und nominierte sie als beste Nebendarstellerin. Assistant Director Andrew V. McLaglen erinnerte sich später: *„Ich rief Duke ein paar Monate, nachdem der Film rausgekommen war an und sagte ihm, dass Geraldine für einen Oscar nominiert war. In der Leitung herrschte Stille. Duke war total überrascht. Und er verstand es einfach nicht.“*
Geraldine Page wiederum beschreibt sehr schön, was John Wayne als Mensch und Schauspieler auszeichnet: *„Er war John Wayne, vor und hinter der Kamera.“*

US Plakat (1953)

DAS DEUTSCHE WERBEMATERIAL

EA: Erstaufführung | WA: Wiederaufführung

Plakate:
Man nennt mich Hondo . . . . A1 EA von 1954
Kinoaushangfotos:
Die genaue Anzahl der Aushangfotos ist nicht bekannt.

A1, Erstaufführungsplakat von 1954; Grafik: Satori

ES WIRD IMMER WIEDER TAG

1954

Originaltitel: . . **THE HIGH AND THE MIGHTY**
US-Erstaufführung: . . . . 3. Juli 1954
Dt. Erstaufführung: . . . . . 17. September 1954
Laufzeit: . . . . 141 Minuten
Regie: . . . . William A. Wellman
Drehbuch: . . . . Ernest K. Gann
Musik: . . . . Dimitri Tiomkin
Kamera: . . . . Archie Stout
Schnitt: . . . . Ralph Dawson
Darsteller:
John Wayne . . . . (Dan Roman)
Claire Trevor . . . . (May Holst)
Laraine Day . . . . (Lydia Rice)
Robert Stack . . . . (John Sullivan)
Jan Sterling . . . . (Sally McKee)
Phil Harris . . . . (Ed Joseph)
Robert Newton . . . . (Gustave Pardee)
David Brian . . . . (Ken Childs)
Paul Kelly . . . . (Donald Flaherty)
Sidney Blackmer . . . . (Humphrey Agnew)
Julie Bishop . . . . (Lillian Pardee)
Pedro Gonzalez . . . . (Gonzales)
Paul Fix . . . . (Frank Briscoe)
Robert Keys . . . . (Mowbray)

Inhalt:
Dan Roman ist ein ehemaliger Kriegspilot, der von seiner tragischen Vergangenheit verfolgt wird. Degradiert zum Co-Piloten, befindet er sich auf einem Flug von Honolulu nach San Francisco. Ein reiner Routineflug, der jedoch zu nervenaufreibender Spannung aufsteigt. Denn mitten über dem pazifischen Ozean, dort wo es kein Zurück mehr gibt, kommt es zur Katastrophe. Nun liegt es an Dan Roman, die Passagiere seines Flugzeugs vor dem sicheren Tod zu bewahren.

THE HIGH AND THE MIGHTY war kein Film, den John Wayne besonders schätzte. Im Gegenteil, er hielt ihn für einen der schlechtesten Filme, in denen er je mitgewirkt hatte. Das mag etwas übertrieben erscheinen, aber sicherlich ist dies nicht unbedingt die Art Film, in der John Wayne am meisten brillieren konnte.

THE HIGH AND THE MIGHTY war ein Film, dessen Geschichte damit begann, dass William Wellman und Ernest Gann gemeinsam am Skript von ISLAND OF THE SKY arbeiteten. Und um einander abzulenken, erzählte Ernest seinem Kumpel die Geschichte von THE HIGH AND THE MIGHTY. Wellman war davon derart begeistert, dass er sogleich John Wayne und Robert Fellows anrief und ankündigte, dass er sofort vorbeikommen würde.
Er erzählte den beiden die Geschichte. Und sie waren sofort Feuer und Flamme. Duke wollte wissen, was Ernie dafür haben wollte. Da Wellman keine Ahnung hatte, sagte er 55.000 Dollar plus fünf bis zehn Prozent vom Gewinn. Duke und Fellows boten 50.000 Dollar plus zehn Prozent. Ein Honorar, das bis dato das höchste war, das Ernest Gann jemals erhalten hat.

Der Film ist essenziell eine Blaupause für die Flugzeug-Katastrophenfilme der 70er Jahre. Ebenso hat er ein Ensemble und nur eine größere Starrolle, die des Piloten. Für diese wollte man Spencer Tracy, der erst davon angetan war, dann jedoch mit der Begründung absagte, dass das Skript lausig sei. Assistant Director Andrew McLagler glaubte jedoch, dass es eher daran lag, dass Wellman den Ruf hatte, schwierig zu sein. Und als Tracy das von seinen Freunden erfuhr, lehnte er ab.
Duke versuchte, Humphrey Bogart für den Part zu begeistern, doch der wollte eine Gage von

US Lobby Card (1954)

500.000 Dollar. Deswegen entschied sich Duke schließlich die Rolle selbst zu spielen. Die übrigen Rollen wurden anders als ursprünglich geplant nicht mit Stars, sondern mit Charakterdarstellern besetzt. Eine solche war Claire Trevor, die Jahre zuvor mit Duke in STAGECOACH und anderen Filmen zu sehen war, was durchaus werbewirksam ausgenutzt werden konnte.

Duke selbst war weder mit dem Film noch mit seiner Rolle je zufrieden. Er glaubte, dass er nicht gut gespielt hatte und er vermisste eine Liebesgeschichte. Darüber kam er auch mit Wellman ans Diskutieren, wobei der Regisseur ihm erklärte, dass es eine der größten Liebesgeschichten aller Zeiten ist, denn die Zuschauer erfahren, dass Waynes Figur Frau und Kind verloren hat. Und das Publikum weiß, dass es niemals wieder eine Frau wie seine tote Gattin für ihn geben wird. Wellman und Duke diskutierten viel und oft über den Film. Der Regisseur fasste dies in den 70er Jahren so zusammen: *„Er glaubt immer noch, dass der Film schlecht ist, und ich glaube, dass er verrückt ist."*

THE HIGH AND THE MIGHTY wurde in CinemaScope gedreht, wofür Wellman den Kameramann William H. Clothier holte. Dieser war für alle Flugszenen verantwortlich. Wellman war ein Fliegerfan, selbst ein Flieger im Ersten Weltkrieg und schätzte Clothier, der im Zweiten Weltkrieg ein Kampfpilot war. Zudem hatte Clothier in der Stummfilmzeit Howard Hughes' WINGS photographiert. Auch Wayne schätzte die Arbeit von Clothier, der in den kommenden Jahren viele von Dukes Filmen ablichten sollte. Clothier meinte hierzu: *„Wenn Duke Dich und Deine Arbeit mochte, dann hatte man eine gute Chance, für den Rest des eigenen oder seines Lebens für ihn zu arbeiten."*

John Wayne war dafür bekannt, dass er gerne Einfluss auf seine Regisseure nahm und selbst versuchte, Szenen zu inszenieren. Auch bei THE HIGH AND THE MIGHTY platzten bei einer Szene plötzlich Regieanweisungen aus ihm heraus, was Wellman so quittierte, dass er hinter der Kamera genauso lächerlich aussieht wie es Wellman als Star vor der Kamera täte. Und doch jeder seiner Arbeit nachgehen sollte. Duke hielt sich daraufhin zurück und mischte sich nicht mehr ein.

Der Film wurde vom 25. November 1953 bis zum 11. Januar 1954 in den Warner Studios gedreht. Ein geringes Maß an Location-Arbeit fand in Hawaii statt. Der Film kostete 1.465.000 Dollar, wobei Duke 175.000 Dollar plus eine Beteiligung erhielt. Außerdem fielen die Rechte an dem Film nach einer bestimmten Anzahl von Jahren an seine Firma.

Im Januar 1954, nachdem der Film beendet war, kamen John Wayne und Robert Fellows überein, dass sie ihre Partnerschaft auflösen wollten. Wayne war dies recht, denn obschon Fellows ein Freund war, hatte er immer das Gefühl, dass dieser zu wenig für die Firma tat. Duke zahlte Fellows also aus, woraufhin ihm die Firma alleine gehörte. Darum wollte er auch eine Namensänderung, da Wayne-Fellows Productions nach nichts klang. Er kam mit dem Namen Batjak auf. Der Name stammt von der Reederei in WAKE OF THE RED WITCH. Dukes Firma hieß aber letzten Endes Batjac mit einem C, da die Sekretärin einen Fehler gemacht hatte. Alle Dokumente für die Namensänderung waren darauf ausgelegt, was Duke nur so quittierte: *„Ich mochte den Namen mit K lieber, aber das ist keine große Sache. Wir lassen es so, wie es ist."*

THE HIGH AND THE MIGHTY war ein erfolgreicher Film und brachte dem Studio einen Gewinn von 6,1 Millionen Dollar. Auch die Kritik war wohlgesonnen und die Academy belohnte das Werk mit fünf Nominierungen und einem Oscar. Der Film unterlag in so wichtigen Kategorien wie Beste Regie und Beste weibliche Nebenrolle (hier hatte er mit Claire Trevor und Jan Sterling gleich zwei Bewerber), gewann dafür aber den Oscar für die Beste Musik, der an Dimitri Tiomkin ging.

Die Weltpremiere des Films fand am 27. Mai 1954 im Egyptian Theater in Hollywood statt.

THE HIGH AND THE MIGHTY ist ein Film, der die Muster gängiger Flugkatastrophenfilme der 70er Jahre vorwegnimmt.

WAYNE TREVOR DAY STACK STERLING HARRIS NEWTON BRIAN
Es wird immer wieder Tag
(THE HIGH AND THE MIGHTY)
CinemaScope
Warner Color
Wayne-Fellows-Prod.

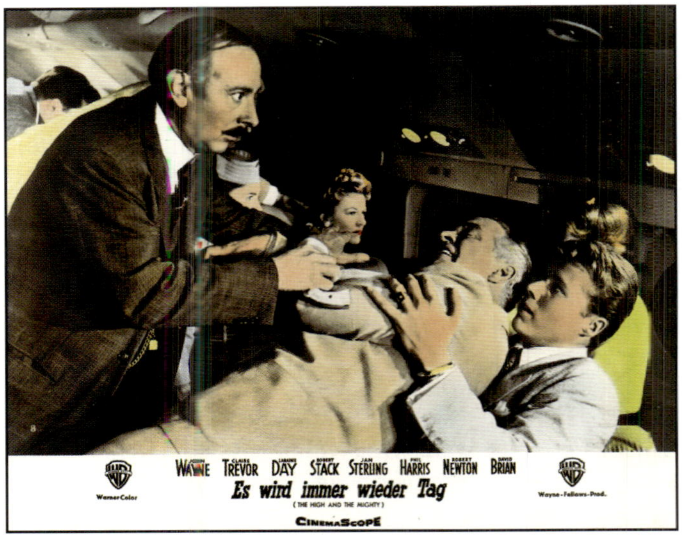
WAYNE TREVOR DAY STACK STERLING HARRIS NEWTON BRIAN
Es wird immer wieder Tag
(THE HIGH AND THE MIGHTY)
CinemaScope
Warner Color
Wayne-Fellows-Prod.

WAYNE TREVOR DAY STACK STERLING HARRIS NEWTON BRIAN
Es wird immer wieder Tag
(THE HIGH AND THE MIGHTY)
CinemaScope
Warner Color
Wayne-Fellows-Prod.

WAYNE DAY STACK STERLING HARRIS NEWTON BRIAN
wird immer wieder
(THE HIGH AND THE MIGHTY)
CinemaScope
Warner Color
Wayne-Fellows-Prod.

WAYNE TREVOR DAY STACK STERLING HARRIS NEWTON BRIAN
Es wird immer wieder Tag
(THE HIGH AND THE MIGHTY)
CinemaScope
Warner Color
Wayne-Fellows-Prod.

WAYNE DAY STACK STERLING HARRIS NEWTON BRIAN
wird immer wieder
(THE HIGH AND THE MIGHTY)
CinemaScope
Warner Color
Wayne-Fellows-Prod.

WAYNE TREVOR DAY STACK STERLING HARRIS NEWTON BRIAN
Es wird immer wieder Tag
(THE HIGH AND THE MIGHTY)
CinemaScope
Warner Color
Wayne-Fellows-Prod.

DAS DEUTSCHE WERBEMATERIAL

EA: Erstaufführung
WA: Wiederaufführung

Plakate:
Es wird immer wieder Tag
. . . . A1 EA von 1954
Es wird immer wieder Tag
. . . . A0 quer EA von 1954
Motiv wie das A1 Plakat
Kinoaushangfotos:
25 EA Aushangfotos

Es wird immer wieder Tag

John Wayne spielt praktisch die einzige Hauptrolle in THE HIGH AND THE MIGHTY, der ansonsten ein Ensemble-Stück ist.

Deutsche EA Fotos von 1954

A1, Erstaufführungsplakat von 1955; Grafik: Wendt

DER SEE-FUCHS

1955

Originaltitel: .... **THE SEA CHASE**
US-Erstaufführung: .... 4. Juni 1955
Dt. Erstaufführung: ...... 1. September 1955
Laufzeit: .... 117 Minuten
Regie: .... John Farrow
Drehbuch: James Warner Bellah, John Twist
Musik: .... Roy Webb
Kamera: .... William H. Clothier
Schnitt: .... William H. Ziegler
Darsteller:
John Wayne .... (Captain Karl Ehrlich)
Lana Turner .... (Elsa Keller)
David Farrar .... (Jeff Napier)
Lyle Bettger .... (Kirchner)
Tab Hunter .... (Wesser)
James Arness .... (Schlieter)
Richard Davalos .... (Walter Stemme)
John Qualen .... (Schmitt)
Paul Fix .... (Max Heinz)
Lowell Gilmore .... (Captain Evans)
Luis Van Rooten .... (Matz)
Alan Hale Jr. .... (Wentz)
Claude Akins .... (Winkler)
Alan Lee .... (Brounck)

Inhalt:
Der deutsche Marineoffizier Karl Ehrlich liebt sein Vaterland, aber er hasst Hitler. Deswegen wird er nur als Kapitän eines unbedeutenden Frachters eingesetzt. Als der Zweite Weltkrieg ausbricht, liegt das Schiff in Australien vor Anker, und Ehrlich muss sich entscheiden: Entweder wird er von den Briten interniert, oder er dampft nach Deutschland und gibt seinen Männern so die Chance, selbst über ihr Schicksal zu entscheiden. In einer nebligen Nacht trifft Ehrlich seine Entscheidung – und legt ab! Doch an Bord hat er eine deutsche Spionin und verfolgt wird er von der britischen Flotte…

THE SEA CHASE basiert auf dem Roman von Andrew Clare Geer, der 1948 erschienen ist. Warner erwarb die Filmrechte daran im Jahr 1950. Obschon John Wayne hier nur ein Schauspieler war und keinerlei Tätigkeit als Produzent ausführte, konnte er dennoch dafür sorgen, dass ein paar seiner Freunde für den Film verpflichtet wurden, darunter Paul Fix und James Arness. Grant Withers sollte ebenfalls mitspielen, musste aber wegen einer Krankheit absagen.
Ebenso setzte Duke sich für William H. Clothier als Kameramann und Stuntman Cliff Lyons als Second Unit Director ein.

Die Dreharbeiten zu THE SEA CHASE fanden vom 24. September bis zum 30. Oktober 1954 in Hawaii und den Warner Studios in Burbank statt. Um seiner Frau Pilar eine Freude zu machen, reiste Duke mit ihr frühzeitig an und verbrachte ein paar gemeinsame Urlaubstage in Hawaii. Dabei gingen beide auch tauchen, was sich für Duke als folgenschwer erweisen sollte. Er zog sich eine Mittelohrentzündung zu, die ihn noch die nächsten beiden Monate mit Schmerzen plagen sollte. Paul Fix erinnerte sich später daran, dass ihn seine Schmerzen aber nicht abhielten, pünktlich zur Arbeit zu erscheinen. Er nahm nur einige Schmerzmittel und ruhte sich zwischen den Takes aus.

Als Ko-Star hatte man Lana Turner von MGM geliehen, was sich Warner 300.000 Dollar kosten ließ. Sie war nicht die erste Wahl, da man anfangs an Virginia Mayo und Susan Hayward gedacht hatte. Turner kam mit Regisseur John Farrow nicht zurecht und erwies sich als einigermaßen unprofessionell. Sie trank viel und erschien teils sehr spät oder gar nicht zur Arbeit. Farrow war das irgendwann zu viel, so dass er sie rauswarf. Daraufhin bat Turner

Zehn Jahre nach Kriegsende spielte John Wayne in THE SEA CHASE einen deutschen Schiffskapitän.

„Ich weiß, das klingt kitschig, aber das ist es, was ich fühle: Ich hoffe, dass meine Familie und meine Freunde einmal von mir sagen können, dass ich ein ehrlicher, guter und recht anständiger Mann gewesen bin.“ (Zitat John Wayne)

Duke um Hilfe. Der dachte eigentlich, dass ihr das dank ihrer Unprofessionalität recht geschah, ließ sich aber erweichen und konnte Farrow umstimmen, worauf hin Turner für den Rest des Drehs pünktlich auftauchte - „mehr oder weniger“, wie Duke später sagte.

Ebenfalls in diesem Film dabei war Claude Akins (1926-1994), der in mehr als 200 Filmen und Serien mitgewirkt hatte. Er erinnerte sich später, dass er sich gar nicht erst bemühte, in Dukes Freundeskreis vorzudringen. Er wurde auch nicht eingeladen. Sie beide pflegten eine professionelle Beziehung. Und das war Akins auch recht, obschon er wusste, dass es Vorteile mit sich brachte, ein Freund von Duke zu sein, da man diese gerne zusammen mit ihm in seinen Filmen einsetzte.

THE SEA CHASE wurde mit einem Budget von drei Millionen Dollar angegangen, wobei es letztlich nur um 49.000 Dollar überschritten wurde. Das Studio holte einen Gewinn von mehr als 7,7 Millionen Dollar ein.

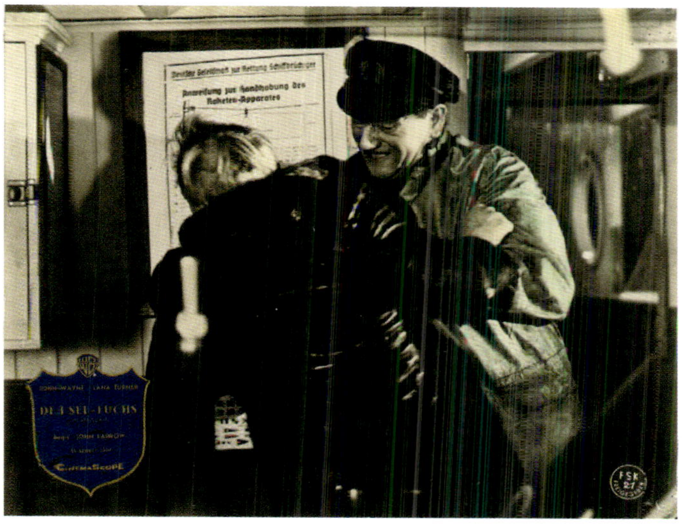

DAS DEUTSCHE WERBEMATERIAL

EA: Erstaufführung | WA: Wiederaufführung

Plakate:

Der See-Fuchs .... A1 EA von 1955

Der See-Fuchs .... A0 quer EA von 1955

Der See-Fuchs .... A1 WA von 1960
Motiv wie bei der EA

Kinoaushangfotos:

25 EA Aushangfotos. Die Fotos wurden auch zu WA benutzt.

Mexikanische Lobby Card (1955)

JOHN WAYNE
TURNER
Regie:
CINEMASCOPE
FSK 3 FREIGEGEBEN

Deutsche EA Fotos von 1955

A1, Erstaufführungsplakat von 1956; Grafik: Goetze

DER GELBE STROM

1955

Originaltitel: .... **BLOOD ALLEY**
US-Erstaufführung: .... 1. Oktober 1955
Dt. Erstaufführung: .... 30. März 1956
Laufzeit: .... 110 Minuten
Regie: .... William A. Wellman
Drehbuch: .... Albert Sidney Fleischman
Musik: .... Roy Webb
Kamera: .... William H. Clothier
Schnitt: .... Fred MacDowell
Darsteller:
John Wayne .... (Captain Tom Wilder)
Lauren Bacall .... (Cathy Grainger)
Paul Fix .... (Mr. Tso)
Joy Kim .... (Susu)
Berry Kroeger .... (Feng)
Mike Mazurki .... (Han)
Anita Ekberg .... (Wei Ling)
George Chan .... (Mr. Sing)
W.T. Chang .... (Mr. Han)
James Hong .... (Soldat)

Inhalt:
„Puder dir die Nase, Baby", bellt der heisere Skipper. „Wir laufen in Hongkong ein." Die Fahrt dorthin war kein Zuckerschlecken für den ausgebufften Kapitän Tom Wilder von der Handelsmarine. Wilder muss gefährlichen Untiefen und rotchinesischen Verfolgern ausweichen, während er seine Fracht - chinesische Flüchtlinge und eine Arzttochter - über 300 Seemeilen durch eine Meerenge in die Freiheit bugsiert.

„Wir haben Fehler gemacht, aber das ist noch lange kein Grund, die beste Flagge, die Gott jemals einem Land gegeben hat, durch den Schmutz zu ziehen." *(Zitat John Wayne)*

Mit BLOOD ALLEY war John Wayne wieder in einem Film zu sehen, in dem es gegen den Kommunismus ging. Diesmal bekamen jedoch die Chinesen ihr Fett weg. Das Drehbuch basierte auf dem gleichnamigen Roman und wurde von dessen Autor Albert Sidney Fleischman geschrieben.

Für die Hauptrolle wollte Wayne, der den Film auch produzierte, am liebsten Humphrey Bogart haben. Lauren Bacall stand schon unter Vertrag und beide in einem Film zu haben, hätte hohes Marketingpotenzial bedeutet, doch der Gagenwunsch des Stars war etwas zu hoch. Darum entschied sich Duke für Robert Mitchum.

Die Dreharbeiten begannen und schon nach wenigen Tagen erhielt Duke einen Anruf von William Wellman, der ihm erklärte, dass Mitchum ständig betrunken sei und teilweise auch gar nicht am Set erscheinen würde. Duke bat ihn, es weiter mit Mitchum zu probieren, doch nach einer Woche gab es keine Besserung und Wellman forderte, dass der Star aus dem Film entlassen würde. Oder aber er selbst würde die Arbeit daran niederlegen. Duke kam dem Wunsch des Regisseurs nach. Da aber jeder weitere verlorene Drehtag Geld gekostet hätte, entschied er sich kurzfristig, die Rolle selbst zu spielen.

Robert Mitchum hat übrigens eine andere Geschichte parat, wie es zu seinem Ausstieg aus dem Film kam. Er erzählte, dass Wellman aufgrund einer früheren Kränkung schlecht auf ihn zu sprechen war und ihn aus dem Film heraushaben wollte. Er machte den Dreh für Mitchum so unangenehm, wie es ihm nur möglich war, bis dieser schließlich ausstieg. Mitchum

Mit BLOOD ALLEY agierte John Wayne einmal mehr in einem Film, der vor der roten (und hier genauer der gelben) Gefahr warnte. Wie schon bei BIG JIM MCLAIN ist das Ergebnis etwas fragwürdig.

NOTIZ

LAUREN BACALL wurde als Betty Joan Perske am 16. September 1924 in New York geboren. Ihre Eltern trennten sich, als sie fünf Jahre alt war. Eigentlich wollte sie Tänzerin werden, fand dann jedoch an der Schauspielerei Gefallen und schrieb sich an der American Academy of Dramatic Arts in New York ein. Nach ihrem Abschluss arbeitete sie als Model und wurde für Howard Hawks' TO HAVE AND HAVE NOT (HABEN UND NICHT-HABEN, 1944) entdeckt. Dort arbeitete sie neben Humphrey Bogart und verliebte sich in ihn. Was folgte, war eine beispiellose Karriere, bei der Bacall und Bogart mehrmals miteinander zusammen arbeiteten. Im Mai 1945 heirateten beide und blieben ein Paar bis zu Bogarts Tod im Jahr 1957.

Zu ihren bekanntesten Filmen gehören u.a. **Tote schlafen fest** (1946), **Wie angelt man sich einen Millionär?** (1953) und **Mord im Orient-Express** (1974).

A1, Wiederaufführungsplakat von 1962; Grafik: Oszinda

Mexikanische Lobby Card (1955)

meinte in einem Interview, er hätte John Wayne später erzählt, wie es sich wirklich verhalten hätte. Und beide blieben Freunde, was sie auch noch waren, als sie gut zehn Jahre später EL DORADO (EL DORADO, 1966) drehten.

Die Dreharbeiten am China Lake, in San Rafael und am Sacramento River fanden von Januar bis zum 15. März 1955 statt. Das Budget war auf 2,5 Millionen Dollar festgesetzt und wurde sogar um knapp 50.000 Dollar unterschritten. Die Einnahmen fürs Studio aus der weltweiten Veröffentlichung beliefen sich auf knapp drei Millionen Dollar. Duke erhielt für seine Dienste erneut 175.000 Dollar plus eine prozentuale Beteiligung.

Aushangfotos mit quadratischer Vignette gehören zu WA 1962; die anderen sind EA Fotos von 1956

Schöne Motive auf den Aushangfotos, die auch auf Lauren Bacall setzen, die ebenso wie John Wayne auf den meisten zu sehen ist.

GELBE STROM
FSK 5

„Eines der brennendsten und aktuellsten Themen unserer Tage!“ hieß es im deutschen Werbematerial zu BLOOD ALLEY.

Cover vom Werberatschlag

Österreich, EA Streifenplakat (1955)

DAS DEUTSCHE WERBEMATERIAL

EA: Erstaufführung | WA: Wiederaufführung

Plakate:

Der gelbe Strom ....A1 EA von 1956
Der gelbe Strom ....A0 quer EA von 1956
Der gelbe Strom ....A1 WA von 1962

Kinoaushangfotos:

25 EA Aushangfotos
25 WA Aushangfotos. Die Motive sind idenisch mit der EA, sie haben nur unterschiedliche Titelvignetten.

HOWARD HUGHES
zeigt
CinemaScope
JOHN
WAYNE
SUSAN
HAYWARD
PEDRO ARMENDARIZ
Der EROBERER
RKO
· The CONQUEROR ·
Druck von
TECHNICOLOR
WINTERDRUCK HEIDELBERG

DER EROBERER

1956

Originaltitel: . . . . .THE CONQUEROR
Englischer Alternativtitel: . . .Conqueror of the Desert
US-Erstaufführung: . . . . .28. März 1956
Dt. Erstaufführung: . . . . .17. August 1956
Laufzeit: . . . . .111 Minuten
Regie: . . . . .Dick Powell
Drehbuch: . . . . .Oscar Millard
Musik: . . . . .Victor Young
Kamera: . . . . .Joseph LaShelle, William E. Snyder, Leo Tover, Harry J. Wild
Schnitt: . . . . . .Robert Ford, Kennie Marstella
Darsteller:
John Wayne . . . .(Temujin)
Susan Hayward . . . .(Bortai)
Pedro Armendáriz . . . .(Jamuga)
Agnes Moorehead . . . .(Hunlun)
Thomas Gomez . . . .(Wang Khan)
John Hoyt . . . .(Schamane)
William Conrad . . . .(Kasar)
Ted de Corsia . . . .(Kumlek)
Leslie Bradley . . . .(Targutai)
Lee Van Cleef . . . .(Chepei)
Peter Mamakos . . . .(Bogurchi)
Leo Gordon . . . .(Tartar)

Inhalt:
Asien, im 12. Jahrhundert: Mongolenfürst Temujin macht bei einem Beutezug die Tartarentochter Bortai zu seiner Gefangenen. Bis die Widerspenstige seine Zuneigung widerspiegelt, ist noch ein langer Weg: Erst muss er die Mongolenstämme einigen, in einer gewaltigen Schlacht die Tartaren besiegen und zum Dschingis Khan ernannt werden.

THE CONQUEROR ist der mit Abstand schlechteste Film, den John Wayne jemals gemacht hat. Und er ist ein Film, der zwar viel Action bietet, aber vor allem der lachhaften Dialoge wegen zur Komödie wurde, die er niemals sein wollte. Gleichzeitig ist die Geschichte von THE CONQUEROR aber auch die Geschichte des schleichenden Todes, der Duke und die halbe Cast und Crew des Films ereilte. Duke hatte noch einen Film für Howard Hughes' Firma RKO zu machen. Dabei hielt Hughes ihn seit Monaten hin und erzählte ihm nicht, was für ein Film es sein sollte oder wann es endlich losgehen würde. Als er das Büro von RKO besuchte, fand er dort ein Treatment mit dem Titel THE CONQUEROR. Er sah es sich an, ihm gefiel, was er über Dschingis Khan las und sagte dort sofort dem Regisseur Dick Powell (1904-1963), dass er die Rolle spielen will. Powell stimmte zu. Powell war ein Schauspieler, der Regisseur werden wollte. Er hatte bereits einen Film inszeniert, aber keinen von der Größe von THE CONQUEROR. Sowohl Hughes als auch Wayne waren jedoch guter Dinge, denn Powell war ein guter Kerl und er brachte viel Enthusiasmus mit sich.

Als Powell wusste, dass Duke die Hauptrolle spielen würde, rief er sofort Autor Oscar Millard an, um ihm die gute Nachricht mitzuteilen. Der war jedoch schockiert und wohl der einzige an der Produktion beteiligte Mann, der erkannte, dass Dschingis Khan und John Wayne einfach nicht zusammen passten.

Die Ausstattung sowie die Kostüme sind prächtig. Einzig John Wayne wirkt in letzteren enorm deplatziert. So überzeugend er als Cowboy war, so wenig konnte er als Herrscher der Mongolen überzeugen. Wayne selbst sah es später als Fehler an, diesen Film gemacht zu haben.

Millard hatte zwar auf die historischen Fakten nicht viel Wert gelegt und die Geschichte wie einen Western mit Krummsäbeln angelegt, aber er hatte sich dafür entschieden, den Figuren eine archaische Form des Englischen zu geben, die Spötter gerne als die „Ich Tarzan – du Jane“-Sprache bezeichneten. Der Autor machte sich Sorgen, ob Wayne die Texte überhaupt überzeugend sprechen könnte. Der versicherte ihm jedoch, extensiv mit einem Sprach-Coach zu üben und sich auf den Film vorzubereiten.
Das tat er aber wohl nicht. Millard glaubte, dass Duke das fertige Skript erst ein paar Tage vor Drehbeginn wirklich gelesen hat. Wahrscheinlicher ist jedoch, dass er wie üblich James Edward Grant den Dialog für ihn überarbeiten lassen wollte. Der muss aber angesichts dieser Aufgabe gescheitert sein, weswegen Duke Millard anrief und ihm sagte, dass er diese Dialoge nicht sprechen könnte und sie verändert werden müssten. Doch dafür war es viel zu spät, da eine Änderung in Temujins Sprachduktus auch eine Änderung aller anderen Figuren nötig gemacht hätte. Dementsprechend blieb Duke nichts anderes übrig, als sich an den vorhandenen Dialogen zu versuchen.

Für Millard war Wayne nie die erste Wahl für die Rolle. Für niemand sonst wohl auch nicht. Denn eigentlich hatte man vorgehabt, den Part Yul Brynner anzubieten. Dann verlegte man sich auf Marlon Brando, der bei Fox unter Vertrag stand und ausgeliehen werden sollte. Das scheiterte jedoch, da Brando suspendiert war. In jenen Tagen verpflichtete sich ein Schauspieler bei einem Studio, das ihn in jedem Film einsetzen konnte. Lehnte der Schauspieler ab, eine Rolle zu spielen, wurde er ohne Bezahlung für ein paar Wochen suspendiert. Böse Zungen behaupten, Brando hätte für die Suspendierung gesorgt, um nicht in THE CONQUEROR spielen zu müssen.

Wayne legte die Figur so an, als ob er in einem Western spielen würde.

Bei den Dreharbeiten wurde Duke schmerzhaft bewusst, worauf er sich eingelassen hatte. Powell war ein netter Kerl, aber als Regisseur seiner Meinung nach eine Niete. In einem Interview sagte er später: *„Und wir hatten ein Skript, das für Brando geschrieben worden war, aber von Duke Wayne gespielt werden musste. Es war ein verdammtes Desaster."*
Normalerweise neigte Duke dazu, sich bei der Regie einzumischen. Hier unterließ er es, da er mehr als genug damit zu tun hatte, sich durch seine Dialoge zu kämpfen. Zudem machte ihm Ko-Star Susan Hayward schöne Augen, was er gar nicht brauchen konnte, da Pilar ebenfalls anwesend war. Hayward wurde derart eifersüchtig, dass sie Pilar sogar vorschlug, um Duke zu kämpfen, was diese jedoch ablehnte.

Ebenso wie Duke war auch Hayward absolut fehlbesetzt. Sie legte unglaublichen Wert auf ihr Aussehen, ließ einen Kameramann feuern, der sie nicht gut genug ins rechte Licht gesetzt hatte und bestand auf perfektes Make-up – selbst in einer Szene, in der sie vom Pferd stürzt und Temujin ihr nacheilt.

Die Dreharbeiten für THE CONQUEROR begannen am 10. März und endeten am 17. August 1954. Für den Film stand das für die damalige Zeit extrem hohe Budget von sechs Millionen Dollar zur Verfügung. Für RKO und dessen Besitzer Howard Hughes war das kein Problem. Er war ein Milliardär, der Filme zum Spaß machte. Sie waren wie Spielzeuge für ihn. Darum interessierte er sich für die Kosten nicht. Gleichsam bastelte Hughes oft Monate und Jahre an Filmen herum, bevor er sie endlich in die Öffentlichkeit entließ.

Duke erhielt für seine Darstellung eine Gage von 250.000 Dollar – eine hohe Summe, die auch dazu beigetragen haben mag, dass er den Film machte. Während der Dreharbeiten trafen Duke die größten Selbstzweifel seiner Karriere, die selbst jene aus seiner Anfangszeit überschatteten. Er hatte das üble Gefühl, sich mit THE CONQUEROR lächerlich zu machen. Gedreht wurde der Film in der Escalante Wüste im südlichen Utah und in den RKO Studios in Hollywood. THE CONQUEROR erlangte traurige Berühmtheit, weil so viele der an diesem Film Beteiligten an Krebs starben, darunter auch Duke selbst, Regisseur Powell, Susan Hayward und Pedro Armendariz, der sich nach der Diagnose der tödlichen Krebskrankheit selbst das Leben nahm, da er nicht elendiglich dahinsiechen wollte. Duke selbst schob es immer darauf, dass er Zeit seines Lebens ein starker Raucher gewesen ist und darum Lungenkrebs entwickelte. Lee van Cleef, der in THE CONQUEROR nur eine kleine Nebenrolle spielte, wollte auch nie glauben, dass es

Susan Hayward mit dem EROBERER, der von John Wayne gespielt wird.

die Radioaktivität war, die so viele getötet hatte. Er selbst starb auch nicht an Krebs, sondern an einem Herzinfarkt. Der Star zahlloser Italo-Western meinte in einem Interview einmal in Hinblick auf die Krebssterblichkeit der THE CONQUEROR-Veteranen: *„Ich hatte Glück. Bisher.“*

Einige wie auch Dukes Ehefrau Pilar schieben es gerne auf das Rauchen, aber letzten Endes ist die Sterblichkeitsrate an Krebs bei den THE CONQUEROR-Beteiligten zu groß, als dass man es auf die Glimmstängel schieben könnte. Vielmehr war es so, dass nur 150 Meilen vom Drehort entfernt mehrere Atombombentests stattfanden und der radioaktive Fallout in diese Gegend gewandert war. In der nahegelegenen Stadt St. George gibt es auch ein unnatürlich hohes Aufkommen an Krebserkrankungen.
Der Sand des Snow Canyon, inmitten dessen gedreht wurde, war radioaktiv verseucht. Der Fallout der Explosionen war südlich gezogen und hatte ihn kontaminiert. Bei den Dreharbeiten waren Duke und Co. immer von ihm umgeben. Sie atmeten ihn ein, er drang in Augen und Mund und er wurde sogar noch in die RKO Studios geschafft, um bei den Innenaufnahmen dieselbe Sandqualität zu haben und nicht Gefahr zu laufen, dass sich verschiedene Sandvorkommen farblich unterscheiden würden.

Darum waren die RKO Studios, in denen noch weitere Filme gedreht wurden, auch für eine hohe Anzahl anderer Filmschaffender in den kommenden Jahren noch brandgefährlich.

Die Einnahmen, die der in CinemaScope gedrehte Film erwirtschaftete, reichten nicht aus, um ihn in die Gewinnzone zu bringen. Wenig später verkaufte Howard Hughes die RKO Studios, erwarb aber gleichzeitig die Rechte an THE CONQUEROR und JET PILOT und ließ beide verschwinden. Zu seinen Lebzeiten wollte er beide Filme nicht mehr im Kino oder im Fernsehen sehen. Erst 1974 konnte Paramount die Rechte an THE CONQUEROR erwerben, um ihn erneut auszuwerten. Dennoch war der Film lange Jahre enorm obskur, weil ihn niemand zu Gesicht bekommen hatte. Für Duke erwies sich dies als Glücksfall, blieb es ihm so doch erspart, sich mit dieser Peinlichkeit auseinandersetzen zu müssen.

1980 veröffentlichte das „People Magazine“ eine Reportage über den Film und hatte dafür alle Cast- und Crew-Mitglieder aufgespürt. Man kam zu dem Ergebnis, dass zum damaligen Zeitpunkt 91 der 220 Filmschaffenden an Krebs erkrankt waren, wobei die Hälfte daran verstorben war. Außer Acht gelassen wurden die indianischen Statisten, die nicht auffindbar waren, und Familienmitglieder, die zu Besuch kamen, so auch die zwei ältesten Wayne-Söhne, die mehrere Wochen an den Drehorten in Utah verbrachten.
Das Vermächtnis von THE CONQUEROR ist, dass dieser Film eine hohe Zahl Filmschaffen-

John Wayne auf die Frage, wie er an die Darstellung von Dschingis Khan herangegangen ist: „Ich sehe ihn als Revolverhelden.“ Schon auf dem Aushangfoto kann man erkennen, dass John Wayne als Mongole wenig überzeugend erscheint. Der Film wurde später berüchtigt, weil eine Vielzahl von Cast und Crew an Krebs verstarb.

JOHN WAYNES ENTOURAGE:

JAMES EDWARD GRANT

Der Autor James Edward Grant wurde am 2. Juli 1905 in Illinois geboren. Er begann seine Karriere als Journalist in den 20er Jahren, zog dann jedoch von Chicago nach Los Angeles und erhielt dort einen Vertrag von Republic, Drehbücher zu schreiben. Bei Republic lernte er auch John Wayne kennen, mit dem ihn bis zu seinem Tod eine enge Freundschaft verband. Zu seinen Passionen gehörte nicht nur das Schreiben, sondern auch der Stierkampf. Dementsprechend verbrachte er die letzten Jahre seines Lebens auch in Spanien. Neben seiner Arbeit für den Film schrieb er auch einen Roman. Die meisten Drehbücher seiner Karriere schrieb er für John Wayne. Wayne schätzte seine Arbeit, da Grant es genau verstand, Dialoge zu entwickeln, wie sie Wayne am besten lagen. Grant war ein starker Trinker, der am 19. Februar 1966 einem Krebsleiden erlag

---

Farbenprächtige Aushangfotos, die davon zeugen, dass kein Aufwand gescheut wurde.

der umgebracht hat. In der „People"-Reportage kam auch ein Nuklearwissenschaftler des Pentagons zu Wort, der mit folgenden Worten zitiert wurde: *„Bitte Gott, lass nicht zu, dass wir John Wayne umgebracht haben."*
Unabhängig von den tragischen Konsequenzen, die THE CONQUEROR mit sich brachte, war dies ein Film, wie er peinlicher kaum sein könnte. Er ist der feuchte Traum eines jeden Liebhabers schlechter Filme. Aber: Er ist durchaus unterhaltsam. Und in der deutschen Fassung fällt Dank exzellenter Synchronisation die merkwürdige Art des archaischen Englischs und Waynes Interpretation desselbigen auch nicht mehr auf.

John Wayne fasste die Moral von THE CONQUEROR so zusammen: „Die Botschaft des Films ist, dass man sich selbst nicht zum Deppen machen sollte, indem man Rollen spielen will, die einem nicht liegen. Aber ich habe diese Lektion noch immer nicht gelernt. Ich schaffe es immer noch, mich hin und wieder zum Deppen zu machen."

A0, Erstaufführungsplakat von 1956; Grafik: Williams

DER EROBERER wurde von RKO 1954/55 angekündigt. Ebenso in 1955/56. Beide Male ist der Film aber nicht erschienen. Grund hierfür war, dass Howard Hughes noch lange daran herumtüftelte.

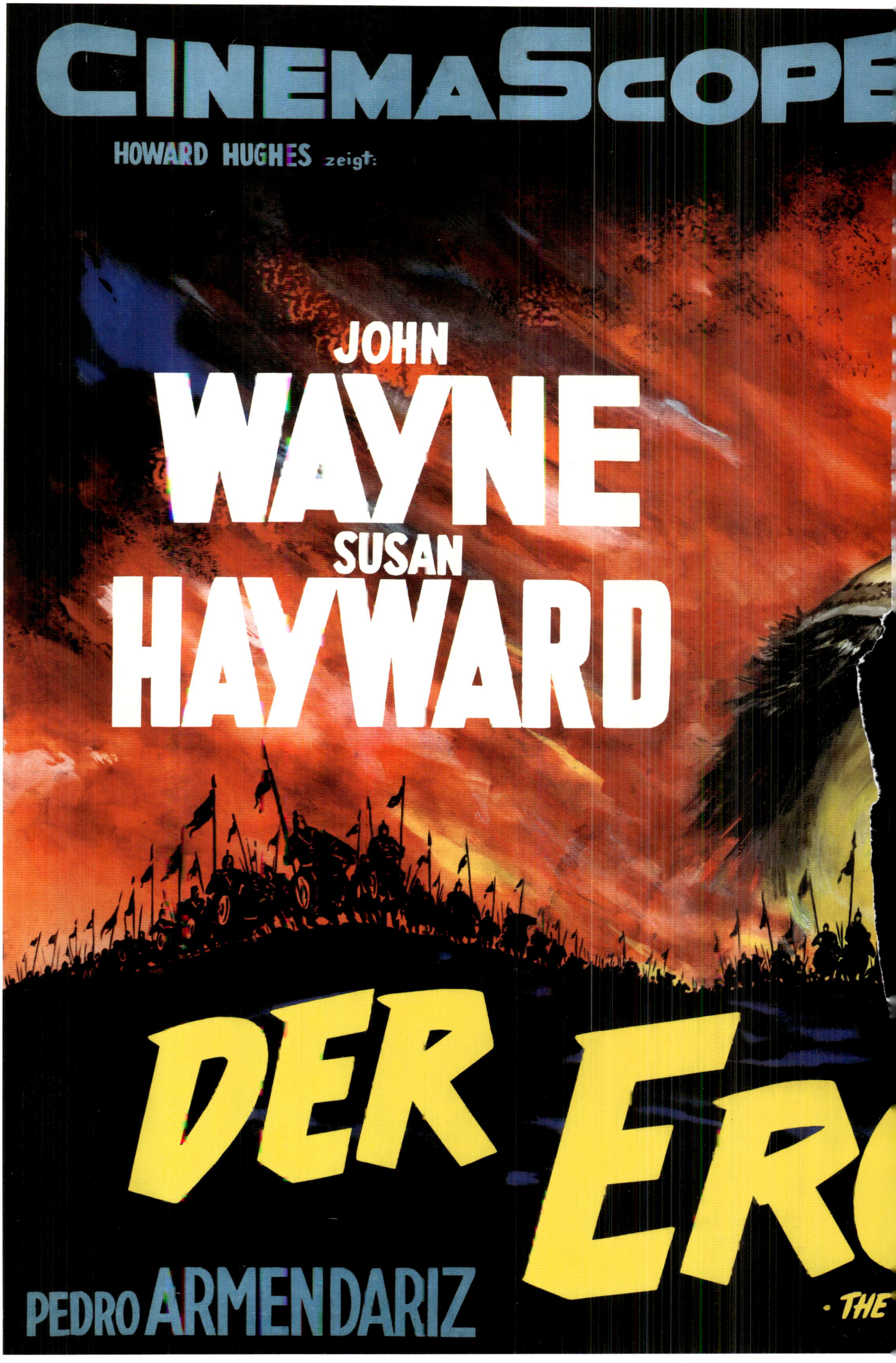

DAS DEUTSCHE WERBEMATERIAL

EA: Erstaufführung | WA: Wiederaufführung

Plakate:

Der Eroberer ....A1 EA von 1956
Der Eroberer ....A0 quer EA von 1956
Der Eroberer ....A2 EA von 1956
Der Eroberer ....A1 WA von 1975
Die Barbaren ....A1 WA von 1983
Motiv wie bei der WA von 1975.

Kinoaushangfotos:

40 EA Aushangfotos
12 WA Aushangfotos
Die Fotos wurden für beider WA verwendet

Deutsche WA Fotos von 1975

(Unten)
Deutsches EA Foto von 1956

(Oben links) A1, Wiederaufführungsplakat von 1975; Grafik: unbekannt

(Oben rechts) A1, Wiederaufführungsplakat von 1983; Grafik: unbekannt

A2, Erstaufführungsplakat von 1956; Grafik: Williams

A1, Erstaufführungsplakat von 1956; Grafik: Goetze

DER SCHWARZE FALKE

1956

Originaltitel: . . . . **THE SEARCHERS**
US-Erstaufführung: . . . . 13. März 1956
Dt. Erstaufführung: . . . . 5. Oktober 1956
Laufzeit: . . . . 119 Minuten
Regie: . . . . John Ford
Drehbuch: . . . . Frank S. Nugent
Musik: . . . . Max Steiner
Kamera: . . . . Winton C. Hoch
Schnitt: . . . . Jack Murray
Darsteller:
John Wayne . . . . (Ethan Edwards)
Jeffrey Hunter . . . . (Martin Pawley)
Vera Miles . . . . (Laurie Jorgensen)
Ward Bond . . . . . (Samuel Johnston Clayton)
Natalie Wood . . . . (Debbie Edwards)
John Qualen . . . . (Lars Jorgensen)
Olive Carey . . . . (Mrs. Jorgensen)
Henry Brandon . . . . (Cicatrice)
Ken Curtis . . . . (Charlie McCorry)
Harry Carey Jr. . . . . (Brad Jorgensen)
Antonio Moreno
. . . . . . (Emilio Gabriel Fernandez y Figueroa)
Hank Worden . . . . (Mose Harper)
Walter Coy . . . . (Aaron Edwards)
Patrick Wayne . . . . (Lt. Greenhill)
Lana Wood . . . . (Debbie Edwards)

Inhalt:
Einsam und verbittert steht der Cowboy Ethan Edwards vor den rauchenden Trümmern der Ranch seines Bruders. Die ganze Familie wurde von den Comanchen getötet, seine kleinen Nichten Debbie und Lucy verschleppt. Von blindem Hass getrieben, entfesselt Edwards einen gnadenlosen Rachefeldzug, an dessen Ende er auch Debbie findet. Doch diese war jahrelang bei den Indianern. Und Ethan glaubt, dass der Tod besser ist denn weiter als Wilde zu leben. Er ist fest entschlossen, Debbies Leben ein Ende zu setzen, sehr zum Schrecken seines jungen Freundes. Aber kann Ethan das auch?

THE SEARCHERS, der gemeinhin im Gesamtwerk von John Wayne und John Ford als der beste ihrer Filme angesehen wird und in keiner Top-Liste der besten Western aller Zeiten fehlt, basiert auf einem Roman von Alan LeMay, der von Produzent Merian C. Cooper entdeckt wurde. Cooper war derart begeistert, dass er sofort die Filmrechte erwarb. Der Auftrag für das Drehbuch ging an Frank S. Nugent, der schon oft für Ford gearbeitet hatte. Und Ford war klar, dass niemand anderes als John Wayne die Hauptrolle in diesem Film spielen konnte.

Duke war zu jener Zeit der Western müde, da er das Gefühl hatte, immer wieder die gleichen Filme zu drehen, doch THE SEARCHERS sorgte dafür, dass er das Genre mit neuen Augen sah. Dies war nicht nur eine weitere Pferdeoper, sondern ein Film mit einer großartigen Geschichte und einer noch beeindruckenderen Darstellung aller Beteiligten.

John Wayne war am Set seiner Filme eigentlich immer zu Späßen aufgelegt, doch seine Kollegen berichteten Jahre später, dass er bei THE SEARCHERS sehr viel ruhiger und in sich gekehrt war. Er brütete richtiggehend. Manche führten dies auf die Arbeit mit Ford zurück, der natürlich stichelte. Aber tatsächlich versuchte Duke, einen dunklen Punkt in sich selbst zu finden, den er für seine Rolle des Ethan Edwards nutzen konnte.
Harry Carey Jr., der Duke wirklich gut kannte, meinte einmal, dass er seinen Freund ansah und die kältesten gemeinsten Augen sah, die ihn jemals angestarrt hatten. Wayne bereitete sich auf eine Art auf die Rolle vor, wie er es niemals zuvor getan hatte. Und er griff auf ei-

THE SEARCHERS gilt zu Recht als einer der großartigsten Western aller Zeiten. Als Ethan Edwards liefert John Wayne eine seiner besten Darstellungen ab.

John Wayne sagte einmal: „Ich spiele John Wayne in jedem Film, unabhängig davon, was für eine Rolle es ist. Und ich bin gut darin, nicht?“ Damit mag er Recht gehabt haben, und dennoch war er mehr als nur John Wayne. Gerade als Ethan Edwards bewies er, dass er als Schauspieler zu sehr differenzierten Darstellungen fähig war.

gene Erfahrungen zurück. Für ihn waren die Indianer nicht länger Indianer, sondern Kommunisten. Er fragte sich, wie er reagieren würde, wenn Kommunisten sein Haus niedergebrannt, seine Frau getötet und seine Kinder verschleppt hätten. Und in einem Interview meinte er lachend: *„Sehen Sie, ich kann auch ein Method Actor sein.“*

Das mag aus heutiger Sicht sehr verschroben erscheinen, die Indianer mit Kommunisten gleichzusetzen. Doch Duke hatte unschöne Erfahrungen gemacht. Er war den Kommunisten immer ein Dorn im Auge gewesen. Unter Stalin, so wird berichtet, gab es sogar einen Tötungsbefehl gegen Duke. Und über die Jahre hatte er immer wieder mit fanatischen Kommunisten zu tun, die bereit waren, mehr zu tun als nur zu reden. Er wurde während der Dreharbeiten von HONDO von einigen verfolgt, bis sich seine Freunde darum kümmerten. Und später hatte eine radikale Gruppe von Kommunisten, in die sich Stuntman Cliff Lyons eingeschlichen hatte, ernsthaft den Plan verfolgt, Duke aus dem Weg zu räumen. Denn als sie von BLOOD ALLEY hörten, war dies der Tropfen, der das Fass zum Überlaufen brachte. Doch Lyons, sein Freund Yakima Canutt und einige Stuntmen waren den Verschwörern zuvorgekommen. Noch bevor sie sich den Männern stellten, warnte Canutt Duke aber davor, dass diese zu ihm kommen wollten. Er sollte sich mit einer Waffe bereit halten, wenn etwas schief lief. Doch Canutt und die anderen konnten die Verschwörer überwältigen und zwangen sie, das Land in Richtung Russland zu verlassen.

Inwiefern diese Geschichte voll und ganz der Wahrheit entspricht, lässt sich heute nur noch schwer sagen, da sie offiziell nicht verbürgt ist, wurden doch weder Polizei noch FBI eingeschaltet, aber Canutt war ein Leben lang stolz darauf, Duke das Leben gerettet zu haben. Und Duke hatte mehr als einmal erwähnt, dass Canutt es ihm gerettet hatte.

In einem Interview mit dem Autor Michael Munn erzählte Canutt auch: *„Ich sagte ihm, dass wir*

John Wayne über John Ford: „Ich glaube nicht, dass er mich vor RED RIVER als Schauspieler respektiert hat. Ich war mir nie sicher, was er von mir als Schauspieler hielt. Jetzt weiß ich es. Als ich den Oscar für TRUE GRIT erhielt, schüttelte Ford mir die Hand und sagte, dass diese Ehrung längst überfällig war. Da wusste ich, dass er mich seit STAGECOACH als Schauspieler respektiert hatte, auch wenn er es mir nicht zeigte. Er erzählte mir später, dass er glaubte, seine Lobpreisung könnte mir zu Kopf steigen. Und darum hat er lange nichts gesagt.“

die Kommunisten zum Flughafen bringen und von dort aus nach Russland schicken. Er erwiderte - aber ich glaube, er meinte es nicht wirklich so - nur: Du hättest mich benachrichtigen sollen, dann wäre ich hinübergekommen und hätte diesen Hurensöhnen gezeigt, was es heißt, mein Leben, mein Heim und meine Frau zu bedrohen. An dem Tag sah ich in seinen Augen jenen kalten Blick, den ich später bei seiner Darstellung des Ethan Edwards sehen konnte.“

Die Dreharbeiten für THE SEARCHERS begannen am 15. Juni und endeten am 16. August 1955. Es wurde im Monument Valley, aber auch in den RKO-Pathé Studios gedreht. Die Second Unit arbeitete in Colorado und Kanada, wobei die Stuntmen Terry Wilson und Chuck Hayward für Duke und Jeffrey Hunter doubelten.

Für den Part von Ethans jungem Begleiter verpflichtete man den jungen Jeffrey Hunter (1926-1969), der später der erste Captain von STAR TREK (RAUMSCHIFF ENTERPRISE) wurde und als Jesus in THE KING OF KINGS (KÖNIG DER KÖNIGE, 1961) spielte. Er verstarb 1969 nach einem Autounfall. Eigentlich wollte man Fess Harper in der Rolle, doch der stand bei Disney unter Vertrag und wurde nicht ausgeliehen. Ebenfalls für die Rolle vorgesprochen hat Robert Wagner, der später mit Natalie Wood zusammen war. Bekannt ist auch Vera Miles, die 1960 in Alfred Hitchcocks PSYCHO (PSYCHO) mitspielte. Für die Rolle des Mädchens Debbie engagierte Ford den ehemaligen Kinderstar Natalie Wood (1938-1981). Da Debbie auch kurz als neunjähriges Mädchen zu sehen war, wandte man sich an Natalies jüngere Schwester Lana, da hier natürlich eine starke Ähnlichkeit vorhanden war.

Wood erinnerte sich später sehr wohlwollend an die Zusammenarbeit mit John Wayne, der ihr gegenüber sehr höflich war und meinte, er würde bei jener Szene am Ende, als Ethan Debbie packt, so vorsichtig sein wie möglich. Sie erwiderte, er solle sich keine Sorgen machen und die Szene so spielen, wie sie am Überzeugendsten war, woraufhin er sie für ihre Professionalität lobte.

Für Wood waren die Dreharbeiten von THE SEARCHERS eine mehr als angenehme Erfahrung. Und selbiges gilt für Patrick Wayne der damals 16 Jahre alt war. Beide verknallten sich ineinander und verbrachten so die mehrwöchigen Dreharbeiten in bester Stimmung. Patrick, ganz Gentleman, erwähnte bei einem Interview nicht, um wen es sich handelte, meinte aber, dass er die Dreharbeiten genoss, weil er mit sich mit einem Mädchen in seinem Alter angefreundet hatte: *„Den Film zu drehen, machte viel Spaß – sowohl tagsüber als auch des Nächtens.“*

Cast und Crew mussten aufpassen, da es im Monument Valley natürlich jede Menge Schlangen und Skorpione gab. Ward Bond wurde von einem Skorpion gestochen, erholte sich aber gut, da das Gift schnell aus der Wunde gesaugt

wurde. Neben Bond wirkten hier auch Harry Carey Jr. und seine Mutter Olive mit. Bei der letzten Szene, als Ethan sich verabschiedet, sollte Duke etwas Besonderes für Olive machen. Ihr verstorbener Mann zeigte sich im Film gerne, wie er mit dem rechten Arm über die Brust griff und den Ellbogen des linken Arms hielt. Das imitierte Duke nun, was Olive zu Tränen rührte.

THE SEARCHERS war ein Erfolg bei den Kritikern und dem Publikum. Bei einem Budget von 2,5 Millionen Dollar brachte er dem Studio 6,6 Millionen Dollar ein und hatte ein Gesamt-US-Einspielergebnis von mehr als zehn Millionen Dollar.
Obwohl der Film seinerzeit schon gut ankam, dauerte es noch einige Jahre, bis der Wert von THE SEARCHERS als einer der ganz großen Klassiker des amerikanischen Kinos erkannt wurde. Die komplexe Geschichte war auch derart gestaltet, dass eben nicht alles für den Zuschauer haarklein ausgesprochen wird. So deuteten Ford und Duke, wie letzterer in einem Interview 1974 sagte, an, dass Ethan eine Affäre mit der Frau seines Bruders gehabt hatte und tatsächlich der Vater von Debbie ist. Vielen Zuschauern fiel auch nicht auf, warum Ethan die Indianer so hasst. Zu Beginn des Films, als Debbie sich neben einem Grabstein versteckt, kann man erfahren, warum dem so ist. Die Inschrift lautet: *„Hier liegt Mary Jane Edwards, am 12. Mai 1852 von Comanchen ermordet. Eine gute Frau und Mutter von 41 Jahren.“*

John Wayne sah die Rolle von Ethan Edwards immer als jene an, die für ihn am Herausforderndsten war. Er nannte sogar seinen Sohn nach dieser Rolle Ethan. Und er schätzte THE SEARCHERS als den besten Film, den er je gemacht hat.
Es wird oftmals gesagt, dass John Wayne sich in seinen Filmen immer selbst gespielt hat. Für einen guten Teil seines Lebenswerks hat dies auch durchaus Berechtigung, da die Leinwand- und Privat-Persona John Wayne immer mehr miteinander verschmolzen. Doch in THE SEARCHERS erweist er sich als herausragender Schauspieler, der zeigt, dass er eine Rolle so anlegen kann, dass sie eben nicht mehr „nur John Wayne“ ist.
Natalie Wood meinte dazu: *„Viele sagten ja immer, John Wayne sei kein Schauspieler. Er spiele immer sich selbst. Aber ich sage Ihnen: John Wayne war ein sehr feiner Schauspieler.“* Und Harry Carey Jr. ergänzt: *„Jeder, der behauptet, Duke spielt immer nur sich selbst – und ich habe auch Duke das selbst über sich sagen gehört - sollte sich THE SEARCHERS ansehen. Dort sehen sie einen John Wayne, der eine Figur mit sehr vielen charakterlichen Feinheiten darstellt.“*

Für Jeffrey Hunter war THE SEARCHERS der vielleicht größte Erfolg seiner Karriere. Diese war später nicht unbedingt von Erfolg gekrönt, aber als Martin Pawley schaffte er es sogar, neben John Wayne zu bestehen. Die junge Natalie Wood lieferte in THE SEARCHERS ebenfalls eine beeindruckende Darstellung ab.

NOTIZ

JEFFREY HUNTER wurde als Henry Herman McKinnies Jr. am 25. November 1926 in New Orleans, Louisiana, geboren. Er wuchs jedoch in Milwaukee auf und versuchte sich als junger Mann als Schauspieler. 1945 schloss er sich der U.S. Navy an und hätte im folgenden Jahr nach Japan kommen sollen, allerdings wurde er wegen Krankheit ausgemustert. Später studierte er an der University of California in Los Angeles. Anfang der 50er Jahre erhielt er einen Kontrakt bei 20th Century Fox, wo er bis 1959 blieb. Sein erster großer Erfolg war THE SEARCHERS (DER SCHWARZE FALKE, 1956) mit John Wayne. Mit John Ford drehte er danach den Western SERGEANT RUTLEDGE (DER SCHWARZE SERGEANT, 1960). Weiterhin war Hunter im Kriegsfilm HELL TO ETERNITY (STOSSTRUPP SAIPAN, 1960) und als Jesus Christus in KING OF KINGS (KÖNIG DER KÖNIGE, 1961) zu sehen. Er wirkte zudem in THE LONGEST DAY (DER LÄNGSTE TAG, 1962) mit und spielte im ersten Pilotfilm von STAR TREK, der seinerzeit unausgestrahlt blieb, Captain Christopher Pike. Hunters Karriere knickte zur Mitte der 60er Jahre ein, so dass er gezwungen war, in Europa zu arbeiten. 1969 verstarb er an den Folgen eines Schlaganfalls und der Verletzungen, die er sich beim Sturz zugezogen hat.

JOHN WAYNE
Der Schwarze Falke
Regie: JOHN FORD
VISTAVISION

JOHN WAYNE
NATALIE WOOD
Der Schwarze Falke
Regie: JOHN FORD
VISTAVISION

JOHN WAYNE
NATALIE WOOD
Der Schwarze Falke
VISTAVISION

JOHN WAYNE
NATALIE WOOD
Der Schwarze Falke
Regie: JOHN FORD
VISTAVISION

JOHN WAYNE
Der Schwarze Falke
Regie: JOHN FORD
VISTAVISION

JOHN WAYNE
NATALIE WOOD
Der Schwarze Falke
Regie: JOHN FORD
Ein C. V. Whitney-Film in TECHNICOLOR
VISTAVISION

JOHN WAYNE
Der Schwarze Falke
Regie: JOHN FORD
VISTAVISION

DAS DEUTSCHE WERBEMATERIAL

EA: Erstaufführung I WA: Wiederaufführung

Plakate:

Der Schwarze Falke .... A1 EA von 1956

Der Schwarze Falke .... A1 WA von 1960

Das Motiv ist identisch mit dem von der EA

Der Schwarze Falke .... A1 WA von 1962

Der Schwarze Falke .... A0 quer WA von 1962

Kinoaushangfotos:

20 EA Aushangfotos

20 WA Aushangfotos

Bis auf 4 Motive sind die EA und WA identisch, nur die Titelvignetten sind verschieden.

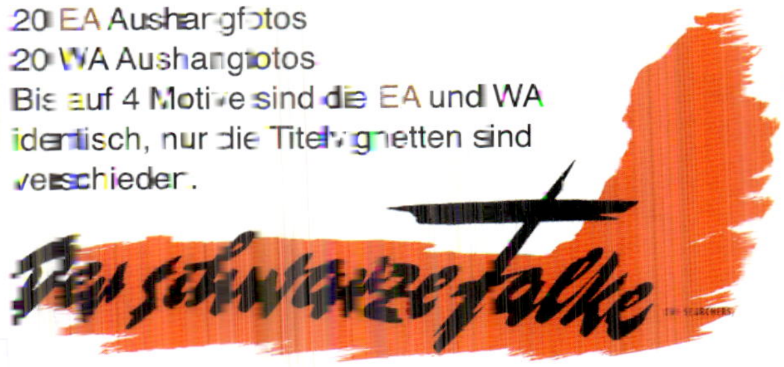

Deutsche WA Fotos von 1960 (zu erkennen, das John Wayne und Natalie Wood über dem Titel stehen, bei der EA steht dort nur John Wayne). (Oben links) Deutsches EA Foto von 1956.

John Wayne über die Diskrepanz von Kritiken und Publikumserfolg:
„Wenn die Leute sagen, ein John-Wayne-Film hätte schlechte Kritiken bekommen, frage ich mich immer, ob sie überhaupt wissen, wie redundant dieser Satz ist. Zum Teufel auch, es interessiert mich nicht. Die Leute mögen meine Filme. Und nur das zählt.“

A1, zweites Wiederaufführungsplakat von 1962; Grafik: Goetze

JOHN WAYNE
NATALIE WOOD
Der Schwarze Falke
(The Searchers)
Jeffrey Hunter, Vera Miles, Ward Bond
Regie: JOHN FORD
Ein C. V. Whitney-Film in TECHNICOLOR
VISTAVISION
FSK 4 FREIGEGEBEN

MGM zeigt in Metrocolor
JOHN WAYNE
DAN DAILEY
MAUREEN O'HARA
DEM ADLER GLEICH
WARD BOND
DREHBUCH: FRANK FENTON UND WILLIAM WISTER HAINES
REGIE: JOHN FORD • PRODUKTION: CHARLES SCHNEE

A1, Erstaufführungsplakat von 1957; Grafik: Rütters

DEM ADLER GLEICH

1957

Originaltitel: . . . . . . **THE WINGS OF EAGLES**
US-Erstaufführung: . . . . 22. Februar 1957
Dt. Erstaufführung: . . . . . 13. September 1957
Laufzeit: . . . . 110 Minuten
Regie: . . . . John Ford
Drehbuch: . . . . Frank Fenton,
William Wister Haines
Musik: . . . . Jeff Alexander
Kamera: . . . . Paul Vogel
Schnitt: . . . . Gene Ruggiero
Darsteller:
John Wayne . . . . (Frank W. „Spig" Wead)
Dan Dailey . . . . („Jughead" Carson)
Maureen O'Hara . . . . (Min Wead)
Ward Bond . . . . (John Dodge)
Ken Curtis . . . . (John Dale Price)
Edmund Lowe . . . . (Adm. Moffett)
Kenneth Toby . . . . (Herbert Allen Hazard)
James Todd . . . . (Jack Travis)
Barry Kelley . . . . (Jock Clark)
Henry O'Neill . . . . (Captain Spear)

Inhalt:
Frank „Spig" Wead setzt sich dafür ein, dass die Navy eine eigene Fliegerabteilung aufbaut, findet dabei zuerst wenig Zuspruch, kann dann aber auch Vorgesetzte überzeugen. Während er in der Armee aufsteigt und ständig versetzt wird, leidet seine Ehe zu Min. Als Spig nach Washington soll, bleibt Min mit den Kindern zurück. Er versucht später, sich mit seiner Frau auszusöhnen, doch ein Unfall bringt ihn in den Rollstuhl. Spig beginnt eine neue Karriere als Autor und verfasst auch Drehbücher für Hollywood. Nach dem Angriff der Japaner auf Pearl Harbor ist er wieder für das Militär tätig und entwickelt eine neue Idee Flugzeugträger betreffend.

THE WINGS OF EAGLES erzählt die Lebensgeschichte von Frank „Spig" Wead, der sowohl mit John Ford als auch John Wayne befreundet war. Wead hatte die Drehbücher für zwei Ford-Filme geschrieben, AIR MAIL (1932) und THEY WERE EXPENDABLE (SCHNELLBOOTE VOR BATAAN, 1946). Als MGM an Ford die Idee herantrug, einen Film über den Mann zu machen, wollte der Regisseur dies eigentlich nicht tun. Da man ihm erklärte, man würde sich einfach einen anderen Regisseur suchen, willigte er schließlich ein, da er nicht wollte, dass jemand anderes einen Film über seinen Freund machte und ihn möglicherweise schlecht aussehen ließe.

Für die Hauptrolle kam für Ford nur Duke in Frage, der sich hier besonders reinhängte und für die Szenen mit dem alten Wead auch auf sein Toupet verzichtete, so dass die Öffentlichkeit erstmals sein schütter werdendes Haar sehen konnte, was den Meisten aber kaum auffiel: Sie hielten es für gelungenes Make-up.

Der Film wurde von Juli bis Oktober 1956 in Pensacola, Florida, und den MGM Studios gedreht. Insgesamt waren 47 Drehtage angesetzt. Das Budget legte man auf 2,75 Millionen Dollar fest, wobei es Ford gelang, sogar 100.000 Dollar darunter zu bleiben.

Deutsches EA Foto von 1957

THE WINGS OF EAGLES basiert auf der Lebensgeschichte von Frank „Spig" Wead, einem Mann, den John Ford als seinen Freund ansah. Und auch John Wayne kannte Spig.

NOTIZ:

John Wayne über Frank Wead

„Es ist bereits meine zweite biographische Darstellung. Die erste brachte mir die Hauptrolle des Marinefilms SCHNELLBOOTE VOR BATAAN ein, der letzten Produktion, zu der Frank Wead das Drehbuch schrieb. - Ich bin nicht der einzige, der „Spig“ Wead, dessen Lebensschicksal ich in „Dem Adler gleich“ darstelle, persönlich kannte. Die meisten unseres 'Adler'-Teams (John Ford, Maureen O'Hara und Ward Bond) gehören zu seinen engsten Freunden. So ist die Produktion dieses Filmes ihm gewidmet. Wir hoffen, dass die persönlichen Gefühle, die uns dabei beseelten, auch in den Filmrollen spürbar werden.

Bei der Arbeit an diesem Film haben wir übrigens eine überraschende Feststellung gemacht: „Spig“ Weads Lebensgeschichte nämlich besitzt mindestens das gleiche Maß an Dramatik, wie alle seine Filmdrehbücher. Und diese Tatsache mag auch MGM dazu bewogen haben, sein Leben, das neben menschlicher Größe auch unendlich viele Tragisches enthielt, auf die Leinwand zu bringen.

„Spig“ Wead, der Mann, der sich um die Marinefliegerei so große Verdienste erworben hat und der als Mensch sein eigenes, schweres Schicksal überwand, ist mir in vielem ein großes Vorbild. Er war einer der couragiertesten und willenstärksten Männer, die ich jemals kannte. Schon deshalb schätze ich mich glücklich, seinem Leben in dem Film DEM ADLER GLEICH ein Denkmal setzen zu dürfen.“

N MORDSKERL - MIT ALLEN WASSERN GEWASCHEN!
JOHN WAYNE
DAN DAILEY
MAUREEN O'HARA
ETROSCOPE
ETROCOLOR
mit WARD BOND
Dem Adler gleich
Drehbuch:
FRANK FENTON UND WILLIAM WISTER HAINES
Regie:
JOHN FORD
Produktion:
CHARLES SCHNEE

NOTIZ:

Keine Verträge

Keinerlei Filmkontrakt brauchten John Ford und John Wayne, um zusammen einen Film zu drehen. Mehr noch: Ein schriftlicher Vertrag hat zwischen ihnen noch nie existiert, obgleich die beiden in dem farbigen MGM-Film DEM ADLER GLEICH bereits zum 10. Male als Regisseur und Hauptdarsteller zusammenarbeiten. „Ein Handschlag hat uns bis heute immer genügt", kommentiert John Wayne dazu trocken. „Im Übrigen gibt es für mich - wenn John Ford mir ein Angebot macht - sowieso kein `Dafür` oder `Dagegen`. Mich interessiert dann nur noch, was für ein Kostüm ich in dem neuen Film brauche..." Ein größerer Vertrauensbeweis zu einem Regisseur, als dieses freimütige Bekenntnis eines bedeutenden Stars ist wohl schlechthin nicht möglich. Immerhin hat die künstlerische Gemeinschaft dieser beiden Hollywood-Größen einem - John Ford - bis zu diesem Film bereits einen Regie-Oscar eingetragen.

Ward Bond spielt im Film den Regisseur John Dodge, der ganz klar für Ford selbst steht. Die Props in dessen Büro, darunter auch der Oscar, stammten aus John Fords persönlichem Besitz. Duke hatte erneut die Gelegenheit, mit Maureen O'Hara zu arbeiten. Der boten sich wiederum einige sehr dramatische Sequenzen, mit denen sie arbeiten konnte, da Min Wead später auch stark getrunken hat. Als der Film den Kindern der Familie Wead gezeigt wurde, sprachen die sich jedoch vehement gegen die Darstellung ihrer Mutter als Trinkerin aus, weswegen einige Szenen aus dem Film entfernt wurden.
John Ford erzählte später in Interviews, dass sich all das, was er in seinem Film zeigt, auch so zugetragen hat, so etwa auch der Kampf im Club mit dem Werfen des Kuchens. Ford selbst erklärte, dass er ein Augenzeuge war und sich gerade noch rechtzeitig ducken konnte.
Bei den Dreharbeiten in Pensacola waren viele Angehörige der Navy als Statisten zu sehen. Obwohl die Navy ablehnte, dass ihre Mitglieder hierfür vergütet werden müssten, sorgte Ford dafür, dass jeder der Statisten eine kleine Bonuszahlung erhielt.

THE WINGS OF EAGLES wurde von MGM wie ein Kriegsfilm vermarktet, was er nicht war. Das bekam das Publikum schnell spitz, so dass sich der Erfolg an der Kinokasse nicht einstellte.

DAS DEUTSCHE WERBEMATERIAL

EA: Erstaufführung | WA: Wiederaufführung

Plakate:
Dem Adler gleich . . . . .A1 EA von 1957
Kinoaushangfotos:
25 EA Aushangfotos

Spanisches EA Plakat (1972)

NOTIZ:

Hommage

Auch der routinierteste Regisseur ist nicht davor gefeit, sich einer Hommage hinzugeben. John Ford konnte sich während der Dreharbeiten des Filmes DEM ADLER GLEICH nicht zurückhalten. In der Szene, in der John Wayne als Darsteller des amerikanischen Marinepioniers und späteren Drehbuchautors Frank Wead mit einem Produzenten über den mit Wallace Beery tatsächlich gedrehten Film HELL DIVERS verhandelt, hängt ein altes Originalplakat dieser Produktion im Hintergrund. Es kündigt als Hauptdarsteller neben Beery Dorothy Jordan an. In der „Sekretärin", die an dieser „Filmbesprechung" ebenfalls teilnimmt und sich emsig Notizen macht, entdecken Kenner keine andere als besagte Dorothy Jordan - damals ein nicht unbekannter Star.

Englische Lobby Cards (1957)

Jugoslawien, Lobby Cards

Jugoslawien, Lobby Card

JOHN WAYNE DAN DAILEY
MAUREEN O'HARA

DEM ADLER GLEICH

NOTIZ:

Noch ist das Leben rosarot. Doch bald schon treibt berufliche Bessesenheit den jungen Marinepiloten (John Wayne) von der Seite seiner Frau (Maureen O'Hara) Bis ein tragisches Schicksal alle weiteren fliegerischen Hoffnungen zerstört und seine Kämpfernatur zu innerer Einkehr zwingt.

Englische Lobby Cards (1957)

A1, Erstaufführungsplakat von 1958; Grafik: Peltzer

DÜSENJÄGER

1957

Originaltitel: . . . . **JET PILOT**
US-Erstaufführung: . . . .25. September 1957
Dt. Erstaufführung: . . . . .1. August 1958
Laufzeit: . . . . .112 Minuten
Regie: . . . . .Josef von Sternberg
Drehbuch: . . . . .Jules Furthman
Musik: . . . . .Bronislau Kaper
Kamera: . . . . .Winton C. Hoch
Schnitt: . .Harry Marker, Michael R. McAdam, William M. Moore, James Wilkinson

Darsteller:
John Wayne . . . .(Col. Jim Shannon)
Janet Leigh .(Lt. Anna Marladovna Shannon)
Jay C. Flippen . . . .(Major General Black)
Paul Fix . . . .(Major Rexford)
Richard Rober . . . .(George Rivers)
Roland Winters . . . .(Col. Sokolov)
Hans Conried . . . .(Col. Matoff)
Ivan Triesault . . . .(Gen. Langrad)

Inhalt:
Air Force Colonel Shannon hat eine pikante Mission: Er soll die russische Pilotin Anna überwachen, die samt Düsenjäger aus der UdSSR geflohen ist. Sie steht im Verdacht, für den KGB geheime Informationen über das US-Militär auszuspionieren. Doch ihr ist nicht klar, dass auch Shannon einem geheimen Befehl folgt. Er soll über Anna Informationen über die Sowjet-Streitkräfte erlangen.

JET PILOT war die zweite Howard-Hughes-Produktion, die beschämend war. Der Film übertrifft sogar noch THE CONQUEROR, der wenigstens aufgrund des absurden Castings einen gewissen Unterhaltungswert hat. JET PILOT hingegen zählt zu den lahmsten Produktionen der Filmgeschichte.

Als der Streifen 1957 in die Kinos kam, wunderten sich die Zuschauer vor allem darüber, dass Duke so jung aussah. Das überrascht jedoch nicht, denn die Dreharbeiten zu diesem Fiasko fanden vom 31. Oktober 1949 bis zum 13. Februar 1950 statt. Weitere Dreharbeiten hielt man vom 21. Januar bis zum 9. Februar 1951 und vom 17. März bis zum 2. April 1951 ab.
Was danach folgte, war Hughes' Obsession. Er arbeitete über Jahre hinweg an diesem Werk, das zusammen mit THE CONQUEROR der Film werden sollte, der sein kinematographisches Vermächtnis sein sollte. Das wurden beide Filme auch, allerdings nicht so, wie Hughes sich das vorgestellt hatte.
Als die Produktion an dem Werk im Jahr 1949 begann, da hatte sich Hughes ein gigantisches Epos mit herausragenden Spezialeffekten vorgestellt. Als der Film in die Kinos kam, waren diese jedoch alles andere als spektakulär, denn die Flugzeuge waren hoffnungslos veraltet. Und das fiel dem Publikum auf.

Der Film wurde auf 14 verschiedenen Militärbasen gedreht. Für die durchaus ansehnlichen Luftaufnahmen benötigte man insgesamt 16 Monate reine Arbeitszeit. Während Winton C. Hoch den Rest des Films photographiert hatte, lag es an William H. Clothier, die Luftaufnahmen zu gestalten. Er war bereits der vierte Kameramann, der hierfür herangezogen wurde, da Hughes alle anderen entfernt hatte. Die

John Wayne, der mit JET PILOT einmal mehr einen Film machte, der sich mit Kommunisten beschäftigte: „Ich hatte nie das Gefühl, dass ich mich für meinen Patriotismus entschuldigen müsste. Ich glaubte, wenn es Kommunisten in Hollywood gab – und ich wusste, dass es so war – dann sollten diese nach Russland gehen und ihre Freiheit dort genießen."

NOTIZ:
JANET LEIGH - Eigentlich hieß sie Jeanette Helen Morrison, aber als Janet Leigh wurde sie berühmt. Die am 6. Juli 1927 im kalifornischen Merced geborene Schauspielerin war hochintelligent und übersprang ein paar Schulklassen, so dass sie die High School mit 15 Jahren abschloss. Sie war in ihrer Jugend ein recht einsamer Mensch und studierte Musik und Psychologie, als sie von einem Agenten entdeckt wurde. Sie begann ihre Karriere in den späten 40er Jahren und war u.a. in dem Ritterfilm PRINCE VALIANT (PRINZ EISENHERZ, 1954) zu sehen. 1951 heiratete sie Tony Curtis. Die Ehe hielt bis 1962. Aus ihr hervor gingen zwei Kinder, darunter die Schauspielerin Jamie Lee Curtis. Am wohl bekanntesten ist Janet Leigh für ihre Rolle der Marion Crane in Alfred Hitchcocks PSYCHO (PSYCHO, 1960). 1980 spielte sie zusammen mit ihrer Tochter Jamie Lee in THE FOG (THE FOG – NEBEL DES GRAUENS) mit. Beide waren auch später noch einmal zusammen in HALLOWEEN H20 (HALLOWEEN H20, 1998) zu sehen. Janet Leigh verstarb am 3. Oktober 2004.

Schwierigkeit war dabei, die Action mit den Flugzeugen von einem anderen Flugzeug aus zu filmen. Da man sich darüber hinaus fast in 10.000 Metern Höhe befand, froren die Kameras immer wieder ein, so dass sie entfrostet werden mussten. Während die Luftaufnahmen wirklich toll ausgefallen sind, wurde ihre Wirkung dadurch unterminiert, dass weder John Wayne noch seine Kollegin Janet Leigh jemals in der Luft waren. Ihre Szenen wurden gegen eine Rückprojektion gedreht, was schmerzhaft auffällig ist.
Howard Hughes konnte von JET PILOT nicht die Finger lassen. Seine erste Schnittfassung war 148 Minuten lang. Später wurde der Film auf 112 Minuten Laufzeit heruntergekürzt, was vielen Zuschauern aber immer noch deutlich zu lang war.

Die Regie hatte der aus Österreich emigrierte Josef von Sternberg (1894-1969) übernommen, der zur Zeit des Stummfilms seinen künstlerischen wie auch finanziellen Zenit erreicht hatte. JET PILOT war der letzte Film von ihm, der in die Kinos kam, inszenierte aber tatsächlich noch zwei weitere Werke danach.

Für einige der Fliegerszenen konnte JET PILOT auf die Dienste von Chuck Yeager zurückgreifen, der 1947 die Schallmauer durchbrochen hatte. Die U.S. Air Force hatte der Produktion ihre Dienste angeboten. Bei einem Stunt wäre Yeager aber beinahe draufgegangen, wobei er ein Flugzeug crashte und so nahe über dem Boden war, dass er kaum noch Zeit hatte, aus der Maschine auszusteigen.
Als JET PILOT in die Kinos kam, da wurde er durchgehend verrissen, was nicht zuletzt an der mageren Anti-Kommunismus-Geschichte lag, die zum Ende der 50er Jahre ebenso wie die Flugzeuge sehr veraltet erschien.

Zusammen mit THE CONQUEROR erwarb Howard Hughes die Rechte an diesem Film, nachdem er RKO verkauft hatte. Er wollte verhindern, dass der Film noch einmal gezeigt würde. Wie es heißt, soll Hughes in späteren Jahren in seinem privaten Vorführraum Stunden über Stunden THE CONQUEROR und JET PILOT praktisch in Endlosschleife angesehen haben…

Mehrmals in seiner Karriere als Schauspieler hat John Wayne Piloten gespielt – und das nicht nur bei Kriegsfilmen. JET PILOT war ein Projekt, das von Howard Hughes produziert wurde und an dem so lange herumgedoktert wurde, dass der Film hoffnungslos veraltet war, als er in die Kinos kam.

Der Film sollte ursprünglich schon 1954 unter dem Titel DER GROSSE SPION erscheinen. Kam dann letztendlich 1958 unter dem Titel DÜSENJÄGER in die Kinos.

DAS DEUTSCHE WERBEMATERIAL

EA Erstaufführung I WA: Wiederaufführung

Plakate:
Düsenjäger ....A1 EA von 1958
Kinoaushangfotos:
40 EA Aushangfotos

John Wayne und Janet Leigh in JET PILOT. In der Filmographie beider Schauspieler ist dieses Werk kein Glanzpunkt.

A1, Erstaufführungsplakat von 1958; Grafik: Goetze

DIE STADT DER VERLORENEN

1957

Originaltitel: .... LEGEND OF THE LOST
US-Erstaufführung: ..... 17. Dezember 1957
Dt. Erstaufführung: .... 5. April 1958
Laufzeit: .... 109 Minuten
Regie: .... Henry Hathaway
Drehbuch: ...... Ben Hecht, Robert Presnell
Musik: .... A.F. Lavagnino
Kamera: .... Jack Cardiff
Schnitt: .... Bert Bates
Darsteller:
John Wayne .... (Joe January)
Sophia Loren .... (Dita)
Rossano Brazzi .... (Paul Bonnard)
Kurt Kasznar .... (Dukas)
Sonia Moser
Angela Portaluri

Inhalt:
Paul Bonnard sucht in Timbuktu nach einem Führer, der ihn durch die Wüste geleiten kann. Man empfiehlt ihm Joe January. Des Weiteren werden sie von der jungen Frau Dita begleitet. In der Wüste werden sie attackiert und Bonnard erklärt, was er wirklich sucht: eine verlorene Stadt. Er glaubt, dass sein Vater diese vor zehn Jahren entdeckt hat. Und nun will er ihm nachfolgen, doch Bonnards Schicksal ist dasselbe wie das seines alten Herrn. Als sie die Stadt entdecken, ist es Gier, die ihn dazu treibt, sich gegen seine Begleiter zu stellen. Ein Kampf auf Leben und Tod beginnt.

Henry Hathaway hatte die Geschichte für LEGEND OF THE LOST entwickelt und sie John Wayne erzählt. Der fand sie gut und wollte in dem Film mitspielen. Ohnehin war dies Dukes bevorzugte Art, einen Stoff auszuwählen. Er wollte nicht gleich das ganze Drehbuch lesen. Er wollte vielmehr hören, wie der Regisseur die Geschichte erzählte. Und wenn sie ihn packte, dann war er gerne ein Teil davon.

Produktionstechnisch war der Film ein Albtraum, da er nicht nur von John Waynes Firma Batjac, sondern auch United Artists und der italienischen Firma Dear Films produziert wurde. Eigentlich wollte Wayne als seine Co-Stars Gina Lollobrigida und James Mason. Beide standen nicht zur Verfügung, weswegen Sophia Loren als Ersatz genommen wurde. Die dritte Hauptrolle spielte der Italiener Rossano Brazzi.

Duke wollte mehr Spektakel, weswegen weitere Szenen in die Geschichte eingefügt wurden. Das missfiel Hathaway, der am liebsten nur mit seinen drei Stars gedreht hätte. Das erste Skript von Ben Hecht erachteten alle Beteiligten als nicht stark genug, weswegen Robert Presnell hinzugebracht wurde, um es aufzupeppen.

Die Dreharbeiten zu LEGEND OF THE LOST begannen im Februar 1957. Man arbeitete in Lybien. Nach fünf Wochen zog die Produktion nach Italien um, wo in den Cinecitta Studios im März und April gearbeitet wurde.

Mit Henry Hathaway arbeitete John Wayne gerne zusammen. Beide Männer gaben sich aber keinen Illusionen hin, was die Qualität von LEGEND OF THE LOST betraf. Was auch immer sie in dem Drehbuch sahen, fand sich später nicht im fertigen Film.

NOTIZ:

SOPHIA LOREN - Die im Jahr 1934 in Rom geborene Sophia Loren heißt eigentlich Sofia Villani Scicolone. Sie wuchs in den Slums außerhalb von Neapel auf. Sie begann ihre Karriere in Italien bevor Hollywood auf sie aufmerksam wurde. Zu ihren größten Erfolgen gehört der monumentale Film EL CID (EL CID, 1961), in dem sie an der Seite von Charlton Heston agierte. Einen Oscar erhielt sie für ihre Leistung in LA CIOCIARA (...UND DENNOCH LEBEN SIE, 1960). In den 60er Jahren wurde sie auch zu einem Sex-Symbol, weswegen man sie auch die italienische Marilyn Monroe nannte. 1957 heiratete sie den italienischen Regisseur Carlo Ponti. Die Ehe wurde 1962 annulliert. Aber beide kreisten weiter umeinander und gaben sich 1966 erneut das Ja-Wort. Sie waren bis zu seinem Tod im Januar 2007 verheiratet.

Den leichtesten Job während der Dreharbeiten zu STADT DER VERLORENEN hatte ohne Zweifel der „Make Up-Mann“ von John Wayne. Da das Drehbuch vorschrieb, John Wayne müsse ungepflegt und verkommen aussehen, hatte der „Make Up-Mann“ nichts weiter zu tun, als sich nicht um seinen Schützling zu kümmern. In der großen Hitze und dem Staub der Wüste, durch den John laut seiner Rolle unentwegt marschieren musste, sah er sehr schnell ungepflegt aus - und der „Make Up-Mann“ hatte seine Aufgabe erfüllt!

Bei den Dreharbeiten in Lybien wäre Sophia Loren fast gestorben. Rossano Brazzi erinnerte sich später daran, dass es in den Nächten bitterkalt war und man in Lorens Zimmer einen Heizapparat angebracht hatte, der jedoch den Sauerstoff aufbrauchte und das Zimmer mit Kohlenmonoxid füllte. Loren wäre fast erstickt, wurde aber noch rechtzeitig von Brazzi gefunden. Duke war ernstlich um die Frau besorgt, während Hathaway sich mehr darüber Gedanken machte, wie er den Film hätte beenden können, wenn sie gestorben war. Für Hathaway war Loren ohnehin der Schwachpunkt des Films. Sie besaß Sex-Appeal, aber seiner Meinung nach ließ ihr Schauspiel einiges an Tiefe vermissen.

Das Budget des Films betrug 1,75 Millionen Dollar. Mit diesem Film ging Wayne einen Kontrakt mit United Artists ein, der vorsah, dass er in vier Filmen des Studios mitspielen musste. LEGEND OF THE LOST war kein Erfolg beschieden. Und auch Duke zeigte sich vom Endergebnis enttäuscht.

DAS DEUTSCHE WERBEMATERIAL

EA: Erstaufführung | WA: Wiederaufführung

Plakate:

Die Stadt der Verlorenen . . . . A1 EA von 1958
Die Stadt der Verlorenen . . . . . A1 quer EA von 1958

Kinoaushangfotos:

40 EA Aushangfotos

Ein Wüstenabenteuer: Weder John Wayne noch Henry Hathaway waren mit dem Endergebnis zufrieden.

Deutsche EA Fotos von 1958

US Plakat (1957)

Henry Hathaway war nach John Ford und Howard Hawks der Regisseur, den John Wayne am Meisten schätzte. Unter seiner Regie erhielt Duke auch seinen ersten und einzigen Oscar.

Nachdem Sophia Loren - neben anderen Abmagerungsmitteln - auch eiskaltes Wasser versucht hatte, in dem sie herumschwamm, ging es zu Dreharbeiten in die Glut der Libyschen Wüste, wo sie nun feststellen konnte, ob auch Hitze zehrt. Täglich sahen ihr Ureinwohner und viele französische Soldaten während der Dreharbeiten zu. John Wayne übte sich, wenn er nicht vor der Kamera stehen musste, im Kamelreiten. Nach einem anstrengenden Ritt rief er einmal: Ein Königreich für ein Pferd! Der dritte im Bunde war Rossano Brazzi *(linke Seite)*, ***er äußerte sich zu seiner Rolle: „Ich gebe meinen Beruf als Schauspieler auf, wenn es mir nicht gelingt, diese prachtvolle Rolle gut zu spielen!"***

JOHN WAYNES ENTOURAGE:

HENRY HATHAWAY

Henry Hathaway wurde am 13. März 1898 in Sacramento, Kalifornien, geboren und war einer von John Waynes drei liebsten Regisseuren. Hathaways voller Name war Marquis Henri Leonard de Fiennes. Er begann seine Karriere als Kinderdarsteller und zog später auf die Schlachtfelder des Ersten Weltkriegs. Nach seiner Rückkehr versuchte er sich an einer Finanzkarriere, aber das Gewerbe missfiel ihm, weswegen er zum Filmgeschäft zurückkehrte. Er begann als Assistent von Regisseuren wie Josef von Sternberg oder Victor Fleming und inszenierte 1932 seinen ersten Film, HERITAGE OF THE DESERT.

In den 30er und 40er Jahren war Hathaway ein vielbeschäftigter Mann. Zu den Klassikern seiner Karriere gehören THE SHEPHERD OF THE HILLS (VERFLUCHTES LAND, 1941) mit John Wayne, KISS OF DEATH (DER TODESKUSS, 1947), NIAGARA (NIAGARA, 1953), PRINCE VALIANT (PRINZ EISENHERZ, 1954) und seine weiteren Arbeiten mit Duke, darunter THE SONS OF KATIE ELDER (DIE VIER SÖHNE DER KATIE ELDER, 1965) und TRUE GRIT (DER MARSHALL, 1969).

Hathaway galt als schwierig - für seine Schauspieler. Aber Mimen wie Gary Cooper und John Wayne haben regelmäßig mit ihm zusammengearbeitet. Hathaway war 1936 einmal für den Oscar nominiert, und zwar für den Film THE LIVES OF A BENGAL LANCER (BENGALI).

Er starb am 11. Februar 1985 an einem Herzinfarkt.

A1, Erstaufführungsplakat von 1960; Grafik: Garn

LINKS UND RECHTS VOM EHEBETT

1958

Originaltitel: . . . . **I MARRIED A WOMAN**
US-Erstaufführung: . . . . März 1958
Dt. Erstaufführung: . . . . 26. April 1960
Laufzeit: . . . . 85 Minuten
Regie: . . . . Hal Kanter
Drehbuch: . . . . Goodman Ace
Musik: . . . . Cyril J. Mockridge
Kamera: . . . . Lucien Ballard
Schnitt: . . . . Kenneth Marstella
Darsteller:
George Gobel . . . . (Marshall 'Mickey' Briggs)
Diana Dors . . . . (Janice Blake Briggs)
Adolphe Menjou . . . . . . (Frederick W. Sutton)
Jessie Royce Landis . . . . (Mrs. Blake)
John Wayne . . . . (sich selbst/Leonard)
Angie Dickinson . . . . (Ehefrau im Film)

Inhalt:
Marshall Briggs arbeitet für eine Werbeagentur und steht unter Druck. Er braucht eine zündende Idee, wie er seiner erfolgreichen Kampagne mit Miss Luxemburg für die Luxemburg Bier-Brauerei folgen kann. Mit seinem Schönheitswettbewerb hatte er sich damals selbst übertroffen und auch gleich die Gewinnerin, Janice Blake, geheiratet. Da er seine Frau nur wegen seiner Arbeit vernachlässigt, setzt seine Schwiegermutter ihrer Tochter den Floh ins Ohr, dass Marshall eine andere hat. Und Marshall hat die zündende Idee. Nach der Miss soll nun die Mrs. Luxemburg gewählt werden. Aber das Problem ist, dass die in die Jahre gekommenen Damen nicht mehr so attraktiv wie einst sind…

DAS DEUTSCHE WERBEMATERIAL

EA: Erstaufführung | WA: Wiederaufführung

Plakate:
Links und Rechts vom Ehebett
. . . . A1 EA von 1958
Kinoaushangfotos:
Über die genaue Anzahl der Aushangfotos ist nichts bekannt.

Der Film wurde vom 16. Juli bis zum 30. August 1956 in den RKO-Studios gedreht. Die Veröffentlichung ließ jedoch zwei Jahre auf sich warten und wurde schließlich von Universal übernommen. John Wayne hat in diesem Film nur einen besseren Cameo-Auftritt. Er ist in zwei Sequenzen zu sehen, die er innerhalb eines Tages abdrehte. Das Budget des Films belief sich auf 736.752 Dollar. Wayne erklärte sich zu seinem Gastauftritt bereit, um RKO einen Gefallen zu tun. Er ist als ein Filmstar zu sehen, dessen Frau sich ständig beschwert, dass er an nichts anderes denkt, als weitere Filme zu machen. Seine Frau wird hier übrigens von Angie Dickinson gespielt.

Komplettisten werden sich auch für diesen Film interessieren, wer jedoch nur John Wayne in Aktion sehen will, wird mit I MARRIED A WOMAN nicht sehr glücklich werden. In Deutschland dauerte es noch einmal zwei Jahre länger bis der Film in die Kinos gebracht wurde.

John Wayne wirkt in diesem Film kaum mit. Fans werden enttäuscht sein.

US Lobby Card (1958)

US Plakat (1958), One Sheet

DER BARBAR UND DIE GEISHA

1958

Originaltitel: .... **THE BARBARIAN AND THE GEISHA**
Englischer Alternativtitel: ..... The Townsend Harris Story / The Barbarian
US-Erstaufführung: .... 30. September 1958
Dt. Erstaufführung: .... 31. Oktober 1958
Laufzeit: .... 105 Minuten
Regie: .... John Huston
Drehbuch: .... Charles Grayson
Musik: .... Hugo Friedhofer
Kamera: .... Charles G. Clarke
Schnitt: .... Stuart Gilmore
Darsteller:
John Wayne .... (Townsend Harris)
Eiko Ando .... (Okichi)
Sam Jaffe .... (Henry Heusken)
Sô Yamamura .... (Gouverneur Tamura)
Norman Thomson ...... (Captain Edmunds)
James Robbins .... (Leutnant Fisher)
Morita .... (Premier)
Kodaya Ichikawa .... (Daimyo)
Hiroshi Yamato .... (Shogun)
Tokujiro Iketaniuchi .... (Harusha)
Guji Kasai .... (Lord Hotta)
Takeshi Kumagai ...... (Zeremonienmeister)

Inhalt:
1856 reist der amerikanische Diplomat Townsend Harris als US-Botschafter nach Japan, um über Handelsbedingungen mit der Regierung zu verhandeln. Seine Mission erweist sich jedoch als schwierig, da die Bewohner und der Gouverneur von Shimoda dem "Barbaren" feindlich gesinnt sind. Die junge, schöne Geisha Okichi wird als Spionin auf ihn angesetzt und verliebt sich in Harris. Um ihm zu helfen, will sie den Shogun von seiner Mission überzeugen und beschreitet einen gefährlichen Weg...

John Wayne hatte einen Vertrag mit 20th Century Fox über drei Filme unterschrieben. Dafür erhielt er eine Gesamtgage von zwei Millionen Dollar. Das erste Projekt dieses Kontrakts war THE BARBARIAN AND THE GEISHA, auf den sich sowohl John Wayne als auch der Regisseur John Huston freuten. Beide waren auch begierig, miteinander zu arbeiten. Und Huston sah in Wayne den perfekten Darsteller für die historische Figur Townsend Harris. Nur hatte Duke nicht verstanden, warum Huston das so sah. Der Regisseur hatte nicht vor, einen actionbetonten Film zu machen. Er wollte auch kein großes Drama erzählen. Vielmehr schwebte ihm ein sehr ruhiger und in sich gekehrter Film vor, nicht unähnlich einem filigran gewebten Wandteppich, den man betrachten und in dem man sich verlieren kann.

Das sorgte natürlich für Probleme, denn beide Männer zogen aus, einen gänzlich anderen Film zu machen. Fox ließ sich die Produktion mit einem Budget von 3,5 Millionen Dollar einiges kosten, so dass Huston vor Ort in Japan drehen konnte. Von Anfang an krachte es zwischen Duke und Huston.

Die einzige Actionszene des Films sah vor, dass Dukes Figur von einem kleinen Japaner mit Judo-Tricks zu Boden geworfen wurde. Das schmeckte Duke nicht, da er sich Sorgen um sein Leinwandimage machte. Sehr schnell hatte Duke auch erkannt, dass Hustons Vision eine ganz andere war. Und so versuchte er, immer wieder mit dem Regisseur zu reden. Duke: *„Normalerweise ziehen mich die Regisseure irgendwann ins Vertrauen. Als ich aber eines Tages in Hustons Büro kam, fragte ich ihn, was wir morgen drehen würden. Und er deutete zum Fenster hinaus und sagte nur: Duke, ist diese Aussicht nicht grandios? Er sprach einfach nicht mit mir."*

John Huston wollte mit THE BARBARIAN AND THE GEISHA einen Film erschaffen, der japanische Erzählmuster aufgreift. Darüber kamen John Wayne und er des Öfteren in Konflikt, da ihrer beider Vision für den Film eine gänzlich andere war.

Was für THE BARBARIAN AND THE GEISHA spricht, ist die Tatsache, dass er ein visuell sehr ansprechender Film ist. Allen Storymakeln zum Trotz, und davon gibt es einige, ist es eine Pracht, ihn anzusehen.

Huston war zudem überrascht, dass Duke Eitelkeit zeigte. Das hätte er bei ihm nicht erwartet, aber Duke bat ihn, ihn von seiner rechten Seite zu filmen, da das seine Schokoladenseite war. Huston reagierte darauf, dass er Duke hauptsächlich von links filmte.

Eines Tages beschwerte sich John Wayne auch über die elendig langsame Arbeit. Er war ein schnelleres Vorankommen gewöhnt. Und Huston konterte, indem er sich noch mehr Zeit ließ. Was Duke jedoch am meisten aufstieß, war die Tatsache, dass er glaubte, Huston würde seine Geschichte den Bildern opfern. Duke: *„Wir hatten keinen gottverdammten Plot. Ich erkannte, dass ich nur Staffage in Hustons großem Leinwandgemälde war. Die Figur Townsend wurde nicht im Mindesten ergründet. Huston hatte es wohl gereicht, dass ich ihn spielte und Townsend so wie John Wayne erscheinen würde. Also drehte er nur zugebenermaßen sehr schöne Aufnahmen, die aber keine Substanz besaßen. Ich erzählte ihm, dass wir vieles unternehmen könnten, um eine Geschichte zu erzählen, in der es um Menschen geht. Aber er gestaltete den Film wie eine Reihe von Photographien. Ihm waren die Bilder wichtiger als die Figuren."*
Zu allem Überfluss wurde das Drehbuch noch während der Arbeiten ständig umgeschrieben, so dass die Schauspieler Tag für Tag neue Dialoge hatten. Nach dem Ende der Dreharbeiten war keiner von beiden gut auf den anderen zu sprechen.

Huston erzählte von einem Zwischenfall bei den Dreharbeiten, bei denen ein Boot angezündet wurde. Es befand sich an einer Leine und wurde durch das Wasser gezogen, doch die Leine riss und so wurde das brennende Boot zu einigen Fischerbooten getrieben. Die fingen Feuer und ein größerer Aufstand brach aus, bei dem Huston fürchtete, es würde noch jemand ums Leben kommen.
Duke erinnerte sich auch an diesen Zwischenfall, erzählte aber, dass er bei Ausbruch des Tumults sofort zu den Leuten rannte und rief, sie sollten ruhig sein. Er versicherte jedem, dass der Schaden übernommen werden würde. Und falls sich die Filmfirma sträuben sollte, würde er die Fischer aus eigener Tasche ent-

NOTIZ:

Vor und hinter der Kamera

In dem kleinen, abgelegenen Fischerdorf Kawana, das in der Nähe von Tokio liegt, wurde die Zeit um hundert Jahre zurückgedreht. Vor den erstaunten Augen der 2500 Einwohner wurden alle modernen Errungenschaften des 20. Jahrhunderts - glänzende Dächer, Telegrafenleitungen und Fernsehantennen - entweder bedeckt oder entfernt. Denn der CinemaScope-Farbfilm DER BARBAR UND DIE GEISHA erzählt die Geschichte des ersten amerikanischen Generalkonsuls, Townsend Harris, in Japan.
Filme wie DAS KLEINE TEEHAUS, SAYONARA und TOKIO-STORY wurden in Japan gedreht, aber der Film DER BARBAR UND DIE GEISHA hat nur zwei europäisch aussehende Darsteller, John Wayne als der amerikanische Generalkonsul und Sam Jaffe als der ständige Begleiter und Dolmetscher von Townsend Harris.

Drei Wochen nach seiner Ankunft in Japan schwor John Wayne, er sei 2,5 Zentimeter kleiner geworden, da er infolge seiner Größe überall an die japanischen Türrahmen anstieß.
Die Fischer, die als Statisten für DER BARBAR UND DIE GEISHA engagiert worden waren, verließen jedes Mal, wenn Fische in Sicht waren, die Dreharbeiten, um ihrem Beruf nachzugehen. Dadurch verteuerte sich der Film erheblich. Das Gesicht des in Russland geborenen Produzenten, Eugene Frenke, wurde länger und länger. Auch die Tatsache, dass John Wayne eine Gage von 666.666 Dollar kassierte und der Regisseur John Huston 300.000 Dollar, erhellte es keineswegs. John Wayne erinnerte sich, dass er für seinen letzten Film für die 20th Century-Fox nur 75 Dollar in der Woche kassieren konnte. Das war allerdings im Jahr 1929.

Deutsches EA Plakat von 1957

US Plakat (1958), Half Sheet

NOTIZ:

Tatsachen

Bei der Verfilmung dieses alle Möglichkeiten der Gestaltung - vom Abenteuer-Reißer bis zum rührseligen Kitsch, vom kalten Dokumentarfilm bis zum Unterhaltungsfilm im großen Hollywood-Stil - einschließenden Stoffes ließ sich der Regisseur John Huston (MOULIN ROUGE) nicht dazu verleiten, die ohnehin schon dramatischen Erlebnisse des ersten amerikanischen Generalkonsuls in Japan durch zusätzliche Sensationen zu „bereichern". John Huston schildert in diesem Film nicht weniger und nicht mehr als die durch Tatsachen belegten Erlebnisse von Townsend Harris, der auf Betreiben des japanischen Adels ermordet werden sollte, aber durch eine Geisha gerettet wurde.

schädigen. Nach Dukes Meinung konnte Huston nicht ertragen, dass er selbst für den Tumult verantwortlich war, aber Wayne ihn aufgelöst hatte.

Nachdem der Film fertig war, flog Huston nach Afrika, um mit seiner nächsten Produktion zu beginnen. Für John Wayne war dies die Gelegenheit, seinen Einfluss bei Fox spielen zu lassen. Er übernahm die Postproduktion, drehte einige Szenen nach – laut Huston jene, in denen er selbst schlecht aussah – und schnitt den Film um. Außerdem erhielt er mit THE BARBARIAN AND THE GEISHA einen neuen Titel, den das Studio befürwortete, da man sich erhoffte, so ein größeres Publikum anzusprechen.

Als Huston später die fertige Fassung sah, war er entsetzt und bezeichnete das, was er als einen Film konzipiert hatte, der in Stil und Form japanischem Kino gleichen sollte, als nichts anderes als einen „John-Wayne-Film ohne

NOTIZ:

Statistiker

Ein Amateur-Statistiker hat ausgerechnet, dass John Wayne während der Aufnahmen zu dem Film DER BARBAR UND DIE GEISHA nur „3 Dollar“ zu sagen musste, und schon hatte er 3 Doller verdient. (Der Duke bekam 666.666 Dollar für diesen Film – die höchste Gage, die damals je an einen Star gezahlt wurde.)

Cowboys und Indianer“.

In Interviews äußerte sich Huston über Duke auch als einen Mann, „für den ich nicht viel Respekt habe“. Nachdem die von Duke favorisierte Fassung fertig war, überlegte Huston, ob er vor Gericht ziehen sollte, um seinen Namen aus dem Vorspann entfernen zu lassen. Er entschied sich dagegen, weil es bedeutet hätte, seinen Freund Buddy Adler, damals Produktionschef bei Fox, mit einer Klage zu überziehen. Das wollte er jedoch nicht, da er Angst hatte, dies dem tödlich an einem Gehirntumor erkrankten Mann zuzumuten.

Gedreht wurde THE BARBARIAN AND THE GEISHA über 14 Wochen hinweg in Kyoto und Kawana. An der Kinokasse erregte der Film kein besonderes Aufsehen. Er gilt auch heute noch als eines der unwichtigeren Werke in John Waynes Oeuvre.

U. a. ist in diesem Film Eiko Ando zu sehen, die bei ihren Landsleuten als „Venus von Tokio“ bezeichnet wurde.

NOTIZ:

Zahlen

Die Außenaufnahmen beanspruchten 100 Tage und kosteten 3,5 Millionen Dollar. Damit wurde dieser Film zu den bis dahin teuersten Produktionen, die von einer amerikanischen Gesellschaft im Fernen Osten hergestellt wurde.

NOTIZ:

Legenden

Die den Autoren zur Verfügung stehenden Quellen und Tagebücher erwiesen sich als so ergiebig, dass man die darin festgehaltenen Tatsachen nur noch durch den „roten Faden“ einer Handlung verbinden musste. Insbesondere forderte die Gestalt der Geisha Okichi, die Townsend Harris auf Befehl der japanischen Regierung bespitzeln sollte, geradezu eine dramatische Liebesgeschichte heraus. Aber bevor japanische Chronisten die Liebesgeschichte der Okichi und des Townsend Harris auswerten konnten, war die Geisha durch die Legende bereits zu einer Märchenprinzessin und Nationalheldin geworden.

NOTIZ:

Ungeahnte Schwierigkeiten

Schwierigkeiten bereiteten der 20th Century-Fox bei der Vorbereitung der Dreharbeiten in Japan die weitgehenden Zerstörungen des zweiten Weltkrieges an den Originalschauplätzen. Hundert Jahre später, nach der abenteuerlichen Landung von Townsend Harris, hatte sich an den Küsten Japans vieles verändert. Moderne Bauten waren emporgeschossen, Dockanlagen, die einen Vergleich mit den größten Hafenstädten der Welt aushalten, waren entstanden. Im Zuge der Industrialisierung Japans umspannten Telefon- und Telegrafenleitungen den Himmel, und es schien beinahe hoffnungslos, in einem Spielfilm um ein historisches Ereignis eine dazu geeignete landschaftliche Kulisse zu finden. Allein der Tatsache, dass Kyoto als kulturelle Hauptstadt Japans von den Zerstörungen des zweiten Weltkrieges verschont geblieben war, war es schließlich zu danken, dass für den Film geeignete Motive gefunden werden konnten. So entstand ein großer Teil der Innenaufnahmen in dem Shogun-Palast, der von der Filmgesellschaft vorübergehend in Beschlag genommen wurde. Die Landungsszenen wurden an der Küste von Kawana gedreht, während die Aufnahmen von dem Ausbruch der Cholera in Yedo entstanden. Der Regisseur und der Produzent flogen mit einem Hubschrauber die Küste entlang, bis sie einen von der Industrialisierung unberührten Platz fanden. Unter all diesen Voraussetzungen verzögerte sich die Herstellung des Films. Hinzu kamen sprachliche Schwierigkeiten, obwohl ein großer Teil der Japaner die englische Sprache versteht. Aber das Produktionsteam setzte selbst sprachgeübte Japaner durch Fachausdrücke in Verwirrung.

Deutsche FA Fotos von 1958

ein CinemaScope-Farbfilm der Centfox

A1, Erstaufführungsplakat von 1958; Grafik: Williams

A1, Erstaufführungsplakat von 1958; Grafik: Williams

DAS DEUTSCHE WERBEMATERIAL

EA: Erstaufführung | WA: Wiederaufführung

Plakate:
Der Barbar und die Geisha .... A1 EA von 1958
Der Barbar und die Geisha *(B-Motiv)* . A1 EA von 1958
Kinoaushangfotos:
25 EA Aushangfotos

Der Barbar und die Geisha

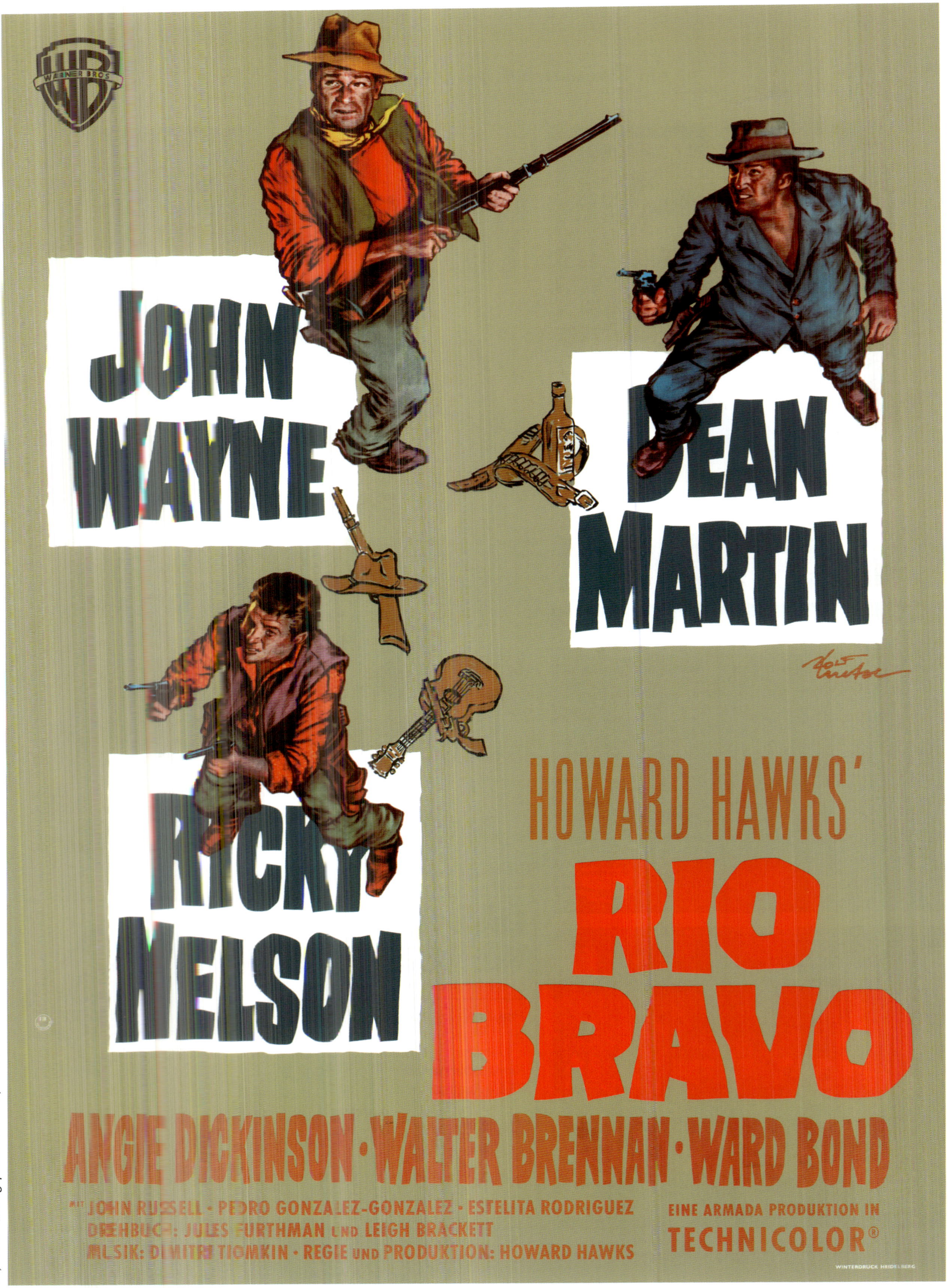

JOHN WAYNE
DEAN MARTIN
RICKY NELSON
HOWARD HAWKS'
RIO BRAVO
ANGIE DICKINSON · WALTER BRENNAN · WARD BOND
MIT JOHN RUSSELL · PEDRO GONZALEZ-GONZALEZ · ESTELITA RODRIGUEZ
DREHBUCH: JULES FURTHMAN UND LEIGH BRACKETT
MUSIK: DIMITRI TIOMKIN · REGIE UND PRODUKTION: HOWARD HAWKS
EINE ARMADA PRODUKTION IN
TECHNICOLOR®
WINTERDRUCK HEIDELBERG

A1, Erstaufführungsplakat von 1959; Grafik: Goetze

RIO BRAVO

1959

Originaltitel:	RIO BRAVO
US-Erstaufführung:	4. April 1959
Dt. Erstaufführung:	25. August 1959
Laufzeit:	141 Minuten
Regie:	Howard Hawks
Drehbuch:	Jules Furthman, Leigh Brackett
Musik:	Dimitri Tiomkin
Kamera:	Russell Harlan
Schnitt:	Folmar Blangsted
Darsteller:	
John Wayne	(John T. Chance)
Dean Martin	(Dude)
Ricky Nelson	(Colorado Ryan)
Angie Dickinson	(Feathers)
Walter Brennan	(Stumpy)
Ward Bond	(Pat Wheeler)
John Russell	(Nathan Burdette)
Pedro Gonzalez Gonzalez	(Carlos Robante)
Estelita Rodriguez	(Consuela Robante)
Claude Akins	(Joe Burdette)
Malcolm Atterbury	(Jake)
Harry Carey Jr.	(Harold)

Inhalt:
John T. Chance ist der Sheriff. Und er steht kurz davor, seine Pflichterfüllung mit dem Leben zu bezahlen. Denn der Mörder, den er festgenommen hat, wartet auf seine blutige Befreiung. Eine Horde schießwütiger Cowboys - vom Bruder des Mörders beauftragt - ist zu allem entschlossen: Jetzt kann ihm keiner mehr helfen. Ein Säufer, der mal ein berühmter Scharfschütze war, und ein Krüppel versuchen es trotzdem. Gemeinsam verschanzen sie sich im Büro des Sheriffs.

RIO BRAVO kam zustande, weil weder Howard Hawks noch John Wayne HIGH NOON mochten. Ihnen missfiel, wie der Sheriff dort alle Stadtbewohner richtiggehend um Hilfe anbettelte, nur um am Ende von seiner Quäker-Frau gerettet zu werden. Darum wollten sie mit RIO BRAVO eine ähnliche Geschichte erzählen, aber „richtig“.

Die Dreharbeiten des Films begannen am 4. Mai und liefen bis zum 23. Juli 1958. Das waren 61 Drehtage und damit sechs mehr als eigentlich veranschlagt. Gedreht wurde in Old Tucson, Arizona, wo man bis Ende Mai blieb. Danach fanden Innenaufnahmen in den Burbank Studios statt. Die Arbeitstitel für RIO BRAVO lauteten BULL BY THE TAIL und EL PASO RED. Veränderungen gab es auch am Budget. Eigentlich waren knapp zwei Millionen Dollar anvisiert, doch die Kosten beliefen sich schließlich auf mehr als drei Millionen Dollar. Howard Hawks war dabei vergleichsweise günstig. Er verdiente 100.000 Dollar, während

Dean Martin spielt eine der Hauptrollen in RIO BRAVO. Als versoffener Dude konnte er auf eigene alkoholische Erfahrungen zurückgreifen. Das Zusammenspiel mit John Wayne verlief sehr gut.

JOHN WAYNES ENTOURAGE:

YAKIMA CANUTT

Yakima Canutt wurde als Enos Edward Canutt am 29. November 1895 in Colfax, Washington, geboren. Für seine Freunde war er jedoch Yak. Der 1,91 Meter große Stuntman begann sein Arbeitsleben als Rodeo Cowboy und fand dann erst zum Stuntgewerbe. Er lernte John Wayne kennen, als er ihn für einige gefährliche Stunts doubelte. Beide Männer wurden Freunde und Wayne bestand oftmals darauf, dass man bei Filmen Canutt als Stuntman oder Schauspieler anheuerte.

Beide Männer verfeinerten die Kampftechnik vor der Kamera, so dass Faustkämpfe realer erschienen. Überhaupt machte sich Canutt darum verdient, die Sicherheit und Wirkungsweise von Stunts stets zu verbessern. Canutt war auch als Second-Unit-Regisseur tätig und verwirklichte das Wagenrennen in William Wylers BEN HUR (BEN HUR, 1959), das von der Planung bis zur Umsetzung zwei Jahre in Anspruch nahm.

Zusammen mit Oliver Drake publizierte er 1979 seine Autobiographie „Stuntman: The Autobiography of Yakima Canutt“. Canutt starb am 24. Mai 1986.

Sänger und Teenie-Idol Ricky Nelson wurde für RIO BRAVO angeheuert, weil man hoffte, junge Mädchen ins Kino locken zu können. Angesichts des Erfolgs des Films ging diese Rechnung wohl auch auf.

A1, Wiederaufführungsplakat von 1968; Grafik: Mascii

Duke die fürstliche Gage von 750.000 Dollar einstrich. Sein Ko-Star Dean Martin wurde hingegen schon für 50.000 Dollar aktiv.

Hawks war wichtig, dass die Figuren stimmig waren. Er glaubte, dass eine großartige Geschichte den Zuschauer einwickelt. Oder aber Figuren, die er mag und von denen er wissen will, was sie als nächstes erleben. Als Dean Martin von dem Film hörte, setzte er seinen Agenten auf Hawks an, der ein Treffen morgens um 9:30 Uhr vereinbarte. Als Hawks bei diesem Treffen erfuhr, dass Martin in der Nacht zuvor bis Mitternacht in einer Show aufgetreten war und dann mit einem gecharterten Flugzeug angereist war, war der Regisseur beeindruckt genug, um Martin sofort die Rolle zuzusagen. Als Dean Martin später zu den Dreharbeiten erschien, trug er ein recht albernes Western-Kostüm.
Hawks sprach mit ihm und erklärte ihm, dass er keinen Cowboy, sondern einen Trinker spielen sollte. Martin, der selbst dem Alkohol nicht abgeneigt war, wusste nun, was Hawks wollte und passte sich dementsprechend an.
Eine kleine Rolle im Film sollte auch Harry Carey Jr. spielen, der einen Freiwilligen mimt, der Chance und den anderen helfen will, sich aber als unfähig erweist. Alle seine Szenen fielen jedoch der Schere zum Opfer. Denn Carey hatte den Fehler gemacht, den Regisseur während der Dreharbeiten einmal mit „Howard" und nicht mit „Mr. Hawks" anzusprechen. Das erzürnte Hawks, der alle Szenen des Schauspielers entfernte. Vertragsgemäß taucht Harry Carey Jr. aber noch in den Stabsangaben auf.

Interessant an RIO BRAVO ist, dass die Sets in Old Tucson nicht maßstabsgetreu gebaut wurden. Man errichtete sie im Verhältnis 7:8, womit sie etwas kleiner erschienen. Mit bloßem Auge fiel das nicht auf, aber die handelnden Schauspieler erschienen dadurch unterbewusst weit lebensgrößer.

Für die weibliche Hauptrolle engagierte man die damals 26-jährige Angie Dickinson. Duke fühlte sich etwas unwohl, da ihre beiden Figuren eine Liebelei haben sollten, er aber 25 Jahre älter als seine Partnerin war. Über die Schauspielerin äußerte sich Duke jedoch sehr wohlwollend. Sie gehörte zu seinen liebsten Ko-Stars, zusammen mit Maureen O'Hara und Gail Russell.

Dass man den Teenie-Star Ricky Nelson für den Film anheuerte, missfiel Hawks, weswegen er das Drehbuch so gestaltete, dass der Mime möglichst wenig zu sagen hatte. Er gestand später aber auch zu, dass dessen Appeal bei den jungen Mädchen sicherlich für gut zwei Millionen Dollar erhöhtes Box Office verantwortlich war.

RIO BRAVO war übrigens auch der letzte Film, in dem Duke mit seinem Freund Ward Bond zusammen arbeitete. Der Schauspieler verstarb 1960 an einem Herzinfarkt.
An eine amüsante Begebenheit erinnerte sich Budd Boetticher später gegenüber Michael Munn. Er hatte das Set besucht und beobachtet, wie Claude Akins und Duke eine Szene spielten. Duke war der quintessenzielle Western-Star und viele seiner Kollegen begannen ihn unbewusst zu imitieren.
In der Szene sagt Akins' Figur: *„Und was machst Du jetzt?"*
Darauf antwortete Duke, der gemerkt hatte, dass seine Kollegen zu Papageien mutierten: *„Tja, als erstes ändere ich meine Stimmlage, wenn ihr Ärsche mich alle imitiert."*
Weltweit spielte RIO BRAVO, der als einer der besten Western aller Zeiten gilt, mehr als 30 Millionen Dollar ein und bescherte dem Studio damit Nettoeinnahmen von knapp neun Millionen Dollar. Obschon RIO BRAVO mit einer Laufzeit von weit mehr als zwei Stunden überlang ist, ist er ein perfekter Film, der keine Sekunde Langeweile aufkommen lässt.

JOHN WAYNE
DEAN MARTIN
RICKY NELSON
HOWARD HAWKS'
RIO BRAVO
Regie: Howard Hawks
Eine Armada-Produktion
in TECHNICOLOR

Die deutsche Wiederaufführung von RIO BRAVO fand knapp zehn Jahre später statt.

Deutsches WA Foto von 1968

(Rechts) Deutsches EA Foto von 1959

A1, Erstaufführungsplakat von 1959; Grafik: Goetze

JOHN WAYNE
DEAN MARTIN
RICKY NELSON
HOWARD HAWKS'
RIO BRAVO

JOHN WAYNE
DEAN MARTIN
RICKY NELSON
HOWARD HAWKS'
RIO BRAVO

JOHN WAYNE
DEAN MARTIN
RICKY NELSON
HOWARD HAWKS'
RIO BRAVO

JOHN WAYNE
DEAN MARTIN
RICKY NELSON
HOWARD HAWKS'
RIO BRAVO

JOHN WAYNE
DEAN MARTIN
RICKY NELSON
HOWARD HAWKS'
RIO BRAVO
Regie: Howard Hawks
Eine Armada-Produktion
in TECHNICOLOR(R)

JOHN WAYNE
DEAN MARTIN
RICKY NELSON
HOWARD HAWKS'
RIO BRAVO

JOHN WAYNE
DEAN MARTIN
RICKY NELSON
HOWARD HAWKS'
RIO BRAVO
Regie: Howard Hawks
Eine Armada-Produktion
in TECHNICOLOR(R)

JOHN WAYNE
DEAN MARTIN
RICKY NELSON
HOWARD HAWKS
RIO BRAVO

JOHN WAYNE
DEAN MARTIN
RICKY NELSON
HOWARD HAWKS
RIO BRAVO

JOHN WAYNE
DEAN MARTIN
RICKY NELSON
HOWARD HAWKS'
RIO BRAVO
Regie: Howard Hawks
Eine Armada-Produktion
in TECHNICOLOR(R)

DAS DEUTSCHE WERBEMATERIAL

EA: Erstaufführung | WA: Wiederaufführung

Plakate:

Rio Bravo .... A1 EA von 1959
Rio Bravo .... A1 EA von 1959
Rio Bravo .... A1 WA von 1968
Rio Bravo (gleiches Motiv wie bei der EA) ..... A1 WA von 1968

Kinoaushangfotos:

25 EA Aushangfotos
25 WA Aushangfotos; gleiche Motive, nur andere Titelvignette.

RIO BRAVO

Dean Martin spielte in zwei Filmen an der Seite von John Wayne. Jahre nach RIO BRAVO kam THE SONS OF KATIE ELDER. Beide Film sind Klassiker des Westerns.

JOHN WAYNE
DEAN MARTIN
RICKY NELSON
RIO
BRAVO

A1, Erstaufführungsplakat von 1959; Grafik: unbekannt

DER LETZTE BEFEHL

1959

Originaltitel: ...... THE HORSE SOLDIERS
US-Erstaufführung: .... 12. Juni 1959
Dt. Erstaufführung: ..... 25. Dezember 1959
Laufzeit: .... 115 Minuten
Regie: .... John Ford
Drehbuch: ... John Lee Mahin, Martin Rackin
Musik: .... David Buttolph
Kamera: .... William H. Clothier
Schnitt: .... Jack Murray
Darsteller:
John Wayne .... (Col. John Marlowe)
William Holden . (Major Henry „Hank" Kendall)
Constance Towers
.... (Hannah Hunter of Greenbriar)
Althea Gibson .... (Lukey)
Hoot Gibson .... (Sgt. Brown)
Anna Lee .... (Mrs. Buford)
Stan Jones ..... (General Ulysses S. Grant)
Ken Curtis .... (Cpl. Wilkie)
Strother Martin .... (Virgil)
Hank Worden .... (Deacon Clump)
Bing Russell .... (Dunk)
Willis Bouchey .... (Phil Secord)
Judson Pratt .... (Kirby)
Edmund Richard Gibson

Inhalt:
Während des amerikanischen Bürgerkriegs erhält Nordstaaten-Colonel Marlowe den Befehl, mit seiner Kavallerie-Brigade Gleisanlagen und Brücken auf dem Gebiet der Konföderierten zu zerstören, um den Südstaatlern den Nachschub abzuschneiden. Bei dem gefährlichen Einsatz kommt es zu wachsenden Spannungen zwischen dem Colonel und dem Arzt der Truppe. Denn der weigert sich, Verwundete im Kriegsgebiet zurückzulassen. Bei einem Gefecht mit den Südstaatlern geht es schließlich um alles.

THE HORSE SOLDIERS wird im Gesamtwerk von John Ford und John Wayne gerne übersehen. Das mag daran liegen, dass viele quasi einen vierten Teil von Fords Kavallerie-Trilogie erwarteten, dieser Film aber etwas anderes ist: Er beschäftigt sich mit dem Bürgerkrieg.

Das Thema war damals eines, das kaum für große Erfolgsfilme taugte. Abgesehen von D.W. Griffiths THE BIRTH OF A NATION (1915) und GONE WITH THE WIND (VOM WINDE VERWEHT, 1939) gab es praktisch keinen Bürgerkriegsfilm, der erfolgreich gewesen wäre. Das lag auch daran, dass man praktisch immer das halbe Land als Zuschauerschaft verlor. Zeichnete man die Yankees als die Schurken, blieben Nordstaatler aus, schoss man sich auf die Konföderierten ein, ging der Film in den Südstaaten unter. Die Autoren John Lee Mahin und Martin Rackin glaubten dennoch daran und erwarben die Filmrechte an Harold Sinclairs Buch. Sie schrieben ein Drehbuch und brachten es zu einem Produzenten, der bereit war, das ambitionierte, auf 3,5 Millionen Dollar anvisierte Projekt in Angriff zu nehmen, wenn die Autoren die Zusage eines kassenträchtigen Stars bekommen könnten.
Sie stellten ihr Skript John Ford vor, der die Geschichte mochte und sich bereit erklärte, den Film zu machen. Für die Hauptrollen wünschte er sich Clark Gable als Colonel Marlowe und James Stewart als Doktor. Seine Wunschbesetzung kam nicht zustande, weswegen er an John Wayne dachte. Der wiederum war bereit, den Part des Colonels zu spielen. Für den Doktor verpflichtete man William Holden, der durch THE BRIDGE ON THE RIVER KWAI (DIE BRÜCKE AM KWAI, 1957) zum Star geworden war. Beide Stars in dem Film zu haben, ließ sich die Produktionsfirma

Mit THE HORSE SOLDIERS kehrte John Wayne nicht nur in den Sattel zurück, sondern spielte auch nach langer Zeit wieder einmal einen Kavallerie-Soldaten.

einiges kosten. Sowohl Holden als auch Duke bekamen jeweils 750.000 Dollar plus 20 Prozent vom Profit.
Ford verlangte noch einige Änderungen am Drehbuch. Ihm missfiel vor allem das Ende, das derart gestaltet war, dass die Yankees siegreich nach Hause kehrten. Vielmehr wollte er ein ambivalentes Ende, das auch den Schrecken des Krieges illustrierte

Die Dreharbeiten fanden von Oktober 1958 bis Januar 1959 statt, wobei in Natchitouches, Louisiana, am südlichen Mississippi und in den MGM- und Columbia-Studios gefilmt wurde. Die Arbeit an dem Film stand unter keinem guten Stern. John Ford hatte just in dem Moment entschieden, von der Alkoholsucht loszukommen und im Zuge dessen auch seinen beiden Stars Wayne und Holden verboten, etwas zu trinken. Während Wayne sich daran hielt, dachte Holden gar nicht daran. Und schaffte es eines Tages auch, Duke unter einem Vorwand vom Set zu entführen und mit ihm einen zu trinken. Das brauchte Duke auch, da er in jener Zeit von gewaltigen privaten Problemen geplagt wurde. Seine Frau Pilar hatte eine Schlaftablettensucht entwickelt und war während der Dreharbeiten zu THE HORSE SOLDIERS bei ihm. Sie ging auf kalten Entzug, hatte Halluzinationen und versuchte schließlich, sich selbst umzubringen. Daraufhin erkannte Duke endlich, dass seine Frau professionelle Hilfe brauchte und er brachte sie in ein Sanatorium, wo man sich um sie kümmern konnte. Holden wusste darum und versuchte, Duke zu helfen. Als wenig hilfreich sah er es an, dass Ford sich wie ein Despot benahm. Wie üblich ließ er sich keine Gelegenheit nehmen, Wayne

NOTIZ:
CONSTANCE TOWERS - Während sie noch auf die Oberschule ging, sang sie schon im Programm des örtlichen Rundfunksenders - und als sie die Schulbank nicht mehr drücken musste, begann sie eine Ausbildung mit dem Ziel, Opernsängerin zu werden. Auf einer Party in Hollywood traf sie dann den berühmten Regisseur John Ford, der von ihrer Schönheit so beeindruckt war, dass er ihr anbot, Probeaufnahmen zu machen, da er eine weibliche Hauptdarstellerin für seinen neuen Film DER LETZTE BEFEHL brauchte. Die Aufnahmen wurden auch gemacht - aber weil noch fünf weitere Darstellerinnen - „ganz große Namen" - für die Rolle in Frage kamen, rechnete sie keineswegs damit, dass sie die Rolle bekäme. Deshalb begab sie sich auf einen Ausflug. Als sie wiederkam, wurde sie bereits ungeduldig erwartet, weil Fords Wahl auf sie gefallen war.

„Wenn die Leute, mit denen man arbeitet, ihre Sache gut machen, die Zeit für ein Lächeln finden und gut mit den anderen auskommen, dann möchte ich sie in meinem Film haben." *(Zitat John Wayne)*

NOTIZ:
WILLIAM HOLDEN wurde als William Franklin Beedle Jr. am 17. April 1918 in O'Fallon, Illinois, geboren. Seine Familie war wohlhabend und zog nach Kalifornien, als er drei Jahre alt war. Holden studierte Chemie, als er seine erste Rolle als Schauspieler erhielt, und zwar im Film GOLDEN BOY (1939). Es dauerte nicht lange und Holden hatte sich als Star etabliert. Zu seinen bekanntesten Filmen gehören STALAG 17 (Stalag 17, 1953), SABRINA (Sabrina, 1954), DIE BRÜCKE AM KWAI (The Bridge on the River Kwai, 1957) und FLAMMENDES INFERNO (The Towering Inferno, 1974). Holden verstarb am 16. November 1981 nach einem Sturz, bei dem er sich schwere Verletzungen zugezogen hatte.

12 Monate Bewährungsfrist

(Oben rechts)
Ein interessantes Bild, das die Dreharbeiten zeigt. Neben der Kamera im Stuhl sitzt Regisseur John Ford.

kleinzumachen. Als Holden Duke darauf ansprach, erklärte dieser ihm, dass das einfach Fords Art sei, eine große schauspielerische Leistung aus ihm herauszukitzeln. Doch Holden hielt entgegen, dass Duke für SANDS OF IWO JIMA Oscar-nominiert gewesen ist – und der Film entstand nicht unter Fords Regie.

Zu Ford sagte Holden, dass dieser es sich nur ja nicht einfallen lassen sollte ihn gleichermaßen zu behandeln. Andernfalls würde er das Set verlassen und nicht zurückkommen. Woraufhin Ford entgegnete: „Oh Bill, aus Dir muss ich keine gute schauspielerische Leistung herauspressen. Ich habe SUNSET BOULEVARD gesehen. Du bist ein zweimal so guter Schauspieler wie Duke. Er braucht es, dass ich ihn herum schubse."
Holden war sprachlos und schwor sich, nie wieder für Ford arbeiten zu wollen. Das tat er auch nicht mehr. Auch mit Duke arbeitete er nie wieder zusammen, aber dies kam nur, weil sich nie die richtigen Projekte fanden, in denen beide hätten agieren können.
Die Dreharbeiten von THE HORSE SOLDIERS wurden von einem Unglück überschattet. Ford hatte dem 50 Jahre alten Stuntman Fred Kennedy, der oft für ihn gearbeitet hatte, einen kleinen Job gegeben. Als eine Szene anstand, in der Holden vom Pferd stürzen sollte, bat Kennedy den Regisseur eingehend, ihn den Stunt übernehmen zu lassen, da er das Geld brauchte. Ford fühlte sich dabei unwohl, ließ sich aber breitschlagen. Kennedy stürzte jedoch so unglücklich vom Pferd, dass er sich das Genick brach. Noch auf dem Weg ins Krankenhaus verstarb er.
Das brach John Ford das Herz. Er verlor jede Passion für den Film - und er begann wieder zu trinken. Kurz darauf strich er alle weiteren Szenen und schickte jeden nach Hause. Drei Wochen später wurden die Dreharbeiten zu Ende geführt, wobei Ford den Kampf auf der Brücke in nur einem Tag abdrehte.

Ford heuerte für einen kleinen Part Edmund Richard Gibson, besser bekannt als Hoot Gibson (1892-1962), an. Der Mann war in der Stummfilmzeit nach Tom Mix der größte Westernstar und hatte in einigen frühen John-Ford-Filmen mitgespielt. Als ihn Universal in den späten 30er Jahren aus seinem Vertrag entließ, schlug er sich vor allem mit B-Western durch. Ebenfalls in einer kleinen Rolle zu sehen ist Ken Curtis, der einst der Band „Sons of the Pioneers" angehörte und in Dukes THE QUIET MAN zu hören war. Curtis übernahm 1959 die Rolle des Deputys Festus Haggen in GUNSMOKE (RAUCHENDE COLTS) und blieb der Serie bis ins Jahr 1975 treu.

THE HORSE SOLDIERS, der knapp vier Millionen Dollar kostete, kam mit der Erstauswertung nicht in die Gewinnzone. Von einem Kinoeinspiel von 10,2 Millionen Dollar blieben dem Studio 3,9 Millionen Dollar. Erst mit späteren Auswertungen warf der Film einen Gewinn ab.

Italienisches Plakat (1960)

John Wayne: „Ein Blick sagt mehr als 20 Zeilen Dialog. Sollen die hochnäsigen Schauspieler den ganzen Dialog bekommen, solange ich nur eine Nahaufnahme mit meiner Reaktion habe."

DAS DEUTSCHE WERBEMATERIAL

EA: Erstaufführung | WA: Wiederaufführung

Plakate:

Der letzte Befehl . . . . .A1 EA von 1959

Der letzte Befehl . . . . .A0 quer EA von 1959

Kinoaushangfotos:

40 EA Aushangfotos von 1959

UNITED ARTISTS

John Wayne · William Holden
DER LETZTE BEFEHL
Regie: John Ford
Farbe von Eastmancolor
UNITED ARTISTS

John Wayne · William Holden
DER LETZTE BEFEHL
Regie: John Ford
Farbe von Eastmancolor
UNITED ARTISTS

John Wayne · William Holden
DER LETZTE BEFEHL
Regie: John Ford
Farbe von Eastmancolor
UNITED ARTISTS

John Wayne · William Holden
DER LETZTE BEFEHL
Regie: John Ford
Farbe von Eastmancolor
UNITED ARTISTS

John Wayne · William Holden
DER LETZTE BEFEHL
Regie: John Ford
Farbe von Eastmancolor
UNITED ARTISTS

John Wayne · William Holden
DER LETZTE BEFEHL
Regie: John Ford
Farbe von Eastmancolor
UNITED ARTISTS

John Wayne William Holden
DER LETZTE BEFEHL
Regie: John Ford
Farbe von Eastmancolor

John Wayne William Holden
DER LETZTE BEFEHL
Regie: John Ford
Farbe von Eastmancolor
UNITED ARTISTS

John Wayne William Holden
DER LETZTE BEFEHL
Farbe von Eastmancolor

John Wayne - William Holden
DER LETZTE BEFEHL
Farbe von Eastmancolor

John Wayne - William Holden
DER LETZTE BEFEHL
Regie: John Ford
Farbe von Eastmancolor

William Holden
DER LETZTE BEFEHL
Regie: John Ford
UNITED ARTISTS

John Wayne - William Holden
DER LETZTE BEFEHL
Regie: John Ford
Farbe von Eastmancolor
UNITED ARTISTS

John Wayne - William Holden
DER LETZTE BEFEHL
Regie: John Ford
Farbe von Eastmancolor
UNITED ARTISTS

John Wayne - William Holden
DER LETZTE BEFEHL
Regie: John Ford
Farbe von Eastmancolor
UNITED ARTISTS

John Wayne - William Holden
DER LETZTE BEFEHL
Regie: John Ford
Farbe von Eastmancolor
UNITED ARTISTS

John Wayne - William Holden
DER LETZTE BEFEHL
Regie: John Ford
Farbe von Eastmancolor
UNITED ARTISTS

John Wayne - William Holden
DER LETZTE BEFEHL
Regie: John Ford
Farbe von Eastmancolor
UNITED ARTISTS

John Wayne · William Holden
DER LETZTE BEFEHL
Regie: John Ford
Farbe von Eastmancolor
UNITED ARTISTS

John Wayne · William Holden
DER LETZTE BEFEHL
Regie: John Ford
Farbe von Eastmancolor
UNITED ARTISTS

John Wayne · William Holden
UNITED ARTISTS

UNITED ARTISTS

DER LETZTE BEFEHL
Regie: John Ford
UNITED ARTISTS

John Wayne · William Holden
Regie: John Ford
Farbe von Eastmancolor
UNITED ARTISTS

John Wayne · William Holden
DER LETZTE BEFEHL
Regie: John Ford
Farbe von Eastmancolor
UNITED ARTISTS

Deutsche EA Fotos von 1959

John Ford inszenierte den Film, wollte ihn aber nicht als Teil seiner Kavallerie-Filme verstanden haben.

John William
WAYNE-HOLDEN
DER LETZTE BEFEHL
CONSTANCE TOWERS
ALTHEA GIBSON
DREHBUCH: JOHN LEE MAHIN · MARTIN RACKIN
REGIE: JOHN FORD
FARBE VON EASTMANCOLOR
WERBUNG
UNITED ARTISTS

Deutscher Werberatschlag

John William
WAYNE-HOLDEN
DER LETZTE BEFEHL
CONSTANCE TOWERS
ALTHEA GIBSON
DREHBUCH: JOHN LEE MAHIN · MARTIN RACKIN
REGIE: JOHN FORD
FARBE VON EASTMANCOLOR
UNITED ARTISTS

Hausfront Werbung

(Links) ***John Wayne und William Holden***

GREENBRIA
LANDING
John Wayne · William Holden
DER LETZTE BEFEHL
Regie: John Ford
Farbe von Eastmancolor
UNITED ARTISTS
FSK
34
FREIGEGEBEN

A1, Erstaufführungsplakat von 1961; Grafik: Goetze

ALAMO

1960

Originaltitel: . . . . **THE ALAMO**
US-Erstaufführung: . . . . . . .24. Oktober 1960
Dt. Erstaufführung: . . . . .26. Januar 1961
Laufzeit: .203 Minuten
Regie: . . . . .John Wayne
Drehbuch: . . . . .James Edward Grant
Musik: .Dimitri Tiomkin
Kamera: . . . . .William H. Clothier
Schnitt: .Stuart Gilmore
Darsteller:
John Wayne . . . .(Col. Davy Crockett)
Richard Widmark . . . .(Jim Bowie)
Laurence Harvey . . . . . .(Col. William Travis)
Frankie Avalon . . . .(Smitty)
Patrick Wayne .(Capt. James Butler Bonham)
Linda Cristal . . . .(Flaca)
Joan O'Brien . . . .(Sue Dickinson)
Joseph Calleia . . . .(Juan Seguin)
Ken Curtis . . . .(Capt. Almeron Dickinson)
Carlos Arruza . . . .(Lt. Reyes)
Jester Hairston . . . .(Jethro)
Veda Ann Borg . . . .(Nell Robertson)
Hank Worden . . . .(Parson)
Aissa Wayne . . . . . .(Lisa Angelica Dickinson)
John Dierkes . . . .(Jocko)
Olive Carey . . . .(Mrs. Dennison)
Richard Boone . . . .(Gen. Sam Houston)
Ruben Padilla . . . .(Gen. Santa Anna)
Chill Wills . . . .(Beekeeper)

Inhalt:
1836: Die amerikanischen Texaner erheben sich gegen die mexikanische Obrigkeit. Jim Bowie und William Travis befestigen die Mission Alamo, um den Diktator General Santa Anna und seine 7.000 Mann auf ihrem Marsch gegen den texanischen General Sam Houston aufzuhalten. Verstärkung erfahren sie durch die Freiwilligen unter Colonel Crockett und James Bonham. Elf Tage können die 187 Texaner Alamo gegen den übermächtigen Santa Anna halten. Nachdem die Frauen der Verteidiger die Mission verlassen durften, stürmen mexikanische Truppen Alamo ...

John Wayne über THE ALAMO: „Niemand sollte diesen Film ansehen, wenn er nicht an Helden glaubt."

THE ALAMO war John Waynes Lieblingsprojekt. Er hatte mehr als ein Jahrzehnt lang versucht, das Projekt Wirklichkeit werden zu lassen und seine beste Chance lag lange Jahre bei Herbert Yates und Republic. Doch auch dort konnte er THE ALAMO nicht so verwirklichen, wie es ihm vorschwebte. Zu jener Zeit hatte Republic auch eine Reihe texanischer Geschäftsleute gefunden, die sich an der Produktion beteiligen wollten. Als Duke mit Republic brach, musste er jedoch auch seinen Plan aufgeben, in Panama zu drehen. Denn die Texaner waren auch weiterhin bereit, sich an der Finanzierung zu beteiligen, aber nur, wenn auch in Texas gedreht wurde.
Das hieß für Duke, dass das Budget deutlich höher wurde - er rechnete mit einer Million Dollar - weswegen er noch länger daran arbeiten musste, dies zu finanzieren. Bei Warner war man nicht bereit THE ALAMO zu machen. Oder besser: Man hätte den Film schon gemacht, allerdings nicht mit Duke als Regisseur. Die Angst des Studios war, ein Multi-Millionen-Dollar-Budget zu versenken, während Wayne mit seinem ersten Film Erfahrungen sammelt. Außerdem hatte Duke auch nicht vor, in dem Film nennenswert mitzuspielen. Er wollte nur die Rolle von General Sam Houston übernehmen, die wenig mehr als ein Cameo-Auftritt ist. Angesichts des hohen Budgets erwartete aber jedes Studio, dass er mehr in dem Film zu sehen sein sollte.

Nachdem er sich von Warner getrennt hatte, wo man seinen Vertrag neu verhandeln wollte, was sicherlich geringere Einnahmen für ihn und seine Firma Batjac bedeutet hätte, ging er zu United Artists. Der Deal, den er dort bekam, war zwar letzten Endes schlechter als alles, was Warner ihm hätte anbieten können – nun bekam er auch keine Beteiligung am Profit bei UA -, aber dort

> *NOTIZ:*
> ## Rekonstruktion
> Dem Filmarchitekten **Alfred Ybarra** war die ungeheuere Arbeit anvertraut, eine maßgerechte Rekonstruktion von „Alamo“ und der benachbarten Stadt San Antonio de Bexar aufzubauen - nicht eine für kurze Zeit und mit Gipsfronten hingestellte, sondern eine tatsächlich maßgerechte, echte Rekonstruktion aus Ziegelsteinen. Diese Arbeit war drei Jahre bevor der Film begann, fertig gestellt, so dass Bäume und Strauchwerk wirklich mit dem Gemäuer verwachsen waren und das Gefühl für Echtheit erhöhten. Das Missionsgebäude und die Stadt wurden auf einer Ödlandfläche auf der Ranch von James T. „Happy“ Shahan aufgebaut. Das von Ybarra erstellt Bauwerk vermittelt nicht nur den Besuchern dieses Filmes einen ästhetischen Genuss, sondern es steht für immer als erhabenes Denkmal für die Freiheit.

A1, Wiederaufführungsplakat von 1966; Grafik: Degen

war man bereit, mit 2,5 Millionen Dollar bei THE ALAMO einzusteigen. Einzige Bedingung: Duke musste eine richtige Rolle in dem Film spielen. Er entschied sich für den Part von Davy Crockett, der noch die kleinste unter den Hauptrollen war.
UA erwartete außerdem, dass Batjac ebenfalls 2,5 Millionen Dollar aufbringen würde, die praktisch aus Dukes eigener Tasche kamen. Mit UA an Bord hatte Duke jedoch auch die Texaner, die ebenfalls knapp 2,5 Millionen Dollar investierten. Damit stand THE ALAMO auf festen Beinen. Das ohnehin hohe Budget reichte für ein Epos, wie Duke es sich vorstellte.
Dies alles trug sich im Sommer 1957 zu. Die Dreharbeiten für THE ALAMO waren noch zwei Jahre entfernt. Gedreht werden sollte etwa 120 Meilen westlich von San Antonio. Duke hatte ein 400 Hektar großes Areal gemietet. Dort sollte das Alamo wieder aufgebaut werden.

Zuerst dachte man natürlich an normale Sets, die nur von vorne wie echte Häuser aussehen, doch dann rechnete man durch, was es kosten würde, alle Schauspieler in Wohnwagen oder Hotels unterzubringen und kam zu dem Ergebnis, dass man besser bedient war, wenn man die Mission und die sie umgebenden Häuser wirklich aufbaute und einige der fertigen Häuser auch für die Maske und ähnliches benutzte. So begann ein gewaltiges Bauunternehmen, an dessen Ende das Alamo ebenso wie verschiedene Häuser gebaut wurden. Auch richtige Toi-

A1 quer, Erstaufführungsplakat von 1961; Grafik unbekannt

THE ALAMO war das absolute Traumprojekt von John Wayne, das er schon seit Jahrzehnten verwirklichen wollte. Als er dies schließlich tun konnte, hätte es ihn fast ruiniert, da er Unmengen an eigenem Vermögen in die Produktion pumpen musste.

NOTIZ:

Universaltalent

Der erste Mann, den Wayne verpflichtete, als er seinen Stab zusammenstellte, war der Produktionsleiter **Nate H. Edwards**. Von Waynes Idee bis zur schlußendlichen Realisierung seines Films war es Edwards Aufgabe, die gewaltigen Dispositionen, die ein so gigantisches Vorhaben beansprucht, zu planen und zu lösen. Schusswaffen aus der Zeit, Uniformen und Fahnen zu beschaffen, und Tausende von Menschen zu verköstigen, zu transportieren und unterzubringen, waren Probleme, die Edwards zu meistern hatte. Nach mehr als vier Jahren der Vorbereitung und der Filmarbeit, hatten die Produzenten Wayne und Grant das Bedürfnis, herzlich „Dankeschön" zu diesem Manne zu sagen.

letten wurden errichtet, da Duke es seinem ca. 300 Mann starken Team aus Schauspielern und Crew nicht zumuten wollte, monatelang nur mobile Toiletten benutzen zu können. Klimaanlagen wurden eingebaut und mehr als zehn Meilen unterirdischer Verkabelung war vonnöten. Zudem wurde ein Landeplatz für Flugzeuge errichtet, von dem aus nicht nur Equipment zum Drehort gebracht wurde, sondern die Schauspieler und die Crew an den freien Tagen auch ausfliegen konnten.

Die Logistik dieses Unterfangens war gigantisch. Und wurde von George Coleman überwacht, der seit Jahren mit Duke befreundet war, für ihn arbeitete und absolut loyal war. Da er bei seiner Arbeit kompromisslos war, machte er sich keine Freunde. Die meisten Leute mochten ihn nicht und einer sagte zu Duke einmal, dass Coleman ein Hurensohn sei, woraufhin Wayne nur antwortete: *„Sicher ist er ein Hurensohn, aber er ist mein Hurensohn."*

Es dauerte zwei Jahre, bis das komplette Dorf errichtet war. In der Zeit drehte Duke einige andere Filme und beschäftigte sich immer wieder mit der Logistik von THE ALAMO. Die Dreharbeiten begannen am 22. September und liefen bis zum 15. Dezember 1959. Schon bevor auch nur ein Meter Film gedreht wurde, hatte THE ALAMO 1,5 Millionen Dollar verschlungen. Der erste Tag der Dreharbeiten war für alle Anwesenden ungewöhnlich. Michael Wayne, Dukes ältester Sohn, der hier als teilhabender Produzent fungiert, aber nach Meinung seines Vaters auch die Aufgaben eines echten Produzenten übernommen hatte, ließ Priester Peter Rogers aus San Antonio kommen, um das Set und die Produktion zu segnen. Es war die Idee von Michael und Duke widersprach nicht. Er dachte wohl, dass er bei diesem Projekt jedwede Hilfe gebrauchen konnte. Und wenn ein Gebet seine Chancen verbesserte, dann war das gut.

Für den Part des Jim Bowie wollte Duke eigentlich Charlton Heston. Er hatte ihm das Drehbuch geschickt und eine Absage erhalten. Duke offerierte Heston, dass er jede Rolle spielen könne, die er mochte. Doch Heston lehnte erneut ab. Hauptgrund hierfür war wohl der, dass er wie viele andere Schauspieler in Hollywood nicht glaubte, dass Duke ein guter Regisseur war. Die Rolle ging schließlich an Richard Widmark, den Duke zuerst als nicht passend ansah, aber nachdem er ihn bei der Arbeit gesehen hatte, musste er seine Meinung revidieren und Widmark gratulieren.

Es wurde oft berichtet, dass es zwischen Duke und Widmark zu Spannungen gekommen sei. Dies gründet sich darauf, dass Duke eine An-

Da er als Regisseur stark eingespannt war, wollte John Wayne nur eine Nebenrolle im Film spielen. Es wurde Davy Crockett.

zeige in einer Branchenzeitung aufgegeben und Dick Widmark bei dem Projekt willkommen geheißen hatte. Schmeichelhaft für Widmark, aber der erklärte Duke am ersten Drehtag, dass er eigentlich Richard heißt, worauf Wayne entgegnete: *„Ich werde mir das merken, falls ich noch einmal eine Anzeige aufgeben sollte, Richard.“* Gegenüber Michael Munn erinnerte sich Widmark später daran, dass es davon abgesehen aber keine nennenswerten Probleme zwischen Duke und ihm gegeben hätte. Man arbeitete gut zusammen und konnte auch die Freundschaft, die Bowie und Crockett verband, bestens herüber bringen.

Von sich aus hatte sich Sammy Davis Jr. um eine Rolle bei dem Film beworben. Er hatte gehört, dass es die Rolle eines farbigen Sklaven gab, die aber nicht als bloßes Stereotyp angelegt war, sondern auch Substanz besaß. Darum sprach er Duke an und bat darum, die Rolle spielen zu können. Duke war überrascht, da Davis auf komische Rollen festgelegt war. Aber genau darum wollte der farbige Entertainer auch den geradlinigen Part haben. Duke musste ihm absagen. Etwas, das er sehr bedauerte. Aber er erklärte Davis auch, warum er zu diesem Schritt gezwungen war. Die texanischen Investoren drohten, ihr Investment zurückzuziehen, wenn Davis im Film mitwirken würde. Davis verstand das, denn er wusste, dass es vielen Amerikanern ein Dorn im Auge war, dass er eine Beziehung zu einer weißen Frau hatte. Er war jedoch dankbar für Dukes Aufrichtigkeit.

Für den Part von Travis sah sich Duke nach einem guten amerikanischen Schauspieler um, doch viele der großen Namen erteilten ihm eine Absage. So kam er zu der Überzeugung, es mit einem Briten zu versuchen. Laurence Harvey sprach für ihn vor und erzählte auch von seinen Bühnenerfahrungen in Stratford und im Old Vic. Duke wollte davon jedoch nichts hören. Was ihn interessierte war, ob Harvey einen texanischen Akzent hinbekam. Bei dem Vorsprechen war auch John Ford dabei und kaute auf einer Zigarre herum. Harvey bat ebenfalls um eine Zigarre und rezitierte dann ein paar Zeilen Shakespeare, allerdings mit täuschend echtem texanischem Akzent. Duke bot ihm sofort die Rolle an.

Dass John Ford bei dem Vorsprechen dabei war, ist freilich ungewöhnlich. Der Regisseur hatte aber immer eine Tendenz, sich selbst einzuladen. Und so überraschte es auch kaum jemanden, dass nach ein paar Wochen Dreharbeit John Ford plötzlich am Set auftauchte, seinen eigenen Regiestuhl mitnahm, neben Chefkameramann William H. Clothier Platz nahm und innerhalb weniger Minuten damit anfing, seine Meinung zum Besten zu geben. So mischte er sich ständig ein, kritisierte und belehrte Duke in Sachen Regieanweisung und gab vor, wie der Schauspieler es 'richtig' machen könnte.

Duke war sehr geduldig, aber er konnte nicht zulassen, dass Ford sich zu sehr einmischte. Denn er wusste genau, wenn Ford noch lange am Set war, würde er den Film an sich reißen. Doch brüskieren wollte er den alten Mann auch nicht. Aber dann hatte Clothier eine Idee, wie sich das Problem lösen ließe. Er schlug Duke vor, dass dieser Ford mit der Regie der Second Unit betraute und ihn auf einem anderen Areal mit einigen Statisten und Kameraleuten arbeiten ließe. Ford war damit auch zufrieden und machte sich sofort an die Arbeit. Duke bat Michael, sich um Ford zu kümmern, da er einer der wenigen Menschen war, die keine Angst vor dem alten Regisseur hatten. Und so oblag es nun Dukes Sohn dafür zu sorgen, dass Ford sich nicht die Hauptdarsteller unter den Nagel reißen würde. Versucht hat er es, fragte er bei

NOTIZ:

Universaltalent

William Clothier hatte als Chef-Kameramann eine Batterie von 6 Todd A-O-Kamera-Teams unter seiner Obhut, die pausenlos im Brennpunkt der Szenen dieser Produktion standen. Es war seine Aufgabe dafür zu sorgen, dass nicht das geringste Detail von irgendwelchem Wert für den Film verloren ging. Clothier meisterte nicht nur diese Aufgabe, sondern er zauberte eine solche Suggestion von Echtheit in den Film, dass die Kinobesucher eines der aufregendsten Kapitel der amerikanischen Geschichte persönlich mitzuerleben glauben.

John Wayne über THE ALAMO: „Dieser Film ist Amerika. Ich hoffe, dass das Sehen der Schlacht von Alamo die Amerikaner daran erinnert, dass Freiheit und Gerechtigkeit mit einem Preis kommen. Diesen Film zu machen, hat mir das Gefühl gegeben, etwas Nützliches für mein Land zu tun."

Michael doch des Öfteren nach, ob Widmark oder einer der anderen gerade verfügbar war, weswegen sich der junge Mann immer eine Ausrede einfallen lassen musste. Von Fords sehr extensiver Second Unit ist im Film nicht viel geblieben. Das fiel Ford später natürlich auch auf, weswegen er wieder mal auf Duke wütend war. Dennoch versuchte er später, dem Film Publicity zu verschaffen, indem er ihn als eines der größten Werke amerikanischer Filmkunst bezeichnete.
Die Schauspieler kamen großteils zu der Überzeugung, dass Duke ein guter Regisseur war, aber er war vor allem ein Regisseur, der auf die technische Seite achtete. Er arbeitete sehr gut mit Clothier zusammen, hatte aber Schwierigkeiten, Schauspielern zu sagen, was sie tun sollten. Stattdessen versuchte er immer, es ihnen zu zeigen, so dass er die Szene kurz spielte. Richard Boone erinnerte sich später daran wie Duke ihm zeigte, wie Houston gespielt werden sollte, woraufhin dieser entgegnete: *„Duke, Du hast mich angeheuert, um zu spielen. Nicht um Dir zuzusehen, wie Du Houston spielen würdest."* Duke erkannte, dass Boone Recht hatte und sagte: *„Du hast verdammt noch mal Recht."*

Michael Wayne war übrigens nicht der einzige Sprössling, der an dem Film beteiligt war. Duke gab seinem Sohn Patrick die Rolle eines jungen Lieutenants. Und auch ihm hatte er offenbar gezeigt, wie er spielen sollte, denn als Patrick in einer Szene angeritten kommt und vom Pferd springt, könnte man schwören, den jungen Duke zu sehen. Ebenfalls setzte Duke seine dreijährige Tochter Aissa ein, die pro Woche 250 Dollar bekam, die auf ihr Sparkonto eingezahlt wurden. Duke quittierte dies mit seinem typischen Humor: *„Nepotismus ist in unserer Familie weit verbreitet."*

Deutsches WA Foto von 1966 (Erkennbar am UA Verleihzeichen)

Deutsches EA Foto von 1960 (Erkennbar am UA Verleihzeichen inkl. Credits)

NOTIZ:
STUART GILMORE hatte die gewaltige Aufgabe, hunderte - oder besser tausende - Meter Filmmaterial heranzuschaffen, die für eine Produktion von diesem Ausmaß nötig waren. Die Schlachten-Komplexe in diesem Film zählen zum Packendsten, was je von Männern im Kampfe auf der Leinwand zu sehen war. Die Bereitstellung dieses Materials bedeutet für Gilmore eine Leistung, auf die er stolz sein kann.

Für die weibliche Hauptrolle engagierte Duke die Mexikanerin Linda Cristal, die zuvor nicht nennenswert in Erscheinung getreten ist. Er hatte ihr die Rolle schon 1957 angeboten, als er ihr einmal begegnete, hingerissen war und zu ihr ging.
Duke: *„Ich bin John Wayne und ich werde einen Film namens THE ALAMO machen. Sie sollen meine Leading Lady sein."*
Dafür bedankte sie sich und hörte zwei Jahre nichts mehr von ihm. Dann rief er an und fragte, ob sie bereit sei, die Rolle zu spielen, die er ihr zwei Jahre zuvor versprochen hatte. Für Linda Cristal war dies der Startschuss ihrer Karriere, die mit weiteren namhaften Filmen gefestigt wurde und richtig aufblühte, als sie eine Hauptrolle in der Westernserie HIGH CHAPARRAL annahm.
Duke setzte in THE ALAMO auch wieder einige seiner Freunde ein. So fand er kleine Rollen für Olive Carey, Veda Ann Borg und Ken Curtis. Bei der Second Unit half ihm Cliff Lyons.
Ursprünglich hatte Duke geplant, den Film im Cinerama-Format zu drehen. Das war ein spezielles System, bei der drei Streifen Film in einem Kameragehäuse waren und parallel abliefen. Das erlaubte ein extrem breites Bild, das auf gebogener Leinwänden prächtig zur Geltung kam. Zu jener Zeit war es praktisch nur für Reiseberichte benutzt worden. Erst Jahre später wurde es bei HOW THE WEST WAS WON (DAS WAR DER WILDE WESTEN, 1962) eingesetzt, hatte aber das Problem, dass die Schnittstellen, an denen die drei Filme kombiniert wurden, deutlich zu sehen waren.
Darum riet William H. Clothier Duke davon ab und empfahl Todd-AO, eine von Michael Todd entwickelte Variante von Cinerama, die mit 70mm-Film arbeitete, wobei das Negativ später aber auch auf gewöhnliches 35mm übertragen werden konnte.
Unfälle bei den Dreharbeiten gab es keine – zumindest keine, die ernsthafte Verletzungen nach sich gezogen hätte – aber von Tragik unverschont blieb die Produktion dennoch nicht. Denn eine der Statistinnen, Le Jeanne Guye, deren

John Wayne und Richard Widmark: Nicht immer leichte Dreharbeiten.

DAS DEUTSCHE WERBEMATERIAL

EA: Erstaufführung | WA: Wiederaufführung

Plakate:

Alamo . . . . .A1 EA von 1961
Alamo . . . . .A0 quer EA von 1961
Alamo . . . . .A1 quer EA von 1961
Alamo . . . . .A2 quer EA von 1961
Motiv wie A1 quer
Alamo . . . . .A1 WA von 1966

Kinoaushangfotos:

Es gibt 40 EA und 40 WA Aushangfotos nur die Titelvignette ist anders. Die Motive sind identisch.

ALAMO

ALAMO
JOHN WAYNE / RICHARD WIDMARK / LAURENCE HARVEY
JOHN WAYNE
RICHARD BOONE

ALAMO

ALAMO
JOHN WAYNE / RICHARD WIDMARK / LAURENCE HARVEY
JOHN WAYNE
RICHARD BOONE

ALAMO

ALAMO
JOHN WAYNE / RICHARD WIDMARK / LAURENCE HARVEY
JOHN WAYNE
RICHARD BOONE

ALAMO

Arbeit gefallen hatte und die darum eine kleine Rolle mit Text bekommen hatte, wurde in einer der Unterkünfte für die Statisten von ihrem damaligen Freund Chester Harvey Smith, der ebenfalls als Statist tätig war, niedergestochen und ermordet. Die Hintergründe dafür sind im Privaten zu suchen, aber später musste Duke kurz aussagen. Smith wurde übrigens zu 20 Jahren Haft verurteilt.

Aufgrund der Größe der Produktion, aber auch der Tatsache, dass die Dreharbeiten um ein paar Tage überzogen wurden, wuchs das Budget an. Hatte man ursprünglich bei Drehbeginn noch mit knapp über zehn Millionen Dollar gerechnet, so waren es letzten Endes zwölf Millionen Dollar. Dem stand später ein weltweites Einspielergebnis von 28 Millionen Dollar gegenüber, was ein Einkommen für das Studio bedeutete, das gerade reichte, um die Kosten zu erwirtschaften. Spätere Wiederveröffentlichungen und weitere Auswertungen brachten den Film aber in die Gewinnzone. Und auch Dukes persönliche Verluste wurden 1971 kompensiert, nachdem der Film an das Fernsehen verkauft worden ist.

JOHN WAYNES ENTOURAGE:

CLIFF LYONS

Cliff Lyons wurde am 4. Juli 1901 nahe Clarno Township, South Dakota, geboren. Sein voller Name war Clifford William Lyons, seine Freunde nannten ihn jedoch Tex. Er war Schauspieler und Stuntman zugleich und wurde mit Vorliebe von John Ford und John Wayne eingesetzt. Während der Stummfilmzeit wurde er zu einem kleineren Westernstar, doch seine Stimme war nicht kraftvoll genug, um bei Beginn des Tonfilms zu überzeugen. Deswegen verlegte er sich mehr auf das Stunt-Handwerk und arbeitete auch öfters mit Yakima Canutt zusammen. So war er einer der Wagenlenker beim grandiosen Wagenrennen in BEN HUR (BEN HUR, 1959). Eine seiner beeindruckendsten Arbeiten lieferte er mit John Waynes THE ALAMO ab, wo er die gigantischen Schlachtenszenen orchestrierte.

Es war Wayne, der Lyons Ford vorgestellt hatte. Und Wayne hatte Lyons es auch zu verdanken, dass er später die Gelegenheit erhielt, Regisseur der Second Unit zu sein. Canutt und Lyons gelten als die besten Stunt Coordinator der Filmgeschichte. Cliff Lyons starb am 6. Januar 1974.

(v.l.n.r.) Cliff Lyons, John Wayne, Mike Mazurki, Fred Graham. Szene aus LIEBE IN DER WILDNIS (DAKOTA, 1945)

NOTIZ:
CLIFF LYONS war bei ALAMO der zweite Regisseur und während der ganzen Produktion Waynes rechte Hand. Er half bei der Inszenierung der rasanten Handlung, und war für die Fülle von Einzelszenen in den Gefechts-Komplexen verantwortlich. *„Ich hätte diesen Film nicht machen können ohne den unermüdlichen und selbstlosen Einsatz dieses Mannes“,* sagte Wayne.

THE ALAMO ist ein gewaltiger Monumentalfilm, der anfangs von der Kritik nicht so recht geschätzt wurde. Im Verlauf der Jahre hat der Film jedoch den ihm zustehenden Zuspruch erhalten und gilt als ein großes Werk.

ALAMO
JOHN WAYNE / RICHARD WIDMARK / LAURENCE HARVEY
JOHN WAYNE
RICHARD BOONE

ALAMO
JOHN WAYNE / RICHARD WIDMARK / LAURENCE HARVEY
JOHN WAYNE
RICHARD BOONE

ALAMO
TODD-AO
JOHN WAYNE / RICHARD WIDMARK / LAURENCE HARVEY
JOHN WAYNE
RICHARD BOONE
FSK

ALAMO
JOHN WAYNE / RICHARD WIDMARK / LAURENCE HARVEY
JOHN WAYNE
RICHARD BOONE
FSK

ALAMO

ALAMO
JOHN WAYNE / RICHARD WIDMARK / LAURENCE HARVEY
JOHN WAYNE
RICHARD BOONE

NOTIZ:

Musik

Der vierfache Akademiepreis-Gewinner und fünfzehnmal ausgezeichnete Komponist und dirigent **Dimitri Tiomkin** schrieb die blendende Musik für THE ALAMO. Nach Tiomkins eigenen Worten bildet diese Musik das Glanzstück seiner 30jährigen Arbeit in der Film-Industrie. Tiomkin umfasst in seiner großen musikalischen Schöpfung den Glanz, die Weite und die Größe von THE ALAMO. Wayne und Tiomkin vereinigten ihr Genie, die Musik mit dem Szenischen und die Szene mit dem Musikalischen in Einklang zu bringen. Wayne sagte: *„Weil Tiomkin im gleichen Maße ein Mensch und ein Künstler ist, war er für unsere Arbeit am Film ungeheuer befruchtend.“* Während seiner Arbeit an der Musik für diesen Film schrieb er mit dem Lyriker Paul Fancis Webster drei Songs für „Alamo“, die in der Spitzenklasse rangieren werden.

John Wayne hat gut lachen. Letzten Endes war THE ALAMO erfolgreich. Und mehr noch: ein persönlicher Triumph.

Die erste Schnittfassung, die Wayne erstellte, lief 192 Minuten. Etwa eine halbe Stunde wurde aus dem Film entfernt, da man glaubte, ihn so kommerzieller gestalten zu können. Erst Anfang der 90er Jahre wurde die ursprüngliche Fassung von THE ALAMO auch veröffentlicht.

Der Film wurde für mehrere Oscars nominiert, darunter auch als Bester Film. Gewonnen hat er lediglich einen Oscar für den besten Sound. Eine Randnotiz: In Mexiko wurde THE ALAMO seinerzeit verboten.
Die zeitgenössischen Kritiken für THE ALAMO waren durchwachsen und nicht immer wohlwollend. Einige schossen sich weniger auf den Film als auf Dukes politische Überzeugungen ein. Im Lauf der Jahre ist John Waynes größtes und persönlichstes Projekt aber gereift und wird nicht umsonst als eines seiner wichtigsten Werke angesehen.

ALAMO
UNITED ARTISTS

ALAMO
IN TODD AO
JOHN WAYNE / RICHARD WIDMARK / LAURENCE HARVEY
PROD. UND REGIE: JOHN WAYNE
UNITED ARTISTS
UND RICHARD BOONE

ALAMO
JOHN WAYNE / RICHARD WIDMARK / LAURENCE HARVEY
JOHN WAYNE
UNITED ARTISTS
RICHARD BOONE

ALAMO
JOHN WAYNE / RICHARD WIDMARK / LAURENCE HARVEY
JOHN WAYNE
RICHARD BOONE

ALAMO

ALAMO
JOHN WAYNE / RICHARD WIDMARK / LAURENCE HARVEY
JOHN WAYNE
RICHARD BOONE

ALAMO
JOHN WAYNE / RICHARD WIDMARK / LAURENCE HARVEY
PROD. UND REGIE: JOHN WAYNE
UNITED ARTISTS
UND RICHARD BOONE
FSK
33
FREIGEGEBEN

A1, Erstaufführungsplakat von 1960; Grafik: Schubert

DAS LAND DER 1000 ABENTEUER

1960

Originaltitel:	**NORTH TO ALASKA**
Englischer Alternativtitel:	Go North / Port Fury
US-Erstaufführung:	7. November 1960
Dt. Erstaufführung:	16. Dezember 1960
Laufzeit:	122 Minuten
Regie:	Henry Hathaway
Drehbuch:	John Lee Mahin, Martin Rackin, Claude Binyon
Musik:	Lionel Newman
Kamera:	Leon Shamroy
Schnitt:	Dorothy Spencer
Darsteller:	
John Wayne	(Sam McCord)
Stewart Granger	(George Pratt)
Ernie Kovacs	(Frankie Canon)
Fabian	(Billy Pratt)
Capucine	(Michelle „Angel" Bonet)
Mickey Shaughnessy	(Peter Boggs)
Karl Swenson	(Lars Nordquist)
Kathleen Freeman	(Lena Nordquist)
Stanley Adams	(Breezy)

Inhalt:

Amerika um 1900 - der große Goldrausch. Eine Zeit, in der Auseinandersetzungen grundsätzlich mit den Fäusten geregelt werden. Ein Land, in dem nur die Stärksten und Gerissensten überleben. Und einer dieser Männer ist Sam McCord, der seinem Partner verspricht, dessen Verlobte nach Alaska zu bringen. Das Problem ist jedoch, dass die Verlobte bereits einen anderen geheiratet hat, weswegen McCord ein anderes französisches Mädchen für seinen Partner nach Alaska bringt. Das sorgt für Trubel, da Angel von vielen Männern begehrt wird.

John Wayne über seinen Spitznamen. „Es gibt eine Reihe Geschichten darüber, warum ich Duke genannt werde. Eine war, dass ich einen Duke in einer Schulaufführung gespielt hätte, was ich niemals getan habe. Und manchmal wird auch erzählt, ich sei adliger Abstammung. Alles Schwachsinn. Teufel auch, die Wahrheit ist, dass ich meinen Spitznamen nach einem Hund bekommen habe."

NORTH TO ALASKA war ein Projekt, das lange Zeit nur dem Titel nach existierte. Der Agent Charles Feldman vertrat sowohl die Autoren als auch John Wayne und Henry Hathaway. Mit dem Titel und diesen Namen im Gepäck ging er zu 20th Century Fox und sprach dort mit Buddy Adler, dem er das Konzept verkaufte, obwohl noch kein Drehbuch existierte. Bis das Wirklichkeit wurde sollte auch noch einige Zeit vergehen, denn abgesehen von dem Titel hatten John Lee Mahin und Martin Rackin nichts. Sie wussten, dass es um Goldgräber gehen würde. Andernfalls machte es gar keinen Sinn nach Alaska zu gehen. Zuerst wollte Feldman den Regisseur Richard Fleischer für den Film haben, der sich auch dazu bereit erklärt hatte, doch da kein Skript existierte, sprang er schließlich ab. Weiterhin wollte er nach einem Treffen mit Capucine diese nicht in der Hauptrolle haben, da er sie als unpassend empfand, was Charles Feldman gänzlich anders sah.

Duke wiederum sah sich nur selten vor dem Drehbeginn die Drehbücher an. Und so stimmte er zu, in dem Film mitzuwirken.

Mahin und Rackin verfassten schließlich eine erste Fassung des Drehbuchs. Mit der musste schließlich auch gearbeitet werden, da der Autorenstreik kam und beide die Arbeit niederlegen mussten. Während der Dreharbeiten wurden so immer wieder Szenen verändert und neu geschrieben. Dass aus dem Film kein Desaster wurde, ist erstaunlich.

Hathaway wusste, dass es schwierig werden würde, erklärte sich aber bereit, den Film zu machen. Die Dreharbeiten fanden von Mai bis August 1960 statt. Während die Innenaufnahmen in den Fox Studios entstanden drehte man

NOTIZ

Aristokratische Schönheit aus Frankreich

Ihre klassischen Züge waren schuld daran, dass ein Berufsphotograph die Studentin **Capucine** auf offener Straße stellte, als sie in einem Wagen durch Paris fuhr. Als Tochter eines Industriellen geboren, hatte **Germaine Lefevre** (dies ist ihr richtiger Name) in Saumur eine Kunstakademie besucht und bereits ein Diplom erworben, und sie besuchte Paris nur studienhalber, als ihr von dem Photographen auf der Stelle ein Job als Fotomodell angeboten wurde. Germaine zögerte nicht; sie nahm an, aber sie änderte gleichzeitig ihren Namen in Capucine. Als Fotomodell machte sie rasch Karriere, und bald rissen sich die Modefotografen der Weltstädte um ihr fotogenes Gesicht ebenso wie um ihre Modellfigur. So reiste Capucine durch die Welt, und als sie erst in New York war, überzeugte sie ein Agent der Famous-Artists-Agentur, dass sie unbedingt zu Probeaufnahmen nach Hollywood gehen müsse. Capucine befolgte den Rat und - wurde engagiert, obwohl sie zu der Zeit kaum ein Wort englisch sprechen konnte. Alle Verhandlungen wurden über Dolmetscher geführt. Denn Capucine hatte den Test, den Gregory Ratoff leitete, mit Glanz bestanden. Aber man stellte sie nicht gleich in einer winzigen Rolle vor die Kamera - nein, Capucine erhielt eine sorgfältige Ausbildung in Englisch und dramatischen Unterricht, und dann erhielt sie sofort eine Hauptrolle in dem Franz-Liszt-Film NUR WENIGE SIND AUSERWÄHLT, wo sie eine Prinzessin Wittgenstein darstellt, die Liszts große Liebe war. LAND DER TAUSEND ABENTEUER war ihr zweiter Film, in dem sie die einzige weibliche Hauptrolle inne hat - ein leichtes Mädchen, das nach dem vom Goldfieber ergriffenen Alaska der Jahrhundertwende kommt und dort erhebliche Verwirrung in dem frauenarmen Lande stiftet.

Capucine ist 1,72 m groß, hat aschblondes Haar und graublaue Augen. Ihr unbestritten aristokratischer Typ war ohne Zweifel ein Gewinn für die Produzenten Hollywoods.

NOTIZ:

Ein anstrengender Job

Obwohl er zuvor behauptet hatte, „nur" spielen zu brauchen sei geradezu eine Erholung gegen die Mühe, einen Film als Regisseur zu leiten, wie er dies inzwischen auch schon 18mal getan hat, wurde es denn doch nicht so leicht für John Wayne, sich in drei gewichtigen „Kämpfen" als Sieger zu behaupten. Es war anstrengend genug, sich nicht nur in der handfesten Rauferei einer Bar zahlreicher Angreifer zu erwehren (wobei übrigens rund 1200 Liter Bier dran glauben mussten, da bei der Schießerei die Fässer getroffen wurden), sondern er musste auch im eiskalten Schmelzwasser eines Gebirgsbaches seine Gegner mit der Waffe bekämpfen und zum Schluß in einer regelrechten Schlammschlacht auf der Straße einmal völlig im Straßenschmutz versinken! Während man bei anderen Schauspielern stellenweise Plastik statt Schlamm verwandte, war dies bei Wayne nicht möglich, da er allergisch dagegen ist. Aber er meinte: *„Wenn ich für eine Arbeit bezahlt werden, dann mache ich auch, was dafür von mir verlangt wird!"*

die Außenaufnahmen in Point Mugu, Lone Pine und Big Bear, Kalifornien. Das Budget war auf 3,5 Millionen Dollar festgesetzt und wurde um 265.000 Dollar überschritten. Duke erhielt in Erfüllung seines früheren Vertrags mit Fox eine Gage von 666.666 Dollar.

Die Autoren hatten den Film als lockere Abenteuer-Komödie angelegt und gaben damit eine Blaupause dafür ab, was Duke in den nächsten Jahren drehen sollte, denn er erfand sich als älterer Leading Man in jenen Jahren praktisch neu.

Die weibliche Hauptrolle ging an Capucine (1928-1990), die damals die Freundin von Charles Feldman war. Da er darauf bestand, dass sie die Rolle spielte, musste sie auch Französin sein. Duke selbst war vom schauspielerischen Talent der jungen Dame alles andere als angetan.

Sein Partner wurde von Stewart Granger (1913-1993), der eigentlich James Lablanche Stewart hieß, seinen Namen aber änderte, um nicht mit Jimmy Stewart verwechselt zu werden.

Für ihn waren die Dreharbeiten alles andere als leicht. Hathaway hatte ihn auf dem Kieker, was ihn nicht nur irritierte, sondern auch emotional herunterzog. Er sagte zu Duke, dass er dachte, sie machten eine Komödie und sollten dabei Spaß haben, woraufhin Duke ihm den Rat gab, Hathaway die Stirn zu bieten, wenn ihm nicht gefiel, wie er behandelt wurde. Granger setzte Dukes Rat um, wobei er sowohl seinem Ko-Star als auch dem Regisseur die Chance gab, sich auf seine Kosten zu amüsieren.

Granger: *„Ihnen gefällt nicht, was ich tue? Fein. Wie wär's damit? Ich finde, Sie sind ein lausiger Regisseur und der Film, den Sie in der Wüste mit Sophia Loren gemacht haben, ist das lächerlichste Stück…“*
Dann brach Granger ab, weil ihm plötzlich einfiel, dass Duke in dem Film ebenfalls mitgespielt hatte.
Duke: *„Was wolltest Du gerade sagen?“*
Hathaway: *„Ich glaube, er wollte sagen, dass der Film mit Sophia Loren das lächerlichste Stück Scheiße ist, dass er jemals gesehen hat.“*
Duke drehte sich zu Granger hin und tippte ihm mit dem Finger auf die Brust.
Duke: *„Wolltest Du das gerade sagen?“*
Granger, der glaubte, er würde gefeuert oder zumindest verprügelt werden, entschied sich, für sich einzustehen.
Granger: *„Das ist genau das, was ich sagen wollte.“*
Duke tippte ihm wieder mit dem Finger auf die Brust
Duke: *„Das ist genau das, was der Film ist.“*

John Wayne im Kreis schöner Frauen. Ein Kostverächter war der Duke Zeit seines Lebens nicht.

NOTIZ:
STEWART GRANGER - hieß eigentlich James Lablanche Stewart, änderte seinen Namen aber, um nicht mit James Stewart verwechselt zu werden. Er wurde am 6. Mai 1913 in London geboren und studierte später Medizin, brach das Studium jedoch ab, um Schauspieler zu werden. 1935 debütierte er auf der Bühne, wobei er immer bessere Angebote erhielt. Aber dann machte ihm der Zweite Weltkrieg einen Strich durch die Rechnung. Er wurde 1940 eingezogen, 1942 jedoch nach einer Verletzung ausgemustert. Er drehte in Großbritannien Filme bis irgendwann auch Hollywood auf ihn aufmerksam wurde. 1950 spielte er den Abenteurer Allan Quatermain in KING SOLOMON'S MINES (KÖNIG SALOMONS DIAMANTEN). Mit Filmen wie SCARAMOUCHE (SCARAMOUCHE – DER MANN MIT DER MASKE, 1952) oder BEAU BRUMMELL (BEAU BRUMMELL - REBELL UND VERFÜHRER, 1954) etablierte er sich als romantischer Held und Leading Man. In den 60er Jahren spielte er in mehreren Karl-May-Filmen Old Surehand. Einer seiner bekanntesten Filme ist überdies THE WILD GEESE (DIE WILDGÄNSE KOMMEN, 1978). Stewart Granger starb am 16. August 1993 an Prostatakrebs.

„Der Gefangene von Zenda" (1952) u.a. mit Jane Greer

A1, 1. Wiederaufführungsplakat von 1969; Grafik: unbekannt

LAND DER 1000 ABENTEUER

JOHN WAYNE · STEWART GRANGER
LAND DER 1000 ABENTEUER
EIN CENTFOX-FARBFILM IN
CINEMASCOPE
FSK

JOHN WAYNE · STEWART GRANGER
LAND DER 1000 ABENTEUER
EIN CENTFOX-FARBFILM IN
CINEMASCOPE

JOHN WAYNE · STEWART GRANGER
LAND DER 1000 ABENTEUER
EIN CENTFOX-FARBFILM IN
CINEMASCOPE

NOTIZ:

Vom Botenjungen zum Sänger und Filmstar

Wenige erfolgreiche Stars haben zu damaliger Zeit so schnell und in so jungen Jahren große Karriere gemacht wie **Fabian**, der eigentlich **Fabian Forte** heißt. Am 16. Februar 1943 als Sohn eines Polizeibeamten in Philadelphia geboren, ist er eben 17 Jahre alt, und doch wurde er schon mit 16 zum „Populärsten Sänger Amerikas" gewählt.
Er begann als Botenjunge in einem Drugstore und wurde durch Zufall von einem Manager (Bob Marcucci) entdeckt, der ihn in Gesang ausbilden ließ. Er wusste warum er das tat. Denn schon nach einem Jahr Gesangsstudium waren Fabians erste Platten „I'm a Man" und „Turn me Loose" große Schlager, die ihn in ganz Amerika bekannt machten. In den 60er Jahren gehörte er zu den beliebtesten Stars auf diesem Gebiet, besonders bei der weiblichen Jugend, da er Elvis Presley im Typ ähnlich war; er wurde aber auch durch zahlreiche Fernsehsendungen bekannt, und schließlich - wie konnte es anders sein! - wurde er auch noch Filmschauspieler.
In dem CinemaScope-Farbfilm LAND DER TAUSEND ABENTEUER steht der junge Fabian zum zweiten Mal vor der Kamera (HIGH TIME war sein erster Film) und zwar spielt der damals Siebzehnjährige einen siebzehnjährigen jungen Mann, den Filmbruder Stewart Grangers, der von dem Charme einer nach Alaska verschlagenen Schönheit, der Französin Capucine, mehr beeindruckt ist, als für ihn gut ist und deshalb von John Wayne in den eiskalten Fluss „zum Abkühlen" geworfen wird.

Dann sah er zu Hathaway hinüber, fragte *„Richtig, Henry?"* und dieser nickte. Und dann fingen beide an zu lachen.

Trotz dieses kleinen Spaßes kommandierte Hathaway Granger den Rest der Dreharbeiten nach wie vor herum und fluchte, wenn ihm etwas nicht passte. Der Schauspieler entschied schließlich, den Regisseur einfach zu ignorieren.

NORTH TO ALASKA spielte an den US-Kinokassen mehr als 12,5 Millionen Dollar ein und bewies erneut, dass John Wayne einer der größten und kassenträchtigsten Filmstars jener Zeit war.

John Wayne: „Ich bleibe bei den einfachen Themen. Liebe. Hass. Keine Nuancen. Von der Psychologen-Couch halte ich mich fern. Couches sind nur für eine Sache gut."

DAS DEUTSCHE WERBEMATERIAL

EA: Erstaufführung I WA: Wiederaufführung

Plakate:

Land der 1000 Abenteuer . . . .A1 EA von 1960
Land der 1000 Abenteuer . . . .A1 EA von 1960
Land der 1000 Abenteuer A0 quer EA von 1960
Land der 1000 Abenteuer . . . .A1 WA von 1969
Land der 1000 Abenteuer . . . .A1 WA von 1972

Kinoaushangfotos:

28 EA Aushangfotos von 1960
12 WA Aushangfotos von 1972 in Größe A2.
Gleiche Motive wie bei der EA.
Über weitere Aushangfotos zur WA von 1969 ist nichts bekannt.

Land der tausend Abenteuer

Deutsche EA Fotos von 1960

John Wayne: „Ich möchte nicht in Filmen mitspielen, die für den Zuschauer peinlich sind. Ein Mann kann seine Frau, seine Mutter und seine Tochter zu all meinen Filmen mitnehmen und muss sich nie dafür schämen.“

Auch so kann ein Abenteuer aussehen: Indem man im Wettbewerb Bäume erklimmt!

NOTIZ:

Universalgenie in Unterhaltung
Reporter, Schriftsteller, Radiokommentator und Schauspieler

Ernie Kovacs, als Sohn ungarischer Auswanderer in USA geboren, ist eines jener Universalgenies, denen alles zu Gold wird, was durch ihre Hände geht. Das fing schon auf der Schule an, als er in Operettenaufführungen Tenorrollen, später Baritonparts sang. Denn schon damals erhielt er für seine Glanzrolle als Piratenkönig in „Pirates of Penzance“ nicht weniger als sieben Angebote für Stipendien an Schauspielschulen und Konservatorien. So wurde er Berufssänger und -schauspieler. Bei einem Broadwaywettbewerb für Schauspieler erhielt er später den ersten Preis und viele Rollenangebote.

Aber dann kam eines Tages der gesundheitliche Rückschlag für seine übergroße Aktivität, denn er hatte inzwischen auch noch eine eigene Gesellschaft gegründet, für die er Stücke schrieb, die Inszenierungen besorgte, Szenen entwarf und die Hauptrollen spielte. Eine Lungenkrankheit warf ihn anderthalb Jahre aufs Krankenlager. Seitdem kann er keinen weißen Kittel mehr sehen, ohne Angstzustände zu bekommen.

Nach seiner Gesundung ging er zum Rundfunk; in Trenton, New York und Philadelphia war er Ansager und Nachrichtenkommentator, für welche Tätigkeit er 1948 einen Preis erhielt. Schließlich wurde er auch noch Zweiter Programmdirektor.

In Trenton schrieb er außerdem fünfeinhalb Jahre lang eine tägliche Zeitungsspalte und verfasste Kriminalstory-Sendungen für das Radio. Er schrieb auch Sketche für Nachtkabaretts und Liedtexte für Sänger. Ferner war er Spezialist für Direktübertragungen aktueller Ereignisse im Radio von Schiffen, Flugzeugen, Autos, Kränen und allen möglichen beweglichen Dingen aus.

1951 erhielt Kovacs einen Ruf an das New Yorker Fernsehen, um eine eigene Sendung, die „Ernie-Kovacs-Show“ zu inszenieren. Sie lief mehrere Jahre, bis Hollywood sich diesen hochbegabten Mann schließlich sicherte. OPERATION MAD BALL war sein erster Film; sein überragender Sensationserfolg darin brachte ihm weitere Hauptrollen, darunter in FREMDE, WENN WIR UNS BEGEGNEN und jenen einmaligen Hauptmann in UNRASIERT UND FERN DER HEIMAT.

In LAND DER TAUSEND ABENTEUER spielt er einen eleganten Schurken, dem seine intriganten Pläne, einem reichgewordenen ehemaligen Goldgräber seinen Besitz abzujagen, nicht gelingen.

MEERWALD
JOHN
WAYNE
ALASKA
STEWART
GRANGER
LAND
DER
1000
Abenteuer
· NORTH TO ALASKA ·
CAPUCINE · ERNIE KOVACS · FABIAN
20th CENTURY FOX
Produktion + Regie: HENRY HATHAWAY
Ein Farbfilm in Cinemascope. Farbe von Deluxe
Im Verleih der Centfox

A1, Erstaufführungsplakat von 1960; Grafik: Meerwald

JOHN WAYNE
STEWART GRANGER · ERNIE KOVACS · FABIAN · CAPUCINE
REGIE: HENRY HATHAWAY
LAND DER 1000 ABENTEUER
EIN CINEMASCOPE-FARBFILM DE LUXE IM AB-FILMVERLEIH

A1, zweites Wiederaufführungsplakat von 1972; Grafik: unbekannt

US Plakat (1960)

US Plakat (1958), Half Sheet

US Plakat (1960)

A1, Erstaufführungsplakat von 1961; Grafik: unbekannt

DIE COMANCHEROS

1961

Originaltitel: ....THE COMANCHEROS
US-Erstaufführung: ....30. Oktober 1961
Dt. Erstaufführung: .....22. Dezember 1961
Laufzeit: ....107 Minuten
Regie: ....Michael Curtiz
Drehbuch: ....James Edward Grant, Clair Huffaker
Musik: ....Elmer Bernstein
Kamera: ....William H. Clothier
Schnitt: ....Louis R. Loeffler
Darsteller:
John Wayne ....(Jake Cutter)
Stuart Whitman ....(Paul Regret)
Ina Balin ....(Pilar Graile)
Lee Marvin ....(Tully Crow)
Bruce Cabot ....(Major Henry)
Nehemiah Persoff ....(Graile)
Michael Ansara ....(Amelung)
Joan O'Brien ....(Melinda Marshall)
Jack Elam ....(Horseface)
Edgar Buchanan
........(Richter Thaddeus Jackson Breen)
Henry Daniell ....(Gireaux)
Richard Devon ....(Esteban)

Inhalt:
Der Texas Ranger Jake Cutter und sein Freund Paul, ein ausgefuchster Spieler, haben den Comancheros den Kampf angesagt. Die Comancheros sind eine Bande skrupelloser Weißer, die mit den Indianern einen regen Waffen- und Whiskyhandel betreiben. Die beiden ungleichen Männer haben nur ein Ziel - das Treiben dieser Bande zu beenden. Für dieses Ziel riskieren sie alles!

THE COMANCHEROS war ein Film, der John Waynes Image ändern sollte. Ihm war bewusst, dass er nun das Alter erreicht hatte, in dem er nicht mehr einfach den Leading Man spielen konnte. Er spielte seinem Alter entsprechend. Und so ist es auch nicht seine Figur, die hier eine Romanze erlebt, sondern die seines Ko-Stars Stuart Whitman. Was Duke hier tat, war sich neu zu erfinden, wodurch er seine Popularität beim Publikum behielt. Etwas, das anderen Altstars, die versuchten, dieselben Rollen zu spielen, die sie schon 20 Jahre zuvor porträtiert hatten, nicht gelang.

Produziert wurde der Film von George Sherman, der früher sehr viele B-Western mit Duke gemacht hatte. Die Produktion musste vergleichsweise schnell losgehen, da Duke schon zugesagt hatte, in John Fords THE MAN WHO SHOT LIBERTY VALANCE (DER MANN, DER LIBERTY VALANCE ERSCHOSS, 1962) mitzuspielen. Und die Dreharbeiten für diesen Film sollten im Sommer beginnen.
Darum starteten die Dreharbeiten für THE COMANCHEROS am 18. Juni und liefen bis Mitte August 1961. Sherman bedauerte später, dass er sich sputen musste, da Regisseur Michael Curtiz während der Produktion schon schwerkrank war. Hätte man später begonnen, hätte Sherman einen anderen Regisseur auf den Film angesetzt. Zu Curtiz' Ehrenrettung muss man jedoch sagen, dass er einen hervorragenden Film abgeliefert hat.

Die größte Stärke von THE COMANCHEROS ist die Action, die John Wayne in seinen besten Momenten zeigt. Der Film war übrigens die letzte Arbeit von Regie-Veteran Michael Curtiz.

A1, Erstaufführungsplakat von 1961; Grafik: Schubert

Wegen seiner Krebserkrankung wurde Curtiz aber während der Dreharbeiten zusehends schwächer und musste am Ende gar eine Pause einlegen. Duke übernahm die Pflichten des Regisseurs - zuerst eher unscheinbar, als Curtiz noch am Set war, später offen, als der alte Regisseur nicht mehr konnte -, wobei Cliff Lyons, der für die Second Unit zuständig war, auch ein paar Szenen inszenierte. Duke bestand später darauf, nicht als Ko-Regisseur genannt zu werden.
Auch wenn die Umstände tragisch waren, genoss Duke das Inszenieren, und das umso mehr, da der Film diesmal nicht wie THE ALAMO auf seinen Schultern ruhen musste.

Während Stuart Whitman die männliche Ko-Hauptrolle übernahm, ging der weibliche Part an Ina Balin, deren Figur Autor Jimmy Grant nach Dukes Frau Pilar benannt hatte. In einer kleinen, aber signifikanten Rolle ist Lee Marvin dabei, der sich auf Anhieb bestens mit Duke verstand. Und Duke war der Meinung, dass er genau die richtige Rolle für Marvin wusste.
Duke: *„Ich glaube, es gibt einen großartigen Part für dich in THE MAN WHO SHOT LIBERTY VALANCE."*
Marvin: *„Was für eine Rolle ist das?"*
Duke: *„Liberty Valance."*
Marvin: *„Und wer erschießt ihn?"*
Duke: *„Ich."*
Marvin: *„Duke, wenn mich schon jemand erschießt, dann kann ich mir keinen Besseren als Dich vorstellen."*
Und wenig später erhielt Marvin auch die Rolle in John Fords Film, die seiner Karriere sehr förderlich war.

THE COMANCHEROS wurde mit einem Budget von 4,26 Millionen Dollar gedreht. Man filmte in Moab, Utah. Das Kinoeinspiel der ersten Auswertung belief sich auf 8,6 Millionen Dollar. Übrigens wollte George Stevens diesen Film schon einmal in den späten 50er Jahren machen, wobei anstelle von Duke und Whitman Gary Cooper und Anthony Perkins zum Zug hätten kommen sollen. THE COMANCHEROS war der letzte Film von Michael Curtiz. Er erlag seinem Krebsleiden am 10. April 1962.

THE COMANCHEROS wurde teils von John Wayne selbst inszeniert, als Michael Curtiz zu krank wurde, um seine Arbeit fortzusetzen.

A1, Erstaufführungsplakat von 1961; Grafik: Meerwald

Spanisches Plakat von 1972; (Größe: 70 x 100 cm)

Grafik: unbekannt

NOTIZ

Was sind Comancheros?

In der Mitte des vorigen Jahrhunderts bemühte sich Sam Houston, Präsident der Republik Texas, in der die Comanchen-Indianer sich angesiedelt hatten, um den Anschluss an die Union. Texas war spärlich besiedelt - die Rancher bei weitem in der Minderheit. Bald wurden die Übergriffe der Comanchen so zahlreich, dass die Rancher nicht mehr wussten, wie sie damit fertig werden sollten. Präsident Houston hoffte, auf Grund der Tatsache, die Indianerhorden kleinzukriegen, den Eintritt in die Union beschleunigen zu können. Er ließ daher regelrechte Razzien durchführen, bei denen sich herausstellte, dass die Comanchen von Weißen, die irgendwie gegen die Gesetze verstoßen hatten, angeführt wurden. Diese versorgten die Indianer mit Waffen und verkauften die geraubten Güter, soweit sie nicht in den eigenen Lagern Verwendung finden konnten. Um diese gemischten Horden von den reinen Indianer-Verbänden unterscheiden zu können, gab man ihnen den Namen COMANCHEROS - verwegene Burschen mit viel Schmutz und Blut an den langen Fingern, die jahrelang der Schrecken der Texas Rancher waren und erst in langen erbitterten Kämpfen unschädlich gemacht werden konnten.

JOHN WAYNE in
Die Comancheros

JOHN WAYNE in
Die Comancheros
EIN CENTFOX CINEMASCOPE FARBFILM

JOHN WAYNE in
Die Comancheros

JOHN WAYNE in
Die Comancheros
EIN CENTFOX CINEMASCOPE FARBFILM

JOHN WAYNE in
Die Comancheros
EIN CENTFOX CINEMASCOPE FARBFILM

JOHN WAYNE in
Die Comancheros
EIN CENTFOX CINEMASCOPE FARBFILM

JOHN WAYNE in
Die Comancheros

Deutsche EA Fotos von 1961

John Wayne hoch zu Ross: So liebten ihn die Fans. Und so schätzt man ihn noch heute: als aufrechten Cowboy.

DAS DEUTSCHE WERBEMATERIAL

20th CENTURY FOX

EA: Erstaufführung | WA: Wiederaufführung

Plakate:

Die Comancheros . . . . .A1 EA von 1961
Die Comancheros (Motiv schwarz/blau) . . . . .A1 EA von 1961
Die Comancheros (Motiv „C") . . . . .A1 EA von 1961
Die Comancheros . . . . .A1 WA von 1966
Die Comancheros . . . . .A0 quer WA von 1966

Kinoaushangfotos:

26 EA Aushangfotos; über die WA Fotos ist nichts bekannt.

JOHN WAYNE IN
DIE COMANCHEROS
STUART WHITMAN • INA BALIN
NEHEMIAH PERSOFF • LEE MARVIN

JOHN WAYNE in
Die Comancheros
EIN CENTFOX CINEMASCOPE FARBFILM
20th CENTURY FOX
FSK 17 FREIGEGEBEN

JOHN WAYNE in
Die Comancheros
CinemaScope Farbfilm
20th Century Fox
FSK 8 FREIGEGEBEN

JOHN WAYNE
Die Comancheros

JOHN WAYNE
Die Comancheros

JOHN WAYNE
Die Comancheros

JOHN WAYNE
Die Comancheros
STUART Whitman · INA Balin · NEHEMIAH Persoff ·
LEE Marvin REGIE: MICHAEL CURTIZ · PRODUKTION: GEORGE SHERMAN
EIN CINEMASCOPE FARBFILM FARBE VON DELUXE

JOHN WAYNE
Die Comancheros

JOHN WAYNE
Die Comancheros

JOHN WAYNE in
Die Comancheros
EIN CENTFOX CINEMASCOPE FARBFILM
20th CENTURY FOX
FSK 24 FREIGEGEBEN

A1, Erstaufführungsplakat von 1962; Grafik: Goetze

DER MANN, DER LIBERTY VALANCE ERSCHOSS

1962

Originaltitel: . . . . **THE MAN WHO SHOT LIBERTY VALANCE**
US-Erstaufführung: . . . . 22. April 1962
Dt. Erstaufführung: . . . . . 21. September 1962
Laufzeit: . . . . 123 Minuten
Regie: . . . . John Ford
Drehbuch: . . . . James Warner Bellah, Willis Goldbeck
Musik: . . . . Cyril J. Mockridge
Kamera: . . . . William H. Clothier
Schnitt: . . . . Otho Lovering
Darsteller:
John Wayne . . . . (Tom Doniphon)
James Stewart . . . . (Ransom Stoddard)
Vera Miles . . . . (Hallie Stoddard)
Lee Marvin . . . . (Liberty Valance)
Edmond O'Brien . . . . (Dutton Peabody)
Andy Devine . . . . . . (Marshal Link Appleyard)
Ken Murray . . . . (Doc Willoughby)
John Carradine . . (Major Cassius Starbuckle)
Jeanette Nolan . . . . (Nora Ericson)
John Qualen . . . . (Peter Ericson)
Willis Bouchey . . . . (Jason Tully)
Carleton Young . . . . (Maxwell Scott)
Woody Strode . . . . (Pompey)
Strother Martin . . . . (Floyd)
Lee Van Cleef . . . . (Reese)
Paul Birch . . . . (Bürgermeister Winder)

Inhalt:
Der geachtete US-Senator Stoddard reist eigens aus der Hauptstadt an, um in einem kleinen Nest im Westen an der Beisetzung des ehemaligen Revolverhelden Tom Doniphon teilzunehmen. Was die beiden Männer verband, ist das nie gelüftete Geheimnis hinter einer großen Legende: Wer hat damals wirklich die kleine Pionierstadt Shinbone vom Terror des schießwütigen Desperados Liberty Valance befreit?

THE MAN WHO SHOT LIBERTY VALANCE ist ein vergleichsweise kleiner Film, der in Schwarzweiß gedreht wurde – damals durchaus nicht mehr üblich. Während Kritiker oft davon ausgehen, dass dies ebenso wie die Tatsache, dass Ford praktisch nur in Studiokulissen drehte, eine bewusste Entscheidung war, erklärte Chefkameramann William H. Clothier, dass dies nur den Umständen geschuldet ist. Denn Paramount wollte den Film für ein überschaubares Budget drehen. Außerdem verlangte man, dass John Wayne mitwirkte. Und sowohl Duke als auch James Stewart hatten eine hohe Gage bekommen. Duke erhielt 750.000 Dollar und Stewart steckte immerhin 300.000 Dollar ein. Clothier ist sich darum sicher: Hätte Ford das Geld gehabt, hätte man wieder im Monument Valley gedreht.
So jedoch ist THE MAN WHO SHOT LIBERTY VALANCE ein kleiner Film, der auch gut als Bühnenstück umsetzbar wäre. Interessant ist er, weil er in der Essenz die Frage aufwirft, wann aus einer Wahrheit eine Lüge und aus einer Lüge eine Legende wird.

Duke spielte eigentlich nur aus Gefälligkeit in diesem Film mit, denn seine Rolle war vergleichsweise klein. Es störte ihn nicht, zur Abwechslung mal die zweite Geige hinter Jimmy Stewart zu spielen. Lee Marvin spielte Liberty Valance, wobei der Film für seine Karriere essenziell war.

Die Dreharbeiten waren alles andere als ein Zuckerschlecken. Ford war noch unausstehlicher als üblich und ließ seinen ganzen Zorn an Duke aus. Häufig zog er ihn damit auf, dass Woody Strode ein echter Football-Spieler war

Wer hat Liberty Valance erschossen? John Wayne oder James Stewart?

und Duke dabei versagt hatte. Und er fragte Stewart immer wieder, wie oft er sein Leben im Krieg riskiert hatte, während Duke zuhause reich wurde.

Aber auch Stewart hatte unter Ford nichts zu lachen. Eines Tages fragte der Regisseur ihn, was er von Woody Strodes Garderobe hielt. Stewart meinte, es erinnere etwas stark an Onkel Remus (das ist eine Romanfigur, die 1881 erstmals auftauchte). Sofort merkte Stewart, dass er einen Fehler gemacht hatte, denn erst fragte Ford, was an Onkel Remus denn falsch sei. Nur um direkt danach Woody, Duke und andere Schauspieler zu sich zu rufen und zu erklären:
„Einer der … Schauspieler … scheint ein Problem zu haben. Einer der … Schauspieler … mag Onkel Remus nicht. Tatsächlich glaube ich sogar, dass er Neger nicht mag.“

Das sorgte für Spannungen am Set, allerdings nicht bei Woody Strode. Der hochgewachsene Schauspieler war Ford zwar dankbar, dass er ihm 1960 mit SERGEANT RUTLEDGE (MIT EINEM FUSS IN DER HÖLLE) eine großartige Rolle gegeben hatte, aber er mochte Ford nicht besonders. Und das hauptsächlich deswegen, weil er am Set für eine schlechte Stimmung sorgte. So gab es auch einen Zwischenfall zwischen Duke und Woody, den letzterer darauf zurückführt, dass Ford den alternden Schauspieler bis aufs Blut gereizt hat. In einer der wenigen Außenszenen des Films, in denen Wayne eine Kutsche lenkt und Woody hinten war, geschah es. Als es für Strode so aussah, als würde Wayne die Kontrolle verlieren, griff er nach den Zügeln, woraufhin ihn Wayne niederschlug. Als die Pferde schließlich stoppten, stürzte Wayne zu Boden und kam hoch, bereit für einen Kampf.

Strode: *„Ich war physisch in großartiger Verfassung in jenen Tagen und Wayne war etwas zu alt und etwas zu sehr aus der Form, um sich auf einen Kampf einzulassen. Ich hätte ihn in Grund und Boden gestampft. Das wusste Ford auch, weswegen er mir aufgeregt zurief: Woody, schlag ihn nicht. Wir brauchen ihn noch.“*

Die Dreharbeiten für THE MAN WHO SHOT LIBERTY VALANCE begannen am 5. September und endeten am 7. November 1961. Die wenigen Außenaufnahmen entstanden auf der Paramount Ranch im kalifornischen Agoura. Das Budget war auf 3.207.000 Dollar festgelegt, aber Ford unterschritt es sogar um knapp 85.000 Dollar.
Mit mehreren Wiederaufführungen spielte der Film weltweit 20 Millionen Dollar ein. Ein Beispiel dafür, wie gut sich verdienen lässt, wenn

John Ford inszenierte THE MAN WHO SHOT LIBERTY VALANCE mit vergleichsweise kleinem Budget und in Schwarzweiß. Herausgekommen ist einer der ganz großen Klassiker des Western-Genres, dessen Handlung weit abseits gängiger Konventionen erzählt wird.

A1, erstes Wiederaufführungsplakat von 1968; Grafik: Dill

James Stewart verpasst John Wayne einen rechten Haken. Für Action war Jimmy Stewart egentlich nie bekannt, aber überzeugen konnte er in praktisch jeder Rolle.

man Filme an das Fernsehen verkauft, gibt es hier auch. 1967 verkaufte Paramount die Rechte für zwei Ausstrahlungen an CBS für die Summe von 773.415,09 Dollar.

Bemerkenswert ist THE MAN WHO SHOT LIBERTY VALANCE auch, weil dies der erste Film ist, in dem John Wayne jemanden „Pilgrim" („Pilger") nannte. In den kommenden Jahren sollte dies noch des Öfteren der Fall sein.

James Stewart war einer von Alfred Hitchcocks liebsten Schauspielern.

NOTIZ:
JAMES MAITLAND STEWART – von Freunden und Fans immer liebevoll Jimmy genannt, wurde am 20. Mai 1908 in Indiana, Pennsylvania, geboren. Er begann seine Karriere in den 30er Jahren und machte sich als sanftmütiger Mime einen Namen. Seine Figuren waren oftmals etwas schüchtern, mehr wie der gewöhnliche Mann von der Straße. Und dennoch hatte er das Charisma eines Filmstars. Alfred Hitchcock arbeitete sehr gerne mit ihm und setzte ihn in einer Reihe seiner besten Filme, darunter ROPE (COCKTAIL FÜR EINE LEICHE, 1948), REAR WINDOW (DAS FENSTER ZUM HOF, 1954) und VERTIGO (VERTIGO, 1958) ein. Unsterbliche Klassiker, in denen Jimmy die Hauptrolle spielte, sind Frank Capras IT'S A WONDERFUL LIFE (IST DAS LEBEN NICHT SCHÖN?, 1946) und HARVEY (MEIN FREUND HARVEY, 1950). Er gewann einmal den Oscar und war mehrmals nominiert. James Stewart verstarb am 2. Juli 1997 an den Folgen eines Herzinfarkts.

DAS DEUTSCHE WERBEMATERIAL

EA: Erstaufführung | WA: Wiederaufführung

Plakate:

Der Mann der Liberty Valance erschoss ......A1 EA von 1962
Der Mann der Liberty Valance erschoss ..A0 quer EA von 1962
Der Mann der Liberty Valance erschoss . ....A1 WA von 1968
Der Mann der Liberty Valance erschoss . ....A1 WA von 1972
Motiv wie das WA-Plakat von 1968, Verleih „Sonderfilm"

Kinoaushangfotos:

Es gibt 28 Aushangfotos zur EA und WA die Motive sind gleich nur die Titelvignette ist unterschiedlich.

INBONE
erschoss

Der Mann der
LIBERTY VALANCE
erschoss

Der Mann der
LIBERTY VALANCE
erschoss

Der Mann der
LIBERTY VALANCE
erschoss

Der Mann der
LIBERTY VALANCE
erschoss

Der Mann der
LIBERTY VALANCE
erschoss

Der Mann der
LIBERTY VALANCE
erschoss
FSK
13

(Linkes oberes Bild) **Die drei Hauptdarsteller des Films. Wer erschießt Liberty Valance? John Wayne oder James Stewart?**

Quadratische Vignette (links oben) gehört zur Deutschen EA von 1962. Die anderen Fotos (z.B. unten) zur WA von 1968.

Der Mann der
LIBERTY VALANCE
erschoss

Der Mann der
LIBERTY VALANCE
erschoss

Der Mann der
LIBERTY VALANCE
erschoss

Der Mann der
LIBERTY VALANCE
erschoss

Der Mann der
LIBERTY VALANCE
erschoss

MASS MEETING
ELECTIONS
Der Mann der
LIBERTY VALANCE
erschoss

Der Mann der
LIBERTY VALANCE
erschoss

A1, Erstaufführungsplakat von 1962; Grafik: Goetze

HATARI

1962

Originaltitel: .... **HATARI**
US-Erstaufführung: .... 19. Juni 1962
Dt. Erstaufführung: ..... 21. Dezember 1962
Laufzeit: .... 157 Minuten
Regie: .... Howard Hawks
Drehbuch: .... Leigh Brackett
Musik: .... Henry Mancini
Kamera: .... Russell Harlan
Schnitt: .... Stuart Gilmore
Darsteller:
John Wayne .... (Sean Mercer)
Hardy Krüger .... (Kurt Müller)
Elsa Martinelli
.... (Anna Maria „Dallas" D'Allesandro)
Red Buttons .... (Pockets)
Gérard Blain ...... (Charles „Chips" Maurey)
Bruce Cabot .... (Little Wolf)
Michèle Girardon ...... (Brandy de la Court)
Valentin de Vargas
.... (Luis Francisco Garcia Lopez)
Eduard Franz .... (Dr. Sanderson)

Inhalt:
Sean Mercer führt eine Gruppe bestens ausgebildeter Profi-Großwildjäger in Afrika an. Jedoch benutzen sie keine Kugeln - sie fangen die wilden Tiere mit Seilen und Kameras für Zoos und Zirkusattraktionen. Es ist ein aufregendes Geschäft: Mensch gegen Tier. „Hatari" bedeutet auf Suaheli „Gefahr". Und davon gibt es mehr als genug, als Sean Mercer und seiner Leute von der Photographin Dallas begleitet werden.

HATARI ist ein Projekt, das Hawks mit einem Drehbuch von Leigh Brackett anging, das keine durchgehende Story besaß, sondern vielmehr Facetten einer Geschichte präsentierte und diese rund um die spektakulären Action-Szenen herum präsentierten. Eigentlich wollte Hawks, dass dies der erste gemeinsame Film von Clark Gable und Gary Cooper werden sollte, doch diese Pläne fielen durch, weswegen er sich an John Wayne wandte. Gable hatte sich aber bereit erklärt, an der Seite von Duke zu spielen. Allerdings forderte er die erste Namensnennung plus eine Gage von einer Million Dollar plus zehn Prozent, was Paramount deutlich zu viel war. Darum wurde das Skript noch einmal geändert, um das Augenmerk mehr auf Dukes Figur zu legen.

Die Dreharbeiten fanden vom 28. November 1960 bis zum 15. März 1961 im ostafrikanischen Tanganyika statt, wobei der Arbeitstitel THE AFRICAN STORY war. Schon im September hatte ein Team damit begonnen Hintergrundarbeit und Second-Unit zu übernehmen. Das ursprüngliche Budget belief sich auf 4,275 Millionen Dollar, der Film kostete aber letzten Endes knapp über 6,5 Millionen Dollar. Für das Studio erwies sich HATARI dennoch als Erfolg, denn bei einem US-Einspiel von 14 Millionen Dollar blieb gut die Hälfte beim Studio hängen. Zwar erhielt Duke zehn Prozent von den Einnahmen und verdiente damit 750.000

HATARI ist einer der John-Wayne-Filme, die die Fans am meisten lieben. Er ist ein ungewöhnlicher Abenteuerfilm, der jedoch durch ganz tolle Locations überzeugt und einige atemberaubende Actionsequenzen wie die Nashornjagd zu bieten hat.

A0, Erstaufführungsplakat von 1962; Grafik: unbekannt

NOTIZ:

„Hatari!" heißt „Gefahr"!

Wenn an den Hängen des schneebedeckten Kilimandscharo, im sagenhaft tierreichen Ngorongoro-Krater, am geheimnisvollen Manyara-See oder an den Ufern des legendären Ruvu-Flusses der schrille Eingeborenen-Ruf „Hatari!" ertönt, weiss jeder Großtierfänger, was dieses warnende Suaheli-Wort zu bedeuten hat: „Gefahr!"

Dollar, aber das Studio stand dennoch gut da, da der Film in den 60er Jahren noch mehrmals in die Kinos gebracht wurde (wodurch Duke auf eine weitere Gage von akkumuliert 350.000 Dollar kam).

Wie sich Howard Hawks erinnerte, hatte Duke bei dem Dreh die Zeit seines Lebens. Denn er war mittendrin, als es um die Szenen mit der Tierjagd ging. Er verzichtete auf einen Stuntman und Hawks hielt seine Schauspieler an, einfach ihren Text zu improvisieren. Notfalls konnte man diesen später im Studio immer noch neu einsprechen. Das war auch notwendig, denn John Wayne hat wie ein Kesselflicker geflucht, als er versuchte, die Tiere einzufangen.
Bei der Szene, in der Duke und seine Leute Nashörner einfangen wollen, wurde es einmal auch richtig eng, als das Tier dem Wagen zu nahe kam. Die Szene ist auch im Film und wirkt nicht umsonst so realistisch. Sie ist es nämlich auch!

Im ursprünglichen Skript trug Dukes Figur noch den Namen Clint Mercer und war ein alter Cowboy aus Big Springs, Texas. Einige Stunts wurden für Duke von Stuntman Ted White übernommen. Zu Dukes Ko-Stars in diesem Film gehören der Deutsche Hardy Krüger und der Komiker Red Buttons. Der war allerdings nicht die erste Wahl, sondern kam erst zum Zug, nachdem Art Carney und Theodore Bikel abgelehnt hatten.

Red Buttons erzählte Michael Munn von einem Erlebnis in Afrika. Duke und er saßen draußen und spielten Karten, als aus dem Unterholz ein Leopard hervorkam. Buttons sah ihn und sagte zu Duke: *„Duke, da kommt ein Leopard auf uns zu."* Worauf Duke nur trocken antwortete: *„Frag ihn, was er will."*

Für Hawks war HATARI so etwas wie ein Arbeitsurlaub. Mit nur einem halbfertigen Skript drehte er, was ihm gefiel und kümmerte sich nicht um Hollywoods Erbsenzähler, die weit weg waren. HATARI erhielt eine Oscar-Nominierung für die beste Kameraarbeit, unterlag jedoch Freddie Young und LAWRENCE OF ARABIA (LAWRENCE VON ARABIEN, 1962).

NOTIZ:

JOHN WAYNES SYNCHRONSPRECHER

Im Laufe der Jahre hatte John Wayne mehrere deutsche Synchronsprecher. In den 40er und 50er Jahren wechselten sich vor allem **Wolfgang Lukschy** (1905-1983) und **Heinz Engelmann** (1911-1996) auf dem Mimen ab. Am Bekanntesten und Beliebtesten ist jedoch **Arnold Marquis** (1921-1990), der König der Synchronsprecher, der sich Ende der 50er Jahre auf John Wayne etablierte. Marquis war ein Schauspieler, der mit seinem Timbre in der Stimme perfekt für „echte Männer" geeignet war. Im Lauf seiner Karriere sprach er Rollen in mehr als 750 Filmen ein. Er war nicht nur die Stimme von John Wayne, sondern sprach auch James Coburn, Kirk Douglas, Charles Bronson, Lino Ventura und Lee Marvin, um nur ein paar zu nennen. Marquis lieh auch James Arness in RAUCHENDE COLTS seine Stimme. Der Schauspieler hatte John Wayne auch persönlich kennen gelernt und betrachtete ihn als Freund. Nach Waynes Tod veröffentlichte Marquis eine Single mit dem Titel *„Ich war die Stimme von John Wayne"*, mit der er dem Duke die letzte Ehre erweisen wollte.

Wolfgang Lukschy

Heinz Engelmann

Arnold Marquis

Besonders mit der Stimme von Arnold Marquis liebt man John Wayne im deutschsprachigen Raum. Stimme und Gesicht passten perfekt zueinander.

John Wayne genoss die Dreharbeiten von HATARI. Sie waren für ihn fast so etwas wie Ferien. Und auch Howard Hawks mochte die Arbeit in Afrika, da man so weit ab vom Schuss war, dass das Studio sich nicht einmischen konnte.

NOTIZ
HARDY KRÜGER - Hardy Krügers bürgerlicher Name ist Franz Eberhard August Krüger. Er wurde am 12. April 1928 in Berlin geboren. Mit 15 Jahren spielte er das erste Mal in einem Film mit, kurz darauf musste er aber an die Front und kämpfte bei der Infanterie. Nach dem Ende des Krieges setzte er die Schauspielkarriere fort und wurde von J. Arthur Rank entdeckt, der ihn in drei britischen Filmen einsetzte, darunter THE ONE THAT GOT AWAY (EINER KAM DURCH, 1957). Er schaffte es als einer der wenigen deutschen Schauspieler, eine gut gehende internationale Karriere aufzubauen. HATARI war für ihn mehr als nur ein großer Erfolg. Er verliebte sich während der Dreharbeiten in Afrika und kaufte dort ein Stück Land, wo er einen Bungalow für sich selbst und ein Hotel für Touristen errichten ließ. Zu seinen besten Filmen gehören THE FLIGHT OF THE PHOENIX (DER FLUG DES PHOENIX, 1965), THE WILD GEESE (DIE WILDGÄNSE KOMMEN, 1978) und A BRIDGE TO FAR (DIE BRÜCKE VON ARNHEIM, 1977).

Spanische Lobby Card (1978)

Hardy Krüger ist einer der wenigen deutschen Schauspieler, die auch internationale Erfolge feiern konnten.

HATARI!

HATARI!

HATARI!

HATARI!

HATARI!

ELLA GAME
LTD.
HATARI!

HATARI!

Paramount zeigt
HATARI!

HATARI!

Paramount zeigt
JOHN WAYNE · HARDY KRÜGER · ELSA MARTINELLI
HATARI!
TECHNICOLOR

HATARI

Paramount zeigt
HATARI!

HATARI!

DAS DEUTSCHE WERBEMATERIAL

EA: Erstaufführung | WA: Wiederaufführung

Plakate:

Hatari! . . . . .A1 EA von 1962
Hatari! . . . . .A1 quer EA von 1962
Hatari! . . . . .A0 quer EA von 1962
Hatari! (Presse) . . . . .A0 quer EA von 1962
Hatari! (Österreich) . . . . .A1 EA von 1962

Kinoaushangfotos:

40 EA Aushangfotos von 1962

Österreichisches EA Presseplakat (A1) von 1962

(Oben) Erstaufführungsplakat von 1962

Französisches EA Plakat (ca. A1) von 1962

(Unten) A1 quer, Erstaufführungsplakat von 1962; Grafik: Goetze

John Wayne: „Ich bin immer dem Rat meines Vaters gefolgt. Er gab mir drei Dinge mit auf den Weg. Erstens sollte ich immer mein Wort halten. Zweitens sollte ich nie jemanden unbeabsichtigt beleidigen. Und wenn ich Sie beleidige, dann können Sie verdammt sicher sein, dass es beabsichtigt ist. Drittens sagte er mir, ich solle nicht nach Ärger Ausschau halten.“

Paramount zeigt
HATARI!

HATARI!

HATARI!

HATARI!

HATARI!

HATARI!

HATARI!

Deutsche EA-Fotos von 1962

Mit diesem Wagen ging es auf Nashornjagd. Eine Szene, wie sie heute kaum noch entstehen würde, denn John Wayne und Ko. jagten wirklich ein Nashorn!

HATARI ist ein ungewöhnlicher Abenteuerfilm, der in epischer Weise erzählt ist und von den phänomenalen Landschaften lebt. Der Film gehört, nach allgemeiner Meinung zu den beliebtesten John-Wayne-Filmen.

Comic zum Film

Zu HATARI gab es auch eine Comic-Adaption, die nicht nur in den USA veröffentlicht wurde, sondern auch den Weg nach Deutschland fand. Comic-Adaptionen erfolgreicher Filme waren früher keine Seltenheit. Sie sind heute fast komplett ausgestorben, da in Zeiten, da man den Film zuhause besitzen kann, solche Memorabilien keinen Sinn mehr erfüllen.

A1, Erstaufführungsplakat von 1962; Grafik: Schubert

DER LÄNGSTE TAG

1962

Originaltitel: ....THE LONGEST DAY
US-Erstaufführung: ....4. Oktober 1962
Dt. Erstaufführung: ....25. Oktober 1962
Laufzeit: ....178 Minuten
Regie: ....Ken Annakin, Andrew Marton, Bernhard Wicki, Darryl F. Zanuck
Drehbuch: ....Cornelius Ryan
Musik: ....Maurice Jarre
Kamera: .....Jean Bourgoin, Walter Wottlitz
Schnitt: ....Samuel E. Beetley
Darsteller:
John Wayne (Lt. Col. Benjamin Vandervoort), Eddie Albert (Col. Thompson), Paul Anka (Army Ranger), Arletty (Madame Barrault), Jean-Louis Barrault (Louis Roulland), Richard Beymer (Schultz), Hans Christian Blech (Maj. Werner Puskat), Bourvil (Bürgermeister), Richard Burton (David Campbell), Wolfgang Büttner (Maj. Gen. Dr. Hans Speidel), Red Buttons (John Steele), Sean Connery (Flanagan), Ray Danton (Capt. Frank), Mel Ferrer (Maj. Gen. Robert Haines), Henry Fonda (Theodore Roosevelt Jr.), Steve Forrest (Capt. Harding), Gert Fröbe (Sgt. Kaffekanne), Leo Genn (Edwin P. Parker Jr.), Paul Hartmann (Gerd von Rundstedt), Werner Hinz (Feldmarschall Erwin Rommel), Jeffrey Hunter (John H. Fuller), Karl John (Gen. Wolfgang Hager), Curd Jürgens (Maj. Gen. Gunther Blumentritt), Alexander Knox (Maj. Gen. Walter Bedell Smith), Peter Lawford (Lord Lovat), Fernand Ledoux (Louis), Christian Marquand (Cmdr. Philippe Kieffer), Roddy McDowall (Morris), Sal Mineo (Martini), Robert Mitchum (Brig. Gen. Norman Cota), Edmond O'Brien (Gen. Raymond D. Barton), Wolfgang Preiss (Maj. Gen. Max Pemsel), Robert Ryan (Brig. Gen. James M. Gavin), George Segal (Ranger), Rod Steiger (Commander), Peter van Eyck (Lt. Col. Ocker), Robert Wagner (Ranger), Stuart Whitman (Lt. Sheen), Dietmar Schönherr (Major)

Inhalt:
250.000 Mann, 4.700 Schiffe und über 11.000 Flugzeuge – der Sturmangriff der Alliierten auf Hitlers Atlantikwall, die Landung in der Normandie am 06. Juni 1944. Alliierte Angreifer treffen auf deutsche Verteidiger. Die Invasion hat begonnen. Und das langsame Ende des Zweiten Weltkriegs wird eingeleitet

THE LONGEST DAY ist nicht nur einer der erfolgreichsten Filme der 60er Jahre, sondern auch der Film, der 20th Century Fox vor dem Untergang bewahrt hat. Zu dem Zeitpunkt, da THE LONGEST DAY entstand, war er nur eine von zwei Produktionen, die noch fortgeführt wurden. Die andere war CLEOPATRA (1963). Das Budget dieses Monumentalwerks wucherte derart, dass das Studio kurz vor der Pleite war und der Firmenkomplex abgesehen von einer Skelettcrew praktisch verwaist war. Firmenchef Darry F. Zanuck setzte alles auf eine Karte und pumpte auch in sein ambitioniertes Weltkriegsprojekt eine gigantische Summe. Wenn DER LÄNGSTE TAG nicht traumhafte Gewinne erwirtschaftet hätte, wäre die 20th Century Fox in den frühen 60er Jahren in Konkurs gegangen.

Für sein gigantisches Unterfangen wollte Zanuck ein ganzes Heer an Stars, die in kleinen Rollen mitwirken sollten. Das ließ sich finanzieren, da auch große Stars für Gagen von ca. 25.000 Dollar antraten, wenn sie in einem derartigen Prestige-Projekt nur wenige Tage Arbeit hatten. Und so hatte Zanuck auch auf John

A1, Erstaufführungsplakat von 1962; *Grafik: unbekannt*

Wayne gehofft, der den abgesprungenen William Holden ersetzen sollte. Anvisiert waren vier Drehtage. Und Duke war bereit, in dem Film mitzuwirken, allerdings nur für eine Gage von 250.000 Dollar.

Auch als Zanuck an seinen Patriotismus appellierte, wich Duke nicht von seiner Forderung ab. Der Grund hierfür war denkbar einfach. Duke hatte Zanuck als einen Freund angesehen, war jedoch tief verletzt, da Zanuck in einem Interview über Schauspieler vom Leder gelassen hatte, die versuchten, durch eigene Produktionsfirmen immer mehr Kontrolle anzuhäufen. Und besonders dieses Zitat missfiel Duke: *„Er hatte keinerlei Recht, THE ALAMO zu produzieren, zu inszenieren und auch noch die Hauptrolle zu spielen."* Und dann krönte er das noch, indem er „den armen alten Duke" bemitleidete, weil er mit dem Projekt Geld verloren hatte. Duke hatte damals mit einer Anzeige darauf reagiert, in der er klarstellte, dass der Film des armen alten Duke Wayne Box-Office-Rekorde brach.

Als Zanuck ihn nun für THE LONGEST DAY haben wollte, bestand Duke auf die enorme

Im Film ist John Wayne nur etwa zehn Minuten zu sehen. Man hat jedoch das Gefühl, dass er weit mehr in THE LONGEST DAY zu tun hat. Das liegt einfach daran, dass der Film clever geschnitten ist und die Szenen mit Wayne über den Film verteilt wurden.

NOTIZ:

Ein Gedicht von Verlaine kündigte die Invasion an

Verhängnisvolle Missverständnisse bei der deutschen Wehrmacht

Caen (Normandie): Wenige Zeilen eines Gedichtes von Verlaine haben im Sommer 1944 der französischen Widerstandsbewegung den Termin der Invasion mitgeteilt.

Das Gedicht heißt „Herbstlied" und gehört zu den so genannten „Poêes saturniens", den „saturnischen Gedichten". Verlaine, der von 1844 bis 1896 lebte, wurde erst nach seinem Tode berühmt. Sein erster Vers heißt:

„Les sanglots longs des violons de l'automne blessent mon coeur d'une langueur monotone."

(Das ständige Klagen der Geigen im Herbst verwundet mein Herz durch seine Monotonie.)

Im Januar 1944 informierte der deutsche Abwehrchef Admiral Canaris Oberstleutnant Helmuth Meyer, den Abwehroffizier der 15. Armee, von einem außergewöhnlichen Plan der Alliierten. Meyer erfuhr, dass der Londoner Sender BBC am 1. und 15. eines Monats den ersten Teil einer zweiteiligen Botschaft senden würde, der die kommende Invasion ankündige. Teil 1 würde aus der ersten Zeile eines Gedichtes von Verlaine bestehen, die weiteren Verse würden genau 48 Stunden vor dem Beginn des Angriffes gesendet werden.

Das Besondere daran war dass die Information von Canaris zutraf. Wie er davon erfahren konnte, ist heute immer noch ein Geheimnis, das nur wenigen bekannt ist. Tatsache ist, dass am 1. Juni 1944 Meyers Abhörtrupp die Stimme des französischen Sprechers im BBC die Zeile ansagen hörte: „Les sanglots longs des violons de l'automne…" Meyer handelte sofort. Er alarmierte das Hauptquartier der Armee und rief die Hauptquartiere der Feldmarschälle von Rundstedt und Rommel an. Die 15. Armee, die im Norden an der Kanalküste lag, wo man zwischen Dünkrichen und Dieppe die Invasion erwartete, war alarmiert.

Aber dann kam die schicksalhafte Wende. Die Siebente deutsche Armee an der Kanalküste, zwischen Le Havre und Cherburg, wo die Invasion wieder Erwarten erfolgte, wurde niemals alarmiert. General Jodl, Chef des Führungsstabes im Führerhauptquartier, nahm an, dass Rundstedt dies bereits getan hatte. Und Rundstedt war der Meinung, dass Rommel den Befehl gegeben hatte. Auf jeden Fall rollte die Invasion bereits, und die Siebente Armee wurde völlig überrascht.

Um 10.15 Uhr am Abend des 5. Juni, als die Invasionsflotte bereits unterwegs zur Normandieküste war, sendete BBC schließlich die zweite Zeile des Verlainegedichts. Meyers Abhörtrupp berichtete diese schicksalhafte Botschaft pflichtgemäß. Aber nichts geschah. Niemand glaubte der richtigen Warnung des Admiral Canaris und der bestätigenden Meldung des Oberstleutnant Meyer. Die benachbarte und von dem Angriff betroffene Siebente Armee wurde nicht alarmiert.

John Wayne war nur ein Schauspieler aus einer ganzen Legion von Stars, die in THE LONGEST DAY mitspielen.

Gage. Und war verwundert, dass er sie bekam. Zanuck muss entschieden haben, dass es wertvoll war, John Waynes Namen im Film zu haben. Er drehte vier Tage mit ihm, was für zwölf Minuten im fertigen Film ausreichte, die aber so geschickt in das Ganze integriert wurden, dass der Zuschauer das Gefühl hatte, weit mehr von Duke zu sehen. Ähnlich verhielt es sich auch bei den anderen namhaften Stars des Films.

Um seine Vision umzusetzen, setzte Zanuck auf insgesamt vier Regisseure, sich selbst eingeschlossen. Bernard Wicki inszenierte so alle Stellen mit den Deutschen, wobei diese ebenso wie die Szenen mit den Franzosen sowohl in Englisch als auch der eigenen Muttersprache gedreht wurden. Damit hoffte Zanuck, den Film später noch besser in den verschiedenen Ländern vermarkten zu können.

Gedreht wurde dabei nicht nur an einer Location. Man hatte praktisch zwei gleichbedeutende Produktionen, die ähnlich groß waren und parallel liefen, um so möglichst schnell die gewollten Szenen abdrehen zu können. Dennoch dauerten die Dreharbeiten des Films von Juni 1961 bis März 1962. Gedreht wurde sowohl an Originalschauplätzen in der Normandie als auch auf Korsika. Die Szenen mit John Wayne wurden im Februar 1962 abgedreht, wobei man im Studio Boulogne nahe Paris arbeitete.

Das ursprüngliche Budget des Films war auf acht Millionen Dollar angelegt, erhöhte sich dann jedoch um weitere 1.500.000 Dollar, nur um am Ende fast zehn Millionen Dollar ausgemacht zu haben. Bis zu jenem Zeitpunkt war es der teuerste Schwarzweißfilm der Filmgeschichte. Zanuck hatte auch mit Farbmaterial experimentiert, mochte den Look für den Film jedoch nicht. Kurioserweise gab es Jahrzehnte später eine nachkolorierte Fassung des Films.

Der Aufwand, der für THE LONGEST DAY betrieben wurde, war nicht weniger als gigantisch. Mehr als 23.000 britische, französische und amerikanische Soldaten fungierten als Statisten. 500.000 Platzpatronen wurden verschossen, 30 Boote, mit denen die Alliierten landeten, wurden verwendet. Dazu kamen echte Spitfires und Messerschmidts, die wieder aufgemöbelt wurden, um für den Film einsatzfähig zu sein. Die Motoren hierfür stellte Rolls Royce her. 48 technische Berater waren am Werk, um die Genauigkeit des Dargestellten sicherzustellen. Der Bau der Sets alleine verschlang insgesamt ein Budget von 800.000 Dollar, eine für damalige Zeiten ungeahnte Summe. Insgesamt wurden mehr als 360.000 Fuß an Film verschossen, was 66 Stunden entspricht.

THE LONGEST DAY war ein immenser Erfolg und rettete nicht nur das Studio, sondern wurde auch mit fünf Oscar-Nominierungen bedacht. Als Bester Film und für den Besten Schnitt und das Beste Set-Design ging der Film leer aus, aber er errang die goldenen Statuetten in den Kategorien „Beste Kamera (schwarzweiß)" und „Beste Spezialeffekte". Der Film spielte weltweit mehr als 50 Millionen Dollar ein.

Im Nachhinein fühlte sich John Wayne übrigens ein bisschen schlecht, dass er Zanuck so viel Geld abgepresst hatte: „Armer alter Zanuck. Ich hätte nicht so böse sein sollen. Die anderen Stars nahmen für ihre Cameos 25.000 Dollar. Ich mochte den Hurensohn immer. Aber ich war gottverdammt noch mal auf ihn wütend wegen der Attacke, die er in diesem Interview auf mich unternommen hatte. Es war aber sehr nett, dass mich der alte Zanuck gut behandelt hat, als ich für die Dreharbeiten auftauchte. Er war so nett, dass es mir leid tat, ihm so viel berechnet zu haben. Das war vermutlich das teuerste Interview, das ein Filmproduzent jemals gegeben hat."

Robert Mitchum in *THE LONGEST DAY*. Die Dreharbeiten waren für keinen der Beteiligten ein Zuckerschlecken.

NOTIZ:

Ein harter Job

„Der Krieg war die Hölle, und ihn jetzt wieder darzustellen, ist kein Kinderspiel!" Das sagte **Robert Mitchum** am Ende eines harten Drehtages für den Großfilm um die Invasion „Der längste Tag".

Mitchum spielt dabei den amerikanischen Brigadegeneral Norman Cota. Das Drehbuch verlangte, dass er bei den Aufnahmen auf der Insel Ré den überfluteten Sandstrand und die 600 Meter hohen Klippen erklomm, wobei er seine Männer noch anfeuern musste, während rund zwanzig schwere Geschosse um seinen Kopf flogen und mit höllischem Krachen explodierten.

„Der Sand war völlig durchweicht", sagte Mitchum in einem Interview, *„das machte das Waten darin so schwer. Ich konnte nicht eine Sekunde pausieren, denn die Kamera begleitete mich. Die Luft blieb mir weg, aber ich musste weitermachen. Einer der Soldaten hatte mich dadurch angetrieben, dass er mir sein Gewehr in den Rücken bohrte, aber das Drehbuch verlangte, dass er tot umfiel. So hatte ich seine Hilfe nur für kurze Zeit."*

Dieser Szene vorangegangen war eine andere, die zeigte, wie Mitchum und seine Männer aus den Landebooten ausstiegen. Das hieß - durch das eisige Wasser zu waten. Mitchum hatte man - wie auch den anderen Schauspielern - Gummiunterwäsche angeboten. Aber er hatte sie abgelehnt. *„Ich bin auch nicht gerade begeistert von der Idee, mir eine Erkältung zu holen"*, hatte er gemeint, *„aber das Zeug saß so eng, dass ich mich kaum bewegen konnte. Ich sah eher aus wie der Glöckner von Notre-Dame als wie General Cota."*

A1, erstes Wiederaufführungsplakat von 1969; Grafik: Braun

A1, zweites Wiederaufführungsplakat von 1972; Grafik: unbekannt

A0, erstes Wiederaufführungsplakat von 1969; Grafik: unbekannt

DAS DEUTSCHE WERBEMATERIAL

EA: Erstaufführung | WA: Wiederaufführung

Plakate:

Der längste Tag . . . . .A1 EA von 1962
Der längste Tag . . . . .A1 EA von 1962
Der längste Tag . . . . .A0 quer EA von 1962
Der längste Tag . . . . .A1 WA von 1969
Der längste Tag . . . . .A0 quer WA von 1969
Der längste Tag . . . . .A2 quer WA von 1969
Der längste Tag . . . . .A1 WA von 1972

Kinoaushangfotos:

50 EA Aushangfotos von 1962. Es gibt außerdem Großfotos im Format 30 x 39 cm. Die höchste bekannte FSK-Nummer ist die #38. Vermutlich gibt es 50 Stück.

50 WA Aushangfotos von 1969 mit zum Teil anderen Motiven wie bei der Erstaufführung.

20 WA Aushangfotos von 1972; die Motive sind anders als bei der EA und WA. Gleiche Motive wie bei den französische Aushangfotos.

***THE LONGEST DAY** wurde in Deutschland mit dem Prädikat „Besonders wertvoll" ausgezeichnet. Damit würdigte man auch die Aufgabe, den D-Day mit solcher Akkuratesse auf die Leinwand zu bringen.*

DARRYL F. ZANUCKS
DER
LÄNGSTE
TAG
EIN CINEMASCOPE-FILM
im Verleih der Centfox
FSK

DARRYL F. ZANUCKS
DER
LÄNGSTE
TAG
EIN CINEMASCOPE-FILM
im Verleih der Centfox
FSK

DARRYL F. ZANUCKS
DER
LÄNGSTE
EIN CINEMASCOPE-FILM
im Verleih der Centfox

LÄNGSTE
FSK

DARRYL F. ZANUCKS
DER
LÄNGSTE
TAG
EIN CINEMASCOPE-FILM
im Verleih der Centfox
FSK

DARRYL F. ZANUCKS
DER
LÄNGSTE
TAG
EIN CINEMASCOPE-FILM
im Verleih der Centfox
FSK

DARRYL F. ZANUCKS
LÄNGSTE
EIN CINEMASCOPE-FILM
im Verleih der Centfox
FSK

DARRYL F. ZANUCKS
DER LÄNGSTE TAG
EIN CINEMASCOPE-FILM
im Verleih der Centfox
FSK

DARRYL F. ZANUCKS
DER LÄNGSTE TAG
EIN CINEMASCOPE-FILM
im Verleih der Centfox
FSK

DARRYL F. ZANUCKS
DER LÄNGSTE TAG
EIN CINEMASCOPE-FILM
im Verleih der Centfox
FSK

DARRYL F. ZANUCKS
DER LÄNGSTE TAG
EIN CINEMASCOPE-FILM
im Verleih der Centfox
FSK

DARRYL F. ZANUCKS
DER LÄNGSTE TAG
EIN CINEMASCOPE-FILM
im Verleih der Centfox
FSK

DARRYL F. ZANUCKS
DER LÄNGSTE TAG
EIN CINEMASCOPE-FILM
im Verleih der Centfox
FSK

DARRYL F. ZANUCKS
DER LÄNGSTE TAG
EIN CINEMASCOPE-FILM
im Verleih der Centfox
FSK

DARRYL F. ZANUCKS
DER
LÄNGSTE
TAG
EIN CINEMASCOPE-FILM
im Verleih der Centfox

DARRYL F. ZANUCKS
DER
LÄNGSTE
TAG
EIN CINEMASCOPE-FILM
im Verleih der Centfox

DARRYL F. ZANUCKS
DER
LÄNGSTE
TAG
EIN CINEMASCOPE-FILM
im Verleih der Centfox

DARRYL F. ZANUCKS
DER
LÄNGSTE
TAG
EIN CINEMASCOPE-FILM
im Verleih der Centfox

DARRYL F. ZANUCKS
DER
LÄNGSTE
TAG
EIN CINEMASCOPE-FILM
im Verleih der Centfox

DARRYL F. ZANUCKS
DER
LÄNGSTE
TAG
EIN CINEMASCOPE-FILM
im Verleih der Centfox

DARRYL F. ZANUCKS
DER
LÄNGSTE
TAG
EIN CINEMASCOPE-FILM
im Verleih der Centfox

Für die Rollen der deutschen Offiziere engagierte man auch deutsche Schauspieler. Zudem wurden die Szenen mit den Deutschen von Bernard Wicki inszeniert.

Deutsche EA-Fotos von 1962

NOTIZ:

Das war nicht vorgesehen

Ein unfreiwilliges Bad nahm Schauspieler **Peter Lawford** (übrigens Schwager des damaligen amerikanischen Präsidenten) im eisigen Atlantik, als er bei den Aufnahmen als erster einem Transportflugzeug entstieg. Es war ausgemacht, dass die Maschine im knietiefen Wasser halten sollte, aber als die Rampe ausgefahren war, versank Lawford in der Rolle des britischen Kommandeurs Lord Lovat in einer Wassertiefe von 1,80 Meter. Obwohl er vorsichtshalber mit Gummi-Unterzeug versehen worden war, hatte ihm die Garderobiere empfohlen, das Oberteil mit dem Reißverschluß nur halb zu schließen, da er „es ohnehin nicht brauchen" würde. Aber als es soweit war, schoß das eisige Wasser von Oben in die Gummiwäsche, so dass Lawford Mühe hatte, sicher an Land zu kommen. Was den zuschauenden echten Lord Lovat zu dem Ausspruch veranlasste: *„So schlimm hatten wir es ja nicht mal am Invasionstag!"* In dem gewaltigen Filmwerk spielen Werner Hinz und Paul Hartmann die Feldmarschälle Rommel und von Rundstedt, während Curd Jürgens die Rolle des Generalmajors Blumentritt erhielt.

NOTIZ

Die seltsamste „Geheimwaffe" der Invasionstruppen „Rupert"

Eine der seltsamsten „Geheimwaffen", die im Zweiten Weltkrieg bei der Invasion der Alliierten am 6. Juni 1944 Verwendung fand, war „Rupert", eine Gummipuppe mit dem Aussehen eines Fallschirmjägers. Diese Puppen wurden in Scharen an solchen Stellen abgeworfen, worin die Alliierten deutsche Truppen abzulenken wünschten. Sie waren mit einer ganzen Kette von Feuerwerkskörpern ausgestattet, die bei der Landung zündeten und Maschinengewehrfeuer vortäuschten. Wenn sie im Dunkeln „landeten", lösten sie sich gleichzeitig auf, und die verdutzten Deutschen, die des Nachts heftige Kämpfe mit ihnen ausfochten, waren höchst erstaunt, am nächsten Morgen keine Spur mehr von den gelandeten „Truppen" zu finden.

Deutsches EA-Foto von 1962; in der Sondergröße: 30 x 39 cm

DARRYL F. ZANUCKS
DER LÄNGSTE TAG
EIN CINEMASCOPE-FILM
im Verleih der Centfox

DARRYL F. ZANUCKS
DER LÄNGSTE TAG
EIN CINEMASCOPE-FILM

DARRYL F. ZANUCKS
DER LÄNGSTE TAG
EIN CINEMASCOPE-FILM
im Verleih der Centfox

DARRYL F. ZANUCKS
DER LÄNGSTE TAG
EIN CINEMASCOPE-FILM
im Verleih der Centfox

Darryl F. Zanucks DER
LÄNGSTE
TAG
nach dem Tatsachenbericht
von Cornelius Ryan
53 STARS
AUS 4 NATIONEN
20th CENTURY FOX
Regie: Bernhard Wicki, Andrew Marton, Ken Annakin, Elmo Williams

DARRYL F. ZANUCKS
DER
LÄNGSTE
TAG
EIN CINEMASCOPE-FILM
im Verleih der Centfox

A1, Erstaufführungsplakat von 1963/64; Grafik: unbekannt

DAS WAR DER WILDE WESTEN

1962

Originaltitel: . . .**HOW THE WEST WAS WON**
US-Erstaufführung: . . . . . . .20. Februar 1963
Dt. Erstaufführung: . . . . .1. Februar 1963
Laufzeit: .162 Minuten
Regie: . . . . .John Ford, Henry Hathaway, George Marshall, Richard Thorpe
Drehbuch: . . . . .James R. Webb
Musik: .Alfred Newman
Kamera: .William H. Daniels, Milton R. Krasner, Charles Lang, Joseph LaShelle
Schnitt: . . . . .Harold F. Kress
Darsteller:
Carroll Baker . . . .(Eve Prescott)
Lee J. Cobb . . . .(Marshal Lou Ramsey)
Henry Fonda . . . .(Jethro Stuart)
Carolyn Jones . . . .(Julie Rawlings)
Karl Malden . . . .(Zebulon Prescott)
Gregory Peck . . . .(Cleve Van Valen)
George Peppard . . . .(Zeb Rawlings)
Robert Preston . . . .(Roger Morgan)
Debbie Reynolds . . . .(Lilith Prescott)
James Stewart . . . .(Linus Rawlings)
Eli Wallach . . . .(Charlie Gant)
Richard Widmark . . . .(Mike King)
John Wayne
. . . . . .(General William Tecumseh Sherman)
Walter Brennan . . . .(Col. Jeb Hawkins)
Raymond Massey . . . .(Abraham Lincoln)
Agnes Moorehead . . . . . .(Rebecca Prescott)
Harry Morgan . . . .(General Ulysses S. Grant)
Spencer Tracy . . . .(Erzähler)

Inhalt:
Die Geschichte einer Familie – die Geschichte einer Nation. Mit der Erschließung des Westens zieht es eine Familie ebenfalls in das unbekannte Land. Der Goldrausch, der Bürgerkrieg und der Bau der Eisenbahn folgen. Zeb Rawlings ist ein junger Mann, der in den Krieg zieht, nach Hause zurückkehrt, vom Tod seiner Mutter erfährt und Marschall wird.

DAS WAR DER WILDE WESTEN ist ein gigantisches Epos, das ebenso wie DER LÄNGSTE TAG die großen Stars jener Zeit aufbietet. Und auch John Wayne war bereit in diesem Film einen Cameo-Auftritt zu machen. Obwohl in verschiedenen Quellen berichtet wird, dass Duke für seine Dienste eine Gage von 25.000 Dollar erhielt, erzählte dieser in einem Interview mit Michael Munn anderes: *„Ich erhielt 5.000 pro Woche, was jeder Star in diesem Film erhielt. Auf die Art konnten die Kosten niedrig gehalten werden, was gut für MGM, aber auch gut für das St. John's Hospital war."*

Denn MGM hatte geschworen, einen Teil des Profits an das Krankenhaus zu spenden, das damit einen neuen Flügel errichten wollte. Dies war auch einer der Gründe, warum Duke sich bereiterklärte, in dem Film mitzuwirken. Ein anderer war, dass John Ford ihn darum bat. Auch Henry Hathaway wollte ihn für seinen Teil des Films, aber Duke verspürte gegenüber Ford mehr Loyalität und machte sich darum bereit, sechs Tage lang an dem Film zu arbeiten - und zwar als General William Tecumseh Sherman. Die Rolle war nicht gänzlich neu für ihn. Er hatte Sherman schon 1960 in einer Folge von WAGON TRAIN gespielt, in der er aber nur mitwirkte, weil sein Kumpel Ward Bond dabei

John Wayne spielt in HOW THE WEST WAS WON nur eine kleine Rolle. Ebenso wie bei THE LONGEST DAY wurde hier eine Riege von namhaften Stars für kleine Rollen engagiert.

Mehrere Regisseure und eine Vielzahl von weltbekannten Stars engagierten sich in HOW THE WEST WAS WON und erschufen damit einen Western von epischer Größe, der die Geschichte des Wilden Westens in episodischer Form erzählt.

war und John Ford die Regie führte. Sein Part war aber damals klein, so dass viele Zuschauer gar nicht sicher waren, wirklich John Wayne gesehen zu haben. In den Stabsangaben jener Folge ist er aber auch unter seinem echten Namen gelistet.

MGM hatte sich vorgenommen mit HOW THE WEST WAS WON ein optisch wie inhaltlich befriedigendes Epos zu produzieren. Das Cinerama-Format, bei dem drei Filme im selben Kameragehäuse waren und gleichzeitig das Geschehen aufnahmen, war bislang stark kritisiert worden, da die es benutzenden Filme eher inhaltsleer waren. Das sollte sich nun ändern. Bernard Smith produzierte den Film und heuerte gleich mehrere Regisseure an, die verschiedene Episoden drehten. Umso erstaunlicher, dass der Film dennoch wie aus einem Guss wirkt.

Henry Hathaway drehte die Passagen mit den Pionieren, dem Fluss und der Eisenbahn, während George Marshall sich um die Sequenz mit den Outlaws kümmerte. Und John Ford drehte die Bürgerkriegsgeschichte. Sein Teil des Films war damit der mit Abstand kleinste, aber Ford war zu jener Zeit schon alt und kränklich, so dass ihm Smith auch nicht mehr anvertrauen wollte.

Der Film bedurfte gigantischen Aufwands. Mehr als 12.000 Menschen wirkten vor der Kamera mit. Im Vorfeld wurden riesige Textmengen an historischen Informationen verfasst, die man nutzte, um in jeder Beziehung akkurat zu bleiben. Als man merkte, dass man bei Nahaufnahmen von einigen der Kostüme erkennen konnte, dass diese nicht von Hand gestickt waren, ließ man diese noch einmal umarbeiten. Für die Eisenbahnsequenzen wurde eine authentische Lok aus dem Jahr 1870 bis nach South Dakota gebracht. Für eine Szene mit einer Stampede wurden 1.500 Bisons eingesetzt - es war die größte noch vorhandene Herde an Bisons in den Vereinigten Staaten.

Gedreht wurde vom 26. Mai bis November 1961 im Ohio River Valley, dem Monument Valley, Lone Pine und Corrigansville. John Wayne begann seine Arbeit an dem Film am 6. Juni 1961.

Die Musik sollte eigentlich Dimitri Tiomkin komponieren. Er musste jedoch absagen, da er sich einer Augenoperation unterziehen musste. An seine Stelle trat Alfred Newman. Der Film kommt einzig und allein auf Cinerama-Leinwänden wirklich zur Geltung, die so gebogen sind, dass die Zuschauer das Gefühl haben, sich mitten in der Handlung zu befinden. In nor-

MGM
Das war der wilde Westen

MGM
Das war der wilde Westen

MGM
Das war der wilde Westen

MGM
Das war der wilde Westen

MGM
Das war der wilde Westen

MGM
Das war der wilde Westen

MGM
Das war der wilde Westen

malen Kinos, aber auch im Fernsehen und natürlich auf DVD fallen die Nahtstellen auf, die an den beiden Punkten liegen, an denen die Filme aus den drei Kamerapositionen innerhalb der Cinerama-Kamera einander berühren. Zwar versuchten die Regisseure diese zu verstecken, indem sie Szenen so filmten, dass dort Elemente wie Bäume auftauchen, aber durchgängig war dies nicht möglich.

Während der Dreharbeiten wurde ein Stuntman sehr schwer verletzt. Bei einer der Szenen mit dem Zug löste sich eine Kette, so dass Baumstämme herunterfielen und Bob Morgan unter sich begruben. Er wurde dabei derart schwer verletzt, dass er sich fünf Jahre lang Reha-Maßnahmen unterziehen musste, bevor er wieder ohne Hilfsmittel selbst gehen konnte.

HOW THE WEST WAS WON verschlang das gigantische Budget von 14,5 Millionen Dollar, spielte an den Kinokassen jedoch 45 Millionen Dollar ein. Auch bei der Oscar-Verleihung ging er nicht leer aus. Nominierungen gab es in den Kategorien „Bester Film“, „Beste Musik“, „Bestes Kostümdesign“, „Beste Kamera“ und „Bestes Szenenbild“, gewonnen hat der Film in den Kategorien „Bestes Originaldrehbuch“, „Bester Sound“ und „Bester Schnitt“.

HOW THE WEST WAS WON ist ein epochales Werk, das von mehreren Regisseuren und einem riesigen Tross an Stars umgesetzt wurde. Der Film wirkt aufgrund des Cinerama-Formats noch epischer als er es ohnehin schon ist. Aufgrund der Schwierigkeiten, in diesem Format zu drehen und weil es nicht viele Kinos gab, die einen Cinerama-Film ausstrahlen konnten, wurde das Format nur selten benutzt.

Deutsche EA-Fotos von 1963

Französisches WA Plakat von 1972 (Größe: 120 x 160 cm)

MGM
zeigt
Das war der
wilde Westen
FSK

Das war der
wilde Westen
FSK

Das war der
wilde Westen

NOTIZ:

Daten und Tatsachen

Am 6. April 1959 erschien die erste Folge der **LIFE-Artikelserie** „How the west was won“, die den Anstoß zur Produktion des ersten Cinerama-Spielfilms „Das war der Wilde Westen“ gab.

15 historische Werke über die Geschichte des Wilden Westens studierte Drehbuchautor **James Webb**, bevor er an die Abfassung des Filmmanuskriptes ging.

149 Jahre Regie-Erfahrung brachten bis dahin die drei Regisseure des Films für ihre Aufgabe mit. Henry Hathaway stand für: der „Der Fluß“, „Der Planwagen“ und die „Desperados“, John Ford für, der „Der Bürgerkrieg“und George Marshall inszenierte „Die Eisenbahn“.

15 Oscars haben die Mitglieder des Stabes und des Ensembles bis zur Produktion dieses Films errungen: John Ford 5, Komponist Alfred Newman 5, Walter Brennan 3, Karl Malden 1 und James Stewart 1.

12.000 Schauspieler und Komparsen wirken außer den Hauptdarstellern mit.

Über **350 Indianer** aus den Stämmen der Oglallas, Hunkpapas, Blackfeets, Brules und Arapahoes (die alle zum Volk der Sioux gehören und heute in den Pine Ridge- und rosebud-Reservationen in Süd-Dakota leben) wirkten bei der Inszenierung der größten Indianerschlacht der Filmgeschichte (in der Episode „Der Planwagen“) mit. Der Älteste unter den mitwirkenden Indianern war der 81jährige Häuptling.

11 Monate Drehzeit wurden für die Aufnahmen zu DAS WAR DER WILDE WESTEN aufgewendet.

In **9 Staaten** der USA wurden die Aufnahmen zu den einzelnen Episoden gedreht: Kentucky, Illinois, Oregon, Colorado, Süd-Dakota, Kalifornien, Arizona, Neu-Mexiko und Utah. Die Szenerie des Films reicht vom Erie-Kanal bis zu den Boom Towns von Kalifornien, von in Meereshöhe liegenden Wüstenstrecken bis zu den 4.200 Meter hohen Uncompahgre Mountains, von den Schwarzen Bergen Dakotas bis zu den Geisterstädten Colorados. Bei den Aufnahmen zu den einzelnen Drehorten wurden insgesamt 80.000 Kilometer zurückgelegt.

Der Aufwand, der für HOW THE WEST WAS WON betrieben wurde, war gigantisch. Mehr als 1.500 Büffel wurden in dem Film eingesetzt. Dies ist eine der größten Herden, die es zur damaligen Zeit überhaupt noch gab.

Eine echte **Lokomotive von 1870** gehörte zu der wertvollsten Requisite des Films. Sie heißt „Pacific Express“ und fuhr einst in Diensten der Virginia-Truckee Railroad auf der Strecke Virginia City-Reno. Zu den Aufnahmen musste sie auf riesigen Umwegen von Kalifornien nach Süd-Dakota gebracht werden, da der Zug, mit dem sie transportiert wurde, mit dieser hohen Last durch keine Tunnels ging.

2.000 Büffel wurden für die gigantische Szene einer Buffalo-Stampede (in der Episode „Die Eisenbahn“) zusammengetrieben. Sie gehören zu dem Bestand des Naturschutzgebietes „Custer State Park“ in Süd-Dakota. Die Organisation der Stampede übernahm der Superintendent des Naturschutzparkes, Lester Price, ein früherer FBI-Agent, der es sich zur Aufgabe gemacht hat, die Büffel vor dem Aussterben zu retten. Als er 1948 die Verwaltung des Parkes übernahm, gab es nur noch 400 Büffel von den 90.000 000, die einst durch die Prärien des Westens zogen).

Über **600 Pferde** wurden zu den Aufnahmen der einzelnen Episoden benötigt. Sie wurden von 200 Cowboys unter Führung von Dick Webb, dem Besitzer der größten Westernfilm-Pferderanch („Webb and Mounce Motion Picture Livestock“) betreut und fraßen täglich 10 Tonnen Heu.

300 Gewehre und Revolver sowie **150 Bogen** und **100 Lanzen** gehörten zum Requisiten-Fundus von DAS WAR DER WILDE WESTEN.

DAS DEUTSCHE WERBEMATERIAL

EA: Erstaufführung WA: Wiederaufführung

Plakate:

Das war der Wilde Westen .....A1 quer EA von 1963
Das war der Wilde Westen .....A0 quer EA von 1963
Das war der Wilde Westen ....A1 EA von 1963/64
Das war der Wilde Westen ....A1 WA von 1971

Auf allen Plakaten steht „Cinerama". Das WA Plakat von 1972 gibt es auch mit der Aufschrift **MGM**.

Kinoaushangfotos:

Es gibt 2 EA Aushangfotosätze. Einmal 24 Fotos, mit der Aufschrift „Cinerama" und ein Satz mit 45 Fotos von MGM. 19 „Cinerama" Fotos sind identisch mit den von MGM. Bei den 5 anderen Fotos gibt es u.a. ein Portrait Foto von John Wayne.
Zur WA gibt es 12 Aushangfotos in der Größe A2 die Motive sind identisch mit den EA Fotos.

A1, Wiederaufführungsplakat von 1971; Grafik: unbekannt

A0, Erstaufführungsplakat von 1963; Grafik: unbekannt

***HOW THE WEST WAS WON* wurde im Cinerama-Verfahren gedreht. Das Problem dabei war nur, dass es kaum Kinos kam, die entsprechende Leinwände hatten, um den Film in dieser Form überhaupt vorführen zu können.**

Das war der
wilde Westen
MGM
FSK

Das war der
wilde Westen
MGM
FSK

Das war der
wilde Westen
MGM
FSK

Das war der
wilde Westen
MGM
FSK

MGM
Das war der
wilde Westen

MGM
Das war der
wilde Westen

MGM
Das war der
wilde Westen

MGM
Das war der
wilde Westen

MGM

MGM
Das war der
wilde Westen

MGM

NOTIZ

CAROLL BAKER wurde am 28. Mai 1931 in Johnstown, Pennsylvania, geboren. Sie nahm Ballettunterricht und arbeitete später als Tänzerin und Assistentin eines Magiers. Sie nahm Schauspielunterricht am renommierten Actors' Studio und wirkte in den 50er Jahren in GIANTS (GIGANTEN, 1956) und THE BIG COUNTRY (WEITES LAND, 1958) mit. Später war sie in Klassikern wie HOW THE WEST WAS WON (DAS WAR DER WILDE WESTEN, 1962) und THE GREATEST STORY EVER TOLD (DIE GRÖSSTE GESCHICHTE ALLER ZEITEN, 1965) zu sehen. Obschon man gehofft hatte, sie würde eine neue Marilyn Monroe, war ihr Stern zum Ende des Jahrzehnts im Sinken inbegriffen, doch in Europa war sie noch gefragt, wo sie in den 70er Jahren sehr aktiv war. Sie spielte in einer Reihe von italienischen Filmen mit, darunter mehreren von Umberto Lenzi inszenierten Gialli wie KNIFE OF ICE (IL COLTELLO DI GHIACCIO, 1972). Später drehte sie auch wieder in den USA und war bis ins Jahr 2003 hin aktiv.

PARAMOUNT zeigt:
JOHN WAYNE
in der
JOHN FORD PRODUKTION
DIE HAFENKNEIPE VON TAHITI
· DONOVAN'S REEF ·
PELTZER
mit
LEE MARVIN · ELIZABETH ALLEN · JACK WARDEN · CESAR ROMERO
DICK FORAN und DOROTHY LAMOUR
Regie: JOHN FORD · Drehbuch: FRANK NUGENT und JAMES EDWARD GRANT · Nach einer Story von EDMUND BELOIN
TECHNICOLOR®
IM VERLEIH DER PARAMOUNT

A1, Erstaufführungsplakat von 1963; Grafik: Peltzer

DIE HAFENKNEIPE VON TAHITI

1963

Originaltitel: . . . . **DONOVAN'S REEF**
US-Erstaufführung: . . . . 12. Juni 1963
Dt. Erstaufführung: . . . . . 20. September 1963
Laufzeit: . . . . 109 Minuten
Regie: . . . . John Ford
Drehbuch: . . . . James Edward Grant, Frank S. Nugent
Musik: . . . . Cyril Mockridge
Kamera: . . . . William H. Clothier
Schnitt: . . . . Otho Lovering
Darsteller:
John Wayne . . . (Michael P. „Guns" Donovan)
Lee Marvin . . . (Thomas A. „Boats" Gilhooley)
Elizabeth Allen . . . . . (Amelia Sarah Dedham)
Jack Warden . . . . (Dr. William Dedham)
Dorothy Lamour . . . . (Miss Lafleur)
Cesar Romero . . . . . (Marquis Andre de Lage)
Jacqueline Malouf . . . . (Lelani Dedham)
Mike Mazurki . . . . (Sgt. Monk Menkowicz)
Marcel Dalio . . . . (Vater Cluzeot)
Patrick Wayne . . . . (Navy Lieutenant)
Edgar Buchanan . . . . (Francis X. O'Brien)
Aissa Wayne . . . . (Mädchen)

Inhalt:
Guns Donavan ist ein echter Haudegen. Er geht keiner Schlägerei aus dem Weg und trinkt auch gerne mal einen. Um seinem Freund Dedham einen Gefallen zu tun, gibt er sich als Vater von dessen drei Kindern aus, denn Dedhams große Tochter Amelia hat ihren Besuch angekündigt. Zunächst läuft auch alles glatt, bis sich die energische Amelia in Guns verliebt ...

DONOVAN'S REEF war der letzte gemeinsame Film von John Ford und John Wayne. Freilich wussten das beide zu jenem Zeitpunkt noch nicht. Ford wusste schon während der Dreharbeiten von HOW THE WEST WAS WON, dass er diesen Film machen wollte und erzählte Duke davon, der sofort zustimmte, darin mitzuspielen. Der Film basiert auf einem Drehbuch von Jimmy Grant, das den Titel GUNNER'S MATE trug. Ford war damit nicht zufrieden, weswegen er Frank Nugent anheuerte, es umzuschreiben. Eine Entscheidung, die Duke missbilligte, da er glaubte, dass dies der ohnehin hauchdünnen Geschichte nicht gerade half.

Gedreht wurde der Film unter dem Titel THE CLIMATE OF LOVE vom 23. Juli bis zum September 1962 auf der hawaiianischen Insel Kauai. Innenaufnahmen fanden auf dem Paramount Lot in Hollywood statt.

Die Idee den Film zu machen, ist im Endeffekt der Überlegung geschuldet, dass man mit Freunden und Familie eine schöne Zeit auf Hawaii verbringen kann. Und nebenbei einen Film macht. Duke und Ko-Star Lee Marvin tranken oft und viel, auch wenn Ford, der mittlerweile dem Alkohol abgeschworen hatte, das zu unterbinden versuchte. Für Marvin gab es aber auch nicht viel zu tun, da seine Rolle nach dem Umschreiben des Skripts vergleichsweise irrelevant geworden ist.

DONOVAN'S REEF war der letzte Film, den John Ford und John Wayne gemeinsam drehten. Damit endete eine Jahrzehnte währende Zusammenarbeit.

Duke fühlte sich etwas unwohl dabei, dass die Frau, in die sich seine Figur verlieben sollte, so jung war. Elizabeth Allen war zu jenem Zeitpunkt 33 Jahre alt (andere Quellen gehen von einem späteren Geburtsjahr und damit einem Alter von 29 Jahren aus). Und Duke hatte bei Ford gedrängt, doch lieber Maureen O'Hara zu engagieren, da der Altersunterschied unter ihnen beiden nicht so extrem groß war.
Darauf entgegnete Ford nur: *„Und wirst Du Maureen sagen, dass sie für die Rolle perfekt sei, weil sie alt ist?"*
Weiterhin wirken in dem Film zwei Schauspieler mit, die später verstärkt für das Fernsehen tätig wurden: Cesar Romero, der in der BATMAN-Serie den Joker spielte, und Jack Warden, der in den 80er Jahren DIE FÄLLE DES HARRY FOX löste.

DONOVAN'S REEF kostete knapp 3,5 Millionen Dollar, wobei Duke eine Gage von 600.000 Dollar erhielt. Außerdem war er mit zehn Prozent am Nettogewinn beteiligt. Bei der weltweiten Auswertung erwirtschaftete der Film für das Studio Paramount knapp neun Millionen Dollar.

Paramount zeigt
JOHN WAYNE
Die Hafenkneipe von TAHITI
TECHNICOLOR

Paramount zeigt
JOHN WAYNE
Die Hafenkneipe von TAHITI
TECHNICOLOR

CHING
Paramount zeigt
JOHN WAYNE
Die Hafenkneipe von TAHITI
TECHNICOLOR

Paramount zeigt
JOHN WAYNE
TECHNICOLOR

Paramount zeigt
JOHN WAYNE
Die Hafenkneipe von TAHITI

Paramount zeigt
JOHN WAYNE
Die Hafenkneipe von TAHITI

Paramount zeigt
JOHN WAYNE
Die Hafenkneipe von TAHITI
TECHNICOLOR

Deutsche EA-Fotos von 1963

John Wayne schleift Lee Marvin davon. Beide Männer hatten bei den Dreharbeiten zu DONOVAN'S REEF viel Spaß.

NOTIZ:
LEE MARVIN wurde am 19. Februar 1924 in New York geboren. Seine Karriere begann er als Nebendarsteller, wobei es anfangs nicht hilfreich für ihn war, dass er sehr früh ergraut war. Später gereichte ihm der ungewöhnliche Look zum Vorteil. Seine Karriere begann er beim Theater, wobei er durch einen Zufall Schauspieler wurde. Er arbeitete als Klempner und als ein Schauspieler ausfiel, bat man ihn, einzuspringen. Mit CAT BALLOU - HÄNGEN SOLLST DU IN WYOMING (Cat Ballou, 1965), für den er mit einem Oscar ausgezeichnet wurde, etablierte sich Marvin. Er war ein Mime, der gerne in kernigen Action-Rollen eingesetzt wurde, so in DAS DRECKIGE DUTZEND (The Dirty Dozen, 1967), POINT BLANK (Point Blank, 1967) oder DIE HÖLLE SIND WIR (Hell in the Pacific, 1968). Der letzte Film, in dem er vor seinem Tod mitwirkte, war auch ein Actionstreifen: das Chuck-Norris-Vehikel DELTA FORCE (Delta Force, 1986). Lee Marvin starb am 29. August 1987 an einem Herzinfarkt.

Paramount zeigt
JOHN WAYNE
Die Hafenkneipe von TAHITI

Paramount zeigt
JOHN WAYNE
Die Hafenkneipe von TAHITI

Paramount zeigt
JOHN WAYNE
Die Hafenkneipe von TAHITI
RF2

Paramount zeigt
JOHN WAYNE
Die Hafenkneipe von TAHITI

Paramount zeigt
JOHN WAYNE
Die Hafenkneipe von TAHITI

Paramount zeigt
JOHN WAYNE
Die Hafenkneipe von TAHITI

Was den Charme des Films ausmacht, ist ganz klar die wunderbare Szenerie auf Hawaii. Für die Filmemacher war es praktisch „Arbeitsurlaub".

DAS DEUTSCHE WERBEMATERIAL

EA: Erstaufführung I WA: Wiederaufführung

Plakate:

Die Hafenkneipe von Tahiti . . . . .A1 EA von 1963

Kinoaushangfotos:

Es gibt 30 EA Aushangfotos von 1963

US Plakat (1963)

A1, Erstaufführungsplakat von 1964; Grafik: Alelier Degen

MAcLINTOCK

1963

Originaltitel: . . . . McLINTOCK
US-Erstaufführung: . . . . . 13. November 1963
Dt. Erstaufführung: . . . . 6. März 1964
Laufzeit: . . . . 127 Minuten
Regie: . . . . Andrew V. McLaglen
Drehbuch: . . . . James Edward Grant
Musik: . . . . Frank De Vol
Kamera: . . . . William H. Clothier
Schnitt: . . . . Otho Lovering, Bill Lewis
Darsteller:
John Wayne (George Washington MacLintock)
Maureen O'Hara
. . . . (Katherine Gilhooley MacLintock)
Patrick Wayne . . . . (Devlin Warren)
Stefanie Powers . . . . (Becky MacLintock)
Jack Kruschen . . . . (Jake Birnbaum)
Chill Wills . . . . (Drago)
Yvonne De Carlo . . . . . . (Mrs. Louise Warren)
Jerry Van Dyke . . . . (Matt Douglas Jr.)
Edgar Buchanan . . . . (Bunny Dull)
Bruce Cabot . . . . (Ben Sage)
Perry Lopez . . . . (Davey Elk)
Strother Martin . . . . (Agard)
Aissa Wayne . . . . (Alice Warren)
Robert Lowery . . . . . (Cuthbert H. Humphrey)
Hank Worden . . . . (Curly Fletcher)

Inhalt:
George Washington MacLintock ist ein stolzer, unbeugsamer Rinderbaron, dessen Tochter Becky vom College zurückerwartet wird. Aber G.W.s Freude über das Wiedersehen mit seiner Tochter wird stark getrübt durch die Ankunft seiner eigensinnigen Frau Katherine, die ihn zwei Jahre zuvor verlassen hat.

McLINTOCK war, wie sich alle Beteiligten erinnerten, wie ein John-Ford-Film – nur ohne John Ford. Die Batjac-Produktion war ein Familienunternehmen, bei dem viele Freunde mitwirkten. James Grant schrieb das Drehbuch und William Clothier war der Chefkameramann. Vor der Kamera konnte Duke endlich wieder mit seiner liebsten Leading Lady Maureen O'Hara arbeiten. Außerdem wirkten Patrick und Aissa Wayne mit. Chill Wills, der schon bei THE ALAMO dabei war, wurde ebenfalls für den Film geholt. Die Rolle der Louisse Warren ging als Gefälligkeit an Yvonne De Carlo, deren Mann, der Stuntman Bob Morgan, bei den Dreharbeiten zu HOW THE WEST WAS WON schwer verletzt worden war.

Hinter der Kamera agierten Michael Wayne als Produzent, Dukes Bruder Bob als Production Supervisor und Andrew V. McLaglen als Regisseur. McLaglen hatte oft mit Duke gearbeitet, als er noch Second Unit und Regieassistenz machte. Für McLINTOCK war er die zweite Wahl. Eigentlich wollte Duke Henry Hathaway, doch Michael Wayne sprach sein Veto aus, da dessen Gage von 200.000 Dollar das Budget gesprengt hätte. McLaglen wiederum arbeitete für 25.000 Dollar.

Der Film hat weniger eine durchgehende Handlung und ist mehr ein episodischer Spaß, der nicht nur beim Dreh aufkam, sondern sich auch aufs Publikum übertrug. Besonders gewinnt der Film durch die Chemie zwischen Duke und Maureen O'Hara.

Bei den Dreharbeiten sollte eine Kampfszene in einem Schlammloch stattfinden. Die Stuntmen weigerten sich, dies zu tun, wenn ihr Salär nicht erhöht würde, woraufhin Duke losdonnerte: *Ihr feigen Hühner. Das ist genauso gefährlich wie in einen Swimming Pool zu sprin-*

John Wayne ist MacLintock, ein Farmer, der mehr Ärger mit seiner Familie als mit seinen Rindern hat.

gen. Maureen und ich werden euch zeigen, wie das gemacht wird. Stimmt's, Maureen?“

In einem Interview mit Michael Munn schmunzelte Duke, als er daran dachte, denn sie hatte einen Gesichtsausdruck, als ob er ihr gerade gesagt hätte, sie sollte sich mit einem Fass die Niagara-Fälle hinunterstürzen.
Maureen wiederum wandte sich an Cliff Robertson: *„Der alte Bastard will, dass ich diesen Hügel runter und hinein in das Schlammloch rutsche. Wenn Du mir sagst, dass es sicher ist, mache ich es. Aber ich mache es nicht, nur weil der alte Bastard sagt, ich müsste es tun.“* Und Robertson bestätigte, dass es nicht gefährlich war. Unabhängig davon war es aber unangenehm, denn man drehte im November und der Schlamm war bitterkalt. Tatsächlich musste man jeden Morgen die Eisschicht, die sich darauf gebildet hatte, auftauen. Insgesamt arbeitete man an der Sequenz drei Tage.

McLINTOCK wurde mit einem Budget von 2,15 Millionen Dollar angesetzt. Da Batjac ihn produzierte, musste man vergleichsweise günstig sein. Der Film ging danach an United Artists, da man der Firma noch wegen THE ALAMO Geld schuldig war. Dukes Salär betrug fünf Prozent der Einkünfte vor Break Even und zehn Prozent aller Einkünfte nach Break Even. 700.000 Dollar davon gingen aber wiederum an UA für ein Darlehen, das Duke sich wegen THE ALAMO genommen hatte.

Der Film war an der US-Kinokasse erfolgreich und erwirtschaftete für das Studio Einnahmen von 4,5 Millionen Dollar. Fünf Jahre nach Veröffentlichung gingen alle Rechte an dem Film an Batjac über.

NOTIZ:
ANDREW V. McLAGLEN - Der am 28. Juli 1920 in London geborene Regisseur Andrew V. McLaglen ist der Sohn von Schauspieler Victor McLaglen. Er begann seine Karriere als assistierender Regisseur und erhielt 1956 mit GUN THE MAN DOWN seine erste Gelegenheit, einen eigenen Film zu inszenieren. Als assistierender Regisseur lernte er John Wayne kennen, der ihn schließlich für einige seiner Filme als Regisseur holte. In den 60er Jahren war McLaglen für das Fernsehen sehr aktiv. Er inszenierte fast 100 Episoden von HAVE GUN - WILL TRAVEL und mehr als 100 Folgen von RAUCHENDE COLTS. Neben seinen Arbeiten mit John Wayne sind THE WILD GEESE (DIE WILDGÄNSE KOMMEN, 1978) und THE SEA WOLVES (DIE SEEWÖLFE KOMMEN, 1980) seine bekanntesten Filme. Zuletzt inszenierte McLaglen 1989 den Kriegsfilm RETURN TO RIVER KWAI (RÜCKKEHR VOM RIVER KWAI).

Reich und mächtig ist Rinderbaron MacLintock. Und dennoch plagt diesen Mann, der alles besitzt, was das Herz begärt, ein stiller Kummer: Seine Frau hat ihn - von seiner ehelichen Untreue überzeugt - verlassen. Die Unnachgiebigkeit des zielstrebigen Texaners trägt jedoch den Sieg über die „Ausreißerin“ davon.
Am Werbematerial ist übrigens interessant, dass die Schreibweise des Filmtitels immer mal variiert: zwischen McLINTOCK und MacLINTOCK.

JOHN WAYNE
MAUREEN O'HARA
MacLINTOCK
UNITED ARTISTS
FSK 8 FREIGEGEBEN

JOHN MAUREEN
WAYNE O'HARA
MacLINTOCK

JOHN MAUREEN
WAYNE O'HARA
MacLINTOCK

JOHN MAUREEN
WAYNE O'HARA
MacLINTOCK

JOHN MAUREEN
WAYNE O'HARA
MacLINTOCK

NOTIZ:
Ochsen:

Berühmt (und beliebt) muß man sein, dann kann man alles haben. John Wayne, der seit RINGO - STAGECOACH in der ganzen Welt bekannte Westernstar, brauchte für seinen Film 500 langhörnige Ochsen. Ihre Beschaffung sollte für versierte Filmleute kein Problem bedeuten. Dennoch stieß Johns Sohn Michael, der junge Produzent des Films, auf unüberwindliche Schwierigkeiten, da die Hörner aller in den USA gezüchteten Ochsen nicht wie früher nach oben, sondern nach unten auslaufen. Ochsen, wie sie für die Filmaufnahmen benötigt wurden, waren in den ganzen Vereinigten Staaten nicht aufzutreiben, sondern existierten lediglich noch in Mexiko. Die mexikanische Regierung aber steht offensichtlich auf John Waynes Seite. Sie lieh ihm nämlich anstandslos die 500 gewünschten Tiere und bezahlte obendrein noch den Transport. Wie heißt es doch gleich so schön? „Den Seinen gibt's der Herr im Schlaf." Ja, ja, berühmt müsste man eben sein...

John Wayne mit dem für ihn typischen Hemd. Damit löste er einen richtigen Trend aus.

NOTIZ:
Alt Tucson:

Eine bekannte amerikanische Touristen-Attraktion, die naturgetreue Nachbildung der einzigen, von einer Mauer umschlossenen Stadt der Vereinigten Staaten, erscheint in MAC LINTOCK. Mehrere Szenenpassagen entstanden in „Alt Tucson", der 1940 von Columbia Pictures für die Aufnahmen ihres Filmes ARIZONA rekonstruierten Pueblo-Stadt. „Alt Tucson" liegt 20 Kilometer westlich der heutigen Stadt dieses Namens und genau an jenem Platz, wo sich der Ort Tucson früher befand. Die Nachbildung besitzt quadratische Form und etwa die gleiche Größe wie vier Häuserblocks einer Großstadt. Alt Tuscon wurde seinerzeit aus Original-Baustoffen, an der Sonne getrockneten Ziegeln errichtet.

NOTIZ:
Comic:

Bevor mit Videokassetten und DVDs Filme für jeden auch zuhause erlebbar wurden, waren Adaptionen beliebter Kinohits eine Domäne des Comics. In den USA spezialisierte sich vor allem der Verlag Gold Key auf dieses lukrative Geschäft und publizierte nicht nur eine Reihe von Comic-Serien, die auf Fernsehserien wie STAR TREK basierten, sondern auch Einzelhefte, die sich der Geschichte von erfolgreichen Filmen annahmen. Und auch McLINTOCK war ein Titel, den Gold Key als vielversprechend ansah. Es gab zu einer Reihe verschiedener John-Wayne-Filme Comic-Adaptionen.

DAS DEUTSCHE WERBEMATERIAL

EA: Erstaufführung | WA: Wiederaufführung

Plakate:

MacLintock . . . . A1 EA von 1964
MacLintock . . . . .A0 quer EA von 1964
MacLintock . . . . .A1 WA von 1969

Kinoaushangfotos:

Es gibt 32 EA Aushangfotos von 1964.
Über WA Fotos von 1969 ist nichts bekannt.

(Links: A1, Wideraufführungsplakat von 1969; Grafik: Gläser

A1, Erstaufführungsplakat von 1964; Grafik: Schubert

CIRCUS-WELT

1964

Originaltitel: . . . . .CIRCUS WORLD
Deutscher Alternativtitel: . . . .Held der Arena / Zirkuswelt
Englischer Alternativtitel: . . . .The Magnificent Showman / Samuel Bronston's Circus World
US-Erstaufführung: . . . . .25. Juni 1964
Dt. Erstaufführung: . . . . .10. Dezember 1964
Laufzeit: .135 Minuten
Regie: . . . . .Henry Hathaway
Drehbuch: . . . . Ben Hecht, Julian Zimet, James Edward Grant
Musik: .Dimitri Tiomkin
Kamera: .Jack Hildyard
Schnitt: . . . . .Dorothy Spencer
Darsteller:
John Wayne . . . .(Matt Masters)
Rita Hayworth . . . .(Lili Alfredo)
Claudia Cardinale . . . .(Toni Alfredo)
Lloyd Nolan . . . .(Cap Carson)
Richard Conte . . . .(Aldo Alfredo)
John Smith . . . .(Steve McCabe)
Katherine Kath . . . .(Hilda)
Miles Malleson . . . .(Billy Hennigan)
Kay Walsh . . . .(Flo Hunt)
Hans Dantes . . . .(Emile Schuman)

Inhalt:
Zirkusdirektor Matt Masters reist nach Europa, um dort das Publikum mit seiner einzigartigen Western-Show zu begeistern. Sein persönlicher Grund für die Reise ist jedoch ein anderer, er sucht Lili Alfredo, seine große Liebe. Lili verschwand nach dem Tod ihres Mannes und Partners und ließ Toni, ihre Tochter, bei Matt zurück.
Die Gala-Premiere an Bord eines Ozean-Dampfers verläuft glanzvoll. Matts Zirkus hat nach stürmischer Überfahrt Europa erreicht. Plötzlich stürzt ein wagemutiger Artist vom Hochseil ins Wasser, die Menschen drängen an die Reling, der Dampfer kentert. Matt steht kurz vor dem Ruin, doch er baut eine neue Show auf und findet schließlich Lili. Lili möchte verhindern, dass Toni erfährt, wer ihre Mutter ist, sie verschwindet wieder, doch Matt gibt nicht auf...

CIRCUS WORLD war von Anfang an ein Projekt, das unter keinem guten Stern stand. Es wurde von Samuel Bronston produziert, der in Spanien sein Lager aufgeschlagen hatte und mit komplizierten Deals erkleckliche Summen Geldes zusammenbekam, um seine Filme zu produzieren. An CIRCUS WORLD waren so Paramount und die britische Rank Organization beteiligt.

Als John Wayne das Projekt angeboten wurde - ihm kam es recht, da er damit seinen Paramount-Vertrag erfüllen konnte - da hieß es noch, dass Frank Capra die Regie übernehmen und David Niven Dukes Ko-Star sein würde. Doch Änderungen standen an. Denn Capra mochte nicht, was James Grants Drehbuch darstellte. Er sprach mit dem Autor und erfuhr so, was dessen Meinung nach in einem John-Wayne-Film drin sein musste: *„Eine Frau mit großen Titten, mit der sich Duke reiben konnte, ein paar Kerle, denen er ins Gesicht schlagen konnte und ein paar Gags dazwischen“.* Das war nun aber gar nicht das, was Capra vorschwebte, weswegen er Grant sagte, dass er sein eigenes Drehbuch schreiben würde. Doch Grant warnte ihn, dass es Duke nicht gefallen würde.
Capra schrieb es dennoch, aber Grant behielt Recht. Während der Regisseur es für ein Skript von echter Qualität hielt, war Duke damit unzufrieden. Und Capra dämmerte, dass der Dreh problematisch werden könnte. Er entschied sich, das Projekt zu verlassen, wobei ihm klar war, dass Bronston hinter John Wayne stehen würde. Denn der war von Paramount gewünscht. Und Paramount brachte einen Großteil des Budgets auf.
Also nahm Capra seinen Hut und wenig später stieg auch David Niven aus. Der erklärte in einem Interview, dass er an sich kein Problem

A0, Erstaufführungsplakat (Motiv „B") von 1964; Grafik: unbekannt

John Waynes Ratschlag an seine Tochter Aissa: „Glaube niemals, dass jemand besser ist als Du, aber nimm auch nie an, dass Du besser bist als andere. Versuche, jedem gegenüber anständig zu sein, bis sie dir einen Grund geben, es nicht mehr zu sein."

damit hatte, den noblen Engländer neben dem heldenhaften Amerikaner zu spielen, wie er das auch in THE 55 DAYS AT PEKING (DIE 55 TAGE VON PEKING, 1963) getan hatte, aber ihm wurde klar, dass seine Rolle in diesem Film nur die des Stichwortgebers sein würde. Capra hatte wiederum Henry Hathaway empfohlen, der den Job übernahm und gar nicht verstehen konnte, warum der Regisseur nicht mit Duke arbeiten wollte. Das Skript mochte aber auch Hathaway nicht. Er heuerte zwar Ben Hecht an, um noch so einiges umzuschreiben, aber da bereits Sets für viele wichtige Teile des Drehbuchs gefertigt worden waren, blieben nur wenige Möglichkeiten, es noch aufzupolieren.

Die Dreharbeiten erwiesen sich als alles andere als leicht. Rita Hayworth spielte eine der zwei weiblichen Hauptrollen. Die 1918 geborene Schauspielerin fand sich im Film wieder, da Bronston der Meinung war, dass ihr Name in Europa noch Kinogänger anlockte. Die alternde Diva trank jedoch viel zu viel und vergaß ständig ihre Texte. So mancher meinte später, das sei der Anfang von der Alzheimer-Krankheit gewesen, die sie Jahre später bekommen sollte, doch Hathaway hielt nichts von dieser These.

Duke mochte Hayworth nicht. Sie erschien ihm unprofessionell und - fast noch schlimmer - sie benahm sich ungebührlich. Bei einem gemeinsamen Essen behandelte sie die Kellner derartig schlecht, dass Duke vor lauter Scham ein immens großes Trinkgeld gab.

Gefährlich waren die Dreharbeiten darüber hinaus auch. Für die Szene, in der der obere Bereich des Zirkuszelts Feuer fing, bestand Duke darauf, seine Stunts selbst zu machen. Das Feuer geriet etwas außer Kontrolle. Die Legende will es, dass Duke da oben stand und plötzlich sah, dass alle sich aus dem Staub gemacht hatten, als es brenzlig wurde. Kameramann Jack Hildyard korrigierte dies später jedoch. Henry Hathaway befahl Cast und Crew, das Areal zu verlassen. Dann versuchte man, Duke zu helfen. Der konnte sich selbst aus der misslichen Lage befreien, atmete aber viel Rauch ein, was sein Husten und Keuchen, das er schon eine ganze Weile hatte, noch verstärkte.

Die Dreharbeiten für CIRCUS WORLD begannen am 23. September 1963 und liefen bis zum Februar 1964. Gedreht wurde hauptsächlich in und um Barcelona. Einige Innenaufnahmen wurden jedoch auch in London gedreht. Das Budget war erstaunlich hoch und belief sich auf acht Millionen Dollar.

Für John Wayne war der Film enorm lukrativ. Er erhielt 1,2 Millionen Dollar Gage. Den Film selbst fand er dennoch nicht gut. Duke: *„Ich habe den schlechtesten Zirkusfilm aller Zeiten gedreht. Und wenn ich nun daran zurückdenke, dann war mein Leben in jener Zeit auch wie ein verfluchter Zirkus. Aber ich sage Ihnen was: Ich hätte es nicht anders haben wollen."*

NOTIZ:

CLAUDIA CARDINALE heißt mit vollem Namen Claudia Josephine Rose Cardinale und wurde am 15. April 1938 im tunesischen Tunis geboren. Wie so viele andere ist auch sie über einen Schönheitswettbewerb zur Schauspielerei gekommen. Italienische Filmemacher wurden auf sie aufmerksam und setzten sie zuerst in kleinen Rollen, dann auch in Hauptrollen ein. Nach SENILITIA (1962) erhielt sie eine Rolle in Frederico Fellinis 8 ½ (ACHTEINHALB, 1963), der sie international bekannt machte. Internationale Produktionen wie CIRCUS WORLD (CIRCUS-WELT, 1964) folgten, aber Cardinale blieb dem italienischen Kino erhalten. Sie spielte in Sergio Leones SPIEL MIR DAS LIED VOM TOD (C'era una volta il West, 1968) mit und war im knackigen Frauen-Western PETROLEUMMIEZEN (Les Petroleuses, 1971) zu sehen. Zu ihren bedeutenderen Arbeiten gehört auch Werner Herzogs FITZCARALDO (1982). Cardinale war zweimal verheiratet und hat zwei Kinder aus erster Ehe. Sie ist auch heute noch als Schauspielerin aktiv und hat mehrere Filme gerade abgedreht.

NOTIZ:

RITA HAYWORTH wurde als Margarita Carmen Cansino am 17. Oktober 1918 in New York geboren. Ihr Vater war Tänzer und baute seine Tochter in seine Show ein. Als sie 15 Jahre alt war, wurde sie entdeckt und von 20th Century Fox unter Vertrag genommen. Ihr Debüt gab sie 1935 in DANTE'S INFERNO. Sie drehte noch ein paar weitere Filme mit Fox, bis man dort den Vertrag auslaufen ließ. Ein geschäftiger Mann besorgte ihr aber bald einen neuen Kontrakt bei Columbia, wo man ihren Namen änderte. Sie spielte 1941 in DIE SCHÖNSTE BLONDE (The Strawberry Blonde) mit und war neben Fred Astaire in WER WIRD SCHON REICH BEIM MILITÄR? (You'll never get rich, 1941) zu sehen. Ende der 40er Jahre unterbrach sie ihre Karriere. Sie heiratete Prince Aly Khan und wollte sich auf ihre Familie konzentrieren. Nach der Scheidung Mitte der 50er Jahre setzte sie ihre Karriere fort. Schon in jungen Jahren - sie war gerade 40 Jahre alt geworden - litt sie an einer frühen Form von Alzheimer. Ihr Zustand verschlechterte sich immer mehr bis sie 1981 völlig hilflos war. Rita Hayworth starb am 14. Mai 1[illegible].

SAMUEL BRONSTON
PRÉSENTE
JOHN WAYNE
CLAUDIA CARDINALE — RITA HAYWORTH
DANS

LE PLUS GRAND CIRQUE DU MONDE

LLOYD NOLAN . RICHARD CONTE . JOHN SMITH

RÉALISÉ PAR	MUSIQUE DE	DIALOGUES DE	SCÉNARIO DE	PRODUCTEUR EXÉCUTIF ASSOCIÉ
HENRY HATHAWAY	DIMITRI TIOMKIN	BEN HECHT, JULIAN HALEVY, JAMES EDWARD GRANT	PHILIP YORDAN, NICHOLAS RAY	MICHAEL WASZYNSKI

PHOTOGRAPHIÉ EN 70 SUPER TECHNIRAMA TECHNICOLOR — PRODUIT PAR SAMUEL BRONSTON — DISTRIBUÉ PAR THE RANK ORGANISATION

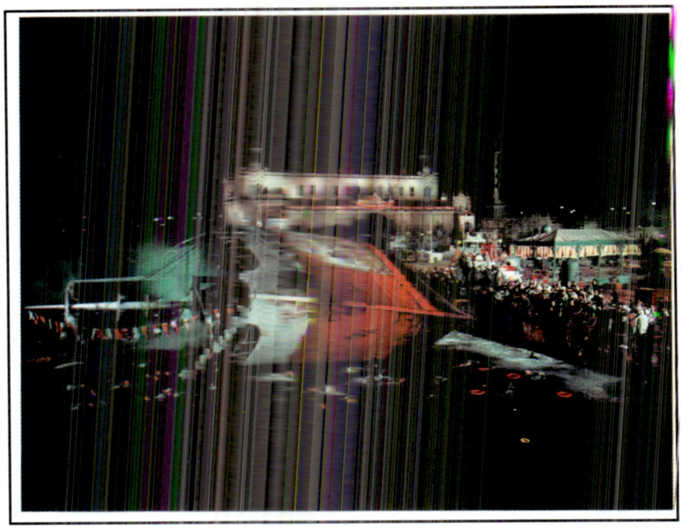

Deutsche EA-Fotos von 1964

CIRCUS WORLD ist ein ambitionierter Film, der jedoch keineswegs zu den beliebtesten John-Wayne-Filmen gehört.

DAS DEUTSCHE WERBEMATERIAL

EA: Erstaufführung | WA: Wiederaufführung

Deutsches Programmheft von Rank Film

Plakate:

Circus-Welt .... A1 EA von 1964
Circus-Welt ... A0 hoch (Motiv wie A1) EA von 1964
Circus-Welt .... A0 quer EA von 1964
Circus-Welt ...... A0 quer (Motiv „B") EA von 1964

Das Plakat lässt sich in 3 Stücke teilen, so das dann für jeden Darsteller ein Teil zu sehen ist. Alle drei Teile sind mit einem FSK Stempel versehen.

Kinoaushangfotos:

26 EA Aushangfotos. Zusätzlich gibt es 2 Text-Tafeln. Die gleichen Fotos wurden in Frankreich, Italien, Österreich und der Schweiz verwendet, da kein Schriftzug auf dem Bild vorhanden ist. Zum Teil sind sie mit weißem Rand.

Immer wieder versucht Matt in Europa, Lilis Spur zu finden. In einer Hamburger Hafenkneipe kommt er endlich auf die richtige Fähre...
und ahnt nicht, dass er bei seiner Nachforschung beobachtet wird (John Wayne und Rita Hayworth).

Matt Masters und Toni Alfredo haben Differenzen. Dem „Oldtimer“ ist ein Kleid zu gewagt, doch Toni will - wie alle jungen Mädchen - zeigen, was sie hat.

Belgisches Plakat (1964)

US Plakat (1964)

Spanisches Plakat (1972)

Die Plakatmotive setzten auf das Spektakel. Und so hoffte man, das abenteuer-lustige Publikum ins Kino zu locken.

US Plakat (1964)

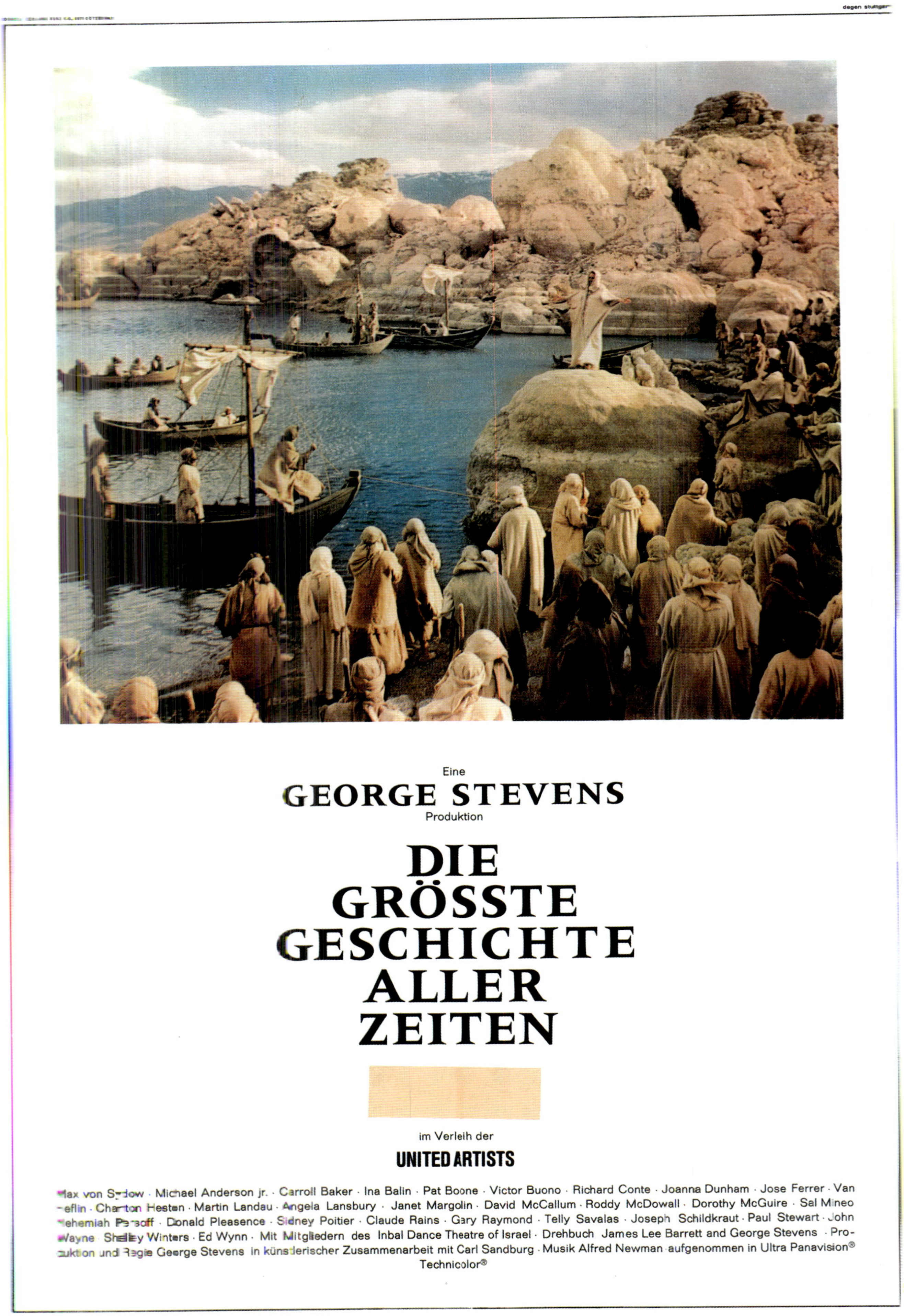
degen stuttgart
Eine
GEORGE STEVENS
Produktion
DIE GRÖSSTE GESCHICHTE ALLER ZEITEN
im Verleih der
UNITED ARTISTS
Max von Sydow · Michael Anderson jr. · Carroll Baker · Ina Balin · Pat Boone · Victor Buono · Richard Conte · Joanna Dunham · Jose Ferrer · Van Heflin · Charlton Heston · Martin Landau · Angela Lansbury · Janet Margolin · David McCallum · Roddy McDowall · Dorothy McGuire · Sal Mineo Nehemiah Persoff · Donald Pleasence · Sidney Poitier · Claude Rains · Gary Raymond · Telly Savalas · Joseph Schildkraut · Paul Stewart · John Wayne · Shelley Winters · Ed Wynn · Mit Mitgliedern des Inbal Dance Theatre of Israel · Drehbuch James Lee Barrett and George Stevens · Produktion und Regie George Stevens in künstlerischer Zusammenarbeit mit Carl Sandburg · Musik Alfred Newman aufgenommen in Ultra Panavision®
Technicolor®

A0, Erstaufführungsplakat von 1965 (Motiv „C“); Grafik: unbekannt

DIE GRÖSSTE GESCHICHTE ALLER ZEITEN

1965

Originaltitel: ...... THE GREATEST STORY EVER TOLD
US-Erstaufführung: .... 15. Februar 1965
Dt. Erstaufführung: .... 5. August 1965
Laufzeit: .... 199 Minuten
Regie: .... George Stevens
Drehbuch: .... James Lee Barrett, George Stevens
Musik: .... Alfred Newman
Kamera: ..... Loyal Griggs, William C. Mellor
Schnitt: ... Harold F. Kress, Argyle Nelson Jr., J. Frank O'Neill

Darsteller:
Max von Sydow .... (Jesus)
Michael Anderson Jr. .. (James, der Jüngere)
Carroll Baker .... (Veronica)
Ina Balin .... (Martha)
Pat Boone .... (Engel)
Victor Buono .... (Sorak)
Richard Conte .... (Barabbas)
Joanna Dunham .... (Maria Magdalena)
José Ferrer .... (Herod Antipas)
Van Heflin .... (Bar Amand)
Charlton Heston .... (Johannes der Täufer)
Martin Landau .... (Caiaphas)
Angela Lansbury .... (Claudia)
David McCallum .... (Judas Iskariot)
Dorothy McGuire .... (Jungfrau Maria)
Sal Mineo .... (Uriah)
Sidney Poitier .... (Simon)
Donald Pleasance .... (Satan)
Claude Rains .... (König Herodes)
Telly Savalas .... (Pontius Pilatus)
John Wayne ..... (Zenturio bei Kreuzigung)
Shelley Winters ..... (Frau, die geheilt wird)
Mark Lenard .... (Balthazar)
Robert Loggia .... (Joseph)
Joseph Schildkraut .... (Nicodemus)
Gary Raimund .... (Petrus)
Roddy McDowall .... (Matthäus)

Inhalt:
Erzählt wird die Geschichte von Jesus von Nazareth. Von seiner Geburt, der Ermordung aller Neugeborenen durch Herodes, seine Lehren und seinem Sterben am Kreuz.

John Wayne spielt in THE GREATEST STORY EVER TOLD nur einen besseren Cameo-Auftritt. Eigentlich hatte Duke kein Interesse an dem Projekt. Aber es wurde von United Artists produziert und dort war man gewillt, Duke für seinen Auftritt gut zu bezahlen und dieses Geld dann von dem Darlehen abzuziehen, das man ihm für THE ALAMO gewährt hatte. In der Uniform eines Römers kam sich Duke vor wie ein Betrüger. Er fand, dass die Zuschauer, die mit seinem Namen angelockt werden sollten, ihn wenigstens erkennen sollten, weswegen er den Helm, den er trug, um die Kinnpartie nicht schloss, so dass man ihn halbwegs erkennen konnte.
Ihm war aber schon klar, wie der Hase lief. Duke: *„Ich war nicht mehr als ein teurer Statist. Ich hatte keinen Dialog. Ebenso wenig wie Sidney Poitier, den sie in letzter Minute als Simon anheuerten. Oder Carroll Baker, die auch keinen Dialog hatte. Wir waren alle nur Statisten. Ich arbeitete zwei Tage an dem Film."*
Eine Dialogzeile hat Duke aber doch. Allerdings wurde die erst später eingefügt. Unter dem Kreuz sagt John Wayne schließlich: „Er war wahrlich der Sohn Gottes." Die Legende will, dass er dies schon während der Dreharbeiten sagen musste, Regisseur George Stevens mit dem Ergebnis aber nicht zufrieden war. Einige Schauspieler des Films erinnern sich jedoch nicht, dass Duke schon während der Dreharbeiten irgendeinen Text gehabt hätte.
Die eine Zeile sollte erst in der Nachproduktion eingesprochen werden, wobei Dukes Darbietung des Satzes wenig überzeugend ist. Er hatte einfach ein Problem damit, den Text in einem Synchronstudio aufzusagen. Duke war ein Schauspieler, der etwas brauchte, worauf er reagieren konnte.

Obwohl John Wayne auch auf dem Poster und auf einigen Aushangfotos gezeigt wird, hat er in diesem Film nur zwei ganz kleine Auftritte.

Telly Savalas spielt in THE GREATEST STORY EVER TOLD Pontius Pilatus und sah eines Tages auf dem Call Sheet den Namen von John Wayne. Er konnte sich gar nicht vorstellen, dass es sich um den John Wayne handeln sollte. Den ganzen Drehtag über hielt er nach Wayne Ausschau, sah ihn aber nicht. Bis er schließlich zu George Stevens ging und ihn fragte, wo Wayne sei. Der deutete auf Max von Sydow, der sich gerade mit einem Mann in Zenturio-Uniform unterhielt. Savalas hatte diesen Mann an jenem Tag schon mehrmals gesehen, ihn aber nie als John Wayne erkannt. Der Grund, warum sowohl Duke als auch andere namhafte Schauspieler wie Sidney Poitier oder Pat Boone für bessere Statistenrollen angeheuert wurden, lag darin begründet, dass United Artists aufgrund der hohen Kosten des Films kalte Füße bekam und möglichst viele Stars in der Werbekampagne nennen wollte. Darum versuchten George Stevens und das Studio die Stars in den Film einzubringen. Da aber hauptsächlich nur noch am Finale gearbeitet wurde, sieht man sie auch vor allem in den letzten 15 Minuten. Da die Stars aber auch keinen echten Wert mit sich bringen, lenken sie tatsächlich vom Film ab. Denn während Jesus sein Kreuz auf den Hügel trägt, interessiert man sich als Zuschauer mehr dafür, sich Menschen genauer anzusehen, die dem Heiland zusehen, nur um auch ja keinen Cameo-Auftritt zu verpassen.

THE GREATEST STORY EVER TOLD war eine der damals teuersten Produktionen überhaupt. Der Film, den Stevens bereits seit 1948 machen wollte, war bei 20th Century Fox in Vorproduktion, wo bereits mehr als zwei Millionen Dollar in Produktionskosten investiert wurden, noch bevor auch nur ein Meter Film gedreht worden war. Da das Studio die Befürchtung hegte, der Film könne finanziell total aus dem Ruder laufen, entschied man sich, die Verluste zu minimieren und das Projekt zu stoppen.

Das stoppte aber Stevens nicht, der weiter nach Investoren suchte und schließlich United Artists überzeugen konnte, den Film zu finanzieren. Eigentlich wollte der Regisseur in Israel drehen, doch man beschwor ihn, in den USA zu bleiben – eine Entscheidung, die das Budget letzten Endes aufblähte. Gedreht wurde schließlich in Glen Canyon in Utah und in Pyramid Lake, Nevada. Für die gigantische Summe von einer Million Dollar ließ man Jerusalem errichten. Die Dreharbeiten liefen von Oktober 1962 bis Juli 1963, wobei ein Blizzard die Temperaturen im Winter so sehr drückte und die Stadt mit Schnee überdeckte, dass man ins Studio wechselte, wo erneut aufwendige und teure Sets gebaut werden mussten. Dies war übrigens der erste Schneesturm in Arizona seit Dekaden!

Die Dreharbeiten standen aber ohnehin nie unter einem guten Stern. Der Kameramann William C. Mellor erlitt einen Herzinfarkt und starb noch auf dem Set. In Windeseile musste man jemanden finden, der ihn ersetzen konnte. Die Wahl fiel auf Loyal Griggs.
Weil Stevens mit den Dreharbeiten in Nevada beschäftigt war erwies ihm David Lean einen Gefallen und drehte ein paar Szenen mit Jose Ferrer und Claude Akins. Ebenso sprang Jean Negulesco ein und drehte die Szenen mit Jesus' Geburt.

Für die Hauptrolle des Jesus Christus engagierte man Max von Sydow. Er war jedoch nicht Stevens' erste Wahl. Der Regisseur wollte eigentlich lieber Richard Burton haben. Der Film war auch in den Hauptrollen gut besetzt. Ein Monumentalfilmstar wie Charlton Heston lieferte hier aber auch nur einen besseren Gastauftritt auf. Für seine Rolle als Pontius Pilatus scherte sich Telly Savalas den Kopf kahl – und mochte es so sehr, dass er diesen Look beibehielt.

Dass man so lange an dem Film drehte, war jedoch nicht nur dem Perfektionismus von George Stevens geschuldet, der dazu führte, dass er sich oft stundenlang mit kleinen Szenen aufhielt, sondern auch der Tatsache, dass man nach 30 Drehtagen entschied, nicht länger mit dem Cinerama-Kameraverfahren arbeiten zu wollen und man stattdessen auf das qualitativ weit bessere Ultra-Panavision 70 umschwenkte. Das hatte zur Folge, dass viele Szenen noch einmal gedreht werden mussten. Ursprünglich war eine Drehzeit von 23 Wochen anvisiert. Es wurden 40 Wochen wobei das Budget von 7,4 Millionen Dollar auf immense 21 Millionen Dollar anstieg, auch wenn ein guter Teil davon Negativkosten sind. An der Kinokasse konnte der Film das nicht erwirtschaften. Die Cameos der Stars waren nicht genug, um das Publikum in Scharen anzulocken. Im Lauf der Jahre und mit weiteren Auswertungsformen wie das Fernsehen machte United Artists damit aber doch noch einen positiven Schnitt.

DIE
GRÖSSTE
GESCHICHTE
ALLER
ZEITEN
UNITED ARTISTS

A1, Erstaufführungsplakat von 1965; Grafik: Degen

ERSTER SIEG

ERSTER SIEG
EIN OTTO PREMINGER FILM

1965

Originaltitel: .... **IN HARM'S WAY**
US-Erstaufführung: .... 6. April 1965
Dt. Erstaufführung: .... 13. August 1965
Laufzeit: .... 165 Minuten
Regie: .... Otto Preminger
Drehbuch: .... Wendell Mayes
Musik: .... Jerry Goldsmith
Kamera: .... Loyal Griggs
Schnitt: ... Hugh S. Fowler, George Tomasini
Darsteller:
John Wayne .... (Capt. Rockwell Torrey)
Patricia Neal .... (Lt. Maggie Haynes)
Kirk Douglas . (Commander Paul Eddington Jr.)
Tom Tryon .... (Mac McConnell)
Paula Prentiss .... (Beverly McConnell)
Brandon De Wilde .. (Jeremiah „Jere" Torrey)
Jill Haworth .... (Annalee Dorne)
Dana Andrews .... (Admiral Broderick)
Stanley Holloway .... (Clayton Canfil)
Burgess Meredith (Commander Egan Powell)
Franchot Tone .... (Admiral Kimmel)
Patrick O'Neal ... (Commander Neal Owynn)
James Mitchum .... (Ensign Griggs)
George Kennedy .... (Colonel Gregory)
Bruce Cabot .... (Quoddy)
Larry Hagman .... (Lt. J.G. Cline)
Henry Fonda .... (Admiral Nimitz)
Barbara Bouchet .... (Liz Eddington)

Inhalt:
Der Überraschungsangriff auf den Marinestützpunkt Pearl Harbor steht bevor. Dabei geht es eben nicht nur um die Darstellung der Attacke selbst, sondern auch die Missachtung der Befehle, die amerikanische Gegenoffensive, Versöhnungen zwischen Vater und Sohn, Seeschlachten und jede Menge romantischer Verwicklungen. Im Mittelpunkt steht Captain Rockwell Torrey, der den Gegenangriff koordiniert, in eine Krankenschwester verliebt ist und sich mit seinem Sohn aussöhnen muss.

IN HARM'S WAY ist vor allem in einer Beziehung wichtig. Während des Drehs dieses Films verschlechterte sich John Waynes Gesundheitszustand zusehends. Er hatte schon vor CIRCUS WORLD einen hartnäckigen Husten, aber nun war er derart intensiv, dass Szenen abgebrochen werden und man warten musste, bis Duke sich wieder gefangen hatte. Im Vorfeld der Dreharbeiten ließ sich Duke wie es versicherungstechnisch üblich war untersuchen und auch ein Röntgenbild seiner Brust anfertigen. Als er selbiges nach Ende der Dreharbeiten wieder tat, war klar, dass er Lungenkrebs hatte. So musste sich Duke Ende 1964 einer schweren Operation unterziehen, die er jedoch erstaunlich gut überstand.

Dass Kirk Douglas sein Ko-Star war, war ein expliziter Wunsch von John Wayne. Beide Männer kannten sich zuvor nicht und hatten absolut unterschiedliche politische Anschauungen, doch Duke schätzte Douglas als Schauspieler. Und obwohl viele erwarteten, dass es auf dem Set zu Reibereien zwischen beiden kommen würde, behandelten sie sich mit gegenseitigem Respekt.

John Wayne als Captain Rockwell Torrey, der den Vergeltungsschlag nach Pearl Harbor koordiniert.

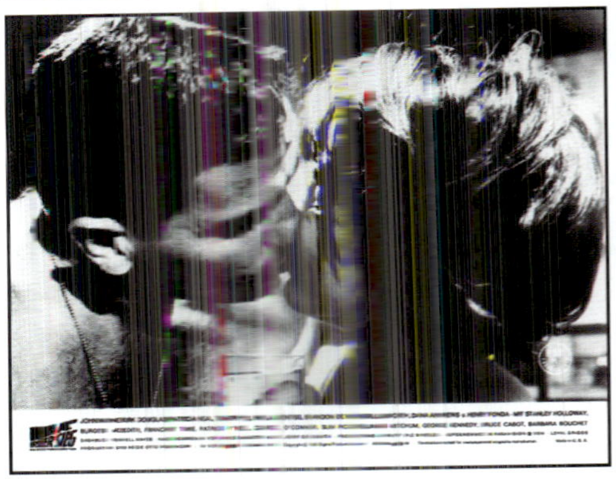

Auch Regisseur Otto Preminger, privat ein feiner Mensch, der am Set zum Tyrannen wurde, was ihm den Spitznamen „Otto, der Oger“ eingebracht hatte, behandelte Duke mit höchstem Respekt, verhielt sich jedoch anderen Schauspielern gegenüber wie ein Despot.

Die Dreharbeiten begannen am 24. Juni und liefen bis zum September 1964. Gedreht wurde auf Hawaii, in San Francisco und in San Diego. Die U.S. Navy unterstützte den Film, so dass man auf die Schiffe U.S.S. Braine, U.S.S. Capitaine, U.S.S. O'Bannon, U.S.S Philip, U.S.S. Renshaw, U.S.S. St. Paul und die U.S.S. Walker zurückgreifen konnte.

Das Budget betrug acht Millionen Dollar, wobei schon 400.000 für die Schiffsminiaturen aufgewandt wurden, die im großen Finale des Films vernichtet werden. Die Miniaturen waren im Übrigen riesig - und zwar so groß, dass in ihrem Inneren ein Mensch Platz finden konnte. An den US-Kinokassen spielte der Film elf Millionen Dollar ein. Übrigens waren weder Kirk Douglas noch Patricia Neal die erste Wahl für ihre Rollen. Anfangs wollte man dem Duke Burt Lancaster und Kim Novak zur Seite stellen.

Der Titel leitet sich von einem Ausspruch von Captain John Paul Jones ab, der im Revolutionskrieg kämpfte: *„I wish to have no connection with any ship that does not sail fast, for I intend to go in harm's way.“*

Das große Aushangfoto zeigt sehr schön: John Wayne mit Zigarette. Als John Wayne ein großer Star war, war das Rauchen noch längst nicht verpönt. Und dass es bisweilen tödlich ist, war im Bewusstsein der Öffentlichkeit noch nicht verankert. Was ein echter Kerl war, der rauchte. Und das galt auch für Leinwandhelden wie John Wayne.

IN HARM'S WAY bietet einige schöne Seeschlachten. Der Titel bezieht sich darauf, dass sich ein Schiff der Schlacht stellt und sich damit der Gefahr der Zerstörung aussetzt.

A0, Wiederaufführungsplakat von 1973; Grafik: Menschel

Der mit Stars gespickte Film beschäftigt sich mit dem Angriff auf Pearl Harbor und bietet einige sehenswerte Actionmomente.

NOTIZ:
BARBARA BOUCHET

Geboren wurde Barbara Bouchet in Reichenberg als Tochter von Fritz und Ingrid Gutscher. Ihr Vater war deutscher Kameramann, die Mutter ist eine ehemalige Schauspielerin französisch-deutscher Herkunft. Nach erstem Ballettstudium in München, wo Barbara auch ihre Kindheit verlebte, ging der hoffnungsvolle Nachwuchs nach San Joaquin Valley und San Francisco, um schließlich nach Hollywood überzusiedeln, wo die gebürtige Deutsche sofort ihre schauspielerische Ausbildung an einem Fachinstitut für dramatische Künste vertiefte. Im amerikanischen Werbefernsehen gab Regisseur Ralph Levy der jungen Barbara Bouchet die erste Chance. Eine Rolle in der Bob-Newhart-Show folgte und auf der Leinwand eine Aufgabe in BEDTIME STORY.

Mit der Verpflichtung für den ERSTER SIEG öffnete sich für Barbara Bouchet die Aussicht auf die große Karriere. Das imponierende Ensemble, in dem sie spielt, und die Erfahrenheit ihres Regisseurs Otto Preminger boten die Gewähr, dass diese hoffnungsvolle Neuentdeckung rasch und zuverlässig Profil gewann.

NOTIZ

Honolulu, Pearl Harbor, die Insel Oahu

Wo „Erster Sieg" gedreht wurde

Am Morgen des 7. Dezember 1941 wehte auf der Hawaii-Insel Oahu, über den opalisierenden, kabbeligen Wellen von Pearl Harbor, am Signalmast des höchsten Wassertanks vor Honolulus Stadtsilhouette der blaue Wimpel für den traditionellen Morgenappell „Klar zur Flaggenparade" auf den Kriegsschiffen der amerikanischen Pazifikflotte. Doch diesmal sollte es auf der „Arizona", der „Oklahoma", der „Nevada" und wie die Schlachtschiffe, Zerstörer, Kreuzer und Schnellboote alle hiessen, zu der gewohnten Übung nicht kommen.
Flugzeuge mit blutroten Sonnenzeichen unter den Tragflächen und Torpedos unter den dicken, kolbigen Leibern ließen ihre tödlichen Lasten auf die ahnungslose US-Armada niedersausen und Verderben und Tod hielten reiche Ernte. Feindliche U-Boote machten die Katastrophe vollkommen. In Sekundenschnelle war Amerikas Stolz zur See ein brennendes, qualmendes, rotglühendes Wrack-Chaos.

Niemand glaubte an einen Angriff

Japan hatte aus dem Hinterhalt zugeschlagen - über eine Entfernung von 3500 Meilen. Was niemand unter den höheren US-Stabsoffizieren der Marine und Luftwaffe für möglich gehalten hatte, - der schwerst zu erreichende amerikanische Flottenstützpunkt im Pazifik war ein Opfer des heimtückischer japanischen Überraschungsangriffs geworden. Die Tragödie von Pearl Harbor enthüllte sich als entsetzlicher Schock für die Vereinigten Staaten, und es blieb dem vom Hauptquartier in Honolulu vorbereiteten, fast legendären Unternehmen Skyhook vorbehalten, danach jenen entscheidenden „Ersten Sieg" an die US-Fahnen zu heften und Japans Flotte in alle Winde zu zerstreuen.

Produzent und Regisseur Otto Preminger gestaltete unter dem Titel ERSTER SIEG für Paramount die Saga von Pearl Harbar und die schicksalsbestimmenden, späteren Ereignisse im Stillen Ozean. Ein Aufgebot internationaler Stars wie John Wayne, Kirk Douglas, Patricia Neal, Tom Tryon, Brandon de Wilde, Dana Andrews, Henry Fonta und die Neuentdeckung Barbara Bouchet standen ihm dabei zur Seite. Insgesamt wurde u.a. an 22 Originalschauplätzen der Hawaii-Insel Oahu - Honolulu und Pearl Harbor inbegriffen - wochenlang gefilmt.

Otto Preminger inszenierte mit hohem Aufwand unter Benutzung eines riesigen Budgets und mit vielen Stars, darunter John Wayne und Kirk Douglas, den Angriff auf Pearl Harbor und den damit ausbrechenden Pazifikkrieg.

Doch wie sah es rund 25 Jahre nach dem schwarzen Tag von Pearl Harbor auf der Hawaii-Insel Oahu, an den blutgetränkten Stätten jener grausamen Stunden vom 7. Dezember 1941 aus?

Im Hafen von Pearl Harbor, wo für den Zivilisten jedes Fotografieren verboten ist, ragt noch immer der Schornstein des gesunkenen Schlachtschiffes „Arizona" aus dem Wasser - Erinnerung an jene über tausend Matrosen, die der Tod aus heiterem Himmel jäh in die Tiefe riss.
Die Arsenale rund um das riesige Hafenbecken, die Quais, die Docks - sie sind längst alle wieder aufgebaut. Russische Schiffe liegen manchmal dort vor Anker. Nur die monströsen Öltanks hat man heute schwer armiert und im Wesentlichen unterirdisch angelegt. Geblieben ist auch die Chinesenstadt von Honolulu mit ihrem Fischgestank, der Alohaturm, und unverändert wiegen sich in der märchenhaften Bucht von Waikiki die Palmen im Nordost-Passat: Wenn die weißgischtenden Brecher den Korallenring passiert haben, jagen die Wellenreiter auf ihren schwenden Brettern strandwärts. Im Hinterland, im Schatten des Kaala-Berges, liegen die berühmten Schofield-Baracken der US-Elitetruppen, und wenn der Touristen-Bus an ihnen vorbeifährt, verharren alle Amerikaner in ehrfürchtigem Schweigen. Von diesem Kapitel amerikanischer Kriegsgeschichte erzählte einst der Film VERDAMMT IN ALLE EWIGKEIT.

ERSTER SIEG
JOHN WAYNE, KIRK DOUGLAS, PATRICIA NEAL, TOM TRYON, PAULA PRENTISS, BRANDON DE WILDE, JILL HAWORTH, DANA ANDREWS u. HENRY FONDA · MIT STANLEY HOLLOWAY
BURGESS MEREDITH, FRANCHOT TONE, PATRICK O'NEAL, CARROLL O'CONNOR, SLIM PICKENS, JAMES MITCHUM, GEORGE KENNEDY, BRUCE CABOT, BARBARA BOUCHET
DREHBUCH WENDELL MAYES · NACH DEM ROMAN VON JAMES BASSETT · MUSIK JERRY GOLDSMITH · PRODUKTIONS-ENTWURF LYLE WHEELER · AUFGENOMMEN IN PANAVISION ® VON · LOYAL GRIGGS
PRODUKTION UND REGIE OTTO PREMINGER · IM VERLEIH DER PARAMOUNT · Copyright © 1965 Sigma Productions, Inc. · All rights reserved · Permission granted for newspaper and magazine reproduction. · Made in U. S. A.
FSK 17 FREIGEGEBEN

FSK 1 FREIGEGEBEN
ERSTER SIEG
JOHN WAYNE, KIRK DOUGLAS, PATRICIA NEAL, TOM TRYON, PAULA PRENTISS, BRANDON DE WILDE, JILL HAWORTH, DANA ANDREWS u. HENRY FONDA · MIT STANLEY HOLLOWAY,
BURGESS MEREDITH, FRANCHOT TONE, PATRICK O'NEAL, CARROLL O'CONNOR, SLIM PICKENS, JAMES MITCHUM, GEORGE KENNEDY, BRUCE CABOT, BARBARA BOUCHET
DREHBUCH WENDELL MAYES · NACH DEM ROMAN VON JAMES BASSETT · MUSIK JERRY GOLDSMITH · PRODUKTIONS-ENTWURF LYLE WHEELER · AUFGENOMMEN IN PANAVISION ® VON · LOYAL GRIGGS
PRODUKTION UND REGIE OTTO PREMINGER

ERSTER SIEG
JOHN WAYNE, KIRK DOUGLAS, PATRICIA NEAL, TOM TRYON, PAULA PRENTISS, BRANDON DE WILDE, JILL HAWORTH, DANA ANDREWS u. HENRY FONDA · MIT STANLEY HOLLOWAY,
BURGESS MEREDITH, FRANCHOT TONE, PATRICK O'NEAL, CARROLL O'CONNOR, SLIM PICKENS, JAMES MITCHUM, GEORGE KENNEDY, BRUCE CABOT, BARBARA BOUCHET
DREHBUCH WENDELL MAYES · NACH DEM ROMAN VON JAMES BASSETT · MUSIK JERRY GOLDSMITH · PRODUKTIONS-ENTWURF LYLE WHEELER · AUFGENOMMEN IN PANAVISION ® VON · LOYAL GRIGGS
PRODUKTION UND REGIE OTTO PREMINGER · IM VERLEIH DER PARAMOUNT · Copyright © 1965 Sigma Productions, Inc. · All rights reserved · Permission granted for newspaper and magazine reproduction. · Made in U. S. A.

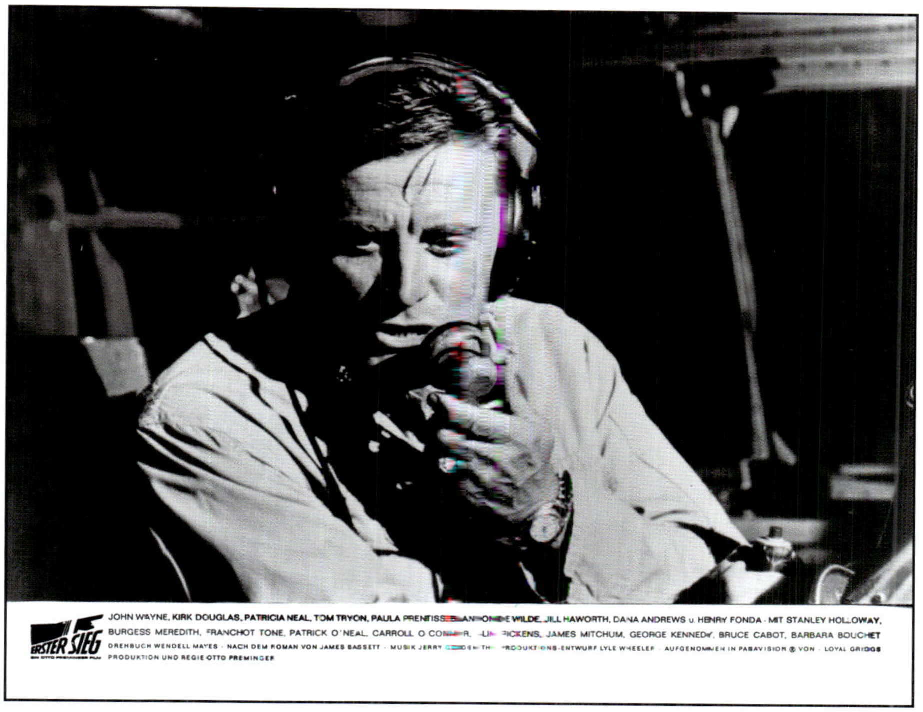
ERSTER SIEG
JOHN WAYNE, KIRK DOUGLAS, PATRICIA NEAL, TOM TRYON, PAULA PRENTISS, BRANDON DE WILDE, JILL HAWORTH, DANA ANDREWS u. HENRY FONDA · MIT STANLEY HOLLOWAY,
BURGESS MEREDITH, FRANCHOT TONE, PATRICK O'NEAL, CARROLL O'CONNOR, SLIM PICKENS, JAMES MITCHUM, GEORGE KENNEDY, BRUCE CABOT, BARBARA BOUCHET
DREHBUCH WENDELL MAYES · NACH DEM ROMAN VON JAMES BASSETT · MUSIK JERRY GOLDSMITH · PRODUKTIONS-ENTWURF LYLE WHEELER · AUFGENOMMEN IN PANAVISION ® VON · LOYAL GRIGGS
PRODUKTION UND REGIE OTTO PREMINGER

FSK 6 FREIGEGEBEN
ERSTER SIEG
JOHN WAYNE, KIRK DOUGLAS, PATRICIA NEAL, TOM TRYON, PAULA PRENTISS, BRANDON DE WILDE, JILL HAWORTH, DANA ANDREWS u. HENRY FONDA · MIT STANLEY HOLLOWAY,
BURGESS MEREDITH, FRANCHOT TONE, PATRICK O'NEAL, CARROLL O'CONNOR, SLIM PICKENS, JAMES MITCHUM, GEORGE KENNEDY, BRUCE CABOT, BARBARA BOUCHET
DREHBUCH WENDELL MAYES · NACH DEM ROMAN VON JAMES BASSETT · MUSIK JERRY GOLDSMITH · PRODUKTIONS-ENTWURF LYLE WHEELER · AUFGENOMMEN IN PANAVISION ® VON · LOYAL GRIGGS
PRODUKTION UND REGIE OTTO PREMINGER · IM VERLEIH DER PARAMOUNT · Copyright © 1965 Sigma Productions, Inc. · All rights reserved · Permission granted for newspaper and magazine reproduction. · Made in U. S. A.

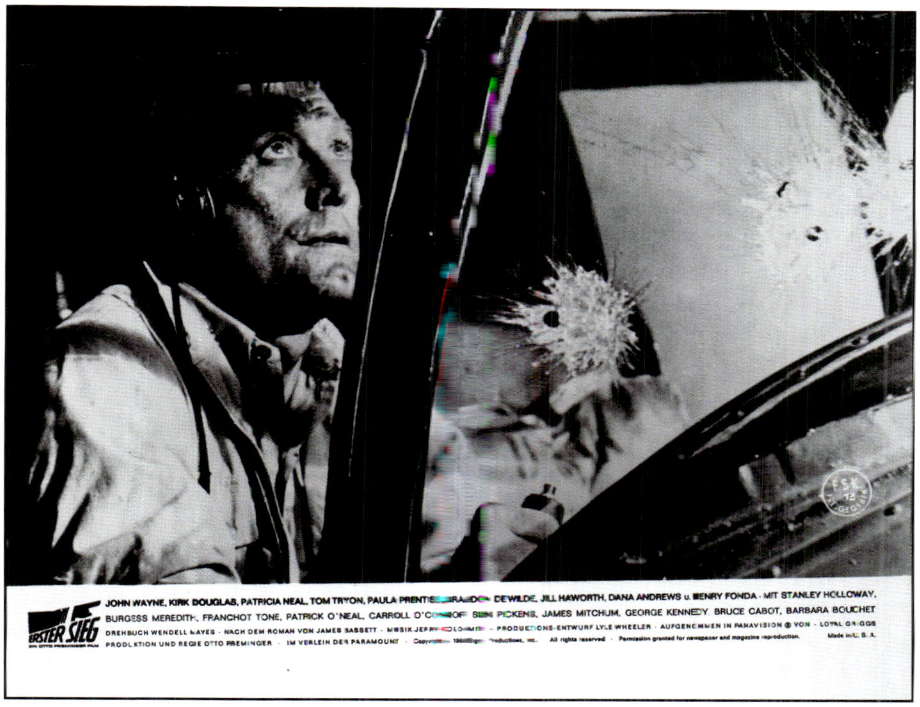
ERSTER SIEG
JOHN WAYNE, KIRK DOUGLAS, PATRICIA NEAL, TOM TRYON, PAULA PRENTISS, BRANDON DE WILDE, JILL HAWORTH, DANA ANDREWS u. HENRY FONDA · MIT STANLEY HOLLOWAY,
BURGESS MEREDITH, FRANCHOT TONE, PATRICK O'NEAL, CARROLL O'CONNOR, SLIM PICKENS, JAMES MITCHUM, GEORGE KENNEDY, BRUCE CABOT, BARBARA BOUCHET
DREHBUCH WENDELL MAYES · NACH DEM ROMAN VON JAMES BASSETT · MUSIK JERRY GOLDSMITH · PRODUKTIONS-ENTWURF LYLE WHEELER · AUFGENOMMEN IN PANAVISION ® VON · LOYAL GRIGGS
PRODUKTION UND REGIE OTTO PREMINGER · IM VERLEIH DER PARAMOUNT · Copyright © 1965 Sigma Productions, Inc. · All rights reserved · Permission granted for newspaper and magazine reproduction. · Made in U. S. A.

ERSTER SIEG
JOHN WAYNE, KIRK DOUGLAS, PATRICIA NEAL, TOM TRYON, PAULA PRENTISS, BRANDON DE WILDE, JILL HAWORTH, DANA ANDREWS u. HENRY FONDA · MIT STANLEY HOLLOWAY,
BURGESS MEREDITH, FRANCHOT TONE, PATRICK O'NEAL, CARROLL O'CONNOR, SLIM PICKENS, JAMES MITCHUM, GEORGE KENNEDY, BRUCE CABOT, BARBARA BOUCHET
DREHBUCH WENDELL MAYES · NACH DEM ROMAN VON JAMES BASSETT · MUSIK JERRY GOLDSMITH · PRODUKTIONS-ENTWURF LYLE WHEELER · AUFGENOMMEN IN PANAVISION ® VON LOYAL GRIGGS
PRODUKTION UND REGIE OTTO PREMINGER · IM VERLEIH DER PARAMOUNT · Copyright © 1965 Sigma Productions, Inc. All rights reserved Permission granted for newspaper and magazine reproduction. Made in U. S. A.

NOTIZ:
PATRICIA NEAL - Noch ehe die in England ansässige Patricia Neal für ihre hervorragende schauspielerische Leistung in dem Film DER WILDESTE UNTER TAUSEND 1964 den begehrten Oscar zuerkannt erhielt, engagierte sie Otto Preminger für seinen Film ERSTER SIEG als Krankenschwester Lieutenant Maggie Haynes, die an der Seite eines geliebten Mannes, des späteren Admirals Rockwell Torrey (John Wayne), den schwarzen Tag von Pearl Harbor am 7. Dezember 1941 und die größte Seeschlacht des Zweiten Weltkriegs im Pazifik erlebt. *„Diese künstlerische Aufgabe“*, sagte Patricia Neal bei Vertragsabschluss, *„ist eine ausgesprochene Frauenrolle. Sie erfordert Leiden, Begehren, Liebe und viel Herz - und alles das habe ich auch erfahren.“*
Am Anfang ihrer glanzvollen Laufbahn begegnete Patricia Neal dem Dramatiker Eugene O'Neill, der gerade das Ensemble für das Stück „Moon for the Misbegotten“ zusammenstellte. Doch aus einer Zusammenarbeit wurde nichts. Stattdessen verpflichtete sie die Theatre-Guild für eine Sommertournee mit „Devil Take the Whistler“. Hier sah sie Richard Rodgers, der sie sogleich für sein Musical „John Loves Mary“, das er zusammen mit Oscar Hammerstein am Broadway herausbringen wollte, unter Vertrag zu nehmen beabsichtigte. Patricia Neal sagte nein und ging zu Lilliam Hellman, bei der sie in „Another Part of the Forest“ spielte. Erst in der Filmfassung des Rodger-Hammerstein-Erfolges übernahm die junge Amerikanerin den für sie schon früher vorgesehenen Part.

IHR ZIEL WAR DER BROADWAY

Patricia Neal, die eigentlich auf die Vornamen Patsy Louise getauft wurde und sich auf Wunsch des Produzenten Alfred de Liagre für VOICE OF THE TURTLE umbenannte, wurde in Packard (Kentucky) geboren. Ihre Eltern ließen ihr schon mit zwölf Jahren Schauspielunterricht geben. Nach ihren Universitätsjahren war Patricias erklärtes Ziel der Broadway. Bevor sich der Traum jedoch verwirklichte, betätigte sich die realistische Schauspiel-Elevin als Sprechstundenhilfe bei einem Arzt, Kassiererin in einem Hotelrestaurant, Fotomodell und Juwelenverkäuferin. Patricia denkt an diese Zeiten ohne Gram zurück. Im Gegenteil! *„Ich möchte diese Erfahrungen nicht missen.“*
Erste Bühnenerfolge wurden für Patricia Neal „The Children's Hour“, „A Room Full of Roses“ und „Die Katze auf dem heißen Blechdach“. Äußere Stationen ihres Werdens sind das Barter-Theater in Eaglemore (Penn.), das Westport-Playhouse in Connecticut und Elitch's Gardens in Denver. Selbst während ihrer Broadway-Auftritte verzichtete die ehrgeizige Patricia nicht auf ihre künstlerische Fortbildung. Sie arbeitete mit Elia Kazan und Robert Lewis als Partnerin von Marlon Brando, Karl Malden und Montgomery Clift. Patricia Neals Wirkungsstätten waren nach ihrer 1952 erfolgten Verheiratung mit dem britischen Schriftsteller Raoul Dahl, der u. a. für das Londoner Fernsehen die Serie WAY OUT schrieb, England und Hollywood. Ihre bemerkenswertesten Filme waren bis dahin THE HASTY HEART als Partnerin von Richard Todd, DER TAG, AN DEM DIE ERDE STILLSTAND, SOMETHING FOR BIRDS, WEEKEND WITH FATHER, DIPLOMATIC COURIERS, WASHINGTON STORY und - in Italien - LA TUA DONNA.

Noch herrscht ausgelassene Stimmung. Doch schon bald holt der Krieg die Menschen ein. Durch den Angriff auf Pearl Harbor werden die USA in den Zweiten Weltkrieg hineingezogen.

DAS DEUTSCHE WERBEMATERIAL

EA: Erstaufführung | WA: Wiederaufführung

Plakate:

Erster Sieg ....A1 EA von 1965
Erster Sieg ....A0 quer EA von 1965
Erster Sieg ....A0 quer WA von 1973

Über ein A1 Plakat zur WA ist nichts bekannt. Es könnte das Schriftplakat sein, was es zur WA in der ganzen Welt gab (Motiv: Arm mit Hand).

Kinoaushangfotos:

40 EA Aushangfotos von 1965

Für die WA von 1973 sind die gleichen Motive verwendet worden wie bei der EA nur der Text unter den Fotos unterscheidet sich.

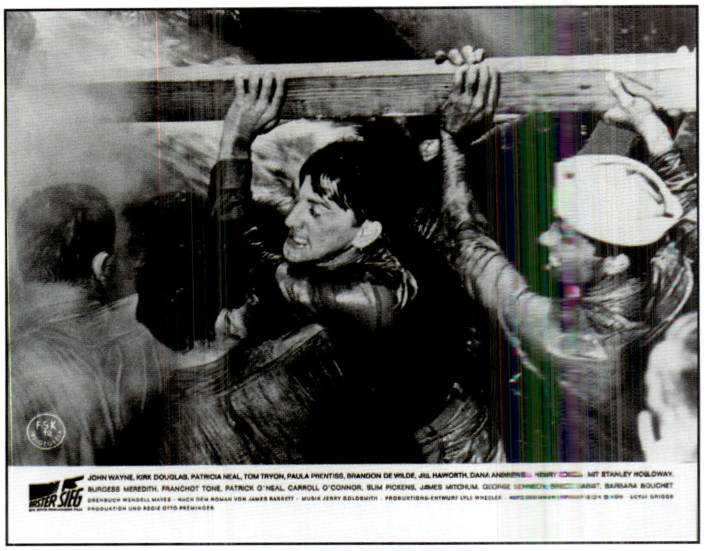

ERSTER SIEG
JOHN WAYNE, KIRK DOUGLAS, PATRICIA NEAL, TOM TRYON, PAULA PRENTISS, BRANDON DE WILDE, JILL HAWORTH, DANA ANDREWS u. HENRY FONDA · MIT STANLEY HOLLOWAY,
BURGESS MEREDITH, FRANCHOT TONE, PATRICK O'NEAL, CARROLL O'CONNOR, SLIM PICKENS, JAMES MITCHUM, GEORGE KENNEDY, BRUCE CABOT, BARBARA BOUCHET
PRODUKTION UND REGIE OTTO PREMINGER

298
FSK
ERSTER SIEG
JOHN WAYNE, KIRK DOUGLAS, PATRICIA NEAL, TOM TRYON, BRANDON DE WILDE, JILL HAWORTH, DANA ANDREWS u. HENRY FONDA · MIT STANLEY HOLLOWAY,
BURGESS MEREDITH, FRANCHOT TONE, PATRICK O'NEAL, SLIM PICKENS, JAMES MITCHUM, GEORGE KENNEDY, BRUCE CABOT, BARBARA BOUCHET
PRODUKTION UND REGIE OTTO PREMINGER

FSK
25
FREIGEGEBEN
ERSTER SIEG
JOHN WAYNE, KIRK DOUGLAS, PATRICIA NEAL, TOM TRYON, PAULA PRENTISS, BRANDON DE WILDE, JILL HAWORTH, DANA ANDREWS u. HENRY FONDA · MIT STANLEY HOLLOWAY,
BURGESS MEREDITH, FRANCHOT TONE, PATRICK O'NEAL, CARROLL O'CONNOR, SLIM PICKENS, JAMES MITCHUM, GEORGE KENNEDY, BRUCE CABOT, BARBARA BOUCHET
DREHBUCH WENDELL MAYES · NACH DEM ROMAN VON JAMES BASSETT · MUSIK JERRY GOLDSMITH · PRODUKTIONS-ENTWURF LYLE WHEELER · AUFGENOMMEN IN PANAVISION ® VON · LOYAL GRIGGS
PRODUKTION UND REGIE OTTO PREMINGER

39
ERSTER SIEG

FSK
16
FREIGEGEBEN
ERSTER SIEG
JOHN WAYNE, KIRK DOUGLAS, PATRICIA NEAL, TOM TRYON, PAULA PRENTISS, BRANDON DE WILDE, JILL HAWORTH, DANA ANDREWS u. HENRY FONDA · MIT STANLEY HOLLOWAY,
BURGESS MEREDITH, FRANCHOT TONE, PATRICK O'NEAL, CARROLL O'CONNOR, SLIM PICKENS, JAMES MITCHUM, GEORGE KENNEDY, BRUCE CABOT, BARBARA BOUCHET
PRODUKTION UND REGIE OTTO PREMINGER

FSK
16
FREIGEGEBEN
ERSTER SIEG
JOHN WAYNE, KIRK DOUGLAS, PATRICIA NEAL, TOM TRYON, BRANDON DEWILDE, JILL HAWORTH, DANA ANDREWS u. HENRY FONDA · MIT STANLEY HOLLOWAY,
BURGESS MEREDITH, FRANCHOT TONE, PATRICK O'NEAL, SLIM PICKENS, JAMES MITCHUM, GEORGE KENNEDY, BRUCE CABOT, BARBARA BOUCHET
PRODUKTION UND REGIE OTTO PREMINGER

Japanisches WA Plakat (1978)

ERSTER SIEG
EIN OTTO PREMINGER FILM
JOHN WAYNE, KIRK DOUGLAS, PATRICIA NEAL, TOM TRYON, PAULA PRENTISS, BRANDON DE WILDE, JILL HAWORTH, u. HENRY FONDA · MIT STANLEY HOLLOWAY,
BURGESS MEREDITH, FRANCHOT TONE, PATRICK O'NEAL, CARROLL O'CONNOR, SLIM PICKENS, JAMES MITCHUM, KENNEDY, BRUCE CABOT, BARBARA BOUCHET
DREHBUCH WENDELL MAYES · NACH DEM ROMAN VON JAMES BASSETT · MUSIK JERRY GOLDSMITH · PRODUKTIONS-ENTWURF LYLE · AUFGENOMMEN IN PANAVISION ® VON · LOYAL GRIGGS
PRODUKTION UND REGIE OTTO PREMINGER · IM VERLEIH DER PARAMOUNT · Copyright © 1965 Sigma Productions, Inc. · All rights reserved · granted for newspaper and magazine reproduction. · Made in U. S. A.
FSK 9 FREIGEGEBEN

FSK 30 FREIGEGEBEN
ERSTER SIEG
JOHN WAYNE, KIRK DOUGLAS, PATRICIA NEAL, TOM TRYON, PAULA PRENTISS, BRANDON DE WILDE, JILL HAWORTH, DANA ANDREWS u. HENRY FONDA · MIT STANLEY HOLLOWAY,
BURGESS MEREDITH, FRANCHOT TONE, PATRICK O'NEAL, CARROLL O'CONNOR, SLIM PICKENS, JAMES MITCHUM, GEORGE KENNEDY, BRUCE CABOT, BARBARA BOUCHET
DREHBUCH WENDELL MAYES · NACH DEM ROMAN VON JAMES BASSETT · MUSIK JERRY GOLDSMITH · PRODUKTIONS-ENTWURF LYLE WHEELER · AUFGENOMMEN IN PANAVISION ® VON · LOYAL GRIGGS
PRODUKTION UND REGIE OTTO PREMINGER · IM VERLEIH DER PARAMOUNT · Copyright © 1965 Sigma Productions, Inc. All rights reserved · Permission granted for newspaper and magazine reproduction. Made in U. S. A.

ERSTER SIEG

ERSTER SIEG

Henry Fonda war einer der Stars, die für Otto Premingers Film unterschrieben hatten. Schon viele Jahre zuvor hatte Fonda mit John Wayne zusammengearbeitet, damals noch unter der Regie von John Ford.

Deutsche EA- und WA-Fotos von 1965 und 1973. Zu unterscheiden an dem Textbalken. Bei der EA (oben) ist der Vermerk „IM VERLEIH DER PARAMOUNT" eingedruckt, welcher bei den WA-Fotos (rechts) fehlt.

A1, Erstaufführungsplakat von 1966; Grafik: Degen

DIE VIER SÖHNE DER KATIE ELDER

1965

Originaltitel: . . **THE SONS OF KATIE ELDER**
US-Erstaufführung: . . . . 1. Juli 1965
Dt. Erstaufführung: . . . . 4. Januar 1966
Laufzeit: . . . . 122 Minuten
Regie: . . . . Henry Hathaway
Drehbuch: . . . William H. Wright, Allan Weiss, Harry Essex
Musik: . . . . Elmer Bernstein
Kamera: . . . . Lucien Ballard
Schnitt: . . . . Warren Low
Darsteller:
John Wayne . . . . (John Elder)
Dean Martin . . . . (Tom Elder)
Martha Hyer . . . . (Mary Gordon)
Michael Anderson Jr. . . . . (Bud Elder)
Earl Holliman . . . . (Matt Elder)
Jeremy Slate . . . . (Ben Latta)
James Gregory . . . . (Morgan Hastings)
Paul Fix . . . . (Sheriff Billy Wilson)
George Kennedy . . . . (Curley)
Dennis Hopper . . . . (Dave Hastings)
Sheldon Allman . . . . (Harry Evers)
Strother Martin . . . . (Jeb Ross)
John Doucette . . . . (Hyselman)

Inhalt:
Als ihre Mutter einsam und verlassen stirbt, finden sich die vier Elder-Sprösslinge John, Tom, Matt und Bud an ihrem Sarg zusammen. Sie erfahren, dass auch der Vater nicht mehr am Leben und die Farm samt Landbesitz an einen Rancher namens Hastings gefallen ist. Als die vier Brüder Nachforschungen anstellen, wird Hastings ungemütlich und es kommt zu einem Kampf auf Leben und Tod...

Den Vertrag für THE SONS OF KATIE ELDER hatte John Wayne im Juni 1964 unterschrieben. Die Dreharbeiten sollten eigentlich Ende Oktober 1964 beginnen, doch nachdem er untersucht worden war, rief Duke ein Familientreffen ein, bei dem auch Henry Hathaway teilnahm. Er verkündete ihnen allen, dass er Lungenkrebs hatte. Hathaway, der selbst an Krebs erkrankt gewesen ist, wusste, dass man Pläne schmieden muss. Was man als Kranker nicht tun durfte, war sich selbst aufzugeben. Darum sagte er Duke, dass er sich wegen des Films keine Sorgen machen sollte. Man würde die Dreharbeiten einfach um ein paar Wochen verschieben und dann wäre er ja sicherlich wieder voll da.

Duke unterzog sich zwei Operationen - nach der ersten kamen Komplikationen hinzu - erholte sich danach aber recht gut. Obwohl ihm die Ärzte anrieten, sich sechs Monate zu schonen, war er 14 Wochen später wieder im Sattel, um THE SONS OF KATIE ELDER zu drehen. Das Interesse an dem Film war groß. Eine ganze Heerschar von Reportern war gekommen. Der Grund hierfür war, dass Duke in einer Pressekonferenz von seiner Krankheit und seinem Sieg über sie erzählt hatte, obschon seine

In THE SONS OF KATIE ELDER spielte John Wayne erneut mit Dean Martin zusammen. Diesen Film drehte er nur wenige Monate nach einer schweren Operation.

Berater ihm davon abgeraten hatten. Nun wollten sich die Medien praktisch überzeugen, wie gut es John Wayne wirklich ging. Und so kamen sie in Scharen an die Drehorte in Chupaderas und Durango, Mexiko. Innenaufnahmen fanden in den Churubusco Studios in Mexico City statt.

Die Dreharbeiten begannen am 5. Januar und endeten am 5. März 1965. Die Drehorte hatte man schon ausgewählt, noch bevor Duke operiert wurde. Aber auch am Drehbuch änderte man nichts mehr, um dem Star entgegenzukommen. Der Stunt-Coordinator Chuck Roberson bot Hathaway an, Duke bei der Szene zu doubeln, in der er in den kalten Fluss stürzt. Und auch Duke sprach Hathaway darauf an. Doch der versuchte, ihn vor versammelter Mannschaft zu beschämen, indem er ihn fragte, ob er nun Angst vor ein bisschen kaltem Wasser hätte.

Nach außen hin erschien Hathaway grausam. Und auch viele seiner Schauspieler verstanden nicht, warum er so sein konnte, doch er folgte mit fester Überzeugung seiner Philosophie, dass Duke das Trauma der Operation hinter

Das letzte Gefecht: John Elder und sein Bruder Tom verteidigen sich.

John Wayne sagte einmal: „Ich vertraue keinem Mann, der nicht trinkt." Dean Martin hat er sicherlich vertraut, war dieser doch als harter Trinker bekannt.

(Unten) ***Regieanweisungen von Henry Hathaway (r.) zu RIO BRAVO.***

sich lassen musste, wenn er nicht Gefahr laufen wollte, ein psychologischer Krüppel zu werden. Der Dreh war für Duke hart. Als er aus dem Wasser kam, brauchte er Sauerstoff, den er immer parat hatte. Aber dann ging er zu Hathaway und sagte: *„Ich dachte, ich würde in dem Fluss draufgehen, aber das bin ich nicht. Jetzt weiß ich, dass ich alles tun kann."*

Dennoch waren die Dreharbeiten für Duke natürlich kein Zuckerschlecken. Man befand sich weit über dem Meeresspiegel, so dass die Luft dünn war. Das wäre schon für einen gesunden Mann mit zwei Lungen ein Kraftakt gewesen, aber Duke musste dies mit nur noch einer Hälfte seiner Lunge stemmen. Und er schaffte es.

Damals lenkte die Geschichte hinter dem Film von selbigem ab. THE SONS OF KATIE ELDER war der Film, mit dem John Wayne bewies, dass die Krankheit ihn nicht gefällt hatte. Im Gegenteil, er sah in diesem Film deutlich vitaler als bei seinen unmittelbar zuvor gemachten Produktionen aus.

DEAN MARTIN - wurde als Dino Paul Crocetti am 7. Juni 1917 in Steubenville, Ohio, geboren. Bevor er als Schauspieler erfolgreich war, boxte er und arbeitete in einer Stahlfabrik. 1946 arbeitete er das erste Mal mit Jerry Lewis zusammen. Beide waren das perfekte Komiker-Duo. Lewis war der Ausgeflippte, Martin der „straight man". Es wurde oft berichtet, dass Martin und Lewis einander hassten. Tatsächlich waren sie jedoch enge Freunde, aber zur Mitte der 50er Jahre kühlte ihrer beider Freundschaft ab, wobei Lewis glaubte, dass es Dritte von außen waren, die ihrer beider Verhältnis belasteten. Als sie sich trennten, sprachen sie 20 Jahre nicht mehr miteinander, bis Frank Sinatra eine öffentliche Reunion organisierte. Martin war nicht nur ein erfolgreicher Schauspieler, sondern auch ein Sänger. Er hatte in den 50er und 60er Jahren mehr als 40 Filme in den Billboard-Charts, auch wenn er nur drei Nummer-1-Hits hatte. Einer seiner erfolgreichsten Filme ist FRANKIE UND SEINE SPIESSGESELLEN (OCEAN'S 11, 1960), in dem das berühmte Rat Pack bestehend aus Frank Sinatra, Sammy Davis Jr., Joey Bishop und Peter Lawford mit dabei war. Dean Martin war dreimal verheiratet und hatte acht Kinder. Sein Sohn Dean Paul Martin kam 1987 bei einem Flugzeugabsturz ums Leben. Dean Martin verstarb am 25. Dezember 1995 an den Folgen von Lungenkrebs.

Amüsant ist, dass der jüngste der vier Elder-Brüder mit Michael Anderson Jr. besetzt wurde, der 36 Jahre jünger als John Wayne war. Im Film fiel das aber gar nicht auf. Anderson war übrigens nicht die erste Wahl. Eigentlich sollte Tommy Kirk die Rolle spielen, aber der wurde bei einer Drogenrazzia verhaftet, wobei er selbst Marihuana konsumiert hatte. Das Bild machte die Runde in der Presse, weswegen man ihn aus seinem Vertrag entließ. Böse Zungen haben lange behauptet, dass Duke ihn aus dem Film entfernen ließ, weil er homosexuell war. Aber selbst Kirk dementierte dies.

Duke spielte an der Seite seines RIO BRAVO-Kollegen Dean Martin. Ansonsten fanden sich junge Talente wie Dennis Hopper, aber auch alte Freunde wie Paul Fix in dem Film wieder. Das für die Produktion aufgewandte Budget von 2,75 Millionen Dollar war vergleichsweise gering. Duke selbst erhielt davon 600.000 Dollar plus eine Beteiligung von 33 Prozent am Profit, was sich über die Jahre und mit verschiedenen Auswertungsformen auf einen Gewinn von mehr als zwei Millionen Dollar summiert hat.

Deutsche EA-Fotos von 1967

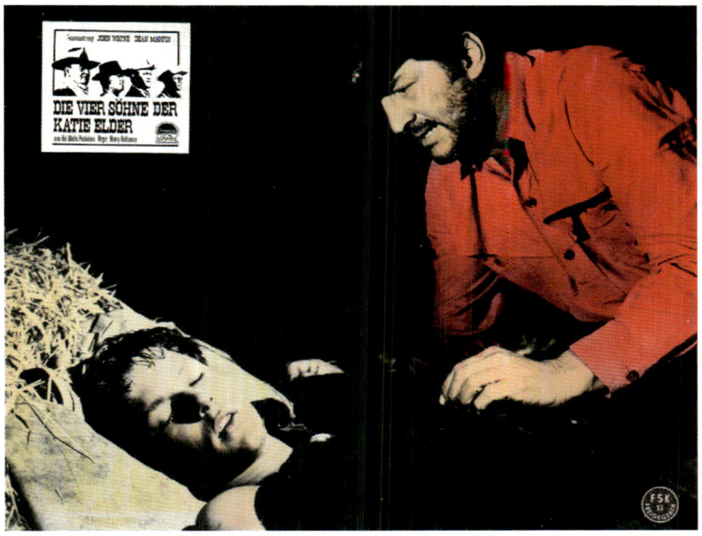

JOHN WAYNE DEAN MARTIN
DIE VIER SÖHNE DER
KATIE ELDER

JOHN WAYNE DEAN MARTIN
DIE VIER SÖHNE DER
KATIE ELDER

JOHN WAYNE DEAN MARTIN
DIE VIER SÖHNE DER
KATIE ELDER

JOHN WAYNE DEAN MARTIN
DIE VIER SÖHNE DER
KATIE ELDER

JOHN WAYNE DEAN MARTIN
DIE VIER SÖHNE DER
KATIE ELDER

JOHN WAYNE DEAN MARTIN
DIE VIER SÖHNE DER
KATIE ELDER

JOHN WAYNE DEAN MARTIN
DIE VIER SÖHNE DER
KATIE ELDER

Paramount zeigt JOHN WAYNE DEAN MARTIN
DIE VIER SÖHNE DER KATIE ELDER
eine Hal Wallis Produktion Regie: Henry Hathaway
FSK
FREIGEGEBEN

DAS DEUTSCHE WERBEMATERIAL

EA: Erstaufführung I WA: Wiederaufführung

Plakate:

Die 4 Söhne der Katie Elder . . . .A1 EA von 1966
Die 4 Söhne der Katie Elder A0 quer EA von 1966
Die 4 Söhne der Katie Elder . . . .A1 WA von 1969

Kinoaushangfotos:

40 EA Aushangfotos von 1966
Ob es zur der WA von 1969 neue Fotos gab, ist nicht bekannt.

A1, Wiederaufführungsplakat von 1969; Grafik: unbekannt

JOHN WAYNE DEAN MARTIN
DIE VIER SÖHNE DER KATIE ELDER

Paramount zeigt JOHN WAYNE DEAN MARTIN
DIE VIER SÖHNE DER KATIE ELDER
eine Hal Wallis Produktion Regie: Henry Hathaway

JOHN WAYNE DEAN MARTIN
DIE VIER SÖHNE DER KATIE ELDER

JOHN WAYNE DEAN MARTIN
DIE VIER SÖHNE DER KATIE ELDER

Paramount zeigt JOHN WAYNE DEAN MARTIN
DIE VIER SÖHNE DER KATIE ELDER
eine Hal Wallis Produktion Regie: Henry Hathaway

JOHN WAYNE DEAN MARTIN
DIE VIER SÖHNE DER KATIE ELDER

DIE VIER SÖHNE DER KATIE ELDER

DIE VIER SÖHNE DER KATIE ELDER

DIE VIER SÖHNE DER KATIE ELDER

GUNS
HASTINGS
HARDWARE
GUNPOWDER
DYNAMITE
ALL TYPES OF
FIREARMS
RIFLES
REVOLVERS

DIE VIER SÖHNE DER KATIE ELDER

Paramount zeigt JOHN WAYNE DEAN MARTIN
DIE VIER SÖHNE DER KATIE ELDER
eine Hal Wallis-Produktion Regie: Henry Hathaway
36

Die Mirisch Corporation zeigt
DER SCHATTEN DES GIGANTEN
in den Hauptrollen
Kirk Douglas
Yul Brynner
Senta Berger
mit
Angie Dickinson
James Donald
Stathis Giallelis
Luther Adler
und unter besonderer
Mitwirkung von:
Frank Sinatra
John Wayne
als der General
ein Film von
Melville Shavelson
Drehbuch und Regie: Melville Shavelson
Coproduktion – Michael Wayne
Musik – Elmer Bernstein
Produktion: Mirisch-Llenroc-Batjac
Technicolor®
Panavision®
UNITED ARTISTS
Degen Stuttgart
FSK

A1, Erstaufführungsplakat von 1966; Grafik: Degen

DER SCHATTEN DES GIGANTEN

1966

Originaltitel: . . . . . CAST A GIANT SHADOW
Deutsche Alternativtitel: . . . Wirf einen großen Schatten / Commander Stones - Ihr Bester Mann
US-Erstaufführung: . . . . 30. März 1966
Dt. Erstaufführung: . . . . 13. Oktober 1966
Laufzeit: . . . . 146 Minuten
Regie: . . . . Melville Shavelson
Drehbuch: . . . . Melville Shavelson
Musik: . . . . Elmer Bernstein
Kamera: . . . . Aldo Tonti
Schnitt: . . . . Bert Bates, Gene Ruggiero
Darsteller:
John Wayne . . . . (Gen. Mike Randolph)
Kirk Douglas . . . (Col. David “Mickey” Marcus)
Senta Berger . . . . (Magda Simon)
Angie Dickinson . . . . (Emma Marcus)
James Donald . . . . (Maj. Safir)
Stathis Giallelis . . . . (Ram Oren)
Luther Adler . . . . (Jacob Zion)
Topol . . . . (Abou Ibn Kader)
Ruth White . . . . (Mrs. Chaison)
Gordon Jackson . . . . (James MacAfee)
Michael Hordern . . . . . (Britischer Botschafter)
Frank Sinatra . . . . (Vince Talmadge)
Yul Brynner . . . . (Asher Gonen)
Michael Douglas . . . . (Fahrer)

Inhalt:
1947. Krisenherd Palästina. Offen erklären die Araber, daß sie die Juden aus dem Land vertreiben wollen. Die aber träumen den alten Traum vom Staate Israel. Eingekesselt von der arabischen Übermacht mobilisieren sie in der ganzen Welt Kämpfer für ihre Sache. Einer von ihnen ist der ehemalige US-Offizier David Marcus. Gegen den Willen von General Randolph verlässt er das Land. Sein Ziel: Palästina. Seine Aufgabe: Die Formierung einer schlagkräftigen Armee für den Kampf „David gegen Goliath“.

CAST A GIANT SHADOW war ein Lieblingsprojekt von Melville Shavelson, das dieser bereits seit vielen Jahren verwirklichen wollte. Aber kein Studio war bereit, einen hoch budgetierten Film, der die Geschichte der Geburt Israels erzählt, zu finanzieren. Man war in der Regel der Meinung, dass sich dafür kein Publikum finden würde.
Shavelson hatte mehr als ein Jahrzehnt zuvor mit John Wayne an TROUBLE ALONG THE WAY gearbeitet. Damals gab es heftige Streitereien zwischen beiden Männern, aber Duke hatte Shavelson ein paar Jahre später einen netten Brief geschrieben und ihn zu einer seiner Produktionen beglückwünscht.
Darum fasste sich der Regisseur ein Herz und trat an Duke heran. Er erzählte ihm von dem Projekt, worum es ging und warum er kein Studio fand, das es finanzieren wollte. Duke war von der Geschichte angetan, da er fand, dass es längst an der Zeit war, das amerikanische Volk daran zu erinnern, dass die Amerikaner nicht in kleine Länder einmarschierten, sondern die Freiheit verteidigten. Es war, wie Duke meinte, eine uramerikanische Geschichte. Er las die ersten 35 Seiten des von Shavelson selbst geschriebenen Drehbuchs und sagte zu, die Rolle des Generals Mike Randolph zu spielen. Außerdem war er bereit, den Film mit Batjac mitzuproduzieren.
Während sich Shavelson an die Mirisch-Brüder wandte, um die Finanzierung zu sichern, wandte sich Duke an Kirk Douglas, den er als perfekten Kandidaten für die Hauptrolle ansah. Der war von der Rolle angetan und nahm an. Mit ihm an Bord war auch seine eigene Produktionsfirma Bryna. Und aufgrund ihrer beider Beteiligung war es auch möglich, Frank Sinatra und Yul Brynner für größere Cameo-Auftritte zu engagieren.

John Wayne setzte sich für den Film CAST A GIANT SHADOW ein. Er spielte nur eine kleine Nebenrolle und ist etwa zehn Minuten im Film zu sehen.

NOTIZ:
KIRK DOUGLAS - Der russischstämmige Kirk Douglas heißt mit bürgerlichem Namen eigentlich Issur Danielovitch Demsky. Er wurde am 9. Dezember 1916 in New York geboren. Nach der Teilnahme der USA am Zweiten Weltkrieg spielte er am Theater, schloss sich dann der Navy an und setzte seinen Traum von der Schauspielerei 1945 fort. In den späten 40er Jahren etablierte er sich und arbeitete erstmals mit Kollege Burt Lancaster zusammen. Die Chemie zwischen den beiden Männern war so gut, dass sie in insgesamt sieben Filmen zusammen spielten, mit am beeindruckendsten davon war SEVEN DAYS IN MAY (SIEBEN TAGE IM MAI, 1964). Der mehrmals Oscarnominierte Schauspieler wirkte in beinahe 100 Filmen mit. Die große Zeit seiner Karriere waren die 50er und 60er Jahre als er mit Stanley Kubrick PATHS OF GLORY (WEGE ZUM RUHM, 1957) und SPARTACUS (SPARTACUS, 1960) drehte. Aber auch in den 70er und 80er Jahren arbeitete er noch regelmäßig und war so u.a. in Brian DePalmas THE FURY (TEUFELSKREIS ALPHA, 1978) und THE FINAL COUNTDOWN (FINAL COUNTDOWN, 1980) zu sehen. 1996 erhielt er einen Ehren-Oscar für sein Lebenswerk.

Deutsches EA-Foto von 1966

Dukes Rolle ist vergleichsweise klein. Er ist nur gut zehn Minuten im Film zu sehen, aber er hat eine der bemerkenswertesten Szenen von CAST A GIANT SHADOW. Shavelson musste kreativ sein, wenn er den Schrecken von Dachau fühlbar machen wollte. Es widerstrebte ihm, Material zu benutzen, das bei der Befreiung der Konzentrationslager gemacht wurde, da er dies als respektlos ansah. Gleichwohl war ihm bewusst, dass kein Maskenbildner selbst die dünnsten Statisten so aussehen lassen könnte, als seien sie Überlebende eines Todeslagers. Darum gab er Duke eine der herausforderndsten Szenen seiner ganzen Karriere. Als der General nach Dachau geführt wird und den Horror sieht, sehen wir ihn nicht. Wir sehen nur sein Gesicht – und alle Emotionen, die sich darauf abspielen. Und das ist nicht weniger als eine verdammt feine schauspielerische Leistung.
Während der Dreharbeiten verletzte sich Duke beim Rausspringen aus einem Jeep und wurde in ein Krankenhaus gebracht. Die Zeitungen überschlugen sich damals mit Spekulationen, dass es ein Rückfall mit seiner Krebserkrankung sein könnte, aber tatsächlich war es nur ein gezerrter Muskel. Und wenige Tage später war Duke auch wieder bei den Dreharbeiten.

Der Film wurde an Originalschauplätzen in Israel gedreht. Innenaufnahmen fanden in den Cinecitta Studios in Rom statt. Dort drehte im Juli 1965 auch John Wayne seine Szenen. Die Dreharbeiten hatten am 18. Mai begonnen und endeten im August 1965. Das Budget von CAST A GIANT SHADOW betrug knapp 4,3 Millionen Dollar. Unterstützung erhielt das Projekt von der israelischen Armee, die 800 Soldaten als Statisten abstellte. Weitere 1.000 Statisten wurden für den Film angeheuert.

An den US-Kinokassen enttäuschte der Film auf ganzer Linie. Beim Marketing des Films hatte man übrigens niemals betont, dass es um die Geschichte Israels geht. Vielmehr hatte alles den Anschein, als handele es sich um einen Zweiter-Weltkrieg-Film.

CAST A GIANT SHADOW, in dem übrigens Michael Douglas sein klitzekleines Filmdebüt gibt, ist ein im Oeuvre von John Wayne eher obskurer Film, der sträflich unterbewertet ist und nach wie vor darauf wartet, vom Publikum entdeckt zu werden.

KIRK DOUGLAS
SENTA BERGER
ANGIE DICKINSON
DER SCHATTEN DES GIGANTEN
YUL BRYNNER
FRANK SINATRA
JOHN WAYNE
PANAVISION®
TECHNICOLOR®

KIRK DOUGLAS
SENTA BERGER
ANGIE DICKINSON
DER SCHATTEN DES GIGANTEN
YUL BRYNNER
FRANK SINATRA
JOHN WAYNE
PANAVISION®
TECHNICOLOR®

KIRK DOUGLAS
SENTA BERGER
ANGIE DICKINSON
DER SCHATTEN DES GIGANTEN
YUL BRYNNER
FRANK SINATRA
JOHN WAYNE
PANAVISION®
TECHNICOLOR®

KIRK DOUGLAS
SENTA BERGER
ANGIE DICKINSON
DER SCHATTEN DES GIGANTEN
YUL BRYNNER
FRANK SINATRA
JOHN WAYNE
PANAVISION®
TECHNICOLOR®

KIRK DOUGLAS
SENTA BERGER
ANGIE DICKINSON
DER SCHATTEN DES GIGANTEN
YUL BRYNNER
FRANK SINATRA
JOHN WAYNE
TECHNICOLOR®

KIRK DOUGLAS
SENTA BERGER
ANGIE DICKINSON
DER SCHATTEN DES GIGANTEN
YUL BRYNNER
FRANK SINATRA
JOHN WAYNE
TECHNICOLOR®

KIRK DOUGLAS
SENTA BERGER
ANGIE DICKINSON
DER SCHATTEN DES GIGANTEN
YUL BRYNNER
FRANK SINATRA
JOHN WAYNE

KIRK DOUGLAS
SENTA BERGER
ANGIE DICKINSON
DER SCHATTEN DES GIGANTEN
PANAVISION®
TECHNICOLOR®
YUL BRYNNER
FRANK SINATRA
JOHN WAYNE

KIRK DOUGLAS
SENTA BERGER
ANGIE DICKINSON
DER SCHATTEN DES GIGANTEN
PANAVISION®
YUL BRYNNER
FRANK SINATRA
JOHN WAYNE

KIRK DOUGLAS
SENTA BERGER
DER SCHATTEN DES GIGANTEN
PANAVISION®
TECHNICOLOR®
YUL BRYNNER
FRANK SINATRA
JOHN WAYNE

KIRK DOUGLAS
SENTA BERGER
ANGIE DICKINSON
DER SCHATTEN DES GIGANTEN
PANAVISION®
TECHNICOLOR®

YUL BRYNNER
JOHN WAYNE

KIRK DOUGLAS
SENTA BERGER
ANGIE DICKINSON
DER SCHATTEN DES GIGANTEN
PANAVISION®
TECHNICOLOR®
YUL BRYNNER
FRANK SINATRA
JOHN WAYNE

KIRK DOUGLAS
SENTA BERGER
ANGIE DICKINSON
DES GIGANTEN
PANAVISION®
YUL BRYNNER
FRANK SINATRA

KIRK DOUGLAS
SENTA BERGER
YUL BRYNNER
FRANK SINATRA
JOHN WAYNE

KIRK DOUGLAS
SENTA BERGER
ANGIE DICKINSON
DER SCHATTEN DES GIGANTEN
PANAVISION®
TECHNICOLOR®
YUL BRYNNER
FRANK SINATRA
JOHN WAYNE

KIRK DOUGLAS
SENTA BERGER
ANGIE DICKINSON
DER SCHATTEN DES GIGANTEN
PANAVISION®
YUL BRYNNER
FRANK SINATRA
JOHN WAYNE

DAS DEUTSCHE WERBEMATERIAL

EA: Erstaufführung WA: Wiederaufführung

Plakate:

Der Schatten des Giganten . . . . .A1 EA von 1966
Der Schatten des Giganten . . . . . A0 quer EA von 1966
Commander Stones - Ihr bester Mann .A1 WA von 1975
Commander Stones - Ihr bester Mann .A1 WA von 1977

Kinoaushangfotos:

24 EA Aushangfotos von 1966. Ein Aushangfoto zeigt eine Szene, die es selbst im Film nicht gibt: Senta Berger beim Duschen.
18 WA Aushangfotos; 14 Klein- und 4 Großfotos, die Motive der Großfotos gibt es auch in klein. Die WA Fotos wurden für beide Wiederaufführungen benutzt und zeigen die gleichen Motive wie die Erstveröffentlichung.

A1, 1. Wiederaufführungsplakat von 1975; Grafik: unbekannt

A1, 2. Wiederaufführungsplakat von 1977, Grafik: unbekannt

John Wayne und Kirk Douglas haben in drei Filmen zusammen gespielt. Obwohl sie politisch auf unterschiedlichem Posten standen, genossen sie die Zusammenarbeit.

Auch bei den deutschen Plakaten will man gar nicht den Anschein erwecken, dass es hier um einen Krieg um Israel geht. Dem Studio war es lieber, die Leute sollten glauben, es sei ein Zweiter-Weltkriegs-Film.

A1, Erstaufführungsplakat von 1967; Grafik: Peltzer

EL DORADO

1966

Originaltitel:	**EL DORADO**
US-Erstaufführung:	7. Juni 1967
Dt. Erstaufführung:	22. September 1967
Laufzeit:	126 Minuten
Regie:	Howard Hawks
Drehbuch:	Leigh Brackett
Musik:	Nelson Riddle
Kamera:	Harold Rosson
Schnitt:	John Woodcock

Darsteller:

John Wayne	(Cole Thornton)
Robert Mitchum	(Sheriff J.P. Harrah)
James Caan	(Alan Bourdillion „Mississippi" Traherne)
Charlene Holt	(Maudie)
Michele Carey	(Josephine MacDonald)
Arthur Hunnicutt	(Bull Harris)
R.G. Armstrong	(Kevin MacDonald)
Edward Asner	(Bart Jason)
Paul Fix	(Dr. Miller)
Christopher George	(Nelse McLeod)
Johnny Crawford	(Luke MacDonald)
Robert Donner	(Milt)

Inhalt:
Der ziemlich lädierte Westernheld Cole Thornton und sein alter Freund, der von Alkohol und Liebeskummer angeschlagene Sheriff J.P. Harrah, sind längst nicht mehr so wild wie der Westen. Und selbst mit einem gewandten Messerwerfer wie dem jungen „Mississippi" Traherne an ihrer Seite ist es mehr als fraglich, ob sie gegen den Revolverhelden McLeod und dessen Kumpane eine echte Chance haben. Doch das Schicksal fordert sie noch einmal heraus. Und die ungleichen Gefährten stellen sich gegen Bart Jasons Revolverhelden und verschanzen sich im Sheriffsbüro.

John Wayne erkundigte sich nie, worum es bei einem Film ging, wenn Howard Hawks mit ihm arbeiten wollte. So kam er auch zu EL DORADO, da Hawks ihn fragte, ob er Lust auf einen Western hätte. Der Film ist praktisch ein Remake von RIO BRAVO, allerdings hat Hawks selbst das immer bestritten.
Der Regisseur betonte, dass ein paar Elemente übernommen wurden – nämlich die, die funktionierten – und andere eingebaut wurden, die als Variation von Ereignissen aus RIO BRAVO dienen können. So hat man hier anstelle des Jungspunds, der mit dem Revolver tödlich ist, einen jungen Recken, der nicht schießen kann, aber dafür mit dem Messer ein Ass ist. In RIO BRAVO war Duke der Sheriff und sein Deputy ein Trinker. Hier ist nun der Sheriff ein Trinker und Duke wird schließlich zum Deputy.

Interessant an EL DORADO ist jedoch, dass er mit dem Alter seiner Figuren spielt. Weder Duke noch sein Ko-Star Robert Mitchum geben vor, jünger zu sein, als sie sind. Tatsächlich sind beide auch Menschen, die durchaus Schwächen haben. Der eine ist ein Trinker und zittert, der andere hat eine unbehandelte Kugelwunde, die ihn immer wieder paralysiert.

EL DORADO ist im Endeffekt ein Remake von RIO BRAVO. Ein guter Film, aber nur eine Variation des Originals.

A1, Wiederaufführungsplakat von 1972; Grafik: Peltzer

Für James Caan (l.) war EL DORADO einer seiner ersten Erfolge.

Howard Hawks brachte seine Anschauung auf den Punkt: *„Ich habe kein Remake von RIO BRAVO gemacht. Ich habe von RIO BRAVO geklaut. In etwa so, wie Hemingway stets bei sich selbst klaute. In seinen Geschichten gab es auch viele Ähnlichkeiten."*

Robert Mitchum sah dies etwas pragmatischer und erklärte einst, dass Hawks das tat, was normalerweise andere Regisseure tun: Sich an einen erfolgreichen Film ranhängen. Nur hier war es eben Hawks, der sich selbst imitierte.

Eigentlich wollte Hawks wieder Walter Brennan in der komischen Rolle des Deputys. Der war terminlich jedoch unabkömmlich, weswegen Arthur Hunnicutt zum Zug kam. Hawks schätzte Mitchum sehr und glaubte, dass er einer der wenigen Darsteller war, die an purer Leinwandpräsenz John Wayne das Wasser reichen konnten. Die übrige Besetzung bestand aus Newcomern. James Caan, der hier den jungen Mississippi spielt, sollte später noch zum Star aufsteigen. Und Edward Asner, der den Bösewicht mimt, wurde als LOU GRANT im Fernsehen bekannt.
Der Revolverheld, gegen den Duke antreten muss, wurde von Christopher George gespielt. Duke mochte den Schauspieler und versprach ihm, später wieder mit ihm zusammenzuarbeiten, was er auch tat. Auf Dukes Initiative wurde auch die Szene eingefügt, in der George „Du hast mir keine Chance gelassen" sagt und Dukes Figur antwortet: „Dafür bist Du zu gut."
Er wollte, dass damit klar wird, dass beide Männer einander respektierten und es „nur" ums Geschäft ging.

EL DORADO wurde vom 8. Oktober 1965 bis Mitte Februar 1966 gedreht. Außenaufnahmen fanden in Arizona, genauer in Old Tucson, So-

NOTIZ:

EL DORADO basiert auf dem Roman „The Stars in their Courses" von Harry Brown, der jedoch im Vorspann nicht genannt werden wollte, da sich der fertige Film enorm von seiner Vorlage entfernt hat. Das Gedicht, das Mississippi rezitiert, gibt es tatsächlich. Es ist „El Dorado" von Edgar Allan Poe.

Übersetzung aus dem Jahr 1922 von Theodor Etzel.

Ein Ritter, hehr
Von Art und Ehr',
Durch Sonnenschein zog und Schatten.
Er ritt gar lang
Durchs Land und sang
Und suchte El Dorado.

Doch wurde alt
Die Reckengestalt,
Ihm sank ins Herz ein Schatten,
Denn nirgends er fand
Ein Fleckchen Land,
Das aussah wie El Dorado.

Und als er gar
Entkräftet war,
Da traf er Pilger Schatten –
Den sprach er an:
»Schatten, wo kann
Es liegen: El Dorado?«

»Reit immerzu
Über Mondberge du
Hinab ins Tal des Schattens,
Reit fort und fort« –
War Schattens Wort –
»Dort findest du El Dorado.«

noita Creek, Oak Bar Ranch, Amado Ranch, Avra Valley und Pantano Creek statt. Die Innenaufnahmen wurden in den Paramount Studios in Hollywood abgedreht.

Der Film hatte ein Budget von knapp über 4,5 Millionen Dollar. Alleine Dukes Gage belief sich bereits auf 750.000 Dollar plus eine Beteiligung. Ko-Star Robert Mitchum musste sich mit 300.000 Dollar zufrieden geben. In den USA erwirtschaftete der Film ein Kinoeinspiel von 16 Millionen Dollar. Er startete dort jedoch erst im Juni 1967. In einigen Auslandsmärkten, darunter Japan, wurde der Film schon ein halbes Jahr zuvor gezeigt.

In RIO BRAVO war Dean Martin noch der Säufer, nun ist es Robert Mitchum.

US Plakat (1967)

Man achte auf den LKW rechts hinten!

DAS DEUTSCHE WERBEMATERIAL

EA: Erstaufführung | WA: Wiederaufführung

Plakate:

El Dorado .... A1 EA von 1967
El Dorado .... A0 quer EA von 1967
El Dorado .... A1 WA von 1972

Kinoaushangfotos:

40 EA Aushangfotos von 1967. Die Fotos wurden lückenhaft bis zur FSK #50 durchnummeriert.
12 WA Aushangfotos; Motive wie bei der EA.

NOTIZ:
ROBERT MITCHUM - Robert Charles Durman Mitchum wurde am 6. August 1917 in Bridgeport, Connecticut, geboren. Seine Kindheit war alles andere als leicht. Der Vater starb als Robert zwei Jahre alt war und als Teenager riss er von zuhause aus und kam mit dem Gesetz in Konflikt. In Los Angeles entdeckte er sein Interesse für die Schauspielerei. 1945 spielte er in THE STORY OF G.I. JOE (SCHLACHTGEWITTER AM MONTE CASSINO) mit und erhielt dafür eine Oscar-Nominierung als bester Nebendarsteller. Er pflegte ein Bad-Boy-Image, das noch dadurch unterstützt wurde, dass er 1949 wegen Marijuana-Besitzes kurzzeitig hinter schwedische Gardinen musste. Er spielte in einer Reihe von Film-Noir-Klassikern mit und war 1962 in CAPE FEAR (EIN KÖDER FÜR DIE BESTIE) der gefährliche Max Cady. Im Remake von 1991 spielte er eine kleine Nebenrolle. Als in den 80er Jahren Filmangebote weniger wurden, arbeitete er vermehrt fürs Fernsehen und war in den erfolgreichen Miniserien THE WINDS OF WAR (DER FEUERSTURM, 1983) und NORTH AND SOUTH (FACKELN IM STURM, 1985) zu sehen. Robert Mitchum verstarb am 1. Juli 1997 an den Folgen von Lungenkrebs.

FSK
FREIGEGEBEN
JOHN
WAYNE
EL DORADO
REGIE UND PRODUKTION: HOWARD HAWKS
ROBERT
MITCHUM

Deutsche EA-Fotos von 1967. In diesem Satz gibt es die FSK-Nummern 8, 15, 24, 27, 34, 35, 37, 46, 47 und 50 nicht. Insgesamt besteht der Satz aus 40 Fotos.

JOHN WAYNE
EL DORADO
ROBERT MITCHUM

JOHN WAYNE
EL DORADO
ROBERT MITCHUM

JOHN WAYNE
EL DORADO
ROBERT MITCHUM

JOHN WAYNE
EL DORADO
ROBERT MITCHUM

JOHN WAYNE
EL DORADO
ROBERT MITCHUM

JOHN WAYNE
EL DORADO
ROBERT MITCHUM

JOHN WAYNE
EL DORADO
ROBERT MITCHUM

JOHN
WAYNE
EL DORADO
ROBERT
MITCHUM

JOHN
WAYNE
EL DORADO
ROBERT
MITCHUM

JOHN
WAYNE
EL DORADO
ROBERT
MITCHUM

JOHN
WAYNE
EL DORADO
ROBERT
MITCHUM

JOHN WAYNE
EL DORADO
REGIE UND PRODUKTION: HOWARD HAWKS
TECHNICOLOR
ROBERT MITCHUM

JOHN WAYNE
EL DORADO
REGIE UND PRODUKTION: HOWARD HAWKS
TECHNICOLOR
ROBERT MITCHUM

JOHN WAYNE
EL DORADO
ROBERT MITCHUM

JOHN WAYNE
EL DORADO
ROBERT MITCHUM

JOHN WAYNE
EL DORADO
ROBERT MITCHUM

JOHN WAYNE
EL DORADO
ROBERT MITCHUM

JOHN WAYNE
EL DORADO
ROBERT MITCHUM
TECHNICOLOR

JOHN WAYNE
EL DORADO
ROBERT MITCHUM

JOHN WAYNE
EL DORADO
ROBERT MITCHUM
TECHNICOLOR

JOHN WAYNE
EL DORADO
ROBERT MITCHUM

JOHN WAYNE
EL DORADO
ROBERT MITCHUM
TECHNICOLOR

JOHN WAYNE
EL DORADO
ROBERT MITCHUM

FSK
39
FREIGEGEBEN
JOHN
WAYNE
EL DORADO
REGIE UND PRODUKTION: HOWARD HAWKS
TECHNICOLOR®
ROBERT
MITCHUM

A1, Erstaufführungsplakat von 1967; Grafik: Goetze

DIE GEWALTIGEN

1967

Originaltitel: .... THE WAR WAGON
US-Erstaufführung: .... 27. Mai 1967
Dt. Erstaufführung: .... 18. August 1967
Laufzeit: .... 96 Minuten
Regie: .... Burt Kennedy
Drehbuch: .... Clair Huffaker
Musik: .... Dimitri Tiomkin
Kamera: .... William H. Clothier
Schnitt: .... Harry W. Gerstad
Darsteller:
John Wayne .... (Taw Jackson)
Kirk Douglas .... (Lomax)
Howard Keel .... (Levi)
Robert Walker Jr. .... (Billy Hyatt)
Keenan Wynn .... (Wes Fletcher)
Bruce Cabot .... (Frank Pierce)
Bruce Dern .... (Hammond)
Joanna Barnes .... (Lola)
Valora Noland .... (Kate Fletcher)
Gene Evans .... (Deputy Hoag)
Terry Wilson .... (Sheriff Strike)
Don Collier .... (Shack)
Hal Needham .... (Hite)

Inhalt:
Rancher Taw Jackson ist wild entschlossen, die eisengepanzerte Kutsche eines Viehbarons zu kapern, der ein paar Jahre zuvor sein Geld gestohlen und seinen guten Namen in den Schmutz gezogen hat. Um seinen Plan auszuführen, sucht Jackson Unterstützung bei einem alten Eigenbrötler, einem halbzivilisierten Indianer und einem großspurigen Revolverhelden. Der bunt zusammengewürfelten Truppe gelingt das Unmögliche, als sie eine halbe Million Dollar in Goldbarren in ihren Besitz bringt.

THE WAR WAGON war der dritte und letzte Film, den John Wayne und Kirk Douglas zusammen machten. Beide waren niemals Freunde und standen politisch auf entgegengesetzten Seiten, schätzten aber jeweils des anderen Professionalität. Und so bot Duke seinem Kollegen eine Rolle in THE WAR WAGON an, die dieser auch annahm.

Die Dreharbeiten starteten am 15. September und endeten Mitte Dezember 1966. Gedreht wurde sowohl in Durango als auch in Mexico City. Als Budget hatte man für den Film 4,2 Millionen Dollar veranschlagt, wobei Duke die damals phänomenale Gage von einer Million Dollar erhielt. Dies war der erste Film eines Zwei-Film-Deals mit Universal, den Duke angenommen hatte, nachdem Paramount nicht bereit gewesen ist, ein ähnliches Angebot abzugeben. Denn Duke erhielt zusätzlich zu seiner Gage eine Beteiligung am Gewinn plus eine Beteiligung des Verkaufs für die Fernsehausstrahlungsrechte.
Im Oktober kamen die Dreharbeiten zu einem Stopp. Kirk Douglas kam eines Drehtages zu spät, da er einen Werbespot für Edmund G. Brown, den demokratischen Kandidaten für den Posten des Gouverneurs in Kalifornien, abgedreht hatte. John Wayne war als Produzent davon wenig angetan, kam aber tags darauf selbst zu spät ans Set, da er wiederum einen Werbespot für Ronald Reagan, den republikanischen Bewerber für das Amt, gedreht hatte.

Während Kirk Douglas später meinte, dass Duke seinen Regisseur kräftig herum gescheucht und sich in vieles eingemischt hatte, sah Burt Kennedy das sportlich, da er sicher war, dass Dukes Einwände nur zum Besten des Films waren. Keenan Wynn wiederum fand

Dreimal standen John Wayne und Kirk Douglas gemeinsam vor der Kamera. Die Chemie zwischen den beiden Schauspielern passte einfach.

DAS DEUTSCHE WERBEMATERIAL

EA: Erstaufführung | WA: Wiederaufführung

Plakate:
Die Gewaltigen ....A1 EA von 1967
Die Gewaltigen (Rot) ....A1 EA von 1967
Die Gewaltigen (Gelb) ..A1 EA von 1967
Beide Fotomotive der Plakate sind gleich, einmal in rot und einmal in gelb.
Die Gewaltigen ....A2 EA von 1967
Die Gewaltigen ....A1 WA von 1973
Kinoaushangfotos:
30 EA Aushangfotos von 1967
12 WA Aushangfotos Motive wie EA

Ein Ballett der Gewalt: In Action sah John Wayne immer hervorragend aus, selbst im fortgeschrittenen Alter.

Douglas' Einwände mehr als ungewöhnlich, da er selbst wusste, wie Douglas als Schauspieler und Produzent mit seinen Regisseuren verfuhr. THE WAR WAGON wurde nur wenige Wochen vor EL DORADO in die Kinos gebracht. Duke fand das nicht gerade erfreulich, da er fürchtete, zwei seiner Filme könnten sich einander Zuschauer abspenstig machen, und das umso mehr, da es sich bei beiden um Western handelte. Aber diese Sorgen waren unbegründet, denn sowohl EL DORADO als auch THE WAR WAGON waren an der Kinokasse sehr erfolgreich. THE WAR WAGON erwirtschaftete an den US-Kinos einen Umsatz von 15 Millionen Dollar.

(Ober) Deutsches EA-Foto von 1967, (unten) 2 WA-Fotos von 1973

A1, Wiederaufführungsplakat von 19/3; Grafik: Braun

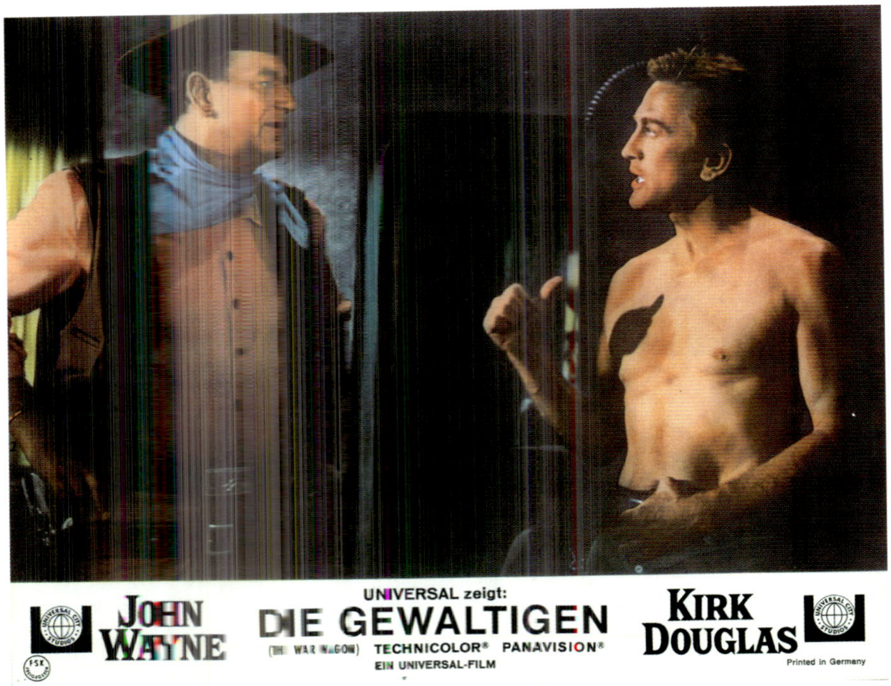
UNIVERSAL zeigt:
JOHN WAYNE
DIE GEWALTIGEN
(THE WAR WAGON) TECHNICOLOR® PANAVISION®
EIN UNIVERSAL-FILM
KIRK DOUGLAS
Printed in Germany

UNIVERSAL zeigt:
JOHN WAYNE
DIE GEWALTIGEN
(THE WAR WAGON) TECHNICOLOR® PANAVISION®
EIN UNIVERSAL-FILM
KIRK DOUGLAS
Printed in Germany

UNIVERSAL zeigt:
JOHN WAYNE
DIE GEWALTIGEN
(THE WAR WAGON) TECHNICOLOR® PANAVISION®
EIN UNIVERSAL-FILM
KIRK DOUGLAS
Printed in Germany

UNIVERSAL zeigt:
JOHN WAYNE
DIE GEWALTIGEN
(THE WAR WAGON) TECHNICOLOR® PANAVISION®
EIN UNIVERSAL-FILM
KIRK DOUGLAS
Printed in Germany

UNIVERSAL zeigt:
JOHN WAYNE
DIE GEWALTIGEN
(THE WAR WAGON) TECHNICOLOR® PANAVISION®
EIN UNIVERSAL-FILM
KIRK DOUGLAS
Printed in Germany

UNIVERSAL zeigt:
JOHN WAYNE
DIE GEWALTIGEN
(THE WAR WAGON) TECHNICOLOR® PANAVISION®
EIN UNIVERSAL-FILM
KIRK DOUGLAS
Printed in Germany

UNIVERSAL zeigt:
JOHN WAYNE
DIE GEWALTIGEN
(THE WAR WAGON) TECHNICOLOR® PANAVISION®
EIN UNIVERSAL-FILM
KIRK DOUGLAS
Printed in Germany

JOHN WAYNE
UNIVERSAL zeigt:
DIE GEWALTIGEN
(THE WAR WAGON) TECHNICOLOR® PANAVISION®
EIN UNIVERSAL-FILM
KIRK DOUGLAS
Printed in Germany

JOHN WAYNE
UNIVERSAL zeigt:
DIE GEWALTIGEN
(THE WAR WAGON) TECHNICOLOR® PANAVISION®
EIN UNIVERSAL-FILM
KIRK DOUGLAS
Printed in Germany

JOHN WAYNE
UNIVERSAL zeigt:
DIE GEWALTIGEN
(THE WAR WAGON) TECHNICOLOR® PANAVISION®
EIN UNIVERSAL-FILM
KIRK DOUGLAS
Printed in Germany

JOHN WAYNE
UNIVERSAL zeigt:
DIE GEWALTIGEN
(THE WAR WAGON) TECHNICOLOR® PANAVISION®
EIN UNIVERSAL-FILM
KIRK DOUGLAS
Printed in Germany

JOHN WAYNE
UNIVERSAL zeigt:
DIE GEWALTIGEN
(THE WAR WAGON) TECHNICOLOR® PANAVISION®
EIN UNIVERSAL-FILM
KIRK DOUGLAS
Printed in Germany

JOHN WAYNE
UNIVERSAL zeigt:
DIE GEWALTIGEN
(THE WAR WAGON) TECHNICOLOR® PANAVISION®
EIN UNIVERSAL-FILM
KIRK DOUGLAS
Printed in Germany

JOHN WAYNE
UNIVERSAL zeigt:
DIE GEWALTIGEN
(THE WAR WAGON TECHNICOLOR® PANAVISION®
EIN UNIVERSAL-FILM
KIRK DOUGLAS
Printed in Germany

Deutsche EA-Fotos von 1967

A2, EA Pressesplakat von 1967

A1, Erstaufführungsplakat von 1967; Grafik: Nozinski

Zwei deutsche WA-Fotos von 1973

JOHN WAYNE
KIRK DOUGLAS
MASCII
LA CARAVANE DE FEU
THE WAR WAGON
avec
HOWARD KEEL · ROBERT WALKER · KEENAN WYNN · BRUCE CABOT · JOANNA BARNES
TECHNICOLOR® PANAVISION®
MUSIQUE COMPOSÉE ET DIRIGÉE PAR DIMITRI TIOMKIN · SCÉNARIO DE CLAIR HUFFAKER D'après son livre "BADMAN" MISE EN SCÈNE DE BURT KENNEDY · PRODUIT PAR MARVIN SCHWARTZ · UNE PRODUCTION MARVIN SCHWARTZ UN FILM UNIVERSAL
UNIVERSAL CITY STUDIOS
Ets. SAINT-MARTIN

A1, Erstaufführungsplakat von 1968; Grafik: Goetze

DIE GRÜNEN TEUFEL

die grünen Teufel
(THE GREEN BERETS)
EINE BATJAC PRODUKTION
JOHN WAYNE-DAVID JANSSEN-JIM HUTTON

1968

Originaltitel: . . . . THE GREEN BERETS
US-Erstaufführung: . . . . 4. Juli 1968
Dt. Erstaufführung: . . . . 30. August 1968
Laufzeit: . . . . 141 Minuten
Regie: . . . . Ray Kellogg, John Wayne, Mervin LeRoy
Drehbuch: . . . . James Lee Barrett
Musik: . . . . Miklós Rózsa
Kamera: . . . . Winton C. Hoch
Schnitt: . . . . Otho Lovering
Darsteller:
John Wayne . . . . (Colonel Mike Kirby)
David Janssen . . . . (George Beckwith)
Jim Hutton . . . . (Sergeant Peterson)
Aldo Ray . . . . (Muldoon)
Raymond St. Jacques . . . . (Doc McGee)
Bruce Cabot . . . . (Colonel Morgan)
Jack Soo . . . . (Colonel Cai)
George Takei . . . . (Captain Nim)
Patrick Wayne . . . . (Lieutenant Jamison)
Luke Askew . . . . (Sergeant Provo)
Irene Tsu . . . . (Lin)
Edward Faulkner . . . . (Captain McDaniel)
Chuck Roberson . . . . (Sergeant Griffin)

Inhalt:
Die Hölle ist der Einsatzort der US-Elitetruppe „Green Berets“. Colonel Kirby führt die stahlharten Männer hinter die feindlichen Linien. Hier sollen sie einen Gefechtsstand gegen den Vietcong errichten. Doch die Verluste sind hoch: Ständig sind sie gegnerischem Granatfeuer ausgesetzt. Wegen der Treffgenauigkeit der Gegner vermutet Kirby einen Verräter in den eigenen Reihen ...

Für John Wayne war THE GREEN BERETS ein wichtiger Film, denn er wollte zeigen, dass die amerikanischen Soldaten Helden waren. Für ihn war es unverständlich, wie Teile der amerikanischen Bevölkerung auf die zurückkehrenden Soldaten spucken konnten. Unabhängig davon, ob man den Vietnamkrieg befürwortete oder nicht, waren es nicht die Soldaten, die den Groll der Bevölkerung verdient hatten. Darum war es ihm ein besonderes Anliegen, einen Film zu machen, der den amerikanischen G.I. in anderem Licht zeigte. Wohlwissend, dass er für diesen Film bei der Kritik Prügel einstecken müsste.

Eigentlich wollte er den Film mit Paramount verwirklichen, doch dort lehnte man den Stoff als zu kontrovers ab. Als nächstes sollte THE GREEN BERETS als Teil des Zwei-Filme-Deals mit Universal entstehen, doch im letzten Moment zog sich das Studio zurück, angeblich, weil ihm das Drehbuch missfiel.
An Aufgeben dachte Duke aber nicht im Mindesten. Vielmehr wandte er sich an Warner Bros., wo man schließlich bereit war, den Film mitzufinanzieren. Ein Teil des Budgets sollte jedoch von Batjac getragen werden. Und das Studio stimmte sogar zu, dass Duke nicht nur die Hauptrolle spielen, sondern den Film auch inszenieren sollte. Man war aber bereit, Sicherheitsvorkehrungen zu treffen, um zu verhindern, dass das Budget wie bei THE ALAMO unkontrolliert aus dem Ruder laufen würde.

Für THE GREEN BERETS musste John Wayne einiges an Schelte einstecken. Dies war der erste Film, der sich mit dem Vietnamkrieg befasst. Und selbst in dieser vergleichsweise frühen Phase des Krieges war dieser in den USA schon sehr umstritten. John Wayne sah es als patriotische Pflicht an, einen Film wie diesen zu produzieren.

Darum stellte ihm das Studio einen erfahrenen Regisseur zur Seite, der beratend tätig sein sollte: Mervin LeRoy. Der befand sich eigentlich schon im Ruhestand, da er aber mit der Tochter von Harry Warner verheiratet war, wand sich wiederum Jack Warner an ihn und bat ihn, John Wayne zur Seite zu stehen, auch wenn der noch gar nicht wusste, dass LeRoy kommen würde.

LeRoy hatte mit Duke schon bei WITHOUT RESERVATIONS zusammengearbeitet. Und er wurde von dem Schauspieler respektiert. Einige der Schauspieler hatten den Eindruck, dass Duke zwar durchaus auf das hörte, was LeRoy empfahl, dann aber doch das tat, was er für richtig hielt. Und LeRoy war wohl zufrieden, die von Warner angedachte Rolle zu erfüllen.
Duke erinnerte sich später gegenüber Michael Munn so an den Tag, als Mervin LeRoy auf dem Set auftauchte.
LeRoy: *„Es tut mir Leid, Duke, aber Warner hat darauf bestanden, dass ich herkomme und Dir unter die Arme greife. Ich dachte, ich hätte den Job schon an den Nagel gehängt. Also gibt mir einfach ein paar einfache Szenen, ja?"*
Duke: *„Du kannst die Szenen inszenieren, in denen ich dabei bin und ich mache die restli-*

Belgisches Plakat (1968)

Mag die Botschaft des Films auch fragwürdig sein, so funktioniert er als Action-Vehikel einwandfrei.

A1, Wiederaufführungsplakat von 1977; Grafik: Goetze

Für THE GREEN BERETS scheute man keinen Aufwand. Der Vietnamkrieg wurde in den USA umgesetzt, wobei ein vietnamesisches Dorf erbaut wurde, das so real war, dass es die Armee später zu Übungszwecken nutzte.

chen Szenen des Films.“
LeRoy: *„Ich hab mir das Skript angesehen. Du bist praktisch in allen Szenen dabei.“*
Duke: *„Dann wird Dir wenigstens nicht langweilig werden.“*

Schon im Vorfeld war es jedoch schwierig, den Film anzugehen. Das Drehbuch wurde von James Lee Barrett nach einer Romanvorlage von Robin Moore geschrieben. Da der Film die Unterstützung des Pentagons und des Verteidigungsministeriums erhielt, nahm man aber auch Einfluss auf das Skript. Denn was man gar nicht wollte, war eine realistische Darstellung des Vietnam-Konflikts. Lieber war es den Offiziellen, dass ein Kriegsfilm mit ordentlicher Portion Hurra-Patriotismus entstand. Barrett sah es später als Fehler an, den Wünschen des Pentagons nachzukommen. Zumal dessen Hilfe ohnehin nicht unentgeltlich kam. Die Produktion musste immerhin fast 19.000 Dollar bezahlen, um militärisches Equipment benutzen zu können.

Wie viel LeRoy letzten Endes inszenierte, wird wohl nie klar werden. Ebenso ist unklar, wie sich der Name Ray Kellogg (1905-1976) in den Stabsangaben wiederfindet. Es hat den Anschein, dass Kellogg an dem Film nicht wirklich beteiligt war. Einige der am Film Beteiligten wie später der Komponist Miklos Rosza erinnern sich nicht an ihn. Und hört man Berichte der Dreharbeiten, so wird immer von Duke und LeRoy gesprochen. Bekannt ist aber auch, dass Warner einen Ko-Regisseur in den Stabsangaben haben wollte, LeRoy wiederum aber auf namentliche Nennung verzichtete. Es wäre dementsprechend möglich, dass Kellogg seinen Namen „ausgeliehen“ hat.
Kellogg war ein Regisseur, allerdings hat er mit THE KILLER SHREWS (DIE NACHT DER UNHEIMLICHEN BESTIEN, 1959) und THE GIANT GILA MONSTER (1959) nicht vielmehr als zwei B-Monsterfilme abgeliefert. Weit erfolgreicher war er jedoch als Spezialeffektkünstler, auch wenn er mit Beginn seiner Regiekarriere diesen Teil seines Lebens hinter sich gelassen hat. In ihren Memoiren spricht Pilar Wayne ebenfalls nicht von Kellogg. Und nirgendwo in der einschlägigen Literatur findet sich ein Hinweis darauf, dass er wirklich am Set war.
Dem Journalisten Michael Munn sagte Duke nur kryptisch: *„Was kann ich über Ray Kellogg und THE GREEN BERETS sagen? Ohne ihn wäre meine Karriere heute nicht das, was sie ist.“*

THE GREEN BERETS wurde vom 9. August bis zum 15. November 1967 in Fort Benning, Georgia, gedreht. Innenaufnahmen fanden im Dezember in den Warner Studios in Burbank statt.

Unter den Schauspielern finden sich David Janssen, der durch die Serie THE FUGITIVE (AUF DER FLUCHT) bekannt wurde und George Takei, der in STAR TREK den japanischen Steuermann Sulu gespielt hat. Vera Miles wirkte ebenfalls im Film mit und war John Waynes Frau. Ihre Szenen fielen jedoch der Schere zum Opfer, da Warner auf weniger Dialoge und mehr Action pochte.

Der Bau der Sets, darunter des vietnamesischen Dorfs kostete 171.000 Dollar. Letzteres war derart realistisch gelungen, dass es die Armee noch lange nach den Dreharbeiten einsetzte, um Rekruten auf den Vietnameinsatz vorzubereiten.

Das Gesamtbudget des Films belief sich auf 6,1 Millionen Dollar. Obwohl der Film von der Kritik unisono verrissen wurde und nicht wenige Rezensenten weniger den Film als vielmehr John Waynes politische Überzeugungen angriffen, brachte es THE GREEN BERETS auf ein Kinoeinspiel von 24 Millionen Dollar. Viele Kritiker schossen sich darauf ein, dass der Film propagiert, dass bei einer Ausweitung des kommunistischen Einflusses in Südostasien Säuberungsaktionen folgen würden, bei denen die Intelligenzija des Landes ausgelöscht werden würde. Die Geschichte sollte John Wayne und THE GREEN BERETS Recht geben, als die Roten Khmer Kambodscha übernahmen und dort ein beispielloses Massaker anrichteten, das in allererster Linie auf die Leistungselite des Landes abzielte.

KIRBY
Warner Bros.-Seven Arts Presents A BATJAC PRODUCTION "THE GREEN BERETS" JOHN WAYNE · DAVID JANSSEN · JIM HUTTON

Hinter den Kulissen: John Wayne hinter und vor der Kamera. Wenn Duke einen Film drehte, dann schonte er sich nicht und war mittendrin im Geschehen.

US-Presse-Fotos von 1968

DIE GRÜNEN Teufel

DIE GRÜNEN Teufel

DIE GRÜNEN Teufel

DIE GRÜNEN Teufel

DIE GRÜNEN Teufel

DIE GRÜNEN Teufel

DIE GRÜNEN Teufel

die grünen Teufel
"The Green Berets"
john wayne
david janssen
jim hutton
Eine Batjac Produktion
In weiteren Hauptrollen:
Aldo Ray
Raymond St. Jacques · Bruce Cabot
Patrick Wayne · Luke Askew
Drehbuch: James Lee Barrett
Produktion: Michael Wayne
Regie: John Wayne und Ray Kellogg
Musik: Miklos Rosza
Nach dem Roman »Die grünen Teufel« von Robin Moore
Deutsche Buchausgabe erschienen
im Verlag Fritz Molden, Wien-München-Zürich
Ein Farbfilm
der Warner Bros.-Seven Arts
in Technicolor® und Panavision®

A1, Erstaufführungsplakat von 1968; Grafik: unbekannt

DIE GRÜNEN Teufel

DIE GRÜNEN Teufel

DIE GRÜNEN Teufel

DIE GRÜNEN Teufel

DIE GRÜNEN Teufel

DIE GRÜNEN Teufel

DIE GRÜNEN Teufel

DAS DEUTSCHE WERBEMATERIAL

EA: Erstaufführung | WA: Wiederaufführung

Plakate:

Die grünen Teufel ....A1 EA von 1968
Die grünen Teufel ....A1 EA von 1968
Die grünen Teufel ....A1 WA von 1977

Kinoaushangfotos:

30 EA Aushangfotos; durchnummeriert bis #31. Das Foto #14 wurde nicht von der FSK freigegeben.
8 WA Aushangfotos von 1977 Motive sind gleich wie bei der EA.
Es gibt für den Film 2 FSK Freigaben einmal ab 18 Jahre aus dem Jahre 1968 und eine Freigabe ab 16 Jahre von 1977.
Der Film wurde am 14. Februar 2008 (Berlin International Film Festival) erneut aufgeführt. Plakat und Fotos wurden von der WA genommen.

Deutsche EA-Fotos von 1968

Irene Tsu, Jahrgang 1943, ist auch heute noch als Schauspielerin aktiv. Die große Karriere war ihr nie beschieden, aber sie wirkte in einer Reihe von Fernsehserien und Filmen wie dem Actionstreifen STEEL JUSTICE (1987) mit.

A1, Erstaufführungsplakat von 1969; Grafik: Braun

DIE UNERSCHROCKENEN

1968

Originaltitel:	HELLFIGHTERS
US-Erstaufführung:	27. November 1968
Dt. Erstaufführung:	17. Januar 1969
Laufzeit:	121 Minuten
Regie:	Andrew V. McLaglen
Drehbuch:	Clair Huffaker
Musik:	Leonard Rosenman
Kamera:	William H. Clothier
Schnitt:	Folmar Blangsted
Darsteller:	
John Wayne	(Chance Buckman)
Katharine Ross	(Tish Buckman)
Jim Hutton	(Greg Parker)
Vera Miles	(Madelyn Buckman)
Jay C. Flippen	(Jack Lomax)
Bruce Cabot	(Joe Horn)
Edward Faulkner	(George Harris)
Barbara Stuart	(Irene Foster)
Edmund Hashim	(Col. Valdez)
Frances Fong	(Madame Loo)
Rudy Diaz	(Zamora)

Inhalt:
Feuerwehrmann Chance Buckmann, der sich auf das Löschen von brennenden Ölquellen spezialisiert hat, gerät gemeinsam mit seinem Team bei weltweiten Löscheinsätzen immer wieder in lebensgefährliche Situationen. Als er bei einer Mission in Venezuela schwer verletzt wird, will Chance den Beruf an den Nagel hängen und sich um sein zerrüttetes Privatleben kümmern. Doch dann erfährt er, dass sein Kollege Greg, der gleichzeitig der Verlobte seiner Tochter ist, bei einem Auftrag in Schwierigkeiten gerät. Um ihm zu helfen, will sich Chance ein letztes Mal der Flammenhölle stellen.

John Wayne drehte HELLFIGHTERS, noch bevor THE GREEN BERETS in die Kinos kam. Schon bei den Dreharbeiten zum Vietnamkriegsfilm sagte er seinem Ko-Star Jim Hutton, dass er ihn auch in seinem nächsten Film dabei haben wollte. Ebenso versprach er Vera Miles, dass sie in seinem nächsten Film mitspielen würde, nachdem ihre Szene in THE GREEN BERETS herausgeschnitten worden ist. Später meinte er: *„Da der Film ein solches Desaster war, bin ich nicht sicher, ob ich ihr einen Gefallen getan habe."*

Das Drehbuch wurde von Clair Huffaker geschrieben, ist aber wenig mehr als eine Aneinanderreihung von Klischees. Dukes Figur basiert lose auf Red Adair. Für die Regie holte man Andrew V. McLaglen, mit dem Duke sehr gerne arbeitete und dies im Verlauf seiner Karriere noch mehrmals tun würde.

HELLFIGHTERS wurde von Februar bis Juni 1968 in Casper und Jackson Hole, Wyoming, und Midland, Baytown und Houston, Texas, gedreht. Die Innenaufnahmen entstanden in den Universal Studios. Duke erhielt für seine Arbeit eine Gage von einer Million Dollar plus einer Beteiligung von zehn Prozent am Gewinn.

Neben Vera Miles und Jim Hutton agierte hier auch Katharine Ross, die im Film Dukes Tochter spielt. Sie wurde kurz zuvor mit THE GRADUATE (DIE REIFEPRÜFUNG, 1967) bekannt, in dem sie Mrs. Robinsons Tochter spielte. Auf dem Set kam es zwischen Duke und ihr öfters zu heftigen Wortgefechten, da sie seine Haltung zum Vietnamkrieg nicht mochte.
Während die Produktion noch lief, wurde Ross

HELLFIGHTERS war in der Theorie interessant, in der Umsetzung präsentiert sich der Film jedoch als einer jener, die John-Wayne-Fans am Wenigsten schätzen. Der Film hat Action, aber nicht die Action, in der man Duke sehen will.

John Wayne und Vera Miles, der er eine Rolle in diesem Film zuschanzte, weil ihr Part in THE GREEN BERETS aus dem Film entfernt worden war.

Deutsche EA-Fotos von 1969

von einem Reporter gebeten, einen Kommentar zum Film abzugeben. Sie erwiderte: *„Das ist der größte Scheißhaufen, in dem ich je mitgespielt habe.“* Daraufhin wollte der Journalist von Vera Miles wissen, was sie dazu zu sagen hätte. Und Miles entgegnete nach kurzer Überlegung: *„Naja, es ist nicht der größte Scheißhaufen, in dem ich je mitgespielt habe.“*

Obschon die Szenen mit der Feuerbekämpfung aufregend sind, ist es der restliche Film nicht. Das sah das Publikum ähnlich und kam nicht in solchen Scharen, wie man es bei einem John-Wayne-Film normalerweise erwartete.

Der Kampf gegen das Feuer und das Löschen von Ölquellen ist auch actionreich und mit viel Aufwand umgesetzt, aber ein richtiger Gegner ist das Feuer für John Wayne nun wirklich nicht. Katharine Ross befand später, dass dies der mit Abstand schlechteste Film ist, in dem sie jemals mitgewirkt hat. Wirklich widersprechen will man ihr eigentlich nicht.

UNIVERSAL ZEIGT:
JOHN WAYNE
KATHARINE ROSS
JIM HUTTON in
DIE UNERSCHROCKENEN
und VERA MILES
als »Madelyn«
EIN UNIVERSAL-FILM TECHNICOLOR® PANAVISION®
UNIVERSAL PICTURES

UNIVERSAL ZEIGT:
JOHN WAYNE
KATHARINE ROSS
JIM HUTTON in
DIE UNERSCHROCKENEN
und VERA MILES
als »Madelyn«
EIN UNIVERSAL-FILM TECHNICOLOR®
UNIVERSAL PICTURES

UNIVERSAL ZEIGT:
JOHN WAYNE
KATHARINE ROSS
JIM HUTTON in
DIE UNERSCHROCKENEN
und VERA MILES
als »Madelyn«
EIN UNIVERSAL-FILM TECHNICOLOR® PANAVISION®
UNIVERSAL PICTURES

UNIVERSAL ZEIGT:
JOHN WAYNE
KATHARINE ROSS
JIM HUTTON in
DIE UNERSCHROCKENEN
und VERA MILES
als »Madelyn«
EIN UNIVERSAL-FILM TECHNICOLOR® PANAVISION®
UNIVERSAL PICTURES

CATERPILLAR
UNIVERSAL ZEIGT:
JOHN WAYNE
KATHARINE ROSS
JIM HUTTON in
und VERA MILES
als »Madelyn«
EIN UNIVERSAL-FILM
UNIVERSAL PICTURES

UNIVERSAL ZEIGT:
JOHN WAYNE
KATHARINE ROSS
JIM HUTTON in
und VERA MILES
als »Madelyn«
EIN UNIVERSAL-FILM
UNIVERSAL PICTURES

UNIVERSAL ZEIGT:
JOHN WAYNE
KATHARINE ROSS
JIM HUTTON in
und VERA MILES
als »Madelyn«
UNIVERSAL PICTURES

UNIVERSAL ZEIGT:
JOHN WAYNE
KATHARINE ROSS
JIM HUTTON in
DIE UNERSCHROCKENEN
EIN UNIVERSAL-FILM TECHNICOLOR® PANAVISION®
und VERA MILES
als »Madelyn«
UNIVERSAL PICTURES

JOHN WAYNE
KATHARINE ROSS
JIM HUTTON in
und VERA MILES
als »Madelyn«
UNIVERSAL PICTURES

JOHN WAYNE
KATHARINE ROSS
JIM HUTTON in
VERA MILES
als »Madelyn«
UNIVERSAL PICTURES

UNIVERSAL ZEIGT:
JOHN WAYNE
KATHARINE ROSS
JIM HUTTON in
DIE UNERSCHROCKENEN
EIN UNIVERSAL-FILM TECHNICOLOR® PANAVISION®
und
VERA MILES
als »Madelyn«
UNIVERSAL PICTURES

JOHN WAYNE
KATHARINE ROSS
JIM HUTTON in
VERA MILES
als »Madelyn«
UNIVERSAL PICTURES

JOHN WAYNE
KATHARINE ROSS
JIM HUTTON in
und VERA MILES
als »Madelyn«
UNIVERSAL PICTURES

UNIVERSAL ZEIGT:
JOHN WAYNE
KATHARINE ROSS
JIM HUTTON in
DIE UNERSCHROCKENEN
und VERA MILES
als »Madelyn«
UNIVERSAL PICTURES

UNIVERSAL ZEIGT:
JOHN WAYNE
KATHARINE ROSS
JIM HUTTON in
DIE UNERSCHROCKENEN
und VERA MILES
als »Madelyn«
UNIVERSAL PICTURES

UNIVERSAL ZEIGT:
JOHN WAYNE
KATHARINE ROSS
JIM HUTTON in
DIE UNERSCHROCKENEN
und VERA MILES
als »Madelyn«

UNIVERSAL ZEIGT:
JOHN WAYNE
KATHARINE ROSS
JIM HUTTON
DIE UNERSCHROCKENEN
und VERA MILES
als »Madelyn«

UNIVERSAL ZEIGT:
JOHN WAYNE
KATHARINE ROSS
JIM HUTTON in
DIE UNERSCHROCKENEN
EIN UNIVERSAL-FILM TECHNICOLOR® PANAVISION®
und VERA MILES
als »Madelyn«
UNIVERSAL PICTURES

UNIVERSAL ZEIGT:
JOHN WAYNE
KATHARINE ROSS
JIM HUTTON in
DIE UNERSCHROCKENEN
EIN UNIVERSAL-FILM TECHNICOLOR® PANAVISION®
und
VERA MILES
als »Madelyn«
UNIVERSAL PICTURES

Deutsches Foto mit dem Titel „Die Unerschrockenen“ und der FSK-Nummer 13

Deutsches Foto mit englischen Originaltitel und der FSK-Nummer 13

US Plakat (1968)

DAS DEUTSCHE WERBEMATERIAL

EA: Erstaufführung | WA: Wiederaufführung

Plakate:
Die Unerschrockenen . . . . . .A1 EA von 1969
Kinoaushangfotos:
24 EA Aushangfotos
Die deutschen Aushangfotos wurden u.a. mit englischen und französischen Titelkasten versehen. Sie kamen dann in ihrem Heimatland zum Einsatz.

HELLFIGHTERS wurde von Andrew V. McLaglen inszeniert, mit dem John Wayne in der späteren Phase seines Schaffens mehrmals zusammenarbeitete. Duke kannte auch McLaglens Vater Victor, mit dem er mehrmals vor der Kamera gestanden ist.

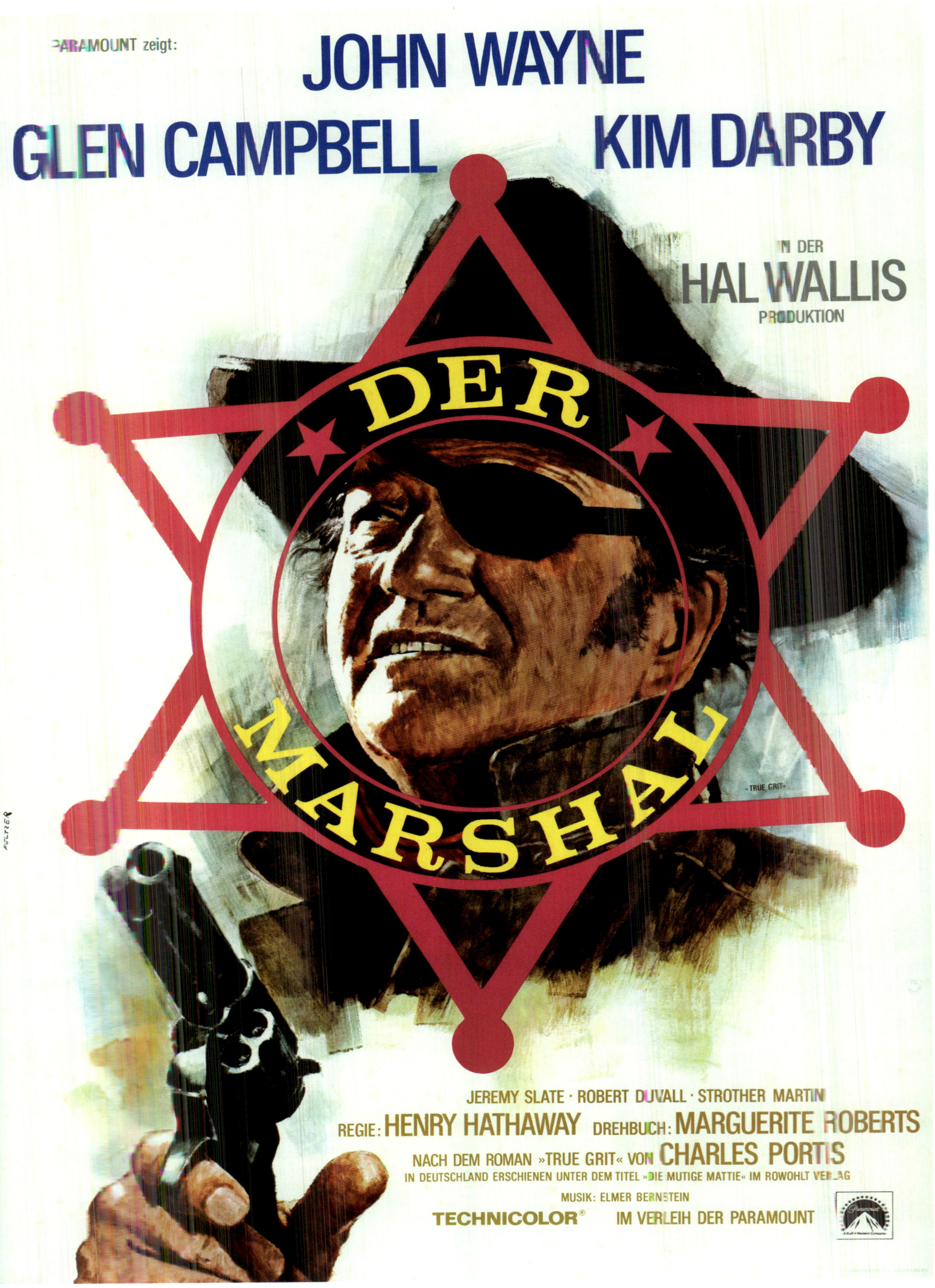

A1, Erstaufführungsplakat von 1969; Grafik: Peltzer

DER MARSHAL

1969

Originaltitel: .... TRUE GRIT
US-Erstaufführung: .... 11. Juni 1969
Dt. Erstaufführung: .... 21. August 1969
Laufzeit: .... 128 Minuten
Regie: .... Henry Hathaway
Drehbuch: .... Marguerite Roberts
Musik: .... Elmer Bernstein
Kamera: .... Lucien Ballard
Schnitt: .... Warren Low
Darsteller:
John Wayne ....
....(Marshall Reuben J. „Rooster" Cogburn)
Glen Campbell .... (La Boeuf)
Kim Darby .... (Mattie Ross)
Robert Duvall .... (Ned Pepper)
Dennis Hopper .... (Moon)
Jeremy Slate .... (Emmett Quincy)
Alfred Ryder .... (Mr. Goudy)
Strother Martin .... (Colonel J. Stonehill)
Jeff Corey .... (Tom Chaney)
John Fiedler .... (Daggett)
James Westerfield .... (Richter Parker)
John Doucette .... (Sheriff)
Carlos Rivas .... (Dirty Bob)

Inhalt:
Ausgerechnet den alten, versoffenen Raufbold Marshal Cogburn bittet die 14-jährige Matty um Hilfe, um die Mörder ihres Vaters zu fangen. Der alte Reuben Cogburn, den alle nur „Rooster" nennen, hat zwar nur noch ein Auge und seine besten Jahre längst weit hinter sich, doch zusammen mit Texas-Ranger La Boeuf und der mutigen Matty im Schlepptau nimmt er es noch immer mit allen Schurken auf ...

Es war nicht an John Wayne vorbeigegangen, dass mit Clint Eastwood ein neuer junger Westernheld die Bühne betreten hatte und viele Studios nun erpicht darauf waren, Filme zu produzieren, die dem neuen Western-Typus entsprachen. Auf Anraten seines Freundes William H. Clothier versuchte Duke also, sein Image zu ändern. Er musste sich selbst neu erfinden, wenn er im Filmgeschäft weiterhin relevant bleiben wollte.

Zu jener Zeit kursierten Vorabdrucke des Romans TRUE GRIT, der noch vor Veröffentlichung den Studios angeboten worden war. Auch Duke ergatterte ein Exemplar, las es und erkannte, dass es die Rolle von Rooster Cogburn war, für die er geboren worden war. Er bot also 300.000 Dollar für die Filmrechte, wurde jedoch von Hal Wallis überboten, der ein nur unwesentlich höheres Gebot abgegeben hatte.

Und so tat Duke etwas, das er schon Jahrzehnte nicht mehr tun musste. Er trat an den Produzenten heran und bat darum, die Hauptrolle spielen zu dürfen. Dabei rannte er offene Türen ein, denn Wallis war auch der Überzeugung, dass es keinen besseren Schauspieler für den Part als John Wayne gäbe. Und da die Regie des Films von Henry Hathaway übernommen werden sollte, fanden sich so zwei Männer ein, die schon Western-Geschichte geschrieben hatten.

Für seine Darstellung des Rooster Cogburn wurde John Wayne mit einem Oscar als Bester Hauptdarsteller ausgezeichnet.

Nur Charles Portis, der Autor der Vorlage, war nicht sicher, ob er Duke Wayne für die perfekte Besetzung hielt. Aber er hatte ohnehin kein Mitspracherecht. In seinem Buch stellte sich Portis Rooster als übergewichtigen alten Mann mit Augenklappe und Schnurrbart vor. Die Augenklappe sollte er auch behalten, der Bart verschwand jedoch. Sowohl Wallis als auch Hathaway dachten jedoch darüber nach, ob er nicht Teil von Dukes Optik in diesem Film sein sollte. Duke setzte sich dagegen ein, da er meinte, mit Augenklappe und Bart würde ihn kaum noch jemand erkennen. Auch mit der Augenklappe war er nicht ganz zufrieden, gab später aber zu, dass sie immens wichtig für die Figur war.
Hathaway hatte zu ihm gesagt: *„Du trägst die Augenklappe und gibst mir die Performance, die der Film braucht und Du könntest vielleicht sogar einen Oscar gewinnen."* Duke hätte ihn am liebsten ausgelacht, doch es war er, der sich dieses Mal ganz gewaltig irrte.

Dass Rooster etwas Übergewicht haben sollte, war für Duke eine Erleichterung. Schon seit Jahren kämpfte er mit seinem Gewicht. Aber nun musste er ein paar Monate nicht darauf achten, was er aß und konnte ein wenig in die Breite gehen.

Für die Rolle der jungen Matty wollte man eigentlich Mia Farrow, aber die hatte von Robert Mitchum gehört, dass Hathaway am Set ein grausamer Diktator sei und lehnte darum ab. Eine Entscheidung, die sie später bereute. Für die Rolle angefragt wurden auch Sally Field, Tuesday Weld und Sondra Locke. Man entschied sich schließlich für die weitgehend unbekannte Kim Darby, die jedoch Probleme mit sich brachte. Denn sie zeigte im echten Leben dieselbe Attitüde, die auch ihre Figur besaß. Und das gefiel niemandem, am wenigsten Hathaway, der sich später darüber äußerte, dass es mit ihr bei den Dreharbeiten eine Reihe von Problemen gegeben hatte. Duke fand später deutliche Worte: *„Jesus Christus, man sollte mit seiner Leading Lady eine Chemie haben. Aber sie war die verdammt noch mal schlechteste Schauspielerin, mit der ich je gearbeitet habe."*

Für Duke stellte sie darüber hinaus ein Problem dar, da er im Übermut seiner Tochter Aissa versprochen hatte, die Rolle spielen zu dürfen. Er hatte nicht daran gedacht, dass er nicht der Produzent des Films war, weswegen er ihr dann die schlechte Nachricht beibringen konnte. Unterm Strich war es wohl besser, denn es half Aissa, sich gegen eine Schauspielkarriere zu entscheiden. Als Frau wäre sie wohl niemals so im Schatten ihres Vaters wie ihr Bruder Patrick gestanden, aber das Schauspielerleben ist so oder so sehr unstet.

Ebenfalls im Ensemble waren Glen Campbell,

NOTIZ:

Sieben Ärzte verfolgen John Wayne

John Wayne (bis dahin 61 Jahre) kommentiert seine Dreharbeiten zum Western DER MARSHAL: *„Das ist mein faulstes Ding, da komm' ich mir fast wie ein Rentner vor".* Der große Zellulcidmeister stand unter dem Druck besorgter Ärzte.
Nur ungern gestand John: *„Mich hat's regelrecht erwischt. Ich darf nichts mehr - nur noch filmen Kein Alkohol, kein Nikotin, statt dessen Diät vorn, Diät hinten!"*
DER MARSHAL scheint ihm fast von seinen strengen Ärzten anempfohlen worden zu sein. Brummelt der auf Schonkost und Schonzeit gesetzte Hollywoodstar: *„Eine herrlich faule Sache. Ich muß fortwährend ein Auge - das linke - zudrücken. Vom ersten Drehtag an konnte ich zur Hälfte erholsam schlummern - fünfzig Prozent Mittagsschlaf Tag für Tag."*
Er schlägt sich auf die Schenkel und lacht röhrend in tiefstem Baß. Und dann wird er ernst: *„In Hollywood arbeitet man bis zum Umfallen. Pensionierung gibt es nur, wenn das Publikum einen fallen lässt."*

Er beschäftigt ein Team von sieben Ärzten mit seiner Gesundheit. John Wayne steht unter pausenloser Kontrolle.
Von Memoiren hält er nichts (*„Da kann ich mir ja gleich eine Totenmaske anfertigen lassen."*). Wen würde er auf einen einsamen Mond-Trip mitnehmen? Er entgegnet in bester Wayne-Manier: *„Well – eine Filmcrew und eine Handvoll Ärzte…".*
Er hat sich mit seinem Leben auf Samtpfötchen abgefunden und witzelt gern darüber. Einer seiner vielen Kalendersprüche: *„Ärzte sind wie Frauen. Sie sind treu, machen einem andauernd Vorschriften und wollen viel Geld."*
Wenige Tage nach dem Interview rutschte John Wayne beim Filmen der Länge nach aus und brach sich den Unterarm. Kurz danach stand er wieder vor der Kamera, lachend und albernd mit seiner jungen Partnerin Kim Darby (21 Jahre).

John Wayne befand, dass Kim Darby eine schlechte Schauspielerin war. Und schlimmer noch: Sie war undiszipliniert.

NOTIZ:
KIM DARBY in den Staaten bestens bekannt aus mehr als 20 Fernsehsendungen, hat eigentlich nicht den Ehrgeiz, ein Leinwandstar zu werden. Nach ihrer darstellerischen Leistung als Mattie Ross neben John Wayne in DER MARSHAL hätte sie die Chance auf Erfolg gehabt. In Hollywood geboren und mit dem einzigartigen Namen Derby Zerby bedacht, wurde sie von ihren Großeltern aufgezogen. Nach dem Besuch einer Privatschule erhielt sie eine solide schauspielerische Ausbildung. Innerhalb von zwei Jahren machte sie ihr Debüt in einer Hauptrolle in der populären MR. NOVAK. Im Herbst 1967 heiratete sie den Berufskollegen James Stacy und wurde die glückliche Mutter einer bildhübschen Tochter. Kein Wunder - bei der Mutter. Sie hätte gern jedes Jahr in einem guten Film mitgewirkt, ohne Rücksicht auf die Größe der Rolle, doch ihre Allüren verhinderten. Ansonsten kümmerte sie sich um ihrem Gatten und die kleine Tochter.

ein Sänger, der hier sein Debüt gab und sicherlich der schlechteste Schauspieler des Films ist, aber durchaus die Rolle auszufüllen vermochte, und Robert Duvall, der als Schurke agierte. Und er hatte offenbar auch gehört, dass Hathaway ein Tyrann war, weswegen er von Anfang an versuchte, dem Regisseur Paroli zu bieten und zu zeigen, dass er sich nicht herum schupsen ließ. Die Streitigkeiten zwischen beiden Männern gingen so weit, dass Duke dem Method Actor Duvall irgendwann androhte, ihn niederzuschlagen, wenn er nicht endlich aufhören würde, mit dem Regisseur zu streiten. Übrigens war Glen Campbell nicht die erste Wahl für die Rolle von La Boeuf Eigentlich hatte man sie Elvis Presley angeboten, aber dessen Manager forderte, dass sein Klient an erster Stelle im Cast genannt werden sollte. Und darauf ließ man sich nicht ein.

Das Drehbuch wurde von Marguerite Roberts (1905-1989) geschrieben, die sich eng an die Vorlage hielt. 1952 fand sie sich auf der Schwarzen Liste wieder, nachdem sie sich geweigert hatte, vor der HUAC Namen möglicher Kommunisten in Hollywood zu nennen. Duke wusste darüber Bescheid. Und es gab nicht wenige, die der Meinung waren, er sollte nicht mit jemandem zusammen arbeiten, dessen Name sich auf der Schwarzen Liste befunden hat. Aber Duke wischte solche Bedenken weg. Das Skript war gut – und die Vergangenheit änderte daran nichts.

Die Dreharbeiten zu TRUE GRIT fanden vom 5. September bis Mitte Dezember 1968 in Montrose, Colorado, und Mammoth Lake, Kalifornien, statt. Charles Portis hätte es lieber gesehen, wenn man in Arkansas gedreht hätte, aber Hathaway beschwichtigte ihn, dass Colorado im Film nicht von Arkansas zu unterscheiden war.

Der Film wurde mit einem Budget von 4,5 Millionen Dollar umgesetzt. Dukes Gage betrug 750.000 Dollar plus 35 Prozent der Gewinne aus der Kino- und Fernsehauswertung. Das übersetzte sich in einen wahren Geldregen, denn der Film spielte an den US-Kinokassen 35 Millionen Dollar ein, wovon 14,25 Millionen in die Taschen des Studios wanderten.

TRUE GRIT wurde für zwei Oscars nominiert: der beste Song und die beste männliche Hauptrolle. Duke befand sich in bester Gesellschaft, denn 1970 waren auch Dustin Hoffman, Richard Burton, Peter O'Toole und Jon Voight nominiert. Alleine die Nominierung betrachtete er schon als große Ehrung, er erwartete aber nicht unbedingt, tatsächlich auch zu gewinnen. Doch die Academy verlieh ihm den Oscar als bester Hauptdarsteller. Manche meinten später, dieser Oscar sei nicht nur für seine Darstellung des Rooster Cogburn, sondern auch für die vielen großartigen Rollen, die er in seiner Jahrzehnte umspannenden Karriere gespielt hatte. Das mag dazu beigetragen haben, aber dennoch gilt, dass Rooster Cogburn eine der besten Darstellungen war, die John Wayne in einem seiner besten Filme abgeliefert hat.

DAS DEUTSCHE WERBEMATERIAL

EA: Erstaufführung | WA: Wiederaufführung

Plakate:
Der Marshall . . . . .A1 EA von 1969
Kinoaushangfotos:
18 EA Aushangfotos

Deutsche EA-Fotos von 1969

DER
MARSHAL
Ein
Farbfilm
der

DER
MARSHAL
Ein
Farbfilm
der

MARSHAL

DER
MARSHAL
Ein
Farbfilm
der

DER
MARSHAL
Ein
Farbfilm
der

DER
MARSHAL
Ein
Farbfilm
der

DER
MARSHAL

DER
MARSHAL
Ein Farbfilm der

DER
MARSHAL
Ein Farbfilm der

DER
MARSHAL
Ein Farbfilm der

DER
MARSHAL
Ein Farbfilm der

DER
MARSHAL
Ein Farbfilm der

DER
MARSHAL
Ein Farbfilm der

DER
MARSHAL
Ein Farbfilm der

A1, Erstaufführungsplakat von 1969; Grafik: Rehak

DIE UNBESIEGTEN

1969

Originaltitel: .... THE UNDEFEATED
US-Erstaufführung: .... 4. Oktober 1969
Dt. Erstaufführung: ...... 7. November 1969
Laufzeit: .... 119 Minuten
Regie: .... Andrew V. McLaglen
Drehbuch: .... James Lee Barrett
Musik: .... Hugo Montenegro
Kamera: .... William H. Clothier
Schnitt: .... Robert L. Simpson
Darsteller:
John Wayne ..... (Col. John Henry Thomas)
Rock Hudson .... (Col. James Langdon)
Tony Aguilar .... (Juarista Gen. Rojas)
Marian McCargo .... (Ann Langdon)
Roman Gabriel .... (Blue Boy)
Bruce Cabot .... (Sgt. Jeff Newby)
Lee Meriwether .... (Margaret Langdon)
Merlin Olsen .... (Cpl. Little George)
Melissa Newman ...... (Charlotte Langdon)
Jan-Michael Vincent ..... (Lt. Bubba Wilkes)
Ben Johnson .... (Short Grub)
Edward Faulkner .... (Capt. Anderson)
Paul Fix .... (Gen. Joe Masters)
Harry Carey Jr. .... (Soloman Webster)
Richard Mulligan .... (Dan Morse)
John Agar .... (Christian)
Robert Donner .... (Judd Mailer)
Rudy Diaz .... (Sanchez)

Inhalt:
Amerika am Ende des Bürgerkrieges. Die Nordstaaten-Armee braucht dringend Pferde. Colonel Thomas macht sich auf den Weg nach Westen. Kurz vor der mexikanischen Grenze trifft er auf seinen früheren Gegner, den smarten Südstaaten-Colonel Langdon. Die alte Feindschaft besteht noch immer, doch ein Banditenüberfall zwingt sie zur Zusammenarbeit und macht aus Gegnern Verbündete.

THE UNDEFEATED war ein klassischer Western, der TRUE GRIT folgte. Er entsprach dem Typus Western, den John Wayne schon seit Jahren gemacht hatte. Das heißt, er war 1969 schon ein wenig altmodisch, für Duke aber eine willkommene Gelegenheit, mit Freunden an einem Ort zu arbeiten, den er liebte: Durango. Gedreht wurde jedoch nicht nur in Mexiko, sondern auch in Louisiana. Es war aber die mexikanische Berggegend die er schätzte, auch wenn es seine Frau Pilar ganz anders sah.

Dass Andrew V. McLaglen die Regie übernehmen sollte, war schnell entschieden. Gemeinsam kamen McLaglen und Duke darauf, dass Rock Hudson einen guten Ko-Star abgeben würde. McLaglen rief ihn also an und bot ihm die zweite Hauptrolle in THE UNDEFEATED

an. Obschon der Regisseur dies nicht wusste, sah Hudson dies als Rettung an, da seine Karriere gerade auf dem absteigenden Ast war und er dringend einen Film benötigte, mit dem er auch etwas Neues von sich zeigen konnte. Dass Rock Hudson homosexuell war, war der Öffentlichkeit bis zu seinem Tod im Jahr 1985 weitestgehend unbekannt. In Hollywood war es hingegen kein Geheimnis. Auch Duke wusste darum, aber ihm war es egal. Tatsächlich schätzte er die Arbeit mit Hudson und mehr

1969 war der Western schon auf dem absteigenden Ast. Das hielt John Wayne jedoch nicht davon ab, weiterhin Western-Filme zu drehen. Und mit ihnen erfolgreich zu sein.

noch die gemeinsamen Schachpartien, die sie nach Drehschluss spielten. Er hat zwar nie verstanden, wie ein gut aussehender Mann wie Hudson homosexuell sein könnte, aber für ihn war das irrelevant. Tatsächlich war Hudson ein Mann, dem er sich anvertrauen konnte, als seine Beziehung mit Pilar während der Dreharbeiten von THE UNDEFEATED von Streitigkeiten geprägt war, die dazu führten, dass seine Frau ihre Koffer packte, Durango verließ und nach Hause zurückkehrte.

Die Dreharbeiten waren für Duke kein Zuckerschlecken. Bei einer Szene stürzte er vom Pferd und knackste sich ein paar Rippen an, weswegen die Dreharbeiten zwei Wochen unterbrochen werden mussten. Später zerrte er sich ein Schulterband, weswegen er den Arm nicht mehr heben konnte. Aber McLaglen versicherte ihm, dass man das im Film nicht bemerken würde, da er alle Szenen so drehen würde, dass es niemandem auffallen konnte. Die Dreharbeiten zu THE UNDEFEATED fanden vom 4. Februar bis Mitte Mai 1969 statt. Das Budget des Films belief sich auf 7,1 Millionen Dollar, wobei Duke eine Gage von einer Million Dollar plus 35 Prozent vom Gewinn erhielt. Letzteres erwies sich anfangs als unbedeutend, da der Film an der Kinokasse nicht so gut lief, wie man sich das erwartet hatte. Er generierte nur Ticketverkäufe von knapp zehn Millionen Dollar. Im Lauf der Jahre und mit weiteren Auswertungsformen hat aber auch THE UNDEFEATED einen erklecklichen Gewinn abgeworfen.

Deutsche EA-Fotos von 1969

Für Rock Hudson war THE UNDEFEATED ein sehr wichtiger Film. Seine Karriere hatte sich nicht prächtig entwickelt und die Angebote blieben aus. Darum war er John Wayne auch ewig dankbar, dass dieser an ihn gedacht hatte, als es um die Besetzung der Rolle des Colonel James Langdon ging. Wayne, der von Hudsons sexueller Orientierung wusste, äußerte sich stets wohlwollend über seinen Ko-Star.

DIE
UNBESIEGTEN

DIE
UNBESIEGTEN

DIE
UNBESIEGTEN

DIE
UNBESIEGTEN

DIE
UNBESIEGTEN

DIE
UNBESIEGTEN

DIE
UNBESIEGTEN

DAS DEUTSCHE WERBEMATERIAL

EA: Erstaufführung | WA: Wiederaufführung

Plakate:
Die Unbesiegten ....A1 EA von 1969
Die Unbesiegten ....A1 EA von 1969
Unterschiedliche Motive

Kinoaushangfotos:
18 EA Aushangfotos

A1, Erstaufführungsplakat von 1969; Grafik: unbekannt

ROCK HUDSON

NOTIZ:

ROCK HUDSON wurde als Roy Harold Sherer am 17. November 1925 in Winnetka, Illinois, geboren. Während des Zweiten Weltkriegs diente er in der Navy, danach versuchte er sein Glück in Hollywood. Mit seinem attraktiven Aussehen war er wie gemacht dafür, ein Leading Man zu werden. Zu seinen größten filmischen Erfolgen gehören GIANT (GIGANTEN, 1956) und eine Reihe von Komödien, die er zusammen mit Doris Day gedreht hat. Während in Hollywood bekannt war, dass Hudson homosexuell veranlagt war, wusste die Öffentlichkeit bis zu seinem Tod im Jahr 1985 nichts davon. Er machte bekannt, dass er HIV-positiv war und suchte nach einer Heilungsmöglichkeit. Erst mit seinem Tod wurde seine sexuelle Orientierung weithin bekannt, was auch daran lag, dass sein Lebensgefährte nach Hudsons Ableben seinen Nachlass erfolgreich einklagte.

DIE
UNBESIEGTEN

JOHN WAYNE
ALS
CHISUM
REHAK
EINE BATJAC PRODUKTION
FORREST TUCKER · CHRISTOPHER GEORGE
BEN JOHNSON · BRUCE CABOT · GLENN CORBETT
PATRIC KNOWLES · ANDREW PRINE · RICHARD JAECKEL · LYNDA DAY
und erstmalig GEOFFREY DEUEL · PAMELA McMYLER
HERSTELLUNGSLEITUNG: MICHAEL WAYNE · DREHBUCH u. PRODUKTION: ANDREW J. FENADY · REGIE: ANDREW V. McLAGLEN
EIN FARBFILM IN TECHNICOLOR® UND PANAVISION® IM VERLEIH DER WARNER BROS.
WINTERDRUCK HEIDELBERG

A1, Erstaufführungsplakat von 1970; Grafik: Rehak

CHISUM

1970

Originaltitel: . . . . .CHISUM
US-Erstaufführung: . . . . .29. Juli 1970
Dt. Erstaufführung: . . . . .1. Oktober 1970
Laufzeit: . . . . .111 Minuten
Regie: . . . . .Andrew V. McLaglen
Drehbuch: . . . . .Andrew J. Fenady
Musik: . . . . .Dominic Frontiere
Kamera: . . . . .William H. Clothier
Schnitt: . . . . .Robert L. Simpson
Darsteller:
John Wayne . . . .(John Simpson Chisum)
Forrest Tucker . . . .(Lawrence Murphy)
Christopher George . . . .(Dan Nodeen)
Ben Johnson . . . .(James Pepper)
Glenn Corbett . . . .(Pat Garrett)
Bruce Cabot . . . .(Sheriff Brady)
Andrew Prine . . . .(Alex McSween)
Patric Knowles . . . .(J. Henry Tunstall)
Richard Jaeckel . . . .(Jess Evans)
Lynda Day . . . .(Sue McSween)
John Agar . . . .(Amos Patten)
Robert Donner . . . .(Bradley Morton)
Geoffrey Deuel . . . .(Billy the Kid)
Edward Faulkner . . . .(James J. Dolan)
John Mitchum . . . .(Baker)
Christopher Mitchum . . . .(Tom O'Folliard)
William Conrad . . . .(Erzähler)

Inhalt:
New Mexiko 1878. John Simpson Chisum ist nach zehn Jahren harter Arbeit zu einem der wohlhabendsten Rinderzüchter des Landes geworden. Da taucht Lawrence Murphy auf, ein gerissener Ganove, der ihn um seinen Besitz und die ganze Stadt unter seinen Einfluss bringen will. Mit freundlicher Unterstützung des korrupten Sherriffs Brady. Es kommt zu immer härteren Kämpfen zwischen Chisum und Murphy. Als Murphy, immer dreister geworden, die letzte Entscheidung sucht, wird seine Gang von Chisum und dem jungen Draufgänger Billy the Kid in die Zange genommen. Chisum ist mit seiner Geduld am Ende.

CHISUM ist ein eher durchschnittlicher Western. Aber selbst ein durchschnittlicher Western ist sehenswert. Wenn John Wayne mitspielt!

John Waynes nächster Western CHISUM wurde wieder in Durango gedreht. Und abermals arbeitete er mit Andrew V. McLaglen zusammen. Dies war ihr vierter gemeinsamer Film und - nach McLaglens eigener Meinung - der zweite gute Film, den sie gemacht hatten. Auch vor der Kamera finden sich wieder einige von Dukes Freunden wie Ben Johnson oder John Agar, die seit vielen Jahren immer wieder mal in seinen Filmen mitwirkten. Die Dreharbeiten begannen am 6. Oktober und endeten Mitte Dezember 1969. Nach EL DORADO fand sich in diesem Film auch Christopher George wieder, der sich während der Dreharbeiten in die Schauspielerin Linda Day verliebte. Beide kannten sich zwar zuvor schon, aber die Funken sprühten erst in Durango. Sie heirateten wenig später.

Am Anfang und Ende des Films gibt es einen Zoom auf Chisum hin bzw. von ihm weg. Dies war tatsächlich dieselbe Aufnahme, wobei das Material rückwärts laufen gelassen wurde, um den gewünschten Effekt zu erzielen.

CHISUM wurde mit einem Budget von knapp 5,5 Millionen Dollar verwirklicht, wobei er 700.000 Dollar mehr kostete als ursprünglich anvisiert. Duke erhielt eine Million Dollar plus eine zehnprozentige Beteiligung vom Gewinn. Der Film erwies sich an der Kinokasse als Erfolg und brachte einen Umsatz von 14,5 Millionen Dollar, von denen sechs Millionen an das Studio gingen. In den Genuss des Geldregens kam Warner Bros. Eigentlich sollte der Film von Fox vertrieben werden, aber aufgrund einiger teurer Flops überließ man CHISUM Warner. Eine nicht gar so schlaue Entscheidung…

Deutsches EA Foto von 1970

JOHN WAYNE
als
CHISUM

JOHN WAYNE
als
CHISUM

JOHN WAYNE
als
CHISUM
TECHNICOLOR® PANAVISION®
VERLEIH: WARNER BROS. EINE KINNEY COMPANY

JOHN WAYNE
als
CHISUM

JOHN WAYNE
als
CHISUM

JOHN WAYNE
als
CHISUM

JOHN WAYNE
als
CHISUM

DAS DEUTSCHE WERBEMATERIAL

EA: Erstaufführung | WA: Wiederaufführung

Plakate:

Chisum . . . . A1 EA von 1970

Kinoaushangfotos:

12 EA Aushangfotos

Französisches EA Plakat 1970

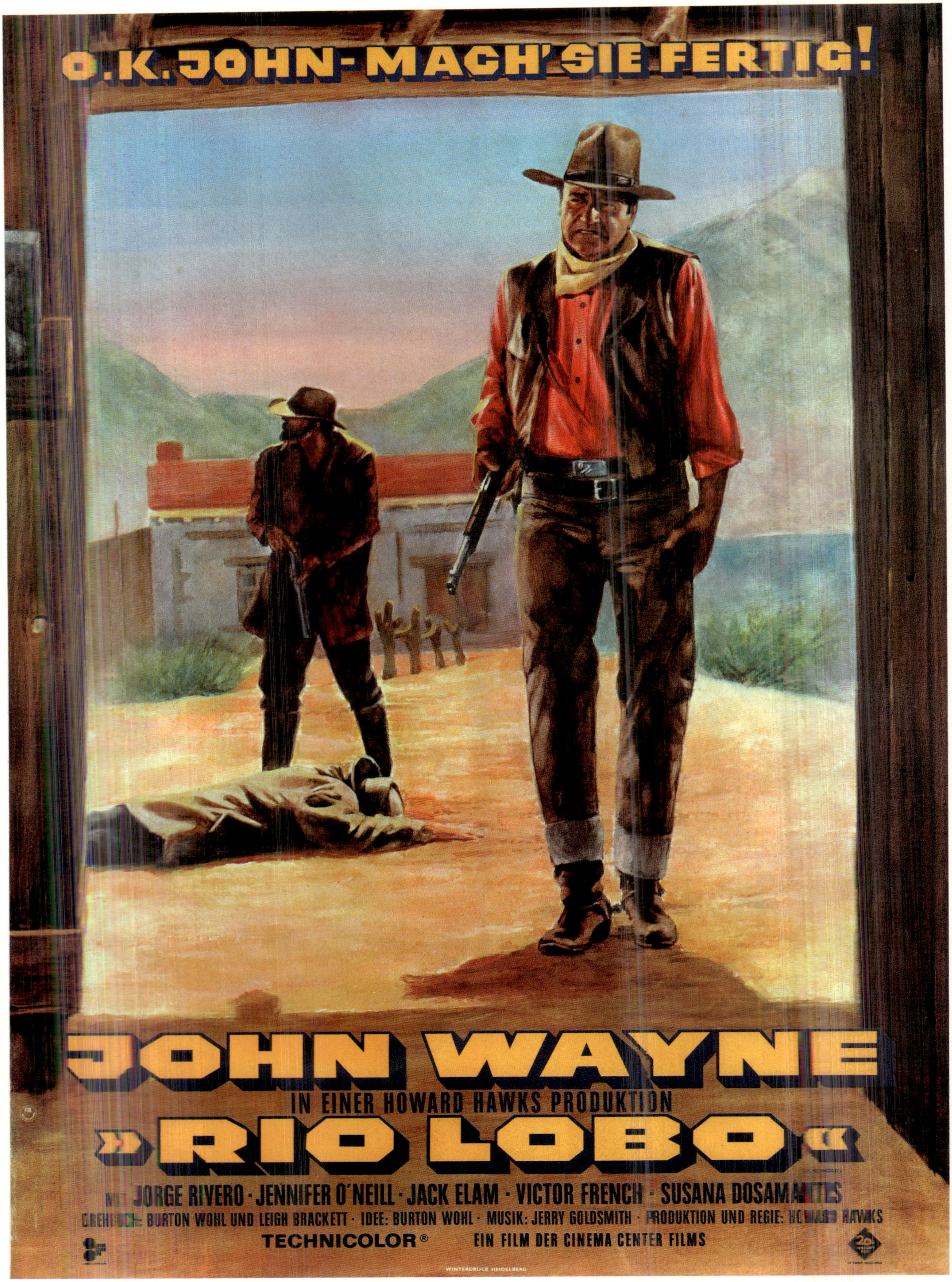

A1, Erstaufführungsplakat von 1971; Grafik: unbekannt

RIO LOBO

1970

Originaltitel: . . . . .RIO LOBO
US-Erstaufführung: . . . . .18. Dezember 1970
Dt. Erstaufführung: . . . . .2. April 1971
Laufzeit: . . . . .114 Minuten
Regie: . . . . .Howard Hawks
Drehbuch: . . . . .Leigh Brackett, Burton Wohl
Musik: . . . . .Jerry Goldsmith
Kamera: . . . . William H. Clothier
Schnitt: . . . . .John Woodcock
Darsteller:
John Wayne . . . .(Col. Cord McNally)
Jorge Rivero
. . . .(Captain Pierre “Frenchy” Cordona)
Jennifer O'Neill . . . .(Shasta Delaney)
Jack Elam . . . .(Phillips)
Christopher Mitchum (Sgt. Tuscarora Phillips)
Victor French . . . .(Ketcham)
Susana Dosamantes . . . .(Maria Carmen)
Sherry Lansing . . . .(Amelita)
David Huddleston . . . .(Dr. Ivor Jones)
Mike Henry . . . .(Sheriff Blue Tom Hendricks)
Bill Williams . . . .(Sheriff Pat Cronin)
Jim Davis . . . .(Deputy)
Robert Donner . . . .(Whitey Carter)
Edward Faulkner . . . .(Lt. Harris)
Peter Jason . . . .(Lt. Forsythe)

Inhalt:
Der ehemalige Nordstaaten-Colonel Cord McNally ist auf der Suche nach einem Kriegsverräter. Im kleinen Städtchen Rio Lobo kommt er auf die richtige Spur. Mit dem listigen Südstaatler Pierre Cordona hilft er den Bürgern, sich gegen einen korrupten Sheriff zur Wehr zu setzen. Gemeinsam räumen sie unter den Schurken kräftig auf.

RIO LOBO ähnelt den Filmen RIO BRAVO und EL DORADO, ist aber deutlich eigenständiger, was auch daran liegt, dass es diesmal keinen großen Star gab, der neben John Wayne agierte. Das kam aus Budgetgründen, weswegen Howard Hawks das Drehbuch auch noch einmal umarbeiten ließ. Wie üblich hatte Duke sich gar nicht erst erkundigt, worum es ging, als Hawks ihm das Projekt anbot.

Gedreht wurde vom 16. März bis Mitte Juni 1970 in Old Tucson in Arizona und in Nogales und Cuernavaca in Mexiko. Gut drei Wochen Innenaufnahmen wurden in der CBS Studios City, den ehemaligen Republic Studios, gedreht, wo auch Folgen von GUNSMOKE (RAUCHENDE COLTS) entstanden.

Kurz nach Beginn der Dreharbeiten nahm Duke an der Oscar-Verleihung teil und gewann zu seiner Überraschung auch. Als er ans Set von RIO LOBO zurückkehrte, erwartete ihn eine Überraschung. Die Crew hatte eine gut drei Meter große Replik des Oscars hergestellt. Davor versammelten sich etwa 40 Crew-Mitglieder, die alle eine Augenklappe trugen, inklusive Dukes Pferd. Duke war – natürlich – gerührt. RIO LOBO wurde mit einem Budget von fünf Millionen Dollar hergestellt. In den USA konnte er dieses Geld bei der Erstauswertung nicht wieder einspielen. Er brachte dem Studio le-

John Wayne und seine Jungs sitzen wieder einmal in der Falle. Bei den Dreharbeiten von RIO LOBO wurde John Wayne gefragt, wo sein Umkleideraum sei. Wayne: „Sehen Sie den Nagel da an der Wand?“

Deutsche EA-Fotos von 1971

diglich etwas mehr als vier Millionen Dollar ein. Mit der weltweiten Auswertung wurden aber dennoch Gewinne eingefahren. Duke erhielt für seine Arbeit erneut eine Gage von einer Million Dollar plus eine zehnprozentige Beteiligung.

Dass der Film an den US-Kinokassen nicht so gut ankam, schob Regisseur Hawks immer auf die Schauspielerriege. Er ließ weder an seiner Hauptdarstellerin noch den Jungspunden – darunter Robert Mitchums Sohn Christopher – ein gutes Haar. Und glaubte sogar, dass es Dukes Alter war, das sich auf den Film negativ ausgewirkt hatte.

Einen kleinen In-Joke gibt es im Film auch. Im Sheriffs-Büro hängt ein Steckbrief auf Hondo Lane, die Figur, die Duke in HONDO gespielt hatte. RIO LOBO war Howard Hawks' letzter Film.

Auch RIO LOBO ist nur eine Variation von RIO BRAVO. In den letzten Jahren seines Schaffens hat Howard Hawks augenscheinlich sehr gerne an derselben Geschichte gearbeitet.

Rio Lobo

R.R
17
Rio Lobo

Rio Lobo

Rio Lobo

Rio Lobo

Rio Lobo

Rio Lobo

DAS DEUTSCHE WERBEMATERIAL

EA: Erstaufführung I WA: Wiederaufführung

Plakate:
Rio Lobo ....A1 EA von 1971
Kinoaushangfotos:
18 EA Aushangfotos

Rio Lobo

A1, Erstaufführungsplakat von 1971; Grafik: Dill

BIG JAKE

1971

Originaltitel:	BIG JAKE
US-Erstaufführung:	26. Mai 1971
Dt. Erstaufführung:	1. Oktober 1971
Laufzeit:	110 Minuten
Regie:	George Sherman
Drehbuch:	Harry Julian Fink, Rita M. Fink
Musik:	Elmer Bernstein
Kamera:	William H. Clothier
Schnitt:	Harry W. Gerstad
Darsteller:	
John Wayne	(Jacob McCandles)
Maureen O'Hara	(Martha McCandles)
Christopher Mitchum	(Michael McCandles)
Richard Boone	(John Fain)
Bobby Vinton	(Jeff McCandles)
Patrick Wayne	(James McCandles)
Bruce Cabot	(Sam Sharpnose)
Glenn Corbett	(O'Brien)
Harry Carey Jr.	(Pop Dawson)
John Doucette	(Capt. Buck Duggan)
John Agar	(Bert Ryan)
Ethan Wayne	(Jake McCandles)

Inhalt:
Big Jake McCandles hat seine Frau seit über 18 Jahren nicht gesehen. Doch als sein Enkel von einer Bande Gesetzloser entführt wird, kehrt er nach Hause zurück. Während die Gesetzeshüter in klapprigen Automobilen die Verfolgung aufnehmen, sitzt Jake schon im Sattel: gemeinsam mit seinem indianischen Scout und einer Kiste Geld. Doch für Jake ist das Zahlen eines Lösegeldes nicht die Art, wie man im guten alten Westen eine offene Rechnung begleicht.

BIG JAKE war ein Western, in dem John Wayne seinem Alter gemäß spielte: Er war der Großvater. Aber nichtsdestotrotz ein Revolverheld. Dieser Spätwestern ist kaum mit Dukes früheren Filmen zu vergleichen. Denn er ist in der Neuzeit angekommen – in vielerlei Hinsicht. Der Film spielt zu Beginn des 20. Jahrhunderts, weswegen Christopher Mitchums Figur auch nicht auf einem Pferd daherkommt, sondern ein Motorrad fährt. Stilistisch ist BIG JAKE ebenfalls ein Film, der die Unschuld früherer Western etwas hinter sich lässt.

Duke produzierte den Film mit Batjac und bot George Sherman die Regie an. Beide hatten schon in den 30er Jahren zusammengearbeitet und nun riet Sherman dem Schauspieler, dass der Film den neuen Sehgewohnheiten des Publikums entgegenkommen musste. Das hieß, dass die Gewalt etwas realistischer ausfallen musste. Das missfiel Duke, aber er wusste, dass Sherman Recht hatte. Zudem versprach ihm Sherman, die Gewalt etwas mit Humor zu entschärfen. Eine Mischung, die aufging, denn der Film erwies sich als großer Kassenschlager.

Für Sherman war dies sein letzter Film. Der alternde Regisseur hatte gesundheitliche Probleme, die durch den Wind in Mexiko noch verstärkt wurden. Darum übernahm Duke selbst ein paar Tage lang das Führen der Regie. Er bestand jedoch darauf, dass nur Sherman in den Stabsangaben als Regisseur geführt werden sollte.

BIG JAKE wurde von Oktober bis Dezember 1970 in Durango, Mexiko, gedreht. Der Arbeitstitel lautete noch THE MILLION DOLLAR KIDNAPPING. Als Budget hatte man knapp vier

In BIG JAKE konnte John Wayne noch einmal mit Maureen O'Hara zusammenarbeiten. Von all seinen weiblichen Ko-Stars mochte er sie immer am meisten. Denn sie war wie ein Kerl. Vor ihr musste er nicht aufpassen, was er sagte. Die Chemie der Beiden auf der Leinwand ist auch unbestritten gut.

Millionen Dollar anvisiert. Alleine eine Million ging an Duke als Gage, wobei eine hohe prozentuale Gewinnbeteiligung nicht fehlte.

Für Duke war dieser Film praktisch wieder ein Familienunternehmen. Vor der Kamera agierten seine Söhne Patrick und Ethan, hinter der Kamera arbeitete Michael als Produzent und mit Harry Carey Jr. wirkte ein alter Freund mit. BIG JAKE stellt auch das letzte gemeinsame Projekt von Duke und Maureen O'Hara dar und ist ein würdiger Abschluss ihrer Zusammenarbeit. Duke hatte auch schon mit Richard Boone gearbeitet und mochte Christopher Mitchum, der zuvor bei RIO LOBO dabei gewesen ist. Darum holte er beide auch zu BIG JAKE.

Der Film lief an der Kinokasse weit erfolgreicher als RIO LOBO. Bei einem US-Einspiel von mehr als 23 Millionen Dollar blieben dem Studio 7,5 Millionen Dollar. Hinzu kamen die Einnahmen aus der weltweiten Auswertung.

BIG JAKE ist ein klassischer Western, der zu einer Zeit entstand, als klassische Western praktisch schon ausgestorben waren. Aber John Wayne war nach wie vor als Western-Held erfolgreich.

(Rechts) Deutsche EA-Fotos von 1971

Französischer Werberatschlag von 1971

John Wayne
Richard Boone
"Big Jake"

John Wayne
Richard Boone
"Big Jake"

John Wayne
Richard Boone
"Big Jake"

John Wayne
Richard Boone
"Big Jake"

John Wayne
Richard Boone
"Big Jake"

John Wayne
Richard Boone
"Big Jake"

John Wayne
Richard Boone
"Big Jake"

John Wayne
Richard Boone
"Big Jake"

John Wayne
Richard Boone
"Big Jake"

DAS DEUTSCHE WERBEMATERIAL

EA: Erstaufführung | WA: Wiederaufführung

Plakate:
Big Jake . . . . .A1 EA von 1971
Kinoaushangfotos:
18 EA Aushangfotos

A1, Erstaufführungsplakat von 1972; Grafik: Rehak

DIE COWBOYS

1972

Originaltitel:	THE COWBOYS
US-Erstaufführung:	13. Januar 1972
Dt. Erstaufführung:	27. Januar 1972
Laufzeit:	131 Minuten
Regie:	Mark Rydell
Drehbuch:	Irving Ravetch, Harriet Frank Jr., William Dale Jennings
Musik:	John Williams
Kamera:	Robert Surtees
Schnitt:	Neil Travis

Darsteller:

John Wayne	(Wil Andersen)
Roscoe Lee Browne	(Jebediah Nightlinger)
Bruce Dern	(Long Hair)
Colleen Dewhurst	(Kate)
Alfred Barker Jr.	(Fats)
Nicolas Beauvy	(Dan)
Steve Benedict	(Steve)
Robert Carradine	(Slim Honeycutt)
Norman Howell	(Weedy)
Stephen R. Hudis	(Charlie Schwartz)
Sean Kelly	(Stuttering Bob)
A Martinez	(Cimarron)
Clay O'Brien	(Hardy Fimps)
Sam O'Brien	(Jimmy Phillips)
Slim Pickens	(Anse)
Richard Farnsworth	(Henry Williams)

Inhalt:
Um seine Rinder noch vor dem einsetzenden Winter zum Markt zu treiben, rekrutiert der Rancher Will Anderson eine Gruppe völlig unerfahrener Teenager als "Cowboys". Als der Treck von einer Bande gefährlicher Viehdiebe bedroht wird, kommt es zu einer dramatischen Bewährungsprobe. Anderson kämpft gegen Long Hair – und unterliegt. Aber seine Cowboys schwören Rache!

Als John Wayne das Drehbuch von Warner Bros. zu DIE COWBOYS bekam, da wusste er, dass dies genau der Film war, den er machen wollte. Regisseur Mark Rydell wollte zwar eigentlich George C. Scott, erklärte sich aber mit Duke einverstanden. Aber er hatte eine Bedingung: Er wollte nur Duke, nicht seine gesamte Entourage. Duke schlug ein.

Gedreht wurde der Film von Mai bis Juli 1971 in Pagosa Springs, New Mexico, und in Colorado. Das Budget belief sich auf 4,8 Millionen Dollar, wobei Duke eine Gage von einer Million Dollar plus eine zehnprozentige Beteiligung am Gewinn erhielt.

Im Vorfeld herrschte die Sorge, dass Duke vielleicht versuchen würde, auf den relativ jungen Newcomer Rydell einzuwirken, aber er hielt sich mit Vorschlägen zurück. Tatsächlich fand der deutlich jüngere Rydell es mehr als irritierend, wenn Duke ihn „Sir" titulierte. Angesichts der Besetzung hatte man wohl auch erwartet, dass es zu Reibereien kommen würde, denn Roscoe Lee Browne vertrat sehr liberale politische Ansichten und Bruce Dern hatte in einigen Anti-Establishment-Filmen mitgespielt. Aber am Set verstanden sich alle prächtig und viele bemerkten auch, dass Duke ein Mann war, der andere Ansichten akzeptierte. Über Bruce Dern war er voll des Lobs und fand, dass dessen Darstellung derartig brillant war, dass sie durchaus eines Oscars würdig war. Übrigens erhielt Bruce Dern später Morddrohungen, weil er es gewagt hatte, John Wayne im Film in den Rücken zu schießen. Duke hatte den Schauspieler auch gewarnt, dass ihm dafür mit einigem Hass begegnet werden würde, worauf Dern nur meinte: *„Ja, aber in Berkeley werden sie mich lieben."* Gemeint war damit, dass die Studen-

THE COWBOYS ist ein eher ungewöhnlicher Western für John Wayne, denn seine Figur – obschon die Hauptrolle – erlebt das Ende nicht.

tenschaften vieler Universitäten, die gegen den Vietnamkrieg waren, fast automatisch auch gegen John Wayne waren.
Übrigens hatte Mark Rydell erst Bedenken gegen Duke gehabt, weil er eine völlig konträre Meinung zum Vietnamkrieg einnahm. Viele Kritiker sahen THE COWBOYS aber gerade als eine Metapher für den Krieg, waren Dukes Cowboys doch junge Männer, die er praktisch direkt aus der Schule rekrutierte, was nicht unähnlich den Kriegsbemühungen in Vietnam war.

Während der Dreharbeiten fühlte sich Duke oft einsam. Die Beziehung zu Pilar kühlte merklich ab und Duke glaubte, dass eine Scheidung unumgänglich war. Das sorgte auch dafür, dass ihm das Temperament immer mal wieder durchging. Für das Make-up war sein Freund Dave Grayson zuständig. Beide standen eines Drehtags weit voneinander entfernt und Duke rief nach ihm, aber Grayson hatte ihn nicht gehört. Darum packte Duke einen Stuhl und warf ihn nach Grayson, wobei er ihn am Arm erwischte.
Grayson: *„Was zum Teufel sollte das?"*
Duke: *„Ich hab Dich gerufen, verdammt noch mal. Und du hast mich ignoriert."*
Grayson: *„Den Teufel hab ich. Wenn ich Dich gehört hätte, wäre ich gekommen. Das solltest Du wissen."*
Duke: *„Küss mich."*
Damit versuchte Duke automatisch die Situation zu entschärfen. Und die nächsten Tage entschuldigte er sich immer wieder bei Grayson. Derweil hatte Rydell ein ganz anderes Problem. Er wollte, dass der Kampf zwischen Bruce Dern und Duke realistisch war. Für Dern hatte man bereits Make-up angefertigt, das ihn mit gebrochener Nase zeigte. Auch Duke sollte im Gesicht versehrt sein, aber jeder wusste, dass John Wayne übermäßige Gewalt im Film nicht mochte und wohl gegen dieses Make-up war. Da sich auch jeder sicher war, dass Duke in die Luft gehen würde, wenn er davon erfuhr, traute sich keiner so recht, ihm mitzuteilen, dass er Blessuren im Gesicht haben würde.
Zwischen Rydell und Grayson spann sich in Hinblick darauf etwa folgendes Gespräch ab.
Grayson: *„Okay, Mark, ich kann das Make-up anlegen, wenn Duke es erlaubt. Ich brauche aber vier Make-up-Künstler."*
Rydell: *„Warum denn vier?"*
Grayson: *„Drei müssen ihn am Boden halten, während ich das Make-up auftrage."*
Letzten Endes fasste sich Grayson ein Herz und sprach mit Duke. Das Ergebnis war überraschend. Duke mochte das Make-up nicht, war aber bereit, es auftragen zu lassen. Er wusste, dass sich der Film in den letzten Jahren verändert hatte und das Publikum mehr Realismus erwartete. Darum war er bereit, entgegen seiner eigenen Überzeugungen gute Miene zum bösen Spiel zu machen.
Am Tag, als der Kampf mit Dern gedreht wurde, war Duke betrunken. Es war wohl das einzige Mal, dass John Wayne während der Arbeit betrunken war. An diesem Tag war er dadurch jedoch besonders locker und zu Scherzen aufgelegt.

Bemerkenswert an THE COWBOYS ist - neben der grandiosen Kameraarbeit von Robert Surtees - die Tatsache, dass Dukes Figur stirbt. Dabei findet sein Rancher keinen heroischen Tod, sondern wird von Bruce Dern hinterrücks erschossen. Das fand Duke interessant, da es

Deutsche EA-Fotos von 1972

unterstrich, dass seine Figur kein Revolverheld, sondern ein Viehzüchter war. Und dass in der Realität gute Männer manchmal hinterrücks ermordet werden. Was danach folgt, ist der Rachefeldzug von Dukes Cowboys, der ausgesprochen hart ausfiel. Auch dies ein Zeichen dafür, dass THE COWBOYS ein Western ist, der in der Moderne angekommen ist.

Der Film erwirtschaftete für das Studio 7,4 Millionen Dollar wobei weitere Einnahmen aus dem Auslandsvertrieb einhergingen. Aufgrund des Erfolgs entschied man bei Warner Bros. eine Fernsehserie unter gleichen Namen nachzuschieben. Man bot Duke an, die Hauptrolle zu spielen, etwa als sein eigener Zwillingsbruder. Aber Duke lehnte ab. Er wollte nach wie vor ein großer Filmstar und kein Fernsehstar sein. Die Serie, in der auch A Martinez mitwirkte, war kein Erfolg und wurde nach nur 13 Folgen wieder abgesetzt.

Auf den Aushangfotos wird viel vom Kampf John Wayne gegen Bruce Dern gezeigt. Und man kann sich schon ausrechnen, wie es um das Schicksal von Waynes Figur, dem Rancher Will Andersen, bestellt ist. Der Kampf ist ungewöhnlich hart ausgefallen und zeigt auch die Blessuren, die ein solcher Schlagabtausch mit sich bringt. Anders als in John Waynes früheren Filmen wollte man hier mehr auf Realismus setzen.

JOHN WAYNE
DIE COWBOYS
(THE COWBOYS)
EIN FARBFILM IN TECHNICOLOR UND PANAVISION
IM VERLEIH DER WARNER-COLUMBIA

JOHN WAYNE
DIE COWBOYS
(THE COWBOYS)
EIN FARBFILM IN TECHNICOLOR UND PANAVISION
IM VERLEIH DER WARNER-COLUMBIA

JOHN WAYNE
DIE COWBOYS
(THE COWBOYS)
EIN FARBFILM IN TECHNICOLOR UND PANAVISION
IM VERLEIH DER WARNER-COLUMBIA

JOHN WAYNE
DIE COWBOYS

JOHN WAYNE
DIE COWBOYS

JOHN WAYNE
DIE COWBOYS

JOHN WAYNE
DIE COWBOYS

DAS DEUTSCHE WERBEMATERIAL

EA: Erstaufführung | WA: Wiederaufführung

Plakate:

Die Cowboys . . . . .A1 EA von 1972

Kinoaushangfotos:

18 EA Aushangfotos

A1, Erstaufführungsplakat von 1973; Grafik: unbekannt

DRECKIGES GOLD

1973

Originaltitel: .... THE TRAIN ROBBERS
US-Erstaufführung: .... 7. Februar 1973
Dt. Erstaufführung: .... 15. Februar 1973
Laufzeit: .... 92 Minuten
Regie: .... Burt Kennedy
Drehbuch: .... Burt Kennedy
Musik: .... Bert Glennon
Kamera: .... William H. Clothier
Schnitt: .... Frank Santillo
Darsteller:
John Wayne .... (Lane)
Ann-Margret .... (Mrs. Lowe)
Ben Johnson .... (Jesse)
Rod Taylor .... (Grady)
Christopher George .... (Calhoun)
Bobby Vinton .... (Ben Young)
Jerry Gatlin .... (Sam Turner)
Ricardo Montalban (Der Mann von Pinkerton)

Inhalt:
Lane hätte wissen müssen, dass der Lady aus dem Saloon nicht zu trauen ist: Mrs. Lowe, „leidende" Witwe des von einer Kugel dahingerafften Eisenbahnräubers Lowe, charmant, raffiniert und im Besitz einer äußerst wertvollen Information. Nur sie weiß, wo ihr Mann die Beute seines letzten großen Coups versteckt hat. Selbstverständlich aus „purer Ehrlichkeit" will Mrs. Lowe der Bahn nun das Gold zurückgeben. Und sie schafft es tatsächlich, Lane zu überreden, das Geld aus dem Versteck zu holen und die 50.000 Dollar Belohnung zu kassieren. Ein völlig harmloser Job! Lane und seine Männer müssen gleichzeitig feststellen, dass die damals von Lowe geprellten Komplizen und eine mysteriöse Gestalt, die sich als Pinkerton-Detektiv entpuppt, ihnen auf den Fersen sind. Eine erbarmungslose Jagd beginnt.

THE TRAIN ROBBERS war ein Standard-Western, wie er 1973 praktisch kaum noch ein nennenswertes Publikum zu interessieren vermochte. John Wayne produzierte mit Batjac, wobei ein Budget von 3,5 Millionen Dollar aufgebracht wurde. Die Dreharbeiten fanden in Dukes geliebtem Durango zwischen dem 23. März und Mitte Juni 1972 statt.

Für die Regie holte er Burt Kennedy, mit dem er schon THE WAR WAGON gedreht hatte. Kennedy leistete routinierte Arbeit, was aber nichts daran änderte, dass dies ein Film war, der nicht mehr seiner Zeit entsprach. Den Misserfolg führte Kennedy auf einige schwache schauspielerische Leistungen zurück, wollte aber keine Namen nennen.

Von den üblichen Verdächtigen war Christopher George dabei, den Duke seit EL DORADO immer wieder mal zu einem seiner Filme geholt hatte. Ansonsten fanden sich im Ensemble Dukes alter Kumpel Ben Johnson und die namhaften Stars Ann-Margret und Ricardo Montalban.
Einzig amüsant ist, dass die Rollennamen von Duke und Ann-Margret - Lane und Mrs. Lowe - haargenau dieselben Namen der beiden Hauptfiguren aus HONDO sind.

Der Film generierte für das Studio an den US-amerikanischen Kinos nur magere zwei Millionen Dollar Gewinn, womit sich noch nicht einmal das Budget refinanzieren ließ.

John Wayne ging stramm auf die 70 zu, als er THE TRAIN ROBBERS drehte. An seinem Willen, auch in Actionszenen präsent zu sein, hat das nichts geändert.

Deutsche EA-Fotos von 1973

NOTIZ:
ANN-MARGRET - Die Schwedin Ann-Margret, die nur unter ihrem Vornamen firmierte, hat den Nachnamen Olsson. Sie wurde am 28. April 1941 in Valsjöbyn geboren. Mit ihrer Familie kam sie in die USA, als sie sechs Jahre alt war. Sie wurde von George Burns entdeckt, als sie als Cabaret-Sängerin tätig war. Ihr Debüt gab sie 1961 als Bette Davis' Tochter in Frank Capras POCKETFUL OF MIRACLES (DIE UNTEREN ZEHNTAUSEND). Ihren Durchbruch erlebte sie 1963 in BYE BYE BIRDIE (BYE BYE BIRDIE) und TOLLE NÄCHTE IN LAS VEGAS (VIVA LAS VEGAS) an der Seite von Elvis Presley. Mit diesen beiden Filmen etablierte sie sich auch als Sexsymbol. Aufreizend agierte sie auch neben Steve McQueen in CINCINATTI KID (CINCINATTI KID, 1965). Ann-Margret ist auch heute noch aktiv und war in den letzten Jahren u.a. in THE BREAK UP (TRENNUNG MIT HINDERNISSEN, 2006) zu sehen.

DAS DEUTSCHE WERBEMATERIAL

EA: Erstaufführung | WA: Wiederaufführung

Plakate:

Dreckiges Gold .... A1 EA von 1973

Kinoaushangfotos:

16 EA Aushangfotos

Französisches Aushangfoto

A1, Erstaufführungsplakat von 1973; Grafik: unbekannt

GEIER KENNEN KEIN ERBARMEN

1973

Originaltitel: . . . . CAHILL U.S. MARSHAL
US-Erstaufführung: . . . . 11. Juli 1973
Dt. Erstaufführung: . . . . . . 1. November 1973
Laufzeit: . . . . 103 Minuten
Regie: . . . . Andrew V. McLaglen
Drehbuch: . . . . Harry Julian Fink, Rita M. Fink
Musik: . . . . Elmer Bernstein
Kamera: . . . . Joseph F. Biroc
Schnitt: . . . . Robert L. Simpson
Darsteller:
John Wayne . . . . . . (U.S. Marshal J.D. Cahill)
Gary Grimes . . . . (Danny Cahill)
Neville Brand . . . . (Lightfoot)
Clay O'Brien . . . . . . (Billy Joe „Budger" Cahill)
Marie Windsor . . . . (Hetty Green)
Morgan Paull . . . . (Struther)
Dan Vadis . . . . (Brownie)
Royal Dano . . . . (MacDonald)
Scott Walker . . . . (Ben Tildy)
Denver Pyle . . . . (Denver)
Jackie Coogan . . . . (Charlie Smith)
Rayford Barnes . . . . (Pee Wee Simser)
George Kennedy . . . . (Abe Fraser)
Paul Fix . . . . (Alter Mann)
Harry Carey Jr. . . . . (Hank)
Hank Worden . . . . (Albert)

Inhalt:
Er ist einer der gefürchtetsten Sheriffs im Wilden Westen: Marshal Cahill. Nur seine Söhne bekommt der Witwer nicht in den Griff. Aus Trotz beteiligen sich die beiden Jungs an einem Bankraub, bei dem es auch zu Toten kommt. Plötzlich stehen sie auf der anderen Seite des Gesetzes. Und Cahill ist entschlossen, seine Pflicht zu tun.

CAHILL U.S. MARSHAL war der zweite wenig ansprechende Western des Jahres 1973. Zwar war die Story etwas frischer, geht es doch um einen Mann, der seinen Job vor seine Familie stellt, womit sich John Wayne identifizieren konnte, aber das Skript war nach Meinung aller Beteiligten nicht gut genug. Das lag auch daran, wie Duke später zugab, dass man die Produktion übereilt angegangen war.

Die Regie übernahm Dukes alter Freund Andrew V. McLaglen. George Kennedy spielte den Schurken und hatte damit die deutlich kernigere Rolle inne. Mit diesem Film wollte Duke auch ein Zeichen setzen. Er wurde oft kritisiert, weil er so viele Indianer in seinen Filmen tötete. Tatsächlich tötete er jedoch mehr Weiße als Indianer. Und nun wollte er einen Indianer als Cahills Sidekick, um die Noblesse des roten Mannes zu zeigen. Für die Rolle besetzt wurde Neville Brand, der Duke einmal fragte, warum kein echter Indianer für die Rolle angeheuert worden war.
Dukes Antwort war: *„Das hätte ich tun können. Und ich hätte es auch getan. Aber wenn ich es getan hätte, hätte Warner Bros. mir gesagt, ich soll einen Schauspieler mit einem bekannten Namen für die Rolle holen. Und nichts für ungut, Neville, aber ich brauche Deinen Namen mehr als ich einen echten Indianer brauche."*

Während der Dreharbeiten erfuhr Duke, dass sein alter Freund John Ford an den Folgen seines Krebsleidens sterben würde. Duke besuchte Pappy während des Drehs. Aber da-

Cahill ist ein Marshal, der selbst davor nicht zurückschreckt, gegen seine eigenen missratenen Söhne vorzugehen.

DAS DEUTSCHE WERBEMATERIAL

EA: Erstaufführung | WA: Wiederaufführung

Plakate:
Geier kennen keine Erbarmen ....A1 EA von 1973
Kinoaushangfotos:
12 EA Aushangfotos

nach war nichts mehr, wie es einmal war. Es brach ihm das Herz. Den Rest des Films drehte er mit wenig Elan und keinerlei Enthusiasmus.

Die Dreharbeiten zu CAHILL U.S. MARSHAL begannen am 13. November 1972 und endeten im Januar 1973. Gedreht wurde nahe Durango in der restaurierten Westernstadt La Joya. Der Arbeitstitel des Films war WEDNESDAY MORNING. Bei Kosten von 3,7 Millionen Dollar brachte der Film dem Studio 4,1 Millionen Dollar ein – kein Hit, aber wenigstens kostendeckend.

Deutsche EA-Fotos von 1973

JOHN WAYNE
Geier
(CAHILL)
kennen kein
Erbarmen

JOHN WAYNE
Geier
(CAHILL)
kennen kein
Erbarmen

JOHN WAYNE
Geier
(CAHILL)
kennen kein
Erbarmen

JOHN WAYNE
Geier
(CAHILL)
kennen kein
Erbarmen

JOHN WAYNE
Geier
(CAHILL)
kennen kein
Erbarmen

JOHN WAYNE
Geier
(CAHILL)
kennen kein
Erbarmen

JOHN WAYNE
Geier
(CAHILL)
kennen kein
Erbarmen

John Wayne in einem knallharten Thriller!
POLICE DEPT.
JOHN WAYNE
McQ schlägt zu
EINE BATJAC UND LEVY-GARDNER PRODUKTION
in weiteren Hauptrollen EDDIE ALBERT · DIANA MULDAUR · COLLEEN DEWHURST · CLU GULAGER · DAVID HUDDLESTON und AL LETTIERI als »Santiago«
PANAVISION® · TECHNICOLOR® · Musik: ELMER BERNSTEIN · Exekutivproduzent: MICHAEL A. WAYNE · Buch und Coproduktion: LAWRENCE ROMAN
Produktion: JULES LEVY und ARTHUR GARDNER · Regie: JOHN STURGES
Ein Farbfilm der Warner Bros. A Warner Communications Company · Im Verleih der Warner-Columbia

A1, Erstaufführungsplakat von 1974; Grafik: unbekannt

JOHN WAYNE

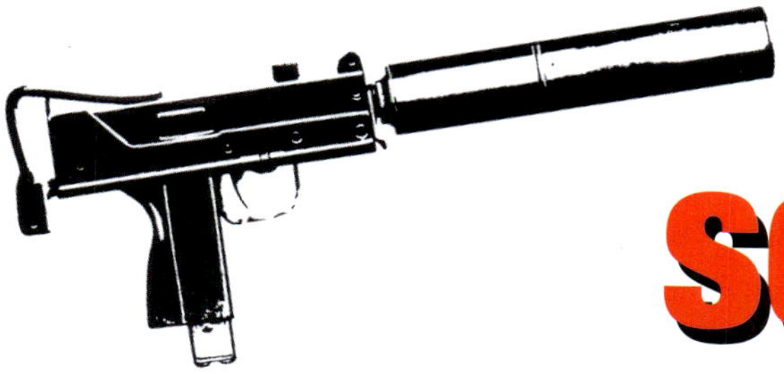

McQ SCHLÄGT ZU

1974

Originaltitel: .... **McQ**
US-Erstaufführung: .... 6. Februar 1974
Dt. Erstaufführung: .... 22. August 1974
Laufzeit: .... 111 Minuten
Regie: .... John Sturges
Drehbuch: .... Lawrence Roman
Musik: .... Elmer Bernstein
Kamera: .... Harry Stradling Jr.
Schnitt: .... William H. Ziegler
Darsteller:
John Wayne .... (Det. Lt. Lon McQ)
Eddie Albert .... (Capt. Ed Kosterman)
Diana Muldaur .... (Lois Boyle)
Colleen Dewhurst .... (Myra)
Clu Gulager .... (Franklin Toms)
David Huddleston
.... (Edward M. „Pinky“ Farrow)
Jim Watkins .... (J.C. Davis)
Al Lettieri .... (Manny Santiago)
Julie Adams .... (Elaine Forrester)
Roger E. Mosley .... (Rosey)
William Bryant .... (Sgt. Stan Boyle)

Inhalt:
Zwei ermordete Polizisten liegen in ihrem Blut auf dem Straßenpflaster. Die Morde passen in kein Schema, die Beamten sind ratlos – und sie haben Angst. Erst als weitere Schüsse Detective Lon McQs Partner in einer schmalen Gasse niederstrecken und McQ selbst nur knapp dem Tod entkommt, passen die Puzzleteile des blutigen Amoklaufs plötzlich zusammen. Jetzt weiß McQ, wen er sich schnappen muss.

McQ kann natürlich als so etwas wie John Waynes Versuch, sich an den Erfolg von DIRTY HARRY (1971) heranzuhängen angesehen werden. Aber er kam auch zustande, weil Duke klar war, dass der Western seine besten Tage hinter sich hatte.

Dennoch erklärte er in einem Interview mit gehöriger Portion Selbstironie: *„Ich dachte, ich könnte Dirty Duke sein. Immerhin hatte ich damals das Angebot für DIRTY HARRY abgelehnt. Das geschah aus drei Gründen. Der erste war, dass das Projekt zuerst Frank Sinatra angeboten worden war, der wegen einer Handverletzung ablehnen musste. Ich mag es nicht, wenn man mir Sinatras Reste anbietet. Das kann man auf meinen Stolz schieben. Der zweite ist, dass ich dachte Harry wäre wenig mehr als ein Verbrecher. Das kann man meiner Engstirnigkeit zugute schreiben, denn als ich den Film sah, erkannte ich, dass Harry nicht unähnlich der Rollen war, die ich Zeit meines Lebens gespielt hatte: Ein Mann, der innerhalb der Regeln des Gesetzes lebt, aber diese Regeln bricht, wenn es notwendig ist, um andere zu retten. Und drittens war ich damals gerade vollauf damit beschäftigt, zwei andere Filme zu machen.“*

Für die Regie holte man den Veteran John Sturges, der sich seinen Platz in der Filmgeschichte mit Klassikern wie THE MAGNIFICENT SEVEN (DIE GLORREICHEN SIEBEN, 1960) oder THE GREAT ESCAPE (GESPRENGTE KETTEN, 1963) verdient hatte. Mit John Wayne hatte er niemals zuvor gearbeitet. Und am Ende der eigenen Karriere - Sturges sollte nur noch einen weiteren Film inszenieren - sah er das Ganze pragmatisch.

John Wayne versuchte sich auf seine alten Tage als harter Polizist. Die Rolle des DIRTY HARRY war ihm angeboten worden, doch damals hatte er sie abgelehnt. Mit McQ folgte er nun dem Trend, den Don Siegels Film ausgelöst hatte.

JOHN WAYNE
McQ – schlägt zu
Ein Farbfilm der Warner Bros. A Warner Communications Company im Verleih der Warner-Columbia

JOHN WAYNE
McQ – schlägt zu

JOHN WAYNE
McQ – schlägt zu

JOHN WAYNE
McQ – schlägt zu

JOHN WAYNE
McQ – schlägt zu

JOHN WAYNE
McQ – schlägt zu

JOHN WAYNE
McQ – schlägt zu

DAS DEUTSCHE WERBEMATERIAL

EA: Erstaufführung | WA: Wiederaufführung

Plakate:

McQ schlägt zu . . . . .A1 EA von 1974

Kinoaushangfotos:

12 EA Aushangfotos

COLUMBIA-FILM

Deutsche EA-Fotos von 1974

Ihm war bewusst, dass das Skript schwach war, aber das störte ihn nicht. Er wurde bezahlt, einen Film abzuliefern. Und das tat er auch.

Eigentlich war Duke für eine Rolle wie die des McQ schon viel zu alt, aber seine Fans störte das nicht, denn nach wie vor besaß der Schauspieler das Charisma, um das Publikum für sich einzunehmen – und daran änderte auch ein schlecht sitzendes Toupet nichts.

Die Dreharbeiten zu McQ begannen am 4. Juni und endeten im August 1973. Gedreht wurde in Seattle und in Washington. Das Budget war vergleichsweise gering und betrug nur 2,4 Millionen Dollar, von denen Duke schon 750.000 erhielt. Diana Muldaur war nicht die erste Wahl. Eigentlich hatte man die Rolle Shirley Jones angeboten, die jedoch eine Gage von 50.000 Dollar verlangte. Darum kam Muldaur zum Zug, die nur die Hälfte nahm.

An der Kinokasse erwirtschaftete McQ für das Studio einen Gewinn von 4,1 Millionen Dollar.

JOHN WAYNE
schlägt wieder zu -
gnade euch Gott!
Brannigan
EIN MANN AUS STAHL
JOHN WAYNE Brannigan EIN MANN AUS STAHL in einer weiteren Hauptrolle RICHARD ATTENBOROUGH
JUDY GEESON · MEL FERRER · JOHN VERNON · RALPH MEEKER ·
DANIEL PILON Produktionsleitung: MICHAEL WAYNE Produktion: ARTHUR GARDNER und JULES LEVY
Drehbuch: CHRISTOPHER TRUMBO & MICHAEL BUTLER und WILLIAM P. McGIVERN und WILLIAM NORTON
Story: CHRISTOPHER TRUMBO & MICHAEL BUTLER Regie: DOUGLAS HICKOX Musik: DOMINIC FRONTIERE PANAVISION Farbe United Artists

A1, Erstaufführungsplakat von 1975; Grafik: unbekannt

BRANNIGAN - EIN MANN AUS STAHL

1975

Originaltitel: . . . . .BRANNIGAN
US-Erstaufführung: . . . . .26. März 1975
Dt. Erstaufführung: . . . . .14. August 1975
Laufzeit: . . . . .111 Minuten
Regie: . . . . .Douglas Hickox
Drehbuch: . . . . .Christopher Trumbo, Michael Butler, William P. McGivern, William W. Norton
Musik: . . . . .Dominic Frontiere
Kamera: . . . . .Gerry Fisher
Schnitt: . . . . .Malcolm Cooke
Darsteller:
John Wayne . . . .(Lt. Jim Brannigan)
Richard Attenborough (Cmdr. Charles Swann)
Judy Geeson . . . .(Jennifer Thatcher)
Mel Ferrer . . . .(Mel Fields)
John Vernon . . . .(Ben Larkin)
Daniel Pilon . . . .(John Gorman)
John Stride . . . .(Michael Traven)
James Booth . . . .(Charlie-the-Handle)
Arthur Batanides . . . .(Angell)
Ralph Meeker . . . .(Capt. Moretti)
Barry Dennen . . . .(Julian)
Lesley-Anne Down . . . .(Luana)
Del Henney . . . .(Drexel)

Inhalt:
Der raubeinige Chicagoer Cop Brannigan soll den Gangsterboss Larkin von London in die Staaten überführen. Als er aber in England eintrifft, ist Larkin verschwunden - und Scotland Yard tappt im Dunkeln. Brannigan nimmt die Jagd auf und gerät dabei selbst ins Fadenkreuz eines Killers.

BRANNIGAN war der zweite Film, in dem John Wayne einen Polizisten spielte. Die Figur ist dabei jener aus McQ nicht unähnlich, auch wenn der in London gedrehte Film deutlich leichtherziger daherkommt.

Die Dreharbeiten zu BRANNIGAN begannen am 17. Juni und endeten im späten August 1974. Gedreht wurde an 60 Originalschauplätzen in London, wobei dies einer der letzten Filme war, die in der Innenstadt gedreht werden durften. Wenig später gab die Stadt keine Drehgenehmigungen mehr heraus, da Dreharbeiten ständig zu Chaos in der Stadt führten. Die Eröffnungssequenz des Films wurde in Chicago gedreht. Für Innenaufnahmen ging man später in die Shepperton Studios in Middlesex. Als Arbeitstitel fungierte lange Zeit JOE BATTLE.

Für den Film heuerte man den britischen Regisseur Douglas Hickox an, der natürlich die Horrorgeschichten gehört hatte und fürchtete, dass John Wayne ihm das Zepter aus der Hand zu nehmen versuchen wurde. Doch das geschah nicht. Mit seinen Ko-Stars kam Duke sehr gut aus. Er genoss die Zusammenarbeit mit Richard Attenborough und Judy Geeson. Die erste Wahl für deren Rollen waren Ralph Richardson und Diana Rigg, die jedoch beide terminlich anderweitig verpflichtet waren.

Für den Stoff entschied sich Duke, weil McQ noch nicht in die Kinos gekommen war. Hätte er gewusst, dass ersterer nicht so gut angenommen würde, hätte er diesen nicht gemacht, wie er später erklärte.

Auch BRANNIGAN war vergleichsweise günstig budgetiert. Er kostete nur 2,6 Millionen Dollar, von denen Duke 750.000 bekam - plus seiner üblichen recht hohen prozentualen Beteiligung am Gewinn.

Zum Ende seiner Karriere hin sattelte John Wayne etwas um. Der Western wich dem Großstadt-Cop-Thriller. Man könnte argumentieren, John Waynes beide Cop-Filme seien einfach Western der Moderne.

NOTIZ:
RICHARD ATTENBOROUGH - Der am 29. August 1923 in Cambridge geborene Richard Attenborough ist ein erfolgreicher Schauspieler und Regisseur. Er begann mit der Schauspielerei im zarten Alter von zwölf Jahren und wirkte in den 50er Jahren in einer Reihe von britischen Filmen mit, bevor Hollywood auf ihn aufmerksam wurde. Als Schauspieler wirkte er in einer Reihe enorm erfolgreicher Filme wie THE GREAT ESCAPE (GESPRENGTE KETTEN, 1963) und THE SAND PEBBLES (KANONENBOTT AM YANGTSE-KIANG, 1966) mit. Nachdem er 1979 in Otto Premingers THE HUMAN FACTOR (DER MENSCHLICHE FAKTOR) mitgespielt hatte, zog er sich von der Schauspielerei zurück. Sein Comeback feierte er 1993 mit Steven Spielbergs JURASSIC PARK (JURASSIC PARK). Als Regisseur zeichnete er u.a. für A BRIDGE TOO FAR (DIE BRÜCKE VON ARNHEIM, 1977), GHANDI (GHANDI, 1982) und CHAPLIN (CHAPLIN, 1992) verantwortlich.

DAS DEUTSCHE WERBEMATERIAL

EA: Erstaufführung I WA: Wiederaufführung

Plakate:
Brannigan - ein Mann aus Stahl . .A1 EA von 1975
Kinoaushangfotos:
22 EA Aushangfotos. Laut deutschem Werberatschlag sollte es nur 16 Aushangfotos geben.

United Artists
A Transamerica Company

Brannigan
EIN MANN AUS STAHL

Brannigan
United Artists
EIN MANN AUS STAHL

Brannigan
EIN MANN AUS STAHL

Brannigan
United Artists
EIN MANN AUS STAHL

Brannigan
EIN MANN AUS STAHL

Brannigan
United Artists
EIN MANN AUS STAHL

Brannigan
EIN MANN AUS STAHL

Brannigan
United Artists
EIN MANN AUS STAHL

Brannigan
United Artists
EIN MANN AUS STAHL

Brannigan
United Artists
EIN MANN AUS STAHL

Brannigan
United Artists
EIN MANN AUS STAHL

Brannigan
United Artists
EIN MANN AUS STAHL

Brannigan
United Artists
EIN MANN AUS STAHL

Feel free.
Brannigan
United Artists
EIN MANN AUS STAHL

Deutsche EA-Fotos von 1975

A1, Erstaufführungsplakat von 1976; Grafik: Peltzer (?)

MIT DYNAMIT UND FROMMEN SPRÜCHEN

1975

Originaltitel: . . . . ROOSTER COGBURN
Englischer Alternativtitel: .Rooster Cogburn ... and the Lady
US-Erstaufführung: . . . . . . .17. Oktober 1975
Dt. Erstaufführung: . . . . .30. April 1976
Laufzeit: .108 Minuten
Regie: . . . . .Stuart Millar
Drehbuch: . . . . .Martha Hyer
Musik: . . . . .Laurence Rosenthal
Kamera: . . . . .Harry Stradling Jr. Schnitt
Schnitt: . . . . .Robert Swink
Darsteller:
John Wayne . . . .(Rooster Cogburn)
Katharine Hepburn . . . .(Eula)
Anthony Zerbe . . . .(Breed)
Richard Jordan . . . .(Hawk)
John McIntire . . . .(Parker)
Strother Martin . . . .(McCoy)
Paul Koslo . . . .(Luke)
Jack Colvin . . . .(Red)
Jon Lormer . . . .(Rev. Goodnight)
Lane Smith . . . .(Leroy)
Jerry Gatlin . . . .(Nose)

Inhalt:
Rooster Cogburn trifft auf die prüde Eula Goodnight, eine bibelfeste Missionarin, die sich mit dem Revolverhelden zusammentut, um den Tod ihres Vaters zu rächen. Während das ungleiche Paar die Mörder verfolgt, entwickelt sich zwischen dem ungehobelten Gesetzeshüter und der spröden Pfarrerstochter eine herzliche Beziehung.

Hal Wallis wollte den Erfolg von TRUE GRIT wiederholen und überzeugte John Wayne, noch einmal Rooster Cogburn zu spielen. Ihm zur Seite stellte er Katherine Hepburn, die bis dahin nicht mit Duke zusammengearbeitet hatte. Für die Regie hoffte Wallis, erneut Henry Hathaway verpflichten zu können, doch der lehnte nach anfänglichem Interesse ab. Er hatte das Skript gelesen und erkannt, dass es ziemlich lahm war. Geschrieben worden war es von Hallis' Frau Martha Hyer, die sich jedoch hinter dem Pseudonym Martin Julien verbarg. Später holte Wallis auch den Autor der Vorlage von TRUE GRIT, Charles Portis, hinzu, um das Skript zu retten, aber auch er konnte nicht mehr viel machen.

Hathaway empfahl Richard Fleischer, den Duke aber wiederum nicht haben wollten. Darum entschied man sich für Stuart Millar, der bis dahin hauptsächlich als Assistent von William Wyler gearbeitet hatte.

Für Millar waren die Dreharbeiten alles andere als angenehm. Duke war häufig schlechter Laune und ließ diese besonders gerne am Regisseur aus. Besonders nervte Duke, dass Millar manche Szenen wieder und wieder wiederholen ließ, was ihn zu dem Ausbruch animierte: *„Gottverdammt, Stuart, es gibt nur eine begrenzte Zahl an Versuchen, diese albernen Dialoge zu sprechen, bevor sie für uns gar keinen Sinn mehr ergeben.“*
Die Streitigkeiten wurden so heftig, dass Wallis Duke fragte, ob er Millar feuern sollte. Aber das wollte Duke auch nicht.
Dafür genoss er die Arbeit mit Katherine Hepburn. Beide verstanden sich prächtig und hatten während der Dreharbeiten, aber auch in den freien Tagen viel Spaß. Der Drehplan war so organisiert worden, dass beide alternde Stars immer mal wieder einen Nachmittag oder auch einen ganzen Tag frei hatten. Duke wiederum nutzte diese freien Momente, um sich dem Alkohol hinzugeben.

John Wayne versuchte sich mit ROOSTER COGBURN an einem Sequel zu dem Film, der ihm den Oscar als bester Hauptdarsteller eingebracht hatte. Der Film beweist aber auch, dass es schwierig ist, den Blitz zweimal einzufangen. Obschon amüsant, spielt der Film nicht in derselben Liga wie TRUE GRIT.

John Wayne und Katharine Hepburn hatten bis dato nie zusammen gearbeitet. Dabei hatten sie auf der Leinwand echte Chemie.

Deutsche EA-Fotos von 1976

Auf der Party, die zur Feier des Abschlusses der Dreharbeiten gegeben wurde, sagte Katherine Hepburn zu Duke, weil sie es so amüsant fand, wie er mit jedem stritt und dabei lautstark wurde: *„Ich bin froh, dass ich Dich noch nicht kannte, als Du noch zwei Lungen hattest. Da musst Du ein richtiger Bastard gewesen sein. Als ich eine Hüfte verloren habe, hat mich das weicher gemacht. Aber bei dir scheint das nicht so zu sein."*

Der Arbeitstitel des Films lautete ROOSTER COGBURN – A MAN OF TRUE GRIT. Bevor Katherine Hepburn engagiert wurde, war auch Loretta Young im Gespräch für die Rolle. Verschiedene Schauspieler wurden für den Part des Schurken Hawk in Betracht gezogen, darunter Brian Keith, Richard Boone, Frederic Forrest, Warren Oates, Mitchell Ryan, Neville Brand, Stuart Whitman und Rip Torn. Man bot den Part zuerst Keith an, der jedoch eine sechsstellige Summe wollte und sich damit selbst aus der Produktion herauskatapultierte. Forrest war der nächste, der aber 40.000 Dollar wollte, was den Produzenten angesichts seines Status auch zuviel war. Darum erhielt Richard Jordan die Gelegenheit, den Schurken zu spielen.

Der Film wurde vom 5. September bis zum 30. Oktober 1974 in Bend, Oregon, den Cascade Mountains, dem Deschutes National Forest und dem Rogue River gedreht. Das Budget betrug knapp über 4,6 Millionen Dollar. Duke bekam davon 750.000 Dollar plus eine Beteiligung. Hepburn wurde hingegen mit „nur" 150.000 Dollar entlohnt.

Schon während der Dreharbeiten sprach Wallis mit Duke darüber, noch ein zweites Sequel mit Rooster Cogburn zu machen. Duke war auch nicht abgeneigt. Und auch Katherine Hepburn signalisierte ihr Interesse. Da der Film an der Kinokasse jedoch nicht so gut aufgenommen wurde, wie das von Wallis erwartet worden ist, wurden alle Pläne für ein weiteres Sequel zu Grabe getragen. Selbst, wenn der Film jedoch ein gigantischer Erfolg gewesen wäre, steht zu bezweifeln, dass es noch einen weiteren Teil gegeben hätte, denn John Waynes Gesundheitszustand verschlechterte sich zusehends.

Deutsche Kinoaushangfotos von 1976

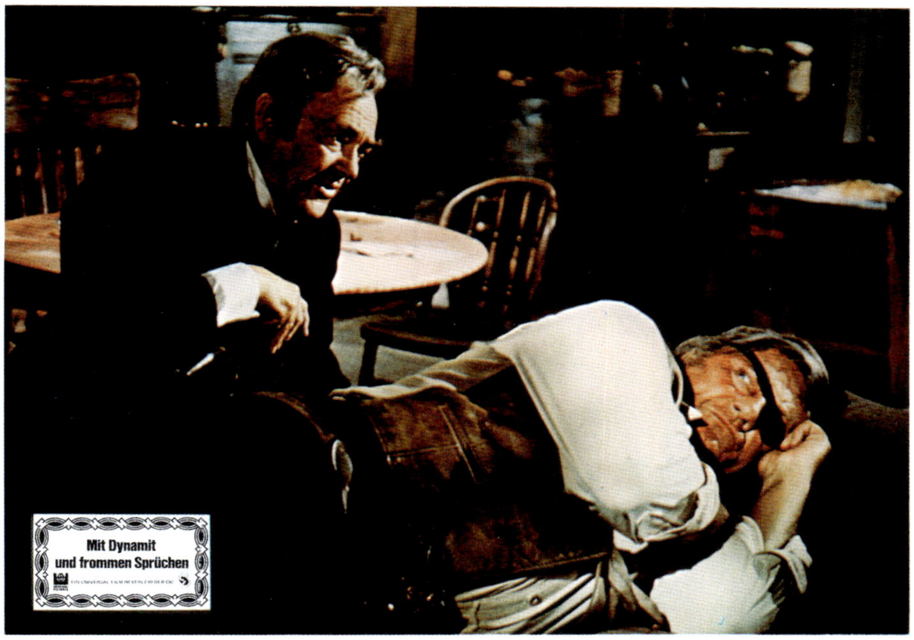

DAS DEUTSCHE WERBEMATERIAL

EA: Erstaufführung | WA: Wiederaufführung

Plakate:
Mit Dynamit und frommen Sprüchen . . . . A1 EA von 1976
Kinoaushangfotos:
16 EA Aushangfotos

John Wayne mit Gewehr und einer Flasche Whiskey. Auch im echten Leben war Duke dem Alkohol nicht abgeneigt.

Mit Dynamit
und frommen Sprüchen
UNIVERSAL PICTURES
EIN UNIVERSAL FILM IM VERLEIH DER CIC
FSK FREIGEGEBEN

A1, Entwurf zum Erstaufführungsplakat von 1977; Grafik: unbekannt

DER SCHARFSCHÜTZE

1976

Originaltitel: . . . . .THE SHOOTIST
Deutsche Alternativtitel: . . . . . .Der Shootist / Der letzte Scharfschütze / The Shootist - Der Scharfschütze
US-Erstaufführung: . . . . .20. August 1976
Dt. Erstaufführung: . . . . .23. September 1977
Laufzeit: .100 Minuten
Regie: . . . . .Don Siegel
Drehbuch: .Miles Hood Swarthout, Scott Hale
Musik: . . . . .Elmer Bernstein
Kamera: . . . . .Bruce Surtees
Schnitt: . . . . .Douglas Stewart
Darsteller:
John Wayne . . . .(J.B. Books)
Lauren Bacall . . . .(Bond Rogers)
Ron Howard . . . .(Gillom Rogers)
James Stewart . . . .(Dr. E.W. Hostetler)
Richard Boone . . . .(Mike Sweeney)
Hugh O'Brian . . . .(Jack Pulford)
Bill McKinney . . . .(Jay Cobb)
Harry Morgan . . . .(Marshal Walter Tibido)
John Carradine . . . .(Hezekiah Beckum)
Sheree North . . . .(Serepta)
Rick Lenz . . . .(Dan Dobkins)
Scatman Crothers . . . .(Moses Brown)

Inhalt:
Scharfschütze J.B. Books ist einer der letzten seiner Art, sein Name eine Legende. Doch der berühmte Revolverheld ist alt geworden. Als er von dem Arzt Dr. Hostetler von seinem unheilbaren Krebsleiden erfährt, hat er nur noch eines im Sinn: Er möchte in Ruhe sterben. Dazu mietet Books ein Zimmer bei der resoluten Witwe Bond Rogers, die ihm anfangs mehr als misstrauisch gegenübersteht. Als sich nach einigen Reibereien endlich Sympathie zwischen den beiden entwickelt, wird Books von seiner Vergangenheit eingeholt: Eine Bande gefürchteter Killer fordert ihn zum Duell. Eine Herausforderung, die er nach langem Ringen mit sich selbst nicht ablehnen kann. So kommt es zum allerletzten Showdown.

THE SHOOTIST sollte der letzte Film werden, in dem John Wayne jemals mitgespielt hat. Er basiert auf einem Roman von Glendon Swarthout und ist der perfekte Abgesang für Duke: Er spielt einen alten krebskranken Revolverhelden, der mit Würde abtreten will. Dabei war er nicht die erste Wahl für das Projekt. Die Produzenten hatten versucht, Paul Newman dafür zu begeistern, sprachen mit George C. Scott und boten es auch Charles Bronson an. Doch nur John Wayne war daran interessiert.

Das Drehbuch wurde von Swarthouts Sohn Miles Hood geschrieben, gefiel aber allen Beteiligten nicht, mit Ausnahme von Produzent Mike Frankovich. Regisseur Don Siegel wollte den Autor Scott Hale mit einbeziehen, wogegen Frankovich war. Doch Duke erklärte, dass er aus dem Projekt aussteigen werde, wenn Siegel nicht den Autor bekam, den er wollte. Bevor Hale jedoch loslegen konnte, musste Swarthout seine Version des Skripts abliefern. Einiges wurde geändert, so auf Wunsch von Duke auch die Tatsache, dass Books fluchen sollte. Obwohl Duke im Privatleben gerne mit Obszönitäten um sich warf, mochte er sie im Film nicht. Nachdem das Drehbuch fertig war und die Dreharbeiten begannen, gab es einige Schwierigkeiten. Duke war erzürnt, dass in der neuen Fassung noch immer die Rede davon war, dass Books an Blasenkrebs sterben sollte. Er fand das nicht mannhaft genug. Und bei den Skriptbesprechungen hatte man sich auf Prostatakrebs geeinigt.

Als Duke während der Dreharbeiten merkte, dass der von ihm gewünschte Still-Photograph David Sutton nicht angeheuert worden war, missfiel ihm das. Er hatte dies mit Frankovich ausgehandelt, der seinen Wunsch ignoriert

THE SHOOTIST war die perfekte Altersrolle für John Wayne. Der Film ist ein Abgesang auf den Western und auf einen seiner größten Helden.

hatte. Nachdem sich Duke auf dem Set jedoch Luft gemacht hatte, heuerte man in Windeseile Sutton an. Für Duke war dies wichtig, denn er kannte und vertraute Sutton. Er wusste, dass dieser Bilder, die sein Image ankratzten, niemals herausgeben würde.

Während der Dreharbeiten versuchte Duke mehrmals, Siegel reinzureden. Er übernahm sogar einmal die kompletten Regieanweisungen und Siegel ließ ihn gewähren, erklärte jedoch am Abend, dass sie an diesem Tag einen halben Drehtag verloren hatten. Duke entschuldigte sich später dafür und gelobte Besserung. Doch sein Temperament ging weiterhin mit ihm durch und so schrie er Kameramann Bruce Surtees an, dass ihn noch nie jemand zuvor so schlecht abgelichtet hätte. Dabei hatte er noch keine Tagesaufnahmen gesehen. Siegel schlug sich auf die Seite von Surtees, schrie Duke an und trug ihm auf, sich noch am selben Tag im Projektionsraum die Dailies anzusehen. Das tat er in Anwesenheit von Surtees, der Blut und Wasser schwitzte. Als Duke die fertigen Aufnahmen gesehen hatte, hatte er Tränen in den Augen, umarmte Surtees und bat ihn um Entschuldigung.

Die Probleme rissen aber nicht ab. Aufgrund des dunklen Make-Up, das Duke trug - eines der wenigen, auf das er nicht allergisch reagierte - sah er auf Aufnahmen sehr viel lebhafter aus als seine Ko-Stars. Man bat ihn, ein anderes Make-Up zu benutzen, aber David Carson versicherte allen, dass dies vergebene Liebesmüh war. Selbst Frankovich sprach mit Duke darüber, erhielt aber zur Antwort nur, dass *„er besser Land gewinnen sollte“.*

Während der Dreharbeiten von THE SHOOTIST war Duke erstaunlich aufbrausend. Es hing wohl damit zusammen, dass er seinen Ärger an jedem ausließ, der gerade greifbar war. Und dieser Ärger gründete sich zumeist auf Dingen, die ihn selbst betrafen. Er war fast 70 Jahre alt und er merkte, dass sein Körper immer mehr nachließ, dass er immer weniger das leisten konnte, was er wollte. Und all das vergällte ihm den Spaß an der Arbeit. Einen Spaß, der für ihn immer die größte Antriebsfeder war. Bei THE SHOOTIST konnte Duke ein letztes Mal mit James Stewart zusammen arbeiten, der seit fünf Jahren in keinem Film mehr mitgewirkt hatte. Stewart hatte zu dem Zeitpunkt schon ein Hörproblem, was die Dreharbeiten schwierig gestaltete, da er ständig seinen Einsatz verpasste. Und Don Siegel musste ihn anschreien, damit er überhaupt etwas verstand, worauf Stewart nur entgegnete: *„Was schreien Sie denn so?“*

DAS DEUTSCHE WERBEMATERIAL

EA: Erstaufführung I WA: Wiederaufführung

Der Scharfschütze I Der Shootist I Der letzte Scharfschütze

Es gibt kein deutschsprachiges Material zu diesem Film.

Nach langer Suche wurde der Entwurf für das deutsche Plakat gefunden, der nie benutzt wurde.
Man nahm in Deutschland das US-Plakat mit dem Titel „The Shootist" und überklebte diesen mit „Der Scharfschütze"

An Aushangfotos wurden die kompletten US Lobby Cards (8 Stück) genommen.

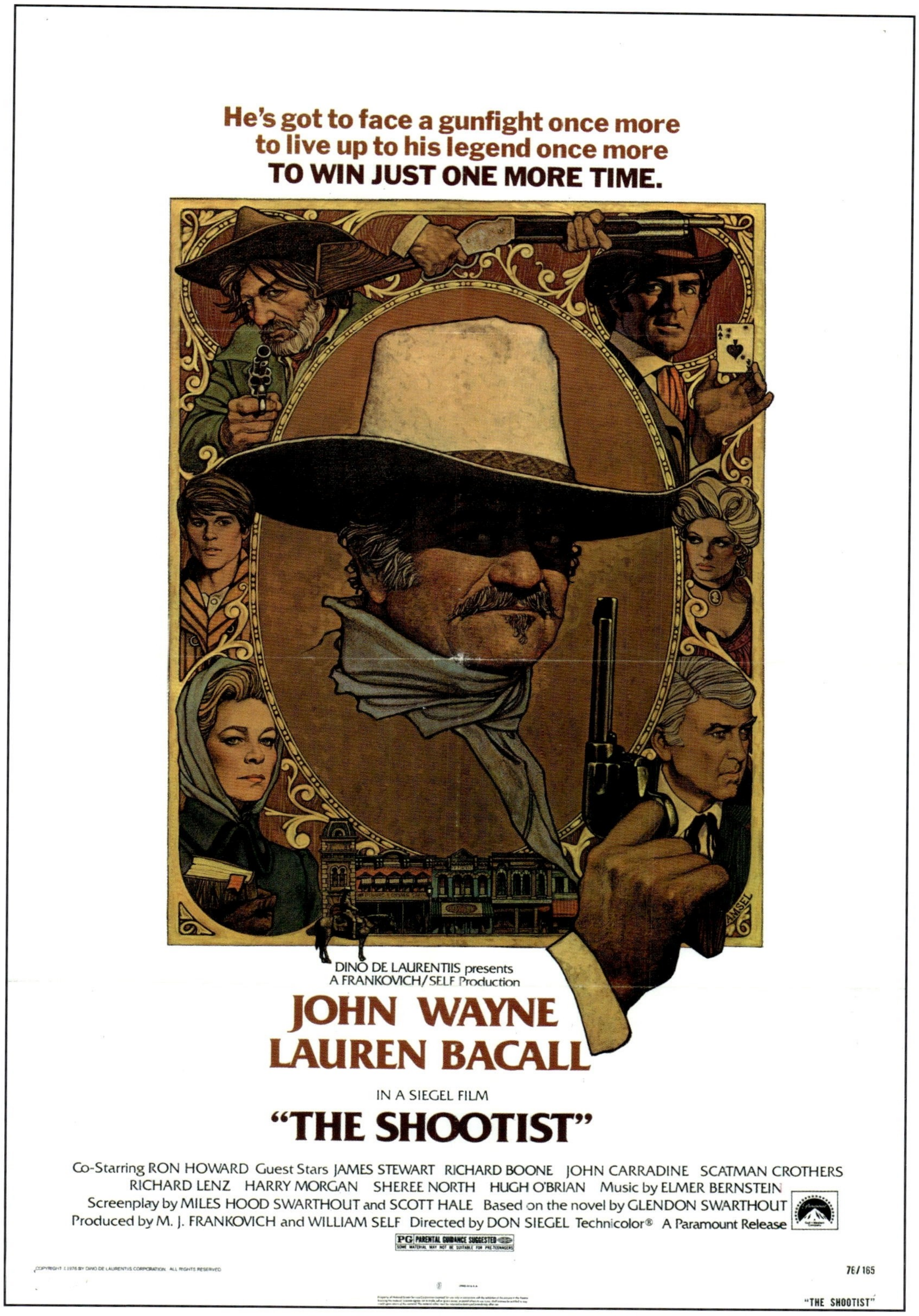

US, Erstaufführungsplakat von 1976; One-Sheet

Eine grandiose Rolle für John Wayne. Er hatte nicht geplant, dass dies sein letzter Film sein sollte, aber es war passend, dass er es war.

Zum Ende der Dreharbeiten wurde Duke krank. Er zog sich eine Ohrinfektion zu, versuchte, sie in drei Tagen auszuheilen und stand wieder am Set, erlitt jedoch einen Rückschlag, weswegen er auf Anordnung des Doktors länger ausfiel. Während Duke außer Gefecht war, musste Siegel jedoch auf Geheiß der Produzenten weiterarbeiten und drehte erst Szenen, für die er Duke nicht brauchte. Er arbeitete mit Doubles und versuchte, so viel Material wie möglich zusammenzustellen, doch ihm fehlte das große Finale, in dem Books den von Ron Howard gespielten Jungen ansieht, der gerade einen Mann erschossen hat. Und hier war eine Großaufnahme vonnöten, da man in Books' Gesicht sehen musste, dass er froh war, dass der Junge nicht auch zu einem Revolverhelden werden würde.
Als Duke wieder am Set erschien, war er irritiert, dass weitergedreht wurde. Siegel erklärte ihm, warum er das tun musste, woraufhin man sich dran machte, die restlichen Szenen in den Kasten zu bringen.

Am Anfang des Films gibt es ein paar Szenen aus RED RIVER, HONDO, RIO BRAVO und EL DORADO zu sehen. Sie sollen illustrieren, wie sich der Gunslinger J.B. Books über die Jahre verändert hat. Sie illustrieren aber auch sehr schön die Karriere von John Wayne.

Die Dreharbeiten zu THE SHOOTIST hatten am 13. Januar begonnen und endeten am 5. April 1976, womit die Produktion einige Tage Verzögerung aufzuweisen hatte. Das Budget für den Film belief sich auf acht Millionen Dollar, das zur Hälfte von Paramount, zur Hälfte von der DeLaurentiis Company aufgebracht worden ist. Duke erhielt 750.000 Dollar Gage und eine Beteiligung. An den US-Kinokassen war der Film kein einschlagender Erfolg. Er erwirtschaftete einen Umsatz von 13 Millionen Dollar, von denen knapp sechs an das Studio gingen. Im Rest der Welt lief der Spätwestern, der von der Kritik gefeiert wurde, jedoch weit besser. Schade, dass niemand daran dachte, den Film, Siegel und Duke für eine Oscar-Nominierung in Betracht zu ziehen – sie alle hätten es verdient.

Es ist letztlich Spekulation, aber es ist wohl anzunehmen, dass John Wayne während der Dreharbeiten zu THE SHOOTIST bewusst gewesen ist, dass dies sein letzter Film ist. Oder zumindest war ihm klar, dass es eine gute Chance gab, nie wieder einen anderen Film zu drehen. Vielleicht ist es auch gut so, dass er keinen weiteren Film mehr machen konnte, denn THE SHOOTIST ist der perfekte Abgesang nicht nur für den klassischen Western, sondern auch für Duke Wayne, der schon zu Lebzeiten eine Legende gewesen ist.

Sammleranfertigung: US-Pressefoto in Deutschland handcoloriert

"THE SHOOTIST"
A Frankovich/Self Production

Technicolor

A Paramount Release

7
Dino De Laurentiis Presents
"THE SHOOTIST"
A Frankovich/Self Production
76/165

6
Dino De Laurentiis Presents
"THE SHOOTIST"
A Frankovich/Self Production
76/165

2
Dino De Laurentiis Presents
"THE SHOOTIST"
A Frankovich/Self Production
76/165

5
Dino De Laurentiis Presents
"THE SHOOTIST"
A Frankovich/Self Production
76/165

4
Property of National Screen Service Corporation. Licensed for use only in connection with the exhibition of this picture at the theatre licensing this material. Licensee agrees not to trade, sell or give it away, or permit others to use it, nor shall licensee be entitled to any credit upon return of this material. This material either must be returned or destroyed immediately after use.
Dino De Laurentiis Presents
"THE SHOOTIST"
A Frankovich/Self Production
76/165
LITHO. IN U.S.A.

1
Property of National Screen Service Corporation. Licensed for use only in connection with the exhibition of this picture at the theatre licensing this material. Licensee agrees not to trade, sell or give it away, or permit others to use it, nor shall licensee be entitled to any credit upon return of this material. This material either must be returned or destroyed immediately after use.
Dino De Laurentiis Presents
"THE SHOOTIST"
A Frankovich/Self Production
76/165
LITHO. IN U.S.A.

8
Property of National Screen Service Corporation. Licensed for use only in connection with the exhibition of this picture at the theatre licensing this material. Licensee agrees not to trade, sell or give it away, or permit others to use it, nor shall licensee be entitled to any credit upon return of this material. This material either must be returned or destroyed immediately after use.
Dino De Laurentiis Presents
"THE SHOOTIST"
A Frankovich/Self Production
76/165
LITHO. IN U.S.A.

Unrealisierte John-Wayne Projekte

Im Lauf seiner Karriere sind John Wayne unzählige Filme angeboten worden, die er aus den unterschiedlichsten Gründen ablehnte. Einige dieser Filme wurden mit anderen Stars realisiert, andere kamen über das Planungsstadium nie hinaus. Die Gründe, sich für oder gegen einen Film zu entscheiden, waren mannigfaltig. Bei Steven Spielbergs 1941- WO BITTE GEHT'S NACH HOLLYWOOD lehnte Wayne den Part von General Stillwell ab, da er den Film für unamerikanisch hielt. Manchmal, wie bei Cecil B. DeMilles DER HELD DER PRÄRIE, sprach Wayne vor und war an der Rolle interessiert, erhielt sie jedoch nicht.

A1, Deutsches Erstaufführungsplakat von 1959; Grafik: Goetze

1931 No Favors Asked *(Fox, unrealisiert)*
1931 Wyoming Wonder *(Fox, unrealisiert)*
1931 The Sky Line *(Fox, unrealisiert)*
1935 Custer's Last Ride *(Republic, unrealisiert)*
1936 The Plainsman / **Der Held der Prärie** (Paramount)
1937 Alcazar *(unrealisiert)*
1938 Sailor on Horseback *(unrealisiert)*
1939 North West Mounted Police / **Die scharlachroten Reiter** (Paramount)
1939 Colorado (Republic)
1939 High Road to Oregon *(Republic, unrealisiert)*
1940 Captain Caution / **Überfall auf die Olive Branch** (Hal Roach Studios)
1940 Life of John Fremont *(United Artists, unrealisiert)*
1940 Wagons Westward *(Republic, unrealisiert)*
1940 Knute Rockne, All American (Warner)
1940 Santa Fe Trail / **Land der Gottlosen** (Warner)
1940 Ceiling Zero a.k.a. International Squadron (Warner)
1941 The Big Bonanza *(Republic, unrealisiert)*
1941 The Vigilantes *(Columbia, unrealisiert)*
1941 True to Form *(Republic, unrealisiert)*
1941 Cheyenne (United Artists, 1947 als „**Schmutzige Dollars**" verfilmt)
1942 Down Mandalay Way *(Republic, unrealisiert)*
1942 The Sky Dragon *(Republic, unrealisiert)*
1943 Dakar *(Republicm, unrealisiert)*
1943 Merchant Marine *(Republic, unrealisiert)*
1944 The Life of Riley *(Columbia, unrealisiert)*
1944 The Tom Mix Story *(Fox, unrealisiert)*
1944 Rickenbacker *(Fox, unrealisiert)*
1945 He Walks Tall *(RKO, unrealisiert)*
1945 In Old Sacramento / **Der Bandit von Sacramento** (Republic)
1945 That Man Malone *(RKO, unrealisiert)*
1945 The Man Who Couldn't Lose *(RKO, unrealisiert)*
1945 Duel in the Sun / **Duell in der Sonne** (RKO)
1947 Saga of Tom Horn *(unrealisiert)*
1947 The Last Outlaw *(United Artists, unrealisiert)*
1948 Outcasts of Poker Flats *(Universal, unrealisiert)*
1948 The Family *(unrealisiert)*
1948 Rawhide (RKO, erst 1951 als „**Zwei in der Falle**" realisiert)
1949 Ghost Mountain (Warner, 1950 als „**Herr der rauen Berge**" realisiert)
1949 The Gunfighter / **Scharfschütze Jimmy Ringo** (Columbia)
1949 All the King's Men / **Der Mann, der herrschen wollte** (Columbia)
1949 The Breaking Point / **Menschenschmuggel** (Warner)
1949 White Native *(RKO, unrealisiert)*
1950 Black Canyon *(RKO, unrealisiert)*
1950 The Long Rider *(unrealisiert)*
1951 Traveler *(Warner, unrealisiert)*
1951 The Way West (erst 1967 als „**Der Weg nach Westen**" realisiert)
1951 Man Enough for Milllie *(Warner, unrealisiert)*

1951 Horse Opera *(Fox, unrealisiert)*
1951 No Place Called Home *(RKO, unrealisiert)*
1951 Smiler with a Gun *(RKO, unrealisiert)*
1951 High Noon / High Noon *(United Artists)*
1952 The Senator *(RKO, unrealisiert)*
1952 Left Hand of God (1955 als „**Die linke Hand Gottes**" realisiert)
1952 African Intrigue *(RKO, unrealisiert)*
1952 Road to Anzio *(RKO, unrealisiert)*
1952 Man's Story *(RKO, unrealisiert)*
1952 Pagoda *(RKO, unrealisiert)*
1952 High Iron *(MGM, unrealisiert)*
1952 American Eagle *(Republic, unrealisiert)*
1953 Garden of Evil / **Der Garten des Bösen** (Fox)
1954 The Tall Men / **Drei Rivalen** (Fox)
1954 The Silver Horde *(RKO, unrealisiert)*
1955 Joseph and his Brethren *(MGM, unrealisiert)*
1955 The Long Wire *(RKO, unrealisiert)*
1955 The Burning Hills / **Horizont in Flammen** (Warner)
1955 Man of the West (Warner, 1958 als „**Der Mann aus dem Westen**" realisiert)
1955 Hurricane Reef *(Warner, unrealisiert)*
1956 Unchained *(Fox, unrealisiert)*
1956 The Sun Also Rises / **Zwischen Madrid und Paris** (Fox)
1956 Adam and Eve *(Fox, unrealisiert)*
1956 Tigrero *(Fox, unrealisiert)*
1956 Around the World in 80 Days / **In 80 Tagen um die Welt** (Warner)
1956 The Judge and the Hangman *(Columbia, unrealisiert)*
1956 The Enemy Below / **Duell im Atlantik** (Fox)
1957 China Gate / **China Legionär** (Batjac)
1957 Stopover Tokyo *(Fox, unrealisiert)*
1957 Sgt. Pike of the Texas Rangers *(Batjac, unrealisiert)*
1957 Pakistan *(RKO, unrealisiert)*
1957 Galveston *(RKO, unrealisiert)*
1957 Heaven Knows, Mr. Allison / **Der Seemann und die Nonne** (Fox)
1958 The Big Red One (1979 als „**The Big Red One**" realisiert)
1958 Ten North Frederick / **Ein Mann in den besten Jahren**
1958 Yellowstone Kelly / **Man nannte ihn Kelly** (Warner)
1959 Bon Voyage *(7 Arts, unrealisiert)*
1959 Sundown at Crazy Horse *(7 Arts, unrealisiert)*
1959 The Fifty-Niners *(Batjac, unrealisiert)*
1960 The White Company *(unrealisiert)*
1960 Sammy Goes South *(Batjac, unrealisiert)*
1961 The Yukon Trail *(Paramount, unrealisiert)*
1961 Big River, Big Man *(Fox, unrealisiert)*
1962 Mister Moses / **Südlich vom Pangani Fluss** (United Artists)
1962 Nightrunners of Bengal *(Paramount, unrealisiert)*
1964 Mr. Gus *(Paramount, unrealisiert)*
1965 Annie Get Your Gun *(unrealisiert)*
1965 The Dirty Dozen / **Das dreckige Dutzend** (MGM)
1965 April Morning *(unrealisiert)*
1966 The Unvanquished *(Paramount, unrealisiert)*
1966 Battleship *(Paramount, unrealisiert)*
1967 Good Guys and Bad Guys / **Die Letzten vom Red River**
1967 O.S.S. *(unrealisiert)*
1967 Yours, Mine and Ours / **Deine, meine, unsere**
1968 Patton / **Patton** (Fox)
1971 Dirty Harry / **Dirty Harry** (Warner)
1972 Leahy *(unrealisiert)*
1973 Candy's Man *(unrealisiert)*
1975 Midway / **Schlacht um Midway** (Universal)
1976 Someday *(Universal, „Rooster Cogburn"-Sequel, unrealisiert)*
1976 Streets of Laredo *(unrealisiert)*
1977 MacArthur / **MacArthur - Held des Pazifik** (Universal)
1978 The Betsy / **Der Clan**
1978 Trinity *(unrealisiert)*
1979 1941 / **1941 - Wo bitte geht's nach Hollywood** (Universal)
1979 Cattle Annie and Little Britches / **Zwei Mädchen und die Doolin-Bande** (Universal)
1979 Heaven's Gate / **Heaven's Gate** (United Artists)
1979 Beau John *(Batjac, unrealisiert)*

A1, Deutsches Erstaufführungsplakat von 1957; Grafik: Williams

Einige Filme wie Samuel Fullers CHINA LEGIONÄR wurden ohne Mitwirkung von John Wayne realisiert. Andere Filme starben, da Wayne sich nicht bereiterklärte, in ihnen mitzuwirken.

Im Verleihkatalog der Warner von 1955/56 wurde u.a. angekündigt (wörtlich): John Wayne, amerikanischer Kassenmagnet Nr. 1 des Jahres 1954, wird die Hauptrolle in einem weiteren großen CinemaScope-Film mit dem Titel „Adam und Eva" übernehmen. Die Regie führt Leo McCarey.

A1 quer, Deutsches Erstaufführungsplakat von 1957; Grafik: Schubert

Robert Mitchum übernahm in DER SEEMANN UND DIE NONNE die Rolle, die man John Wayne angeboten hatte.

A
Aaker, Lee 241
Abel, Walter 237
Acosta, Rodolfo 241
Adams, Dorothy 57
Adams, Julie 583
Adams, Stanley 349
Adler, Luther 167, 489
Agar, John 137, 138, 179, 180, 187, 189, 543, 551, 561
Aguilar, Tony 543
Ahn, Philip 111
Akins, Claude 253, 254, 313, 315, 456
Albert, Eddie 395, 583
Alex,Havier, 111
Alexander, Jeff 287
Allbritton, Louise 84
Allen, Elizabeth 91, 427, 428
Allen, Fred 125
Allman, Sheldon 477
Ames, Leon 121
Anderson Jr., Michael 455, 477, 480
Anderson, Judith 135
Ando, Eiko 305, 308
Andrews, Dana 463
Anka, Paul 395
Annakin, Ken 395
Ann-Margret 573, 575
Ansara, Michael 361
Antheil, Leslie 173
Anthony, Stuart 57
Ardrey, Robert 87
Armendáriz, Pedro 137, 159, 269
Armstrong, R.G. 495
Arness, James 231, 237, 241, 253, 385
Arnt, Charles 85
Arruza, Carlos 335
Arthur, Jean 87
Askew, Luke 519
Asner, Edward 495, 497
Attenborough, Richard 587, 588
Atterbury, Malcolm 313
Auer, John H. 54
Auer, Mischa 51
August, Joseph H. 121
Avalon, Frankie 335
Ayars, Anne 85

B
Bacall, Lauren 14, 261, 262, 263, 599
Bacon, Irving 91
Baker, Carroll 413, 425, 455
Balin, Ina 361, 363, 455
Ballard, Lucien 303, 477, 537
Bancroft, George 27, 33
Bardette, Trevor 39
Barker Jr., Alfred 567
Barnes, Binnie 77
Barnes, Joanna 509
Barnes, Rayford 241, 579
Barrat, Robert 37
Barrault, Jean-Louis 395
Barrett, Edith 59
Barrett, James Lee 455, 519, 521, 543
Barthelmess, Richard 67
Barton, James 57
Barton, Joan 129
Barzman, Ben 111, 112
Bassermann, Albert 85
Batanides, Arthur 587
Bates, Bert 297, 489
Bauchens, Anne 61
Baylor, Hal 231, 237
Beauvy, Nicolas 567
Beavers, Louise 61
Beery Jr., Noah 147
Beetley, Samuel E. 395
Bell, James 205
Bellah, James Warner 179, 193, 253 373
Benedict, Steve 567
Bennett, Charles 61
Bennett, Ray 67
Berger, Senta 489, 493
Bernstein, Elmer 361, 477, 489, 537, 561, 579, 583 599
Bettger, Lyle 253
Beymer, Richard 395
Biberman, Abner 111
Bickford, Charles 61
Biggs, Douglass 121
Binyon, Claude 349
Birch, Paul 373
Biroc, Joseph F. 579
Bishop, Julie 187, 247
Blackmer, Sidney 91, 247
Blain, Gérard 383
Blakeney, Olive 125
Blangsted, Folmar 313, 529
Blech, Hans Christian 395
Blondell, Joan 59
Bodine, Norbert 59
Bond, Ward 54, 57, 101, 121, 125, 137, 138, 140, 159, 203 219, 220, 237, 241, 242, 277, 279, 287, 288, 289, 313, 315, 413
Bondi, Beulah 57, 111
Bonne 60
Boone, Pat 455, 456
Boone, Richard 335, 339, 561, 562, 594, 599
Booth, James 587
Borg, Veda Ann 231, 335, 340
Borowsky, Marvin 85
Botjagin 38, 76, 80, 92, 124, 186
Bouchet, Barbara 463, 465
Bouchey, Willis 323, 373
Bourgoin, Jean 395
Brackett, Leigh 313, 383, 495, 555
Bradford, William 93
Bradley, Leslie 269
Brand, Neville 579, 594
Brandon, Henry 277
Braun 43, 200, 299, 511, 401, 528
Brazzi, Rossano 297, 301
Brennan, Walter 125, 147, 149, 413, 419, 497
Brennan, Walter 313
Brian, David 247
Brissac, Virginia 203
Bromberg, J. Edward 85
Brown, Harry 167, 187, 188, 497
Brown, James 187
Browne, Roscoe Lee 567
Bryant, William 583
Brynner, Yul 270, 439
Buchanan, Edgar 331, 427, 435
Buono, Victor 455
Bupp, Sonny 43
Burgess, Dorothy 59
Burks, Robert 241
Burton, Richard 395, 456, 539
Butler, Michael 587
Büttner, Wolfgang 395
Buttolph, David 59, 77, 323
Buttons, Red 383, 335, 395
Butts, R. Dale 109

C
Caan, James 495, 497
Cabot, Bruce 37, 129, 361, 383, 435, 463, 509, 519, 529, 543, 551, 561
Calleia, Joseph 335
Campbell, Glen 537, 538, 539
Campbell, William 203
Canutt, Yakima 12, 17, 18, 40, 125, 278, 314, 343
Capucine 349, 350, 351, 355
Carbonara, Gerard 27, 57
Cardiff, Jack 297
Cardinale, Claudia 443, 445
Carey Jr., Harry 147, 159, 161, 179, 193, 194, 237, 277, 280, 313, 315, 543, 561, 562, 579
Carey, Harry 4, 57, 58, 67, 68, 129, 147, 159, 160, 161, 179 180, 193, 194, 237, 243, 277, 280, 313, 315, 543, 561, 562, 579
Carey, Michele 495
Carey, Olive 277, 335, 340
Carey, Philip 203
Caroll, John 81
Carradine, John 27, 85, 373, 599
Carradine, Robert 567
Carter, Janis 205
Caspary, Vera 55
Cassell, Wally 187, 237
Chan, George 261
Chang, W.T. 261
Chaplin, Prescott 109
Charters, Spencer 43
Chase, Borden 93, 135 147
Churchill, Berton 27
Clark, Cliff 203
Clark, Wallis 37
Clarke, Charles G. 305
Clarke, Mae 81
Cleveland, George 67
Clift, Montgomery 147, 148, 149, 469
Clothier, William H. 249, 253, 261, 293, 323, 335, 338, 340, 361, 373, 427, 435, 509, 529, 537, 543, 551, 555, 561, 573
Cobb, Lee J. 413
Coburn, Charles 43, 235
Coe, Peter 187
Colbert, Claudette 3, 4, 62, 127
Coleman, Charles 84
Collier, Don 509
Collins, Anthony 37
Colvin, Jack 593
Connelly, Marc 85
Connery, Sean 395
Connors, Chuck 235
Connors, Mike 237, 238
Conrad, William 269, 551
Conried, Hans 85, 231, 293
Conte, Richard 443, 455
Coogan, Jackie 579
Cooke, Malcolm 587
Corbett, Glenn 551, 561
Corey, Jeff 167, 537
Coy, Walter 277
Craft, Charles 54
Craven, Frank 84
Crawford, Broderick 51, 187
Crawford, Joan 85
Crawford, Johnny 495
Cristal, Linda 335, 340
Crone, George 37
Crosland Jr., Alan 203
Crothers, Scatman 599
Crowe, Eileen 219
Cunningham, Cecil 91
Curtis, Donald 121
Curtis, Ken 277, 287, 323, 326, 335, 340
Curtiz, Michael 4, 5, 235, 361, 363

D
Da Silva, Howard 85
Dailey, Dan 287
Dalio, Marcel 427
Daniell, Henry 85, 167, 361
Daniels, William H. 413
Dano, Royal 579
Dantes, Hans 443
Danton, Ray 395
Darby, Kim 537, 538, 539
Darwell, Jane 159
Dassin, Jules 85
Davalos, Richard 253
Davis, Jim 555
Dawn, Isabel 54, 59
Dawson, Ralph 237, 241, 247
Day, Laraine 135, 247
Day, Lynda 551
De Carlo, Yvonne 435
De Corsia, Ted 269
De Grasse, Robert 84, 101, 109
De Vargas, Valentin 383
De Vol, Frank 435
De Wilde, Brandon 463
Dee, Frances 54
DeFore, Don 127
DeGaw, Boyce 59
Degen 152, 336, 434, 437, 462, 465, 476, 481, 488, 491
Dekker, Albert 51, 77, 90, 91
Del, Henney 587
DeMille, Cecil B. 4, 19, 61, 115
Dennen, Barry 587
Dennis, Hoey 167
Denny, Reginald 51
Dern, Bruce 5, 509, 567, 568, 569
Deuel, Geoffrey 551
Devine, Andy 27, 237, 373
Devon, Richard 361
Dewhurst, Colleen 567, 583
Diaz, Rudy 529, 543
Dickinson, Angie 303, 313, 315, 489
Dierkes, John 335
Dietrich, Marlene 4, 51, 67, 68, 74, 84, 85
Dill, Klaus 75, 353, 375, 560
Dixon, Lee 129
Dmytryk, Edward 4, 14, 111
Dobson, James 205
Donald, James 489
Donlevy, Brian 37
Donner, Robert 495, 543, 551, 555
Dorn, Philip 85, 173
Dors, Diana 303
Dosamantes, Susana 555
Doucette, John 477, 537, 561
Douglas, Don 101
Douglas, Kirk 5, 385, 463, 464, 489, 490, 493, 509
Douglas, Michael 489, 490
Down, Lesley-Anne 587
Doyle, Frank 135
Drake, Dona 127
Dru, Joanne 147, 148, 179
Dugan, Jim 237
Dugan, Michael 179
Dunham, Joanna 455
Dunlap, Paul 231
Duvall, Robert 537, 539
Dvorak, Ann 109
Dwan, Allan 187, 189

E
Ekberg, Anita 261
Elam, Jack 361
Elam, Jack 555
Ellis, Edward 54
Endore, Guy 55
Engelmann, Heinz 385
English, Richard 231
Enright, Ray 67
Erickson, Leif 235
Essex, Harry 477
Evans, Dale 91
Evans, Gene 509

F
Fabian 349, 355
Fadden, Tom 57, 87
Farnsworth, Richard 567
Farnum, William 67, 68
Farrar, David 253
Farrow, John 241, 242, 253
Faulkner, Edward 519, 529, 543, 551, 555
Fay, Marston 111
Fenady, Andrew J. 551
Fenton, Frank 287
Ferrer, José 455
Ferrer, Mel 395, 587
Fiedler, John 537
Field, Betty 57
Field, Mary 87
Fink, Harry Julian 561, 573
Fink, Rita M. 561, 579
Fischer-Nosbusch 35
Fisher, Gerry 587
Fitzgerald, Barry 45, 219
Fitzsimons, Charles B. 219
Fix, Paul 84, 91, 93, 101, 109, 111, 113, 125, 135, 147, 167, 173, 194, 237, 241, 243, 247, 253, 261, 293, 477, 480, 495, 543, 579
Fleischman, Albert Sidney 261
Flippen, Jay C. 205, 207, 293, 529
Fonda, Henry 137, 138, 139, 395, 413, 463, 475
Fong, Frances 529
Foran, Dick 137
Forbes, Scott 203
Ford, Francis 179, 219
Ford, John 4, 5, 11, 13, 14, 27, 31, 32, 45, 47, 58, 121, 137, 139, 140, 147, 148, 149, 159, 160, 179, 181, 189, 193, 194, 195, 196, 198, 219, 221, 224, 242, 243, 277, 279, 280, 287, 288, 289, 301, 323, 324, 325, 326, 338, 343, 373, 374, 413, 414, 419, 427, 435, 475, †538, 579
Ford, Robert 269
Ford, Wallace 54
Forrest, Steve 395
Forrest, William 93
Fowler, Hugh S. 463
Frank Jr, Harriet 567
Franquelli, Fely 111
Franz, Arthur 187
Franz, Eduard 167, 383
Frawley, Willam 93
Frawley, William 109
Freeman, Kathleen 349
French, Victor 555
Friedhofer, Hugo 241, 305
Fröbe, Gert 395
Frontiere, Dominic 551, 587
Furthman, Jules 293, 313

G
Gabriel, Roman 543
Gamet, Kenneth 81, 84, 167
Gann, Ernest K. 237, 247
GardnerAva 85
Garmes, Lee 173
Garnett, Tay 51
Gatlin, Jerry 573, 593
Geeson, Judy 587
Genn, Leo 395
George, Christopher 495, 497, 551, 573
Gerstad, Harry W. 509, 561
Giallelis, Stathis 489
Gibson, Althea 323
Gibson, Edmund Richard 323, 326
Gibson, Hoot 323, 326
Gilbert, Billy 51
Gilmore, Lowell 253
Gilmore, Stuart 305, 335, 340, 383
Girardon, Michèle 383
Givney, Kathryn 203
Glennon, Bert 27, 193, 203, 573
Glickman, Mort 109
Gobel, George 303
Goddard, Paulette 61
Goetze, Rolf 42, 65, 118, 128, 190, 191, 206, 209, 260, 276, 283, 284, 296, 312, 317, 327, 334, 372, 382, 387, 389, 508, 518, 521
Goldbeck, Willis 373
Goldsmith, Jerry 463, 555
Gomez, Thomas 84, 269
Gonzalez, Pedro 247, 313
Gordon, Leo 241, 269
Graham, Fred 179, 343
Granach, Alexander 54
Granger, Stewart 5, 349, 351, 352
Grant, James Edward 4, 14, 129, 187, 188, 205, 273, 231, 235, 241, 270, 335, 361, 427, 435, 443
Grant, Stephen 129
Gray, Coleen 147
Grayson, Charles 305
Greene, W. Howard 57, 135
Greer, Dabbs 235
Gregory, James 477
Grey, Virginia 109
Griffin, Eleanor 91
Griggs, Loyal 455, 456, 463
Grimes, Gary 579
Grimes, Karolyn 193
Großgarten, Michael 2
Grübel 158
Gulager, Clu 583
Gurie, Sigrid 43

H
Haade, William 84
Haas, Hugo 125, 173
Hageman, Richard 45, 129, 137, 159, 179
Hagman, Larry 463
Haines, William Wister 287
Hairston, Jester 335
Hale Jr., Alan 253
Hale, Scott 599
Hall, Porter 39
Hall, Thurston 127
Halloran, John 129
Halton, Charles 159
Hamilton, John F. 37
Hampden, Walter 61
Hardwicke, Cedric 37, 135
Hardy, Oliver 4, 173, 174
Harlan, Russell 147, 313, 383
Harline, Leigh 135
Harrigan, William 205
Harris, Phil 247
Hartmann, Paul 395, 407
Harvey, Laurence 335, 338
Harzer 66
Hashim, Edmund 529
Hathaway, Henry 4, 5, 14, 57, 87, 189, 297, 301, 349, 413, 414, 419, 435, 443, 444, 477, 479, 537, 593
Hawks, Howard 4, 5, 16, 17, 31, 33, 147, 149, 151, 155, 189, 194, 262, 301, 313, 383, 385, 495, 497, 555, 556
Haworth, Jill 463
Hayes, George 'Gabby' 39, 91, 101
Hayward, Susan 61, 93, 253, 269, 271
Hayworth, Rita 443, 444, 445, 451
Hazard, Lawrence 67, 125
Hecht, Ben 27, 297, 443, 444
Heflin, Van 455
Helmore, Tom 235
Henry, Mike 555
Hepburn, Katharine 62, 593, 594
Herbert, F. Hugh 39, 43
Heston, Charlton 298, 337, 455, 456, 459
Hickox, Douglas 587
Hicks, Russell 109
Hildyard, Jack 443, 444
Hill, Ethel 91
Hinds, Samuel S. 67, 84
Hinz, Werner 395, 407
Hoagland, Ellsworth 57
Hoch, Winton C. 159, 179, 181, 182, 219, 224, 277, 293, 519
Hogan, Michael 55, 101
Holden, James 187
Holden, William 323, 325, 397
Holliman, Earl 477
Holloway, Stanley 463
Holt, Charlene 495
Holt, Jack 121, 122
Holt, Tim 27
Homolka, Oskar 51
Hong, James 261
Hood Swarthout, Miles 599
Hopper, Dennis 477, 480, 537
Hordern, Michael 489
Houser, Lionel 39
Howard, John 173
Howard, Ron 599, 601
Howard, Shemp 84
Howell, Norman 567
Howland, Olin 129
Hoyt, John 269
Hubbard, John 231
Huber, Harold 54
Huddleston, David 555, 583
Hudis, Stephen R. 567
Hudson, Rock 5, 543, 544, 548
Huffaker, Clair 361, 509, 529
Hull, Frank E. 121
Hunnicutt, Arthur 495, 497
Hunter, Ian 45
Hunter, Jeffrey 277, 279, 280, 395
Hunter, Tab 253
Hurst, Paul 129
Huston, John 5, 16, 305, 306, 307
Hutton, Jim 519, 529
Hyer, Martha 477, 593
Hyland, Frances 77

I
„it“ 202, 240
Ichikawa, Kodaya 305
Ireland, John 147, 148, 149
Irish, Tom 241

J
Jackson, Gordon 489
Jackson, Sherry 235
Jaeckel, Richard 187, 551
Jaffe, Sam 305, 306
Janssen, David 519, 522
Jara, Maurice 205
Jarman Jr., Claude 193
Jarre, Maurice 395
Jason, Leigh 59
Jason, Peter 555
Jennings, William Dale 567
John, Karl 395
Johnson, Ben 179, 180, 193, 194, 543, 551, 573
Jones, Carolyn 413
Jones, Gordon 81, 231, 237
Jones, Grover 39, 57
Jones, Stan 323
Jordan, Richard 593, 594
Joslyn, Allyn 237
Jürgens, Curd 395, 407

K
Kane, Joseph 109, 125
Kanter, Hal 303
Kaper, Bronislau 293
Kasznar, Kurt 297
Kath, Katherine 443
Keel, Howard 509
Keller, Harry 129
Kelley, Barry 287
Kellogg, Ray 519, 521
Kelly, Patsy 77
Kelly, Paul 81, 247
Kelly, Sean 567
Kennedy, Burt 509, 573
Kennedy, Edgar 77
Kennedy, Fred 193, 326
Kennedy, George 463, 477, 579
Kent, Ted J. 51
Keys, Robert 231, 237, 247
Kibbee, Guy 137, 159
Kim, Joy 261
King, Brett 205
Kinskey, Leonid 59, 93
Knowles, Patric 551
Knox, Alexander 395
Kolster, Clarence 67
Koslo, Paul 593
Kovacs, Ernie 349, 356
Krasner, Milton 67
Krasner, Milton R. 127, 413
Krede 178
Kress, Harold F. 413, 455
Kroeger, Berry 261
Krüger, Hardy 16, 17, 383, 385, 386
Kruschen, Jack 435
Kumpf 204

L
Lamour, Dorothy 427
Landau, Martin 455
Landau, Richard H. 111
Landis, Jessie Royce 303
Landres, Paul 84
Lang, Charles 57, 413
Lange, Arthur 231
Langton, Paul 121
Lanning, Reggie 167, 187
Lansbury, Angela 455
Lansing, Sherry 555
LaShelle, Joseph 269, 413
Lasky Jr., Jesse 61
Lavagnino, A.F. 297
Lawford, Peter 395, 407, 480
Lawson, Wilfrid 37, 45
Ledoux, Fernand 395
Lee, Alan 253
Lee, Anna 51, 81, 137, 323
Leigh, Janet 293, 294, 295
LeMay, Alan 61, 277
Lenard, Mark 455
Lenz, Rick 599
LeRoy, Mervin 519, 520
LeRoy, Mervyn 127
Lettieri, Al 583
Lewis, Bill 435
Lindsay, Margaret 67
Loeffler, Louis R. 361
Loggia, Robert 455
Long, Audrey 101
Loo, Richard 111
Lopez, Perry 435
Loren, Sophia 297, 301, 351
Lormer, Jon 593
Love, Montagu 59
Lovering, Otho 27, 373, 427, 435, 519
Low, Warren 477, 537
Lowe, Edmund 287
Lowery, Robert 435
Ludwig, Edward 93, 167, 231
Lukschy, Wolfgang 385
Lustig, Jan 85
Lydon, Jimmy 237
Lynn, Emmett 77
Lynne, Eve 109
Lyons, Cliff 160, 253, 278, 340, 343, 363

M
MacDonald, Edmund 81
MacDonald, J. Farrell 39
MacDowell, Fred 261
MacGowran, Jack 219
MacKellar, Helen 39
MacKenzie, Aeneas 93
Mahin, John Lee 323, 349
Main, Marjorie 39, 57
Malden, Karl 413, 419, 469
Malleson, Miles 443
Malouf, Jacqueline 427
Mamakos, Peter 269
Mancini, Henry 383
Mann, Edward 55
Mara, Adele 167, 187
March, Joseph Moncure 43
Marin, Edwin L. 101
Marker, Harry 293
Marks, Owen 235
Marquand, Christian 395
Marquis, Arnold 385
Marsh, Mae 159, 173
Marshall, George 413, 414, 419
Marstella, Kennie 269
Marta, Jack A. 39, 54, 55, 77, 81, 91, 125
Martin, Dean 5, 149, 313, 315, 320, 477, 479, 480, 498
Martin, Philip 101
Martin, Strother 323, 373, 435, 477, 537, 593
Martinelli, Elsa 383
Martinez, A 567, 569
Marton, Andrew 395
Marvin, Lee 361, 363, 373, 385, 427, 430
Mascii 315
Massey, Raymond 61, 413
Maté, Rudolph 51
Matthews, Lester 235
Mayes, Wendell 463
Mazurki, Mike 125, 343, 427
Mazurki, Mike 261
McAdam, Michael R. 293
McCallum, David 455
McCargo, Marian 543
McClory, Sean 219, 237, 238
McDowall, Roddy 395, 455
McGann, William C. 77
McGivern, William P. 587
McGuinness, James Kevin 193
McGuire, Dorothy 455
McIntire, John 593
McKinney, Bill 599
McLaglen, Andrew V. 245, 435, 436, 529, 543, 551, 579
McLaglen, Victor 137, 179, 193, 194, 219, 222, 436
Meehan, John 51
Meek, Donald 27
Meeker, Ralph 587
Mellor, William C. 455, 456
Menjou, Adolphe 303
Meschel 465
Meredith, Burgess 57, 463
Merivale, Philip 59
Meriwether, Lee 543
Middleton, Ray 55, 59
Miles, Vera 277, 279, 373, 522, 529, 530
Milland, Ray 14, 61, 62
Millar, Stuart 593
Millard, Oscar 269
Miller, David 81
Milner, Martin 203
Milner, Victor 61
Mineo, Sal 395, 455
Mitchell, Cameron 121
Mitchell, Thomas 27, 45
Mitchum, Christopher 551, 555, 561, 562
Mitchum, James 463
Mitchum, John 551
Mitchum, Robert 261, 395, 400, 495, 497, 498, 500, 501, 538
Mockridge, Cyril 427
Mockridge, Cyril J. 303, 373
Montalban, Ricardo 573
Montenegro, Hugo 543
Montgomery, Robert 121, 122, 123
Moore, William M. 293
Moorehead, Agnes 85, 269, 413
Moreno, Antonio 277
Morgan, Harry 413, 599
Morgan, William 39
Morrison, Marion Robert 19
Moser, Sonia 297
Mosley, Roger E. 583
Muldaur, Diana 583, 585
Mulligan, Richard 543
Munson, Ona 54, 55, 125
Murray, Jack 137, 159, 179, 193, 219, 231, 277, 323
Murray, Ken 373
Musuraca, Nicholas 37, 111
Myers, Carmel 59
Myrtil, Odette 173

N
Naish, J. Carrol 193
Napier, Alan 231
Natwick, Mildred 45, 159, 179, 219
Neal, Patricia 203, 463, 464, 469
Neal, Tom 81
Needham, Hal 509
Nelson, Ricky 313, 315
Newman, Alfred 413, 414, 419, 455
Newman, Emil 231, 237
Newman, Lionel 349
Newman, Melissa 543
Newton, Robert 247
Nichols, Dudley 27, 45
Nims, Ernest J. 59, 81, 91
Noel, Hattie 59
Nolan, Jeanette 373
Nolan, Lloyd 28, 237, 443
Noland, Valora 509
North, Sheree 599
Norton, Jack 109
Norton, William W. 587
Nozinski 105, 515
Nugent, Frank S. 137, 159, 179, 219, 222, 277, 427
Nyby, Christian 147

O
O'Neill, J. Frank 455
O'Brien, Clay 567, 579
O'Brien, Sam 567
O'Neill, Henry 287
O'Neill, Howard 77
O'Brian, Hugh 599
O'Brien, Edmond 373, 395
O'Brien, George 137, 179, 180
O'Brien, Joan 335, 361
O'Driscoll, Martha 61
O'Hara, James 219
O'Hara, Maureen 5, 16, 135, 193, 195, 196, 219, 220, 221, 224, 287, 288, 289, 291, 315, 428, 435, 561, 562
O'Keefe, Dennis 93
Olsen, Merlin 543
Olsen, Moroni 37, 85
Olson, Nancy 231
O'Neal, Patrick 463
O'Neill, Jennifer 555
Ornitz, Samuel 43
Ortiz, Peter 193
Overman, Lynne 57, 61
Owen, Reginald 85

P
Padilla, Ruben 335
Page, Geraldine 241, 243, 245
Parker, Fess 237, 238
Parrish, Helen 77
Parsons, Louella 127
Paryzek 83
Pate, Michael 241
Paull, Morgan 579
Peck, Gregory 413
Peltzer 64, 110, 377, 426, 494, 496, 499, 536, 592
Pendleton, Steve 193
Pennick, Jack 55, 173, 203
Peppard, George 413
Persoff, Nehemiah 361
Picerni, Paul 203
Pickens, Slim 567
Pidgeon, Walter 39, 40
Pilon, Daniel 587
Planck, Robert H. 85
Platt, Louise 27
Pleasance, Donald 455
Pleason, James 135
Poitier, Sidney 455, 456
Portaluri, Angela 297
Powell, Dick 16, 59, 269
Powers, Stefanie 435
Powers, Tom 129
Pratt, Judson 323
Preiss, Wolfgang 395
Preminger, Otto 463, 464, 469
Prentiss, Paula 463
Preston, Robert 57, 61, 413
Prine, Andrew 551
Puglia, Frank 101, 127
Purcell, Dick 77
Purcell, Gertrude 77
Pyle, Denver 579

Q
Qualen, John 45, 57, 253, 277, 373
Quillan, Eddie 37
Quinn, Anthony 111, 115, 135

R
Rackin, Martin 323, 349
Raimund, Gary 455
Raines, Ella 101
Rains, Claude 455
Ralston, Vera 125, 173, 174, 176
Rambeau, Marjorie 91
Ravetch, Irving 567
Ray, Aldo 519
Ray, Nicholas 205, 207, 208
Redman, Frank 87
Reed, Donna 121, 122, 235
Reed, Tom 67, 84
Rehak 542, 550, 566
Reynolds, Debbie 413
Reynolds, Walter 27
Rich, Irene 129, 137
Richards, Addison 81
Riddle, Nelson 495
Risdon, Elisabeth 61, 101
Rivas, Carlos 537
Rivero, Jorge 555
Robbins, James 305
Rober, Richard 293
Roberson, Chuck 174, 476, 519
Roberts, Marguerite 537, 539
Rodriguez, Estelita 313
Rogell, Albert S. 91
Rogers, Roy 14, 39, 40
Roman, Lawrence 583
Romero, Cesar 427, 428
Rose, Jack 235
Rosenman, Leonard 529
Rosenthal, Laurence 593
Ross, Katharine 529, 530
Rosson, Harold 495
Rózsa, Miklós 519
Ruggiero, Gene 287, 489
Ruggiero, Jack 127
Russell, Bing 323
Russell, Gail 15, 129, 131, 167, 315
Russell, John 313
Rütters 120, 286
Ryan, Cornelius 395
Ryan, Robert 205, 206, 207, 208, 395
Rydell, Mark 567, 568
Ryder, Alfred 537

S
Salter, H.J. 67, 84
Salter, Hans J. 51
Sanders, George 37
Sanford, Erskine 167
Santillo, Frank 573
Savalas, Telly 455, 456
Sawyer, Joe 39
Sawyer, Joseph 45
Scharf, Walter 91 93
Schildkraut, Joseph 109, 455
Schnee, Charles 147
Schönherr, Dietmar 395
Schubert 348, 362, 394, 401, 442, 445
Schulz-Neudamm 100, 131
Scott, Martha 91
Scott, Nathan 167
Scott, Randolph 4, 67, 68, 74, 84, 85, 129
Segal, George 395
Seiler, Lewis 84
Seiter, William A. 37, 87
Shamroy, Leon 349
Shannon, Harry 77
Shaughnessy, Mickey 349
Shavelson, Melville 235, 489
Sherman, George 22, 82, 361, 561
Shields, Arthur 179, 219
Shirley, Bill 81
Siegel, Don 19, 599, 600
Silvers, Phil 87
Simpson, Mickey 173
Simpson, Robert L. 543, 551, 579
Simpson, Russell 67, 101
Sinatra, Frank 16, 480, 489, 583
Skall, William V. 61
Skinner, Frank 51, 84
Slate, Jeremy 477, 537
Smith, John 443
Smith, Lane 593
Snyder, William E. 205, 269
Solt, Andrew 127
Soo, Jack 519
Spencer, Dorothy 27, 349, 443
Spencer, Douglas 235
St. Jacques, Raymond 519
Stack, Robert 247
Stallings, Laurence 159, 179
Steiger, Rod 395
Steiner, Max 203, 235, 277
Stephenson, Henry 55
Sterling, Jan 247, 249
Stevens, George 16, 363, 455, 456
Stewart, Douglas 599
Stewart, James 5, 10, 19, 62, 68, 323, 352, 373, 376, 380, 413, 419, 599, 600
Stewart, Nick 125
Stössel, Ludwig 84
Stothart, Herbert 121
Stout, Archie 129, 137, 231, 235, 237, 241, 247
Stradling Jr., Harry 583, 593
Strange, Glenn 147
Stride, John 587
Strode, Woody 373, 374
Strong, Leonard 111
Stuart, Barbara 529
Sturges, John 583
Surtees, Bruce 599, 600
Surtees, Robert 567, 568
Swenson, Karl 349
Swink, Robert 593

T
Takei, George 519, 522
Taylor, Don 205
Taylor, Eric 231
Taylor, Forrest 67
Taylor, Rod 573
Temple, Shirley 137, 138, 180
Thompson, Marshall 121
Thomson, Norman 305
Thorpe, Richard 413
Tiomkin, Dimitri 147, 247, 249, 313, 335, 345, 414, 443, 509
Toby, Kenneth 287
Todd, James 287
Todd, Sherman 45, 205
Toland, Gregg 45, 47
Tomasini, George 463
Tone, Franchot 463
Tonti, Aldo 489
Tover, Leo 269
Towers, Constance 323, 324
Travis, Neil 567
Trevor, Claire 4, 14, 27, 37, 39, 40, 109, 247, 248, 249
Triesault, Ivan 293
Triola, Anne 127
Trivers, Barry 81
Trumbo, Christopher 587
Tryon, Tom 463
Tsu, Irene 519, 527
Tucker, Forrest 187, 551
Tugend, Harry 51
Tully, Tom 235
Turner, Lana 253
Twist, John 135, 253
Tyler, Tom 27, 179

U
Usher, Guy 59

V
Vadis, Dan 579
Van Cleef, Lee 269, 271, 373
Van Dyke, Jerry 435
Van Enger, Richard L. 93, 109, 167, 173, 187
Van Eyck, Peter 395
Van Rooten, Luis 253
Varno, Roland 43
Vernon, John 587
Veron, Elmo 85
Vincent, Jan-Michael 543
Vinton, Bobby 561, 573
Vogel, Paul 287
Von Sternberg, Josef 68, 293, 294, 301
Von Sydow, Max 455, 456
Vorhaus, Bernard 43, 55

W
Wade, Russell 101
Waggner, George 4, 173, 203
Wagner, Robert 279, 395
Walburn, Raymond 39
Walker Jr., Robert 509
Walker, Scott 579
Wallace, Richard 135
Wallach, Eli 413
Walsh, Arthur 121
Walsh, Kay 443
Walsh, Raoul 4, 11, 14, 20, 31, 39, 40, 221
Warden, Jack 427, 428
Warth, Theron 87
Watkins, Jim 583
Waxman, Franz 85
Wayne, Aissa 335, 427, 435
Wayne, Ethan 561
Wayne, Patrick 277, 279, 335, 427, 435, 519, 561
Wead, Frank 121, 122, 288, 289
Webb, James R. 413
Webb, Richard 187
Webb, Roy 87, 101, 111, 127, 205, 253, 261
Weber 50
Wehlmann, Thomas 2
Weiss, Allan 477
Wellman, William A. 14, 237, 247, 261
Wendt 255, 265
Westerfield, James 537
Westley, Helen 55
White, Dan 147
White, Ruth 489
Whitman, Gayne 231
Whitman, Stuart 361, 363, 395, 594
Wicki, Bernhard 395
Widmark, Richard 335, 337, 340, 413
Wilcox, Frank 127
Wild, Harry J. 135, 269
Wilkinson, James 293
Williams 55, 134, 136, 182, 235, 268, 273, 275, 311, 555, 567
Williams, Bill 555
Williams, John 567
Wills, Chill 37, 193, 335, 435
Wilson, Terry 279, 509
Windsor, Marie 173, 235, 579
Winninger, Charles 87
Winters, Roland 293
Winters, Shelley 147, 455
Withers, Grant 87, 91, 93, 125, 135, 137, 167, 173, 193, 253
Wohl, Burton 555
Wolfe, Ian 37
Wolfson, P.J. 37
Wood, Lana 277
Wood, Natalie 9, 277, 279, 280
Woodcock, John 495, 555
Worden, Hank 147, 159, 277, 323, 335, 435, 579
Wottlitz, Walter 395
Wright, William H. 477
Wynn, Keenan 85, 509

Y
Yamamura, Sô 305
Yamato, Hiroshi 305
York, Jeff 121
Young, Carleton 205, 373
Young, Gig 167
Young, Victor 39, 43, 61, 81, 187, 193, 219, 269
Yurka, Blanche 59

Z
Zanuck, Darryl F. 395
Zerbe, Anthony 593
Ziegler, William H. 253, 583
Zimet, Julian 443

SCHLUSSWORT

Peter Osteried:
Mein Dank für die grandiose Bebilderung dieses Buches gilt den Sammlern Michael Großgarten und Thomas Wehlmann. Dank für essenzielle Bildbeiträge geht auch an Michael Siegel, der ein paar große Lücken schließen konnte. Außerdem danke ich meinem Kollegen und Freund Uwe Raum-Deinzer, der mir selbstlos das John-Wayne-Porträt zur Verfügung gestellt hat. Dankeschön euch allen!

Michael Großgarten:
Bei zwei Personen muss ich mich bedanken. Bei Frank Martens und Peter Osteried. Ohne sie hätten wir niemals die Möglichkeit bekommen das Buch zu machen. Danken möchte ich auch Christian Winter für die vielen Telefonate und die Herstellung des Kontaktes zum Verlag.
Und ganz besonders bedanken muss ich mich bei meiner Frau Amehr, die mir seit 20 Jahren bei meinem Hobby hilft.
Dank auch an Babara und Ronald Vedrilla für die wunderschönen handcolorieten Sonderanfertigungen.

Kontakt:

PETER OSTERIED: peter.osteried@t-online.de

THOMAS WEHLMANN: mc.q@gmx.de

MICHAEL GROSSGARTEN: mgfilmplakate@t-online.de

MPW VERLAG: mpw@teleos-web.de

Bei den Hasty Pudding Awards der Harvard Universität hoffte man, John Wayne beschämen zu können, indem man ihn nach seinem falschen Haarteil fragte. Wayne antwortete: „Es ist nicht falsch. Es ist echtes Haar. Natürlich ist es nicht meines, aber es ist echt."

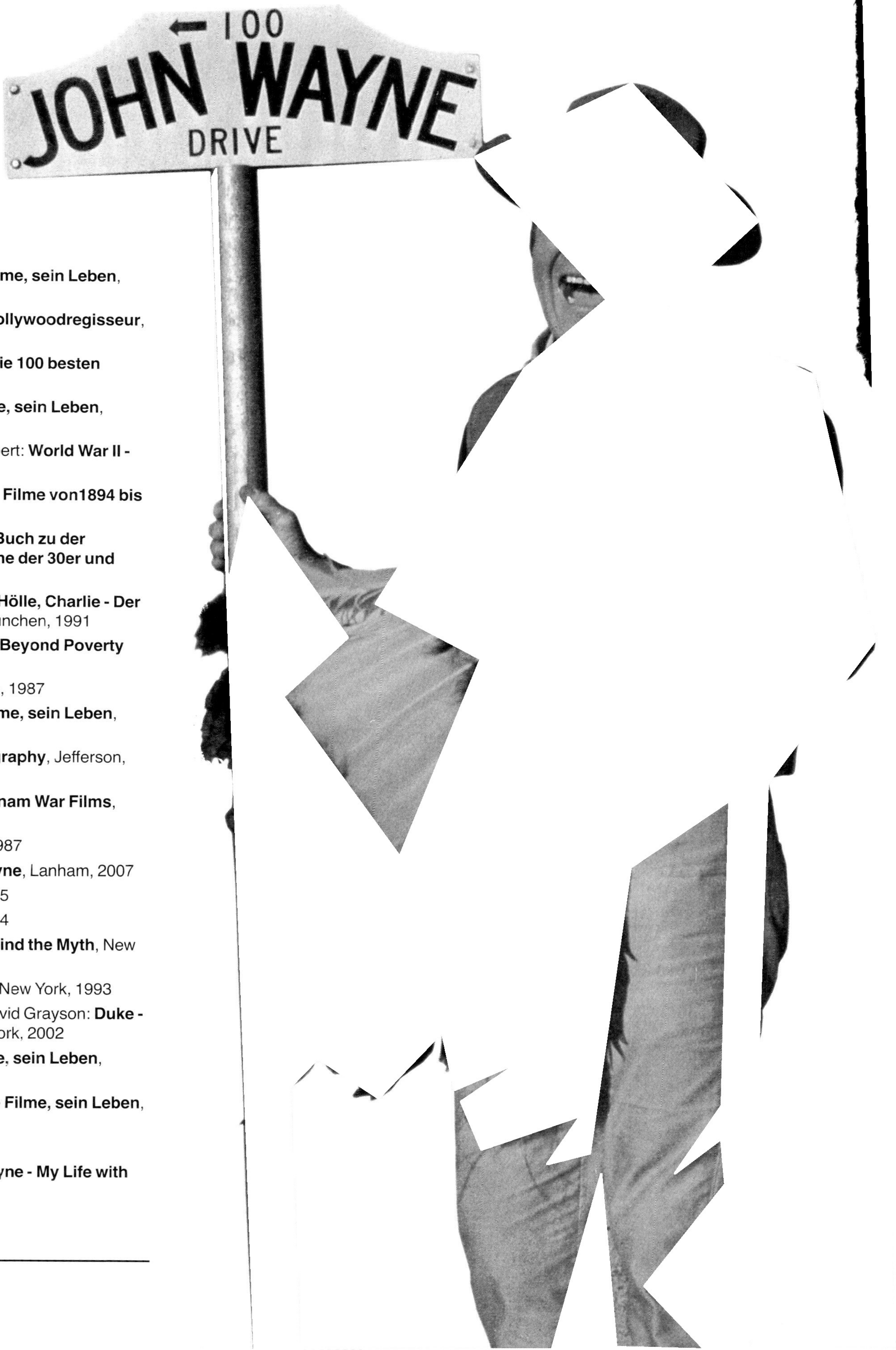

BIBLIOGRAPHIE:

Althen, Michael:**Robert Mitchum - Seine Filme, sein Leben**, München, 1992

Baxter, John: **John Ford - Der legendäre Hollywoodregisseur**, München, 1980

Bouineau, J.-M., A. Charlot, J.-P. Frimbois: **Die 100 besten Western-Filme**, München, 1991

Carpozi, George: **John Wayne - Seine Filme, sein Leben**, München, 1984

Chambers II, John Whiteclay und David Culbert: **World War II - Film and History**, New York, 1996

Hembus, Joe: **Das Western-Lexikon - 1567 Filme von1894 bis heute**, München, 1997

Hembus, Joe: **Western von Gestern - Das Buch zu der Fernsehserie über die großen Westernfilme der 30er und 40er Jahre**, München, 1978

Hölzl, Gebhard und Matthias Piep: **Fahr zur Hölle, Charlie - Der Vietnamkrieg im amerikanischen Film**, München, 1991

Hurst, Richard Maurice: **Republic Studios - Beyond Poverty Row and the Majors**, Lanham, 2007

Jeier, Thomas: **Der Western-Film**, München, 1987

Lacourbe, Roland: **Kirk Douglas - Seine Filme, sein Leben**, München, 1985

Landesman, Fred: **The John Wayne Filmography**, Jefferson, 2004

Malo, Jean-Jacques und Tony Williams: **Vietnam War Films**, Jefferson, 1994

Manthey, Dirk: **Goldenes Kino**, Hamburg, 1987

Mueller, Carol Lea: **The Quotable John Wayne**, Lanham, 2007

Müller, Jürgen: **Movies of the 50s**, Köln, 2005

Müller, Jürgen: **Movies of the 60s**, Köln, 2004

Munn, Michael: **John Wayne - The Man behind the Myth**, New York, 2003

Pfeiffer, Lee: **The John Wayne Scrapbook**, New York, 1993

Shepherd, Donald und Robert Slatzer mit David Grayson: **Duke - The Life and Times of John Wayne**, New York, 2002

Thissen, Rolf: **Howard Hawks – Seine Filme, sein Leben**, München, 1987

Thompson, Howard: **James Stewart - Seine Filme, sein Leben**, München, 1980

Tosches, Nick: **Dino**, München, 2005

Wayne, Pilar und Alex Thorleifson: **John Wayne - My Life with the Duke**, London, 1988